Peter Heinz

Berliner Militärgeschichten

Über Alliierte, NVA und Bundeswehr aus dem Kalten Krieg und danach

Berliner Militärgeschichten

Über Alliierte, NVA und Bundeswehr aus dem Kalten Krieg und danach

Peter Heinze

2013

Carola Hartmann Miles-Verlag

CIP-Kurztitelaufnahme der Deutschen Bibliothek

Peter Heinze:

Berliner Militärgeschichten. Über Alliierte, NVA und Bundeswehr aus dem Kalten Krieg und danach

Carola Hartmann Miles-Verlag, 2013

ISBN 978-3-937885-69-8

Titelbild: Carola Hartmann Miles-Verlag

Herstellung: Books on Demand, Norderstedt

George-Caylay-Str. 38, 14089 Berlin

(email: Miles-Verlag@t-online.de; www.miles-verlag.jimdo.com)

Printed in Germany

ISBN 978-3-937885-69-8

Inhalt

Einführung

Auch wenn ich mich wiederhole: Die Einheit Deutschlands und damit verbunden das Ende des Kalten Krieges in Mitteleuropa haben unser Vaterland vor großem Schaden und viel Leid bewahrt. Eine damals jederzeit mögliche militärische Auseinandersetzung zwischen Warschauer Vertrag und Nato wurde so verhindert.

Sie hätte im Atomzeitalter mit einer Vielzahl strategischer und taktischer Nuklearwaffen, unterstützt durch den Einsatz konventionellen Kriegsgeräts aus den riesigen Arsenalen auf beiden Seiten, aus unserer schönen Heimat zwischen Ostsee und Bodensee eine einzige Trümmerlandschaft gemacht. Millionen Tote und nicht mehr bewohnbare Städte und Dörfer wären allein hierzulande diesmal die Bilanz eines Weltkrieges gewesen.

Darin sind sich heute Militärhistoriker aus Ost und West einig. Denn inzwischen wurde so manche Kriegsplanung der UdSSR und der DDR ans Tageslicht gebracht, die auf „tiefe Schläge im Westen“ und die „Vernichtung des Gegners auf seinem eigenen Territorium“ gerichtet war. Die Nato ihrerseits hatte die Strategie nuklearer Abschreckung parat. Es galt die Devise: „Wer zuerst schießt, stirbt als zweiter.“ Alles in allem ging es bei diesen Szenarien um das atomare Gleichgewicht des Schreckens in Europa.

Eigentlich möchte man heute, da Deutschland nur von befreundeten Staaten umgeben ist und schon einer ganzen Generation die Lebenserfahrung Krieg erspart blieb, gar nicht mehr an solche Zerstörungstheorien und Planungen mitten in Europa erinnert werden. Aber Militärs diskutierten damals tatsächlich in aller Öffentlichkeit beispielsweise über die „Energiefreisetzung“ bei der Explosion allein einer nuklearen Bombe. Da ging es um die Druckwelle, die Wärme- und die atomare Strahlung. Ungeheuerlich, diese Berechnungen.

Und von diesen Massenvernichtungswaffen, die auf dem Schlachtfeld Deutschland eingesetzt werden sollten, gab es Tausende. Meist mit einer stärkeren Wirkung, als sie in Hiroshima und Nagasaki Tod und Verderben gebracht hatten. Ihre Lagerstätten befanden sich in unserer unmittelbaren Umgebung, in Ost und West. Zudem fand bis zu den internationalen Abrüstungsvereinbarungen ein scheinbar endloses Wettrüsten in beiden Bündnissen statt.

All das Ungeheuerliche eines solchen Krieges blieb uns glücklicherweise erspart. Wie gesagt: Nach dem Sturz von Honecker & Co., dem Fall der Mauer und dem Zerfall der DDR sowie dank der deutschen Wiedervereinigung, mit der zugleich der Kalte Krieg und die Teilung Europas ein Ende fanden. So auch mit der Einbindung der gesamtdeutschen Bundeswehr in diese historische Epoche am Ende des Ost-West-Konflikts, womit sich die Bedrohungslage in Europa fundamental geändert hatte. Für mich trotzdem Anlass genug, zur Feder zu greifen, um diesmal einen besonderen Gefahrenherd aus dieser Zeit noch einmal in Augenschein zu nehmen: Berlin mit seiner abwechslungsreichen Geschichte, wo gerade nach 1945 immer wieder Weltpolitik geschrieben wurde.

Ob während der 322 Tage sowjetischer Blockade 1948/49 mit dem Hilferuf: „Schaut auf diese Stadt!" oder nach dem 13. August 1961, als die DDR den sogenannten Antifaschistischen Schutzwall errichtete – nicht nur wegen dieser Ereignisse stand die geteilte Stadt, vor allem West-Berlin, im Brennpunkt hochpolitischer Spannungen als Vorstufe von Militäraktionen der beiden großen Militärbündnisse auf den Territorien beider deutscher Staaten. Unvergessen bleibt dabei das Bild aus der Friedrichstraße vom Kontrollpunkt Checkpoint Charlie, als sich im Oktober 1961 direkt an der Sektorengrenze aufmunitionierte amerikanische und sowjetische Panzer gegenüber standen.

Was für eiserne Nerven müssen deren Kommandanten und ihre Besatzungen in diesen Tagen und Stunden gehabt haben? Sicher wussten sie, dass auch nur ein falsches Wort über Funk oder eine falsche Handbewegung einen Schuss und damit den 3. Weltkrieg ausgelöst hätte. Auch ohne Einsatzbefehl vom KPdSU-Generalsekretär aus Moskau oder des amerikanischen Präsidenten in Washington, beide Oberbefehlshaber ihrer Truppen in aller Welt. Diese historische, explosive Konfrontation direkt vor unser aller Haustür sollte niemals vergessen werden.

Bei meinen Militärgeschichten aus Berlin geht es einerseits um Vergangenes, etwa bis 1990, als der Status der vier Siegermächte in Ost- und West-Berlin seit 1945 sein Ende fand. Andererseits möchte ich mich bei diesem Thema besonders der Gegenwart zuwenden. Sie bedeutete in der deutschen Hauptstadt wie in ganz Ostdeutschland mit der Aufstellung von Bundeswehr-Einheiten einen historischen Neuanfang. Nach den Leibgarden der Kurfürsten, den preußischen Militärs und der Nationalen Volksarmee begann ein neues Kapitel der bewaffneten Kräfte an der Spree: Mit der Bundeswehr zeigte eine deutsche Parlamentsarmee in Berlin Flagge, eingebunden in das Verfassungsgefüge des Grundgesetzes und verankert in der Gesellschaft mit dem Staatsbürger in Uniform. Also, eine Armee in der Demokratie und für die Demokratie.

Bei vielen Gelegenheiten habe ich hier Vertreter der neuen Schutzmächte kennengelernt. Mich beeindruckte besonders die Offenheit der Uniformträger, was ihre Ausbildung und inzwischen ihren internationalen Einsatzauftrag betraf. Das war ja für einen Journalisten aus dem Ostteil der Stadt mit seinen Erlebnissen bei den Verteidigern des Sozialismus eine sehr angenehme Überraschung. Ebenso das kameradschaftliche Verhältnis in der Truppe und gegenüber Zivilisten wie mich. Man musste nun nicht mehr, wie früher oft geschehen, an der Wache oder am Schlagbaum seine gute Erziehung „abgeben", bevor man den Besucherzettel in der Hand hielt.

Über eine Vielzahl solcher Erlebnisse beim Bund habe ich bereits in meinem Buch „Bundeswehr ‚erobert' Deutschlands Osten – Ein ostdeutscher Reporter im Einsatz" ausführlich berichtet. Darin schilderte ich meine Begegnungen und Gespräche in den neuen ostdeutschen Standorten zwischen der Kaserne Hohe Düne in Warnemünde und der Kyffhäuser-Kaserne in Bad Frankenhausen. Immer wieder musste ich als ehemaliger NVA-Reservist staunen, was da so alles anders war als früher in den militärischen Objekten. So hießen alle Einrichtungen dieser Art in der DDR.

Vor allem der Geist der Truppe hat mich beeindruckt. Es gibt nun eine Innere Führung mit der Einbindung des Soldaten in das rechtsstaatlich-parlamentarische Verfassungsgefüge. Was vielleicht für einen Außenstehenden hochtrabend klingt, heißt unmissverständlich: Die Soldaten identifizieren sich mit der Demokratie und den im Grundgesetz verankerten Menschenrechten. Sie bleiben mündige Wahlbürger mit allen demokratischen Rechten und Pflichten. Müssen noch nicht einmal ihren Personalausweis vor der Einberufung beim Wehrkommando abgeben, wie das mir und all den anderen Soldaten in der NVA erging. So einfach ist das heute.

Also nicht nur Befehlsempfänger, sondern auch Mitwirkende am Gemeinwesen. Und das nicht erst seit dem Oder-Hochwasser vom August 1997, wo mehr als 30 000 Soldaten am größten Katastropheneinsatz der Bundeswehr beteiligt waren und gemeinsam mit Technischem Hilfswerk, Bundesgrenzschutz und Feuerwehren Milliarden-Schäden verhindern konnten. Das brachte den neuen Streitkräften, auch an anderen Standorten, viel Sympathie unter der ostdeutschen Bevölkerung ein.

Gerade mit der Menschenwürde hatte es in der Vorgängerarmee im Osten so mancher Vorgesetzte in seiner Befehlsgewalt nicht so ernst genommen. Daran erinnern sich heute noch viele ehemalige NVA-Angehörige in ihren Memoiren und anderen Veröffentlichungen.

Im Mittelpunkt stehen bei ihnen, anders als in den Erinnerungen einst hochdekorierter Generale mit ihrer Nibelungentreue zur SED-Führung und zur Sowjetarmee, die ganz persönlichen Erlebnisse bei der gesellschaftlichen Disziplinierung in der deutschen Arbeiter-und-Bauern-Armee. Und solchen Befehlen waren in all den DDR-Jahren mehr als drei

Millionen Uniformträger, darunter auch die etwa 400 000 Unterführer, ausgesetzt. Besonders wenn unter den sozialistischen Beziehungen in der NVA soziale Konflikte ausgetragen wurden. Unvergessen ist die „EK-Bewegung", bei der Entlassungskandidaten des Wehrdienstes, egal ob Gefreiter oder Unterfeldwebel, ihre jüngeren Mitstreiter bei jeder passenden Gelegenheit schikanierten.

Von solchen Büchern, nun auch mit taktisch-technischen Einzelheiten der Waffen ihrer Truppe „gewürzt", gibt es immer mehr. Interessante Einzelheiten in den Veröffentlichungen aus dem Soldatenalltag Ost wusste früher der Militärzensor, ein Oberst im Strausberger NVA-Hauptstab, zu verhindern. Sein Rotstift war nämlich seine Waffe. Die kam schon in Friedenszeiten in der gesamten Militärpublizistik der DDR zum Einsatz. Das fing bereits bei technischen Details von schrottreifen Kanonen oder musealen MiG-Flugzeugen an. Daran kann sich der ADN-Redakteur noch sehr gut erinnern.

Der Zensor hatte eine etwa 200 Seiten dicke Dienstvorschrift als Geheime Verschlusssache, in der mit Wort und Bild das wenige Erlaubte aus der NVA-Welt definiert war. Und als Kontrolleure des Kontrolleurs betätigten sich zudem die Mitarbeiter der Sicherheitsabteilung des SED-Zentralkomitees. Bei irgendwelchen Abweichungen von diesen Vorgaben riefen sie in der Regel direkt beim Generaldirektor oder Chefredakteur an und brachten ihren Unmut zum Ausdruck. Erlebte Vergangenheit!

Das militärische Berlin steht also diesmal im Mittelpunkt meiner Erinnerungen. Es geht mir dabei weniger um Dokumentarisches und offizielle Verlautbarungen aus dieser und jener Zeit. Vielmehr möchte ich meine Sicht der Dinge dem interessierten Leser weitergeben. Auch wenn ich einst als Diplom-Journalist in Ost-Berlin über Jahrzehnte den Weisungen von Partei und Regierung bei meiner Tätigkeit in der staatlichen Nachrichtenagentur ADN folgen musste und so scheinbar vorbelastet bin.

Aber gerade die aufregende Zeit um die Wende mit meiner Berichterstattung vom Runden Tisch in Berlin-Pankow, zu dieser Zeit „das" politische Gremium der DDR mit Vertretern der Oppositionsgruppen, der Volkskammerparteien und der Regierung, oder aus der Volkskammer nach der ersten freien Wahl für uns Bürger der DDR sowie nach der Wiedervereinigung bei den zahlreichen Begegnungen mit Politikern, Militärs und Journalisten aus dem Westen bot mir viele Gelegenheiten, mich von solchen Schwarz-Weiß-Schablonen in meiner Gedankenwelt zu trennen. Ehrlich! Aber ich vergesse auch nicht, wie nach dem Krieg in Ostdeutschland, konkret bei uns in Thüringen, trotz Versorgungsschwierigkeiten und Wirtschaftsmisere gedacht, gelebt und gehandelt wurde. Meine Eltern betrieben in dieser Zeit eine Gastwirtschaft mit Rossschlächterei, was die Mitarbeit der ganzen Familie beanspruchte.

Bekanntermaßen, und darüber machte sich eigentlich jeder DDR-Bürger lustig, wenn er wieder einmal in irgendeiner langen Einkaufsschlange stand, gab es damals schon, lange vor den Verkündungen auf den SED-Parteitagen der 60er und 70er Jahre, in den Städten und auf dem Land vier Feinde des Sozialismus. Sie waren auch in Ost-Berlin zu spüren: Das Frühjahr, der Sommer, der Herbst und der Winter. Diese Jahreszeiten, entweder mit großer Hitze oder zu viel Schnee, brachten in der DDR alle Planungen durcheinander. Auch den Verkehr und die Zulieferungen. Und das alle Jahre wieder. Das bekamen unsere führenden Köpfe nie in den Griff.

Wie oft haben wir Thüringer, die Alten wie die Jungen, deshalb nach 1945 gesagt: Wenn doch nur die Amerikaner bei uns geblieben wären. Aber was wäre dann aus Berlin geworden? Hatten doch die USA, Großbritannien und die Sowjetunion schon im September 1944 im Londoner Protokoll vermerkt, dass Deutschland zum Zwecke der Besatzung in Zonen aufgeteilt und ein besonderes Berliner Gebiet „unter der vereinigten Besatzung" stehen wird. Nach den Beschlüssen von Jalta (Februar 1945) kam Frankreich als vierte Besatzungsmacht hinzu. Und so blieb das geteilte Berlin nicht nur für die Deutschen selbst, sondern auch für Menschen in anderen Ländern ein vielbeachteter Brennpunkt des politischen und militärischen Weltgeschehens. Aber auch eine Brücke zwischen Ost und West.

1 Militär in Berlin – nicht nur historisch betrachtet

Fest steht, Berlin hat eine wechselvolle Militärgeschichte: Vom Königreich Preußen über das Kaiserreich, die Weimarer Republik, die Nazi-Zeit und im geteilten Deutschland bis zur Wiedervereinigung mit dem Ende des Kalten Krieges. Zeitweilig hat die Stadt die weltgrößte Garnison beherbergt. Namen wie der „Soldatenkönig" Friedrich Wilhelm I. (1688-1740) oder der geniale Feldherr Friedrich der Große (1712-1786), auch Alter Fritz genannt, stehen ebenso für die Höhen und Tiefen dieser Historie wie die Generale und Reformer Gerhard von Scharnhorst (1755-1813) und August Neidhardt von Gneisenau (1760-1831).

Dennoch galt Berlin, einst auch militärisches Zentrum Preußens und des Deutschen Reichs, nach Auffassung vieler Chronisten nie als eine Soldatenstadt. Als Beleg dafür spricht, dass in der wahrlich nicht kleinen Literatur mit tausenden Büchern über die Stadt das militärische Element kaum eine Rolle spielt. Und zwar nicht nur verständlicherweise in der heutigen Zeit, sondern zurückreichend bis ins 18. Jahrhundert.

Das schreibt Hermann Teske im Vorwort seines Buches „Berlin und seine Soldaten – 200 Jahre Berliner Garnison“. Es erschien 1968 in der Haude & Spenersche Verlagsbuchhandlung Berlin. Die „politisch stets sehr wachsame Bevölkerung von Berlin“ habe „ihre Mitbürger im einst bunten, dann grauen Rock immer für einen selbstverständlichen und deshalb nicht weiter erwähnenswerten Faktor des Berliner Lebens“ gehalten, berichtet er. „Dazu lebte man in Berlin zu sehr im Bewusstsein eines Staates, der durch seine geographische Lage auf einen militärischen Rückhalt angewiesen war.“

Dieser Auffassung schließt sich auch Klaus-Rainer Woche an. Er ist Autor „Vom Wecken bis zum Zapfenstreich – Die Geschichte der Berliner Garnison“ aus dem Kurt Vorwinckel-Verlag. Zur Fragestellung: „War Berlin eine Soldatenstadt?“ heißt es bei ihm: „Nun, wenn man die Fotos ab 1890 betrachtet, die das Berliner Straßenleben zeigen, dann könnte man an der Vielzahl der Uniformen meinen, Berlin sei eine ‚Soldatenstadt' gewesen. Aber dabei muss berücksichtigt werden, dass Berlin im Verhältnis zu seiner Ausdehnung und seiner Bevölkerung nicht mehr oder weniger Soldaten in seinen Mauern beherbergte als München, Königsberg, Köln und Dresden. Berlin war nicht mehr Soldatenstadt als andere Garnisonsstädte auch.“

Der Verfasser zahlreicher historischer und militärhistorischer Beiträge beantwortet die Frage: „War die Bevölkerung Berlins ‚soldatenfreundlich'?“ so: „Solange die Bürgerschaft das garnisonierte Militär als eine Belastung empfand, konnte von einer ‚Soldatenfreundlichkeit' keine Rede sein. Erst lange nach der Revolution stellte sich in der Bevölkerung eine gewisse freundliche Einstellung gegenüber Soldaten ein... Man kannte ‚seinen' Kommandeur und ‚seinen' Musikmeister, der dem Musikkorps voran ‚unser' Regiment zur Wachablösung führte. Man sprach in Berlin von ‚unseren Maikäfern' oder ‚unseren Moabiter Veilchen'... Im Laufe der jahrhundertealten Geschichte dieser Garnison hat sich tatsächlich eine ‚Soldatenfreundlichkeit' eingestellt, die sich trotz verheerender Weltkriege zumindest in einem Großteil der Bevölkerung erhalten hat.“

Heute, fast zweieinhalb Jahrzehnte nach der Überwindung der Teilung Deutschlands und der Abkehr von der Ost-West-Konfrontation, möchte ich sagen: Berlin, die alte und neue Hauptstadt Deutschlands, ist zu einer Heimstadt für die Bundeswehr geworden. Wie ich es erlebt habe, begann in der traditionsreichen Garnisonsgeschichte der Metropole nach dem Abzug der ausländischen Besatzungs- und Schutztruppen ein neues

Kapitel. Und das immerhin 45 Jahre nach dem Ende des 2. Weltkrieges 1945. Alliierte Stadtkommandanten übergaben ihre Funktion an den deutschen Stadtkommandanten von Berlin.

Die Bürgerinnen und Bürger haben hier ein offenes Herz für die neuen Soldaten. Sie wurden von Anfang an als „unsere Soldaten" bezeichnet. Das erlebte ich im Alltag und bei vielen Veranstaltungen sowohl im Westen als auch im Osten der Stadt.

Zu einer wunderbaren Tradition wurde inzwischen das Berlin Tattoo. Bis 2010 fand es als „Berliner Militärmusikfest" in der Max-Schmeling-Halle statt. Hierbei begeisterten seit 1995, immer am ersten Wochenende im November, neben dem Musikkorps der Bundeswehr viele internationale Militärformationen und Spitzenmusiker: Mit klassischer Militärmusik bis hin zu Rock- und Pop-Interpretationen. So die weltberühmten königlichen Her Majesty's Coldstream Guards aus London oder das Stabsmusikkorps der Indischen Armee, Musikkorps der Russischen Föderation oder aus den USA.

Die deutschen Uniformträger leben also gern an der Spree. Man fühlt sich wie viele andere Zugereiste mit seinen Familien auf Dauer oder auf Zeit wohl in der prosperierenden Weltstadt mit ihren fast 3,5 Millionen Einwohnern, die nach der Gründung des Kaiserreichs 1871 dessen Hauptstadt geworden war. Das habe ich oft gehört, auch vor Ort gesehen.

Die Bundeswehr übernahm 1990 rund 60 Kasernen und Einrichtungen der NVA im Osten und drei der Alliierten im Westen. Bei der Namensgebung Julius-Leber-Kaserne für das ehemalige „Quartier Napoleon" der französischen Truppen in West-Berlin entsprachen die neuen Streitkräfte in der Stadt nicht nur den Richtlinien ihrer Traditionspflege. Sie setzten nun konsequent ihr Bekenntnis zur Armee in der Demokratie hier am Beispiel des Lebens einer der führenden Persönlichkeiten des Widerstands gegen Hitler fort. Leber war zwischen 1924 und 1933 Reichstagsabgeordneter der SPD und galt als deren Wehrexperte.

Zahlreiche Patenschaften zeugen heute vom engen Miteinander zwischen Bevölkerung und Militär. Beispielsweise seit 1999 mit der Verbindung der Stadt zum Einsatzgruppenversorger BERLIN der deutschen Marine. Der hat sich in jüngster Vergangenheit unter anderem auf Anti-Piraten-Mission bewährt.

Viele Einrichtungen der Bundeswehr werden von Berlinern mitgenutzt. So der Notarztwagen und das Bundeswehrkrankenhaus, Kindereinrichtungen und Sportstätten. Auch deshalb hat Berlins Regierender Bürgermeister Klaus Wowereit (SPD) schon bei vielen Gelegenheiten die Kontakte zu den Soldaten und deren Anteilnahme am zivilen Leben gewürdigt. Für ihn ist „die Bundeswehr wichtig für Berlin", erklärte er 2010 beim Besuch des Standortkommandos in der Julius-Leber-Kaserne.

Ihn freut es besonders, dass diese Beziehungen auf Gegenseitigkeit beruhen. „Die Bürgerinnen und Bürger unserer Stadt nehmen großen Anteil an den oft komplizierten und gefährlichen Einsätzen, mit denen unsere Soldatinnen und Soldaten international Frieden sichern und schützen helfen." Mit diesen freundlichen Worten begrüßte er in der illustrierten Schrift „Unsere Bundeswehr in der Hauptstadt Berlin" alle Neuankömmlinge.

Weiterhin bestätigte sich mein Eindruck, den auch viele Militärs und Politiker in anderen Städten erhalten haben: Im Berliner Alltag spielen die Unterschiede zwischen Ost und West schon lange keine besondere Rolle mehr. Die Hauptstadt gilt dabei sogar als ein Beispiel für die innere Einheit: Nach der wechselvollen Geschichte der Stadt trägt das Militär ganz aktiv zum Zusammenwachsen des während des Kalten Krieges geteilten Deutschlands bei. Das schätzte Bundespräsident Richard von Weizsäcker schon 1991 vor Kommandeuren des Heeres ein: Seine Worte: „Die Einheit der Truppe fördert die Einheit der Deutschen!" fanden in den Streitkräften ein nachhaltiges Echo.

Eine Festung schon vor 400 Jahren

Doch zurück zur Geschichte Berlins. Die Doppelstadt war 1237 aus den beiden Kaufmannssiedlungen hervorgegangen. Historiker sprechen auch von den Schwesterstädten Berlin und Cölln. Sie lagen diesseits und jenseits der Spree, ursprünglich nur durch den Mühlendamm verbunden. Aus beiden entstand eine bedeutende Stadt der deutschen Hanse. Spandau wurde zwischen 1560 und 1594 zur Festung ausgebaut. Heute ist das in seiner Grundform von Wasserläufen umgebene Viereck mit seiner Zitadelle ein Bauwerk von europäischem Rang.

Leidvolle Kriege wie der Dreißigjährige Krieg (1618 bis 1648) mit bösen Hungerjahren und verfallenen Häusern veranlassten den Großen Kurfürsten, Berlin als Festungsstadt auszubauen, was 1683 mit dem Leipziger Tor beendet wurde. Unter ihm entwickelte sich die bescheidene Residenz zur wichtigsten Stadt des brandenburgisch-preußischen Staates mit seiner späteren Großmachtstellung.

Das riesige Festungswerk Berlin bestand aus 13 Bastionen. Sie waren durch Laufgräben miteinander verbunden, von Wall und Graben geschützt. Der Hauptwall war fast zehn Meter hoch. „Oberhalb und unterhalb der Stadt mussten die starken Pfähle der Wassersperren in der Spree erneuert werden. Und ließen wie bisher am Ober- und Unterbaum schmale Rinnen offen, die durch schwere Balken zu verschließen waren. 2 000 Soldaten standen zur Verteidigung der Stadt bereit", schreiben Willy Jäger und Helmut Steinhardt in „Der Weg zur Weltstadt – Sieben Jahrhunderte Berlin" (Kulturbuch-Verlag, Berlin 1961, S. 58). Etwa im 18. Jahrhundert verlor die Festung, auch wegen des Handelsaufschwungs in Berlin, ihre Bedeutung.

Nach der Gründung des Königreichs Preußen (1701) ging 1709 aus den Städten Berlin, Cölln, Friedrichswerder, Dorotheenstadt und Friedrichsstadt die Residenzstadt Berlin mit einer einheitlichen Verwaltung hervor. In dieser Garnison dienten ein paar tausend Mann in der Infanterie und Kavallerie sowie Artilleristen, Pioniere und Kadetten. 1777 waren es fast 30 000 Soldaten. Etwa seit dieser Zeit richtete man hier eine Reihe militärischer Institutionen ein – „typisch für den Geist des preußischen Soldatentums", meint Teske. „Dass sie in Berlin entstanden und bis zu ihrem Ende dort ihre Heimat hatten, zeigt die klare Absicht, diese Stadt parallel zu ihren kulturellen Hauptstadtaufgaben zur Zentrale der geistigen Führung der preußischen Armee zu machen." (ebd., S. 12)

Hierzu gehörte das Zeughaus Unter den Linden. Dieser barocke Großbau, der erste seiner Art in Berlin, wurde als militärisches Arsenal mit kriegerischen Ornamenten konzipiert und 1706 fertiggestellt. Später beherbergte es die Ruhmeshalle und ein Waffenmuseum. Die Kadettenanstalt für den Offiziersnachwuchs hatte erst in der Neuen Friedrichstraße, dann viel größer in Friedrichsfelde ihr Quartier. Die Alte Garnisonkirche (1703) und das Invalidenhaus (1748) als Fürsorgeeinrichtung für Kriegsversehrte dienten ebenfalls den Soldaten der Berliner Garnison. Eigentlich muss man auch das einzigartige Reiterstandbild des Großen Kurfürsten, ein Meisterwerk von Andreas Schlüter (1664-1714), das heute im Schlosshof von Charlottenburg steht, als Symbol preußischer Macht hierbei einordnen.

Der Besucher Berlins findet noch weitere Bauten und Anlagen, die von der Anwesenheit des Militärs in den vergangenen Jahrhunderten zeugen - vom soldatischen Geist und militärischen Gepräge. So am Gendarmenmarkt, wo 1735-1738 Ställe und Unterkünfte erbaut wurden. Oder die Wege zum Tempelhofer Feld, wo die preußische Garde ihre großen Frühjahrs- und Herbstparaden abhielt, nach Grunewald und zum Übungsplatz Döberitz. Wichtige Verkehrsadern wie Friedrichstraße oder Kaiserdamm waren ehemalige Marschwege zu den Unterkünften und Übungsplätzen, auch mit dem damals ungepflasterten Straßenteil. Größere Plätze in der Innenstadt wie den Lustgarten beanspruchten die Militär-Garden zum Exerzieren und Paradieren.

Den allgemeinen technischen Fortschritt dieser Zeit nutzte später auch die Königlich Preußische Militäreisenbahn. Man hat sie im Volksmund „Kanonenbahn“ genannt. Das war eine von den Eisenbahn-Truppen des Heeres betriebene Bahnstrecke. Sie führte vom Militärbahnhof Schöneberg über Mahlow, Zossen und Sperenberg nach Kummersdorf, direkt zum 45,6 km entfernten Artillerie-Schießplatz. Der war 1877 in Betrieb genommen worden. Später wurde diese Strecke um weitere 25 km bis zum Schießplatz Jüterbog verlängert.

Militärisch ging es nicht nur um neue Möglichkeiten für das Schießen mit Artilleriefeuer als Hauptkraft der Kriegführung. All das bot nun der Ausbildung von Pionieren mit ihrer Gattung Eisenbahnpioniere beim Bau von Brücken auf massiven Pfeilern sowie beim Verlegen von Eisenbahnlinien und Feldbahnen zum zügigen Transport von Kriegsgerät und Bedienung neue Möglichkeiten. Wie sehr damals das Militärwesen generell die moderne Technik beeinflusst hat, zeigte sich auch hier: Auf einem Teil der Bahnstrecke fanden später Schnellfahrversuche statt.

Auch mehrere Plätze in Berlin wurden zuvor von den Grenadieren in ihren farbenprächtigen Trachten in Anspruch genommen, berichten Chronisten. Exerzieren und Paradieren standen immer wieder im Mittelpunkt militärischen Treibens. Etwa 1 400 Grenadiere wohnten als Untermieter in den Giebelstübchen einzelner Häuser, den Freihäusern. Das trug trotz dieser Zwangseinweisungen ebenfalls zur engen Verbindung von Militär und Bevölkerung bei.

Aus dem Königsregiment mit vielen Adelsgeschlechtern gingen einfache Feldregimenter hervor. Vor allem machten die „Langen Kerls“ aus dem Leibregiment des Königs, nun im Standort Potsdam stationiert, auf sich aufmerksam. „Die Perücken verschwanden, die Uniform beherrschte den Hof.“ (Reichshauptstadt Berlin, Haude & Spenersche Verlagsbuchhandlung Max Paschke, 1943, Berlin, S. 90) „Vor dem neuen, dem soldatischen Geist, …flohen die Musen.“

Und die Historikerin Ruth Glatzer schätzte Friedrich Wilhelm I., der 1713 die Regierung mit Sparmaßnahmen bei maßloser Verschwendung übernahm, ein: „Dagegen wurde das Heer fast verdoppelt: von 38 Bataillonen und 53 Schwadronen auf 66 Bataillone und 114 Schwadronen. Der ‚Soldatenkönig‘, wie man Friedrich Wilhelm I. nannte, verwandelte sein Land, seine Residenz Berlin und selbst seinen eigenen Hofstaat in ein einziges Lager nach militärischem Muster.“ (Ruth Glatzer: Berliner Leben 1648-1806, Berlin, 1956, S. 120)

Über das Gepräge in der Stadt urteilte der sächsische Feldmarschall Jacob Heinrich von Fleming (1667-1728): „Wenn die Soldaten und

Offiziere außer Dienst durch die Straßen gehen, marschieren sie in der gleichen Manier, die sie im geschlossenen Bataillon gewöhnt sind; und sogar die, die nicht aus dem Krieg einen Beruf machen, haben sich samt und sonders daran gewöhnt, wie die Soldaten im Gleich- und Stechschritt zu marschieren. Kurz, Berlin gleicht nicht einer Residenz, sondern einem Heerlager an der Grenze, wo die Stärke der Bewohner in der Garnison besteht und wo der Rest der Ansiedler, Männer wie Weiber, nur dazu da ist, die Soldaten zu bedienen. So kann man die Staatsminister betrachten als hohe Militärbeamte, die Kanzlisten als Musterschreiber, die Damen als Waschfrauen, Marketenderinnen, Schnapsverkäuferinnen, Schankwirtinnen usw. und die Kaufleute als Lieferanten und Fouriere." (ebd., S. 130)

Schon vor den Schlachten von Jena und Auerstädt 1806 und den Niederlagen gegen Napoleon gründete man 1801 in Berlin die „Militairische Gesellschaft". Die akademische Vereinigung stellte ein Diskussionsforum zur militärwissenschaftlichen Bildung und Weiterbildung sowie zur Auswertung von Kriegskunst und -erfahrungen für die angestrebte Heeresreform dar.

Geleitet wurde die Gesellschaft von Gerhard Johann David von Scharnhorst (1755-1813). Der Oberstleutnant aus dem Artillerieregiment 3 der Berliner Garnison versammelte um sich etwa 180 progressive Offiziere verschiedener Waffengattungen aus Berlin und Potsdam. Auch Beamte und Zivilisten wie der Freiherr von und zum Stein zählten dazu. Scharnhorst, von dem der Gedanke einer allgemeinen Wehrpflicht stammte, die 1814 in Preußen eingeführt wurde, stieg später zum Generalleutnant auf.

Den Teilnehmern lagen meist neue Ideen und Fortschritte in der Kriegskunst sowie gute preußische Tugenden am Herzen. „Das pädagogische Programm gerade für die Bildung einer belastbaren Führerschicht, die die in Theorie und Praxis gestellten Ansprüche zu erfüllen imstande war, lautete: Anleitung zum Selbstdenken und Erziehung zur Selbstkritik." Es ging also auch um Probleme der Menschenführung und den denkenden Soldaten. (Deutsche Militärgeschichte, Bernard & Graefe Verlag für Wehrwesen, Frankfurt am Main, 1966, S. 141) Vor allem um die Vergrößerung des Heeres getreu dem Motto: „Alle Bewohner des Staates sind geborene Verteidiger desselben." (S. 158)

Sie verständigten sich in diesem Rahmen auf der Grundlage ihrer vorher eingereichten militärischen Abhandlungen über theoretische und praktische Schritte zur Reformierung der Preußischen Armee, verbunden mit einer Heeresreform. Die Armee, die es zu modernisieren galt, war von Verfallsprozessen und im strengen Preußentum erzogenen und ausgebildeten Feldherren gezeichnet.

Die schriftlichen Beiträge der Mitglieder erschienen in der Zeitschrift „Denkwürdigkeiten der Militairischen Gesellschaft in Berlin“ von 1802 bis 1805. Eine Neuausgabe mit einer Einleitung von Joachim Niemeyer, ehemaliger Direktor des Wehrgeschichtlichen Museums in Rastatt, brachte der Biblio-Verlag Osnabrück 1985 heraus.

Zu den klugen Köpfen und Autoren um Scharnhorst gehörten damals die späteren Generalstäbler und Militärhistoriker Neidhardt von Gneisenau (1760-1831), Carl von Clausewitz (1780-1831) und Hermann von Boyen (1771-1848). Auf dem Alten Garnisonfriedhof an der Linienstraße und dem Invalidenfriedhof an der Scharnhorststraße in Berlin-Mitte fanden manche von ihnen die letzte Ruhe.

Allgemeine Kriegsschule sollte wissenschaftlichen Geist heben

Nach der Besetzung Berlins durch Napoleon 1806 und den folgenden Bewegungen zum Widerstand gegen ihn, verbunden mit sichtbaren Veränderungen in der Preußischen Armee, entstand 1810 in Berlin die Allgemeine Kriegsschule. An dieser preußischen Kriegsakademie, später dem Chef des Großen Generalstabs unterstellt, erhielten von 1859 bis 1914 Stabsoffiziere wie an einer Universität ihre dreijährige militärakademische Bildung. Laut einer Denkschrift von 1867 sollte das „den wissenschaftlichen Geist in der Armee heben“ und befähigte Offiziere aller Waffen zu „höheren Führern ausbilden“. Nur Absolventen dieser Bildungsstätte rückten später in den Generalstab auf.

Die Preußische Kriegsakademie wurde nach dem 1. Weltkrieg durch den Versailler Vertrag verboten. 1935 hat sie die Wehrmacht wiedereröffnet. Auf der Divisionsebene ging es vor allem um Taktik und Kriegsgeschichte. Nachfolger waren die Führungsakademie der Bundeswehr in Hamburg und die Militärakademie „Friedrich Engels“ in Dresden, höchste Bildungseinrichtung der Nationalen Volksarmee.

Jedenfalls war Berlin seit dem Aufkommen stehender Heere „eine der größten Garnisonen der Welt, die größte in Mitteleuropa“, schätzt Bernd Fischer in „Berliner Wege zur Weltstadt“ ein. (Edition Luisenstadt, Berlin 1993, S. 29) Sie umfasste alle in der Stadt ansässigen beziehungsweise stationierten Führungsstellen von Heer und Marine mit fast 80 höchsten und über 40 territorialen Einrichtungen und Ämtern, die militärischen Lehranstalten und die hier stehenden Truppen. Nach dem Krieg 1870/71 versahen in dieser Garnison etwa 22 000 Militärangehörige ihren Dienst bei der Infanterie, Kavallerie und Artillerie, später in Eisenbahn-Regimentern, Kraftfahr-, Flieger- und Luftschifferbataillonen.

Fischer: „Die für Preußen so erfolgreich verlaufenen Kriege von 1864, 1866 und 1870/71 hatten auch in breiten Schichten dem preußischen Heer eine Popularität verschafft, wie es sie nie zuvor besessen hatte. Die politisch bestimmte übersteigerte Verehrung des Militärischen, der preußische Uniformkult und nicht zuletzt, dass der Kaiser selbst fast nur in Uniform und mit militärischem Gefolge auftrat, führten zu einer überproportional herausgehobenen Stellung des Militärs im öffentlichen Leben. Auch im zivilen Behördenbereich war die Pflege militärischer Verhaltensformen allgegenwärtig." (ebd., S. 31)

Der bekannte Berliner Journalist und Schriftsteller Paul Lindenberg schrieb in seinem Buch „Berlin in Wort und Bild" 1895 folgende Eindrücke nieder: „Paradetag in Berlin – das ist für die Mehrzahl der Berliner Einwohner ein Feiertag in des Wortes vollster Bedeutung, geradezu in nationalem Sinne, da kommt das Soldatenblut des Berliners zum vollsten Durchbruch! Parade auf dem Tempelhofer Felde – der Ruf schlägt überall zündend ein, er übt in allen, selbst in den entferntesten Stadtteilen seine Wirkung aus und bringt auf die Beine, was auf die Beine zu bringen ist …Schon tagelang vorher merkte man, dass etwas besonderes Militärisches im Werke ist." (Berlin in Wort und Bild, Berlin, 1895, S. 549) Und schließlich: „Der Berliner ist ja geborener Soldat und mit dem Militär auf das engste verwachsen, er liebt es, wenn er dies auch öfter in origineller Weise dokumentiert…" (S. 549)

Getragen von dieser Stimmung, boomte in Berlin die militärische Bautätigkeit außerhalb des historischen Stadtinneren, berichtet Bernd Fischer weiter. So entstanden zwischen 1871 und 1914 fast 100 neue Gebäude für Heer und Marine. Zu den Kasernenkomplexen, nach modernsten Maßstäben in den äußeren Bezirken und in der Nähe von Verladebahnhöfen errichtet, zählten Exerzier-, Reit- und Appellplätze. Kavallerieregimenter verfügten nun über Reithallen und Stallungen für 800 bis 850 Pferde.

Als eines der größten deutschen Militärkrankenhäuser wurde 1853 das Garnisonlazarett I in der Scharnhorststraße mit mehr als 600 Betten eingerichtet. Zudem errichtete man am Landwehrkanal einen Bau mit 800 Diensträumen für das Reichsmarineamt, den Admiralsstab und das Marinekabinett des Kaisers, wo nach 1919 das Reichswehrministerium seinen Sitz nahm.

Nach der Reichswehr als „Staat im Staate" wurde die Wehrmacht als ein „Instrument zur Durchsetzung der nationalsozialistischen Rassen- und Raumpolitik" formiert (Eberhard Birk: „Vorbild oder nicht?", IF Zeitschrift für Innere Führung, 1/2011, S. 22). In der Zeit des Nationalsozialismus diente das Gebäude als Sitz des Allgemeinen Heeresamtes und des Befehlshabers des Ersatzheeres im Oberkommando des Heeres. Hier war auch das Zentrum des Widerstands um Oberst i.G. Claus Schenk Graf von Stauffenberg mit dem Attentat auf Hitler vom 20. Juli 1944. Heute ist der Bendlerblock, in dem sich die Gedenkstätte Deutscher Widerstand und das Ehrenmal für die dort hingerichteten Offiziere befinden, der zweite Dienstsitz des Bundesministers der Verteidigung.

Über den Wandel deutscher Streitkräfte in den vergangenen 200 Jahren von den preußischen Heeresreformen bis zu Veränderungen in der Bundeswehr informierte 2009 die Wanderausstellung „Reform - Reorganisation - Transformation" des Militärgeschichtlichen Forschungsamtes Potsdam auf der Zitadelle in Spandau.

2 1945 – Ende des 2. Weltkrieges und Teilung der Stadt

Wie wir heute wissen, ging im Mai 1945 mit der totalen militärischen, politischen und moralischen Niederlage ein ganz schlimmes Kapitel deutscher Geschichte zu Ende. Als ich 1949, damals 8-jährig, mit meiner Mutter auf der Hin- und Rückfahrt zu einem vom Arzt verordneten Kuraufenthalt in Heringsdorf an der Ostsee mit dem Zug durch Berlin fuhr und hier einen längeren Aufenthalt hatte, sah ich noch viele Trümmerberge und Häuser ohne Dächer. Die meist mit Brettern vernagelten Fenster bleiben mir ebenso für immer im Gedächtnis. Was für ein trauriger Anblick, eine so große, zerstörte Stadt!

Historiker sprachen später von der „Reichstrümmerstadt". „Von 225 000 Gebäuden waren 30 000 total zerstört, 27 000 schwer, 20 000 mittelschwer beschädigt und auch der Rest zum großen Teil nicht nutzbar. Von früher 1 ½ Millionen Wohnungen waren nur 370 000 sofort benutzbar, 380 000 leicht beschädigt, 600 000 total zerstört und 100 000 schwer beschädigt."

So Professor Hans Herzfeld, der sich nach 1945 um die Wissenschaft, besonders die neuere Geschichte, in Berlin große Verdienste erwarb. (Berlin als deutsche Hauptstadt im Wandel der Geschichte, in: Schicksalsfragen der Gegenwart, Handbuch politisch-historischer Bildung, Vierter Band, Tübingen, 1959, Herausgegeben vom Bundesministerium der Verteidigung, S. 206 ff) Vor allem Berlin war „durch seine Bedeutung als Hauptstadt und Zentrum der deutschen Verwaltung und Wirtschaft in furchtbarer Weise von der Katastrophe des Luftkrieges während der letzten Kriegsjahre betroffen worden".

Ähnliche Hinterlassenschaften des Krieges habe ich wenige Jahre später auch bei einer Durchreise mit der Bahn in Dresden gesehen. Solche Anblicke vergisst man nie. Auch meine Heimatstadt Arnstadt am Tor zum Thüringer Wald erlebte im Februar 1945 einen Bombenangriff der Alliierten mit Toten und Zerstörungen. Im April 1945 wurde sie von US-amerikanischen Truppen eingenommen. Später kamen russische Besatzer.

Berlin und sein Militär haben eine lange gemeinsame Geschichte. Von beiden ging in der Vergangenheit, besonders ins Ausland, kein guter Ruf aus. Mussten doch die Völker Europas zweimal am eigenen Leib verspüren, welches Unheil in der deutschen Hauptstadt geplant und dann militärisch mit Bomben und Zerstörung in viele Länder getragen wurde.

Den 1. Weltkrieg (1914-1918) bezahlten eine Million Menschen auf dem Kontinent mit dem Leben. Der 2. Weltkrieg (1939-1945) brachte 55 Millionen Menschen den Tod. Auf der Wannseekonferenz 1942 wurde die Organisation der systematischen Judenvernichtung beschlossen. Ungezählt blieben die Zerstörungen von Häusern, Fabriken und anderen Einrichtungen durch deutsche Truppen in vielen tausend Städten und Dörfern; ob das an der Westfront oder beim Marsch nach dem Osten bis nach Stalingrad während des verheerenden Russland-Feldzuges war.

Doch am Ende des letzten Weltkrieges kehrte das Feuer mit ebensolcher Brutalität, wie es von hier ausgegangen war, in Deutschlands Hauptstadt zurück. Russische Truppen, unterstützt von anglo-amerikanischen Bombern, besiegten deren Verteidiger. Der Volkssturm, „waffenfähige" alte Männer und Kinder, galten als letztes Aufgebot für die Schlacht um Berlin. Nach schweren Kämpfen bis hin zum Reichstag wurde dem brutalen NS-Regime auf deutschem Boden das Ende bereitet. Das deutsche Volk erlebte in jenen Mai-Tagen 1945 seine Befreiung vom faschistischen Joch. Der totale Krieg war endgültig vorbei.

Die Bilanz gerade dieser opferreichen Auseinandersetzungen in der Endphase eines verbrecherischen Krieges, den Hitler mit seinen Welteroberern angezettelt hatte und bei dem mehr als sechs Millionen Juden ermordet wurden sowie die Bewohner vieler Staaten versklavt werden sollten, war auch auf deutscher Seite in Berlin unübersehbar: In der Millionen-Metropole fielen zehntausende Männer, Frauen und Kinder dieser Kriegslawine zum Opfer. Obwohl sie sich in Luftschutzkellern, Bunkern und oft einfachen Unterständen vor dem Bombenhagel schützen wollten. Jedes dritte Haus und jeder dritte Wohnraum, besonders in der Stadtmitte, im Tiergarten und Friedrichshain, wurden zerstört. Es roch ob der Leichen auf den Straßen und der qualmenden Ruinen erbärmlich.

Auch bei uns zu Hause in der Arnstädter Klausstraße saß während des Krieges die Angst vor Bombardements den Alten, Frauen und uns Kindern in den Luftschutzkellern tief in den Gliedern. Es gab fast täglich Fliegeralarm. Daran kann ich mich noch episodenhaft erinnern. Umso größer war die Freude über das Ende der militärischen Auseinandersetzungen, als dann weiße Fahnen gehisst oder weiße Bettlaken an den Fenstern hingen. Schon damals sagten viele Erwachsene: Lieber ein Jahr lang Trockenbrot als nur einen Tag Krieg. Wie oft habe ich das gehört!

Etwa 30 Jahre später wohnte ich mit meiner Familie in Berlin-Pankow und wurde noch an diese grausame Zeit erinnert. Jedes Mal, wenn der Familienvater sonnabends beim Bäcker um die Ecke in der Schlossallee in Niederschönhausen nach frischem Brot und duftenden Brötchen anstand, sah ich an diesem großen Wohnhaus noch unzählige Einschüsse russischer MG-Salven. Da wohl der Eigentümer dieses Hauses, in dem sich Parterre der Bäckerladen mit der Backstube befand, bis zu dieser Zeit in Ostdeutschland nicht ermittelt werden konnte, fand sich auch die Kommunale Wohnungsverwaltung nicht bereit, der geschundenen Fassade dieses auf der Straßenseite reich verzierten Mehrfamilienhauses ein neues Antlitz zu geben.

Über diese Spuren eines erbitterten Kampfes vor dem Ende des 2. Weltkrieges hatte mir als Untermieter schon früher während eines Berlin-Praktikums im ADN eine ältere Wirtin im benachbarten Heinersdorf ausführlich erzählt. Auch über ihre Begegnungen mit russischen Offizieren. Sie hatten dort Quartier gemacht. So überdauerten viele Hinterlassenschaften aus Kriegs- und Nachkriegszeiten die DDR. Heute sind sie beseitigt.

Dieses Schicksal, einst Ziel der heranrückenden Truppen gewesen zu sein, ereilte allein in Ost-Berlin sehr viele Häuser. Solche Straßenzüge wurden später von den Touristenbussen gemieden. Das war aber nicht nur „janz weit draußen“, wie der Berliner sagt, der Fall. In Mitte, so in der Oranienburger Straße, gab es ebenfalls Häuserlücken. Sie wurden meist als Garagen oder von Kohlenhändlern als Lagerplatz genutzt. Die Bretterzäune rundherum stammten aus den 1950er Jahren.

Vier Siegermächte in Berlin

War Berlin nach dem „Endkampf" ohne den von den Nazis erwarteten Endsieg ein riesiger Trümmerberg, so teilten sich die Siegermächte nun militärisch die deutsche Hauptstadt. Das hatte die Anti-Hitler-Koalition im Februar 1945 auf der Konferenz von Jalta beschlossen. Hier fand nach der Konferenz Ende 1943 in Teheran mit Stalin (Sowjetunion), Roosevelt (USA) und Churchill (Großbritannien) und der Unterzeichnung des Londoner Protokolls vom September 1944, wo eine gemeinsame Anwesenheit im „besonderen Berliner Gebiet" vereinbart wurde, ein weiteres Treffen der „Großen Drei" statt. Frankreich hat man dann durch ein Zusatzabkommen im Juli 1945 nachträglich in die Zonenvereinbarung einbezogen.

Im Osten, dem demokratischen Sektor, vertrat die Sowjetarmee die Siegermacht Sowjetunion. Deren Marschall Georgi Shukow hatte als Befehlshaber der 1. Weißrussischen Front Berlin erobert. Am 8. Mai mitteleuropäischer Zeit nahm er 1945 die bedingungslose Kapitulation von deutscher Seite entgegen. Er wurde Chef der Sowjetischen Militäradministration, ab 1955 Verteidigungsminister der UdSSR. Die SMAD war für ganz Ostdeutschland zuständig. Dieser Teil Deutschlands nannte sich von nun an „Sowjetische Besatzungszone" (SBZ).

Mit Befehlen zum Wiederaufbau setzten die Russen ab Juni 1945 das Leben in und außerhalb von Berlin langsam in Gang. Nazis, SS-Leute und andere Kriegsverbrecher, auch unschuldige Menschen, weil anders denkend, wurden verfolgt und verhaftet. Unzählige von ihnen fanden in Deutschland in Straflagern auf ehemaligem KZ-Gelände wie in Oranienburg oder Buchenwald, aber auch in Zuchthäusern, so in Bautzen, sowie vor allem nach ihrer Deportation in russische Arbeitslager in Sibirien und an andere Verbannungsorte den Tod. Aus heutiger wie damaliger Sicht: Ein ganz schlimmes Kapitel der Nachkriegsbewältigung durch die Sowjetmacht. Das geschah auch in anderen Ländern ihrer Kriegsbeute in Osteuropa.

Nach dem Vorbild im eigenen Land etablierten die sowjetischen Besatzer schon in den ersten Jahren ihrer Herrschaft in Ostdeutschland ein riesiges Netz der Überwachung und Verfolgung. So ganz „nebenbei" wurden aus diesem Teil Deutschlands Reparationen in Höhe von mindestens 100 Milliarden Reichsmark eingefordert.

Den sowjetischen Unterdrückungsapparat bauten die neuen ostdeutschen Behörden mit den Vertretern der aus Moskau eingeflogenen KPD-Gruppe um Walter Ulbricht weiter aus. Ob die neuen Sicherheitsorgane oder die neue Justiz, aus der alle Beamte mit Nazi-Vergangenheit entlassen worden waren: Statt bürgerlicher Rechtssprechung diktierte nun die Partei der Arbeiterklasse, aus einer Zwangsvereinigung von KPD und SPD hervorgegangen, was sie unter Recht und Ordnung versteht. Entsprechend hart fielen dann auch die Urteile aus. Viele Angeklagte standen als „Agenten“ oder „Saboteure“ vor Gericht.

Unzählige politische Prozesse, auch als Schauprozesse inszeniert, wie mir ältere Kollegen berichteten, und oft mit Todesstrafen im Urteil, sollten vor weiteren „Verbrechen“ dieser Art abschrecken. Natürlich wollte man so die ostdeutsche Bevölkerung auf dem späteren Weg zum Sozialismus einschüchtern. Und oft geschah den betroffenen Bürgern Unrecht, weil die Anklage oft vom „Klassenstandpunkt“ aus und nicht nach den Buchstaben des Gesetzes formuliert worden war.

Das hatte man den jungen Richtern in Ostdeutschland in kurzen Ausbildungslehrgängen so beigebracht. Viele Urteile, das ging aus den nach der deutschen Einheit öffentlich gemachten Dokumenten hervor, standen auch schon zu Beginn der Gerichtsverhandlung fest. Einige dieser Papiere trugen sogar das Signum führender Partei- und Staatsfunktionäre. Selbst ehemalige „Kampfgefährten“ trafen solche Fehlurteile mit mehrjährigen Zuchthausstrafen. So sollten die „Abweichler“ aus den eigenen Reihen ausgeschaltet werden. Bestrafungen dieser Art ereilten oft Intellektuelle mit Kontakten aus Emigrationszeiten zu Kommunisten in westlichen Ländern wie Frankreich oder Italien.

Im Ostteil der Stadt lebten etwa 1,1 Millionen Bewohner in acht Bezirken. In den drei West-Sektoren mit insgesamt 1,8 Millionen Menschen in 12 Bezirken bestimmten vertragsgemäß die westlichen Alliierten das Geschehen: Im Norden Berlins war es Frankreich, im Westen Großbritannien. Im Süden bildeten die USA die Besatzungsmacht. Anfangs noch alles in Abstimmung mit den Russen im Alliierten Kontrollrat, der für die Regierungsgewalt in ganz Deutschland Verantwortung trug. Ebenso in der für die gesamte ehemalige Reichshauptstadt zuständigen Alliierten Kommandantur.

Als auch hier im Juni 1948 wie in den deutschen Westzonen mit einer Währungsreform die wohl damals wertlose Deutsche Reichsmark von der Deutschen Mark abgelöst und so gegenüber dem Osten eine „Finanzgrenze“ gezogen wurde, antworteten die Sowjetunion und ihre Streitkräfte mit der Blockade des gesamten Güterverkehrs auf den Landwegen und Wasserverbindungen zum westlichen Teil der Stadt. Sie dauerte bis zum Mai 1949 an.

In dieser schweren Zeit der ersten Berlin-Krise sorgten die West-Alliierten mit ihren Flügen über die 1945 vereinbarten Luftkorridore nach Frankfurt am Main, Hannover und Hamburg für die Bevölkerung. Nur so konnte die Versorgung in ihren Sektoren aufrechterhalten werden. Ihre Militärmaschinen brachten tatsächlich im Minutentakt aus Westdeutschland sowohl die benötigten Lebensmittel als auch Kohlen und andere Brennstoffe hierher. Eigentlich alles, was die Zivilbevölkerung zum täglichen Überleben gebraucht hat. In elf Monaten mit etwa 280 000 Flügen.

Das waren im August 1948 schon 3 000 bis 4 000 Tonnen Versorgungsgüter pro Tag. Im Frühjahr 1949 steigerte man die Transportleistung auf täglich mehr als 8 000 Tonnen. „Das schmale Band der Luftbrücke hatte sich damit als tragfähige und trotz immer wieder versuchter sowjetischer Eingriffe sowie ungünstiger Witterungsbedingungen unzerreißbare Verbindung mit dem Westen erwiesen, der auch durch die Vielzahl anderer Hilfeleistung seine gemeinsame Verantwortung für die bedrohte Stadt bezeugte", schreibt Dr. Albrecht Lampe (Heimatchronik Berlin, Archiv für Deutsche Heimatpflege GmbH, Köln, 1962, S. 522). Das habe auch über die Ernährungsversorgung der Bevölkerung hinaus ein „wenn auch nur geringes Maß an wirtschaftlicher Leistung aufrecht erhalten".

Für den Historiker Dr. Udo Wetzlaugk entwickelte sich die Luftbrücke „zum größten Lufttransportunternehmen der Geschichte. Die Westmächte beorderten aus aller Welt Maschinen nach Deutschland... Der sowjetische Druck förderte die Entwicklung, die er verhindern sollte: West-Berlin behauptete sich; die westdeutsche Bereitschaft, die Bundesrepublik zu gründen, wuchs; der westliche Zusammenschluss kam merklich voran." (Die alliierten Schutzmächte in Berlin, Landeszentrale für politische Bildungsarbeit, 1982, S. 12 ff)

Was die Russen also wohl nie und nimmer mit ihrem Boykott bezweckt hatten, wurde während dieser Auseinandersetzung am Rande des Kalten Krieges und der ständigen Gefahr des Übergangs in eine militärische Auseinandersetzung zur dauerhaften Realität: Die ernsthafte Bedrohung der Existenz der Bewohner in Frieden und Freiheit schweißte die Bevölkerung und ihre bisherigen Besatzer fest zusammen. Aus dieser Hilfe mit der westlichen Berlin-Präsenz gingen fortan die alliierten Schutzmächte in Berlin hervor.

Zum Symbol dieser Verbundenheit wurden die Freiheitsglocke im Schöneberger Rathaus und die Amerika-Gedenkbibliothek. An beide Geschenke aus den USA für die standhaften Bewohner West-Berlins erinnert noch heute, gut zwei Jahrzehnte nach der deutschen Wiedervereinigung, ein Berliner Radiosender mit dem berühmten Glockenklang. Ebenso finden in dieser stark frequentierten Bibliothek zahlreiche politische Veranstaltungen für die große Leserschaft, auch aus dem brandenburgischen Umland, statt.

Mit der Gründung der Bundesrepublik Deutschland (23. Mai 1949) und der Deutschen Demokratischen Republik (7. Oktober 1949) veränderte sich schlagartig die Bedeutung Berlins. Im Osten der Stadt, nun Hauptstadt der DDR, richtete der andere deutsche Staat seinen Regierungssitz ein. Davon zeugten die Ministerien und Verwaltungen rund um den Alexanderplatz und anderswo.

Das Ministerium für Nationale Verteidigung wurde erst 1956 mit der Gründung der Nationalen Volksarmee gebildet. Allerdings im 50 km entfernten Strausberg (Land Brandenburg). Im Gegensatz zu anderen Ministern kamen dessen Chefs, zuerst Generaloberst Willi Stoph, dann die Armeegenerale Heinz Hoffmann und Heinz Keßler, Admiral Theodor Hoffmann sowie zuletzt der Minister für Abrüstung und Verteidigung, Rainer Eppelmann, nur besuchsweise an die Spree, um hier an den Sitzungen des Ministerrates oder den Tagungen der Volkskammer teilzunehmen.

Das geschah unter wachsamer Aufsicht des sowjetischen Botschafters bis zu den ersten freien Volkskammer-Wahlen am 18. März 1990. Der residierte wie vor dem Krieg Unter den Linden, symbolträchtig nahe am Brandenburger Tor. In regelmäßiger Abstimmung konsultierten sich die DDR-Militärs mit dem Oberkommandierenden der GSSD im Hauptquartier Wünsdorf. Denen war schon nach der Berlin-Krise 1948/49 wieder an normalen Beziehungen zum Westen gelegen, auch mit Blick auf die Alliierten in ganz Berlin.

Denn allein der Verkehr zu Land, auf dem Wasser und in der Luft verlangte von allen Beteiligten, ebenso von den deutschen Behörden in Ost- und West-Berlin, eine ständige Zusammenarbeit und Abstimmung. Sichtbarer Ausdruck wurde 1971 das Viermächteabkommen (Berlin-Abkommen). Es regelte das Verhältnis West-Berlins zur Bundesrepublik, garantierte einen fast reibungslosen Verkehr hierher und setzte zumindest für West-Berlin den Vier-Mächte-Status fort.

Während des Kalten Krieges hatte sich West-Berlin mit seiner Sonderstellung immer mehr zu einer „Frontstadt" entwickelt. Dafür sorgten vor allem die insgesamt 12 300 Soldaten der westlichen Alliierten. Die militärischen Hauptkräfte verkörperte dabei die Berlin Brigade mit amerikanischen und britischen Einheiten.

Die Infanterieregimenter, speziell für den Städtekampf ausgerüstet und ausgebildet, wurden von mehreren Panzerkompanien verstärkt. Hinzu kamen die Forces Francaises. Alle nutzten, ergänzend zu ihren Bewegungen auf den Autobahnen in die Bundesrepublik, per Luft ihre Flugplätze in Tegel, Gatow und Tempelhof.

Zudem unterhielten Geheimdienste aus allen Himmelsrichtungen hier zahllose Stützpunkte.

West-Berlin mit seiner merkwürdigen Insellage wurde auch zum „Schaufenster des Westens“ für den Osten. Nachdem in der SBZ und späteren DDR insgesamt etwa 3 000 intakte Betriebe samt Einrichtungen von der Textilbranche bis zur Autoherstellung an traditionsreichen Standorten über Nacht enteignet, demontiert und in die Sowjetunion abtransportiert worden waren, gab es im Handel und bei der Versorgung in allen Branchen riesige Lücken. Das war ein Dauerzustand. Auch in Ost-Berlin. Obwohl die DDR-Oberen gerade in ihrem Stadtteil im Vergleich zur Provinz für einen inszenierten sozialistischen Wohlstand sorgten, auch mit den damals üblichen Versorgungslücken. Und dabei ging es nicht nur um Bananen und andere Südfrüchte.

Die größten Werke der DDR waren bis 1955 noch keine selbständigen Volkseigenen Betriebe (VEB). Vielmehr mussten etwa 200 größere Industriebetriebe, vorwiegend im Schwermaschinen- und Schiffbau, als Teil Sowjetischer Aktiengesellschaften (SAG-Betriebe) für die Siegermacht arbeiten: Bei Planerfüllung leuchtete auf diesen Werken, weithin sichtbar, ein Roter Stern. Daran kann ich mich noch gut erinnern. In meiner Heimatstadt zählte der Großbetrieb Chemische Maschinenbau-Anlagen (CHEMA) im Vorort Rudisleben dazu. Hier wurden später die ersten DDR-Kühlschränke für den Haushalt produziert, dann riesige Anlagen in den ganzen Ostblock geliefert.

Es fehlte im Arbeiter-und-Bauern-Staat in den Nachkriegsjahren an Bekleidung und Lebensmitteln, eigentlich an allen Dingen des täglichen Bedarfs. Für ein Motorrad, vom Autokauf ganz zu schweigen, musste man sich bei der Volkseigenen Handelsorganisation HO anmelden und mindestens zwei bis drei Jahre bis zur Auslieferung warten. Ähnlich war es mit Waschmaschinen, Kühlschränken und später mit Fernsehgeräten. Bis 1958 gab es in der DDR Lebensmittelkarten. Überhaupt erfolgte die Versorgung nach Plan. Die Preise von Nahrungsgütern und die Wohnungsmieten waren moderat, die Löhne für Facharbeiter, Ingenieure und Ärzte ebenso.

Wer auch nur wie ich für meinen geliebten Radsport einen bescheidenen Qualitätsanspruch hatte, musste sich solche Teile für das Rennrad aus West-Berlin besorgen. Ohne Trinkgeld für den Überbringer aus der näheren Bekanntschaft lag dann der Ost-Preis vier- oder fünfmal höher als in DM (West). Soll heißen: Die Wechselstuben in West-Berlin handelten, je nach Nachfrage, mal 1:4 oder 1:5 zwischen den Währungen aus West und Ost. Auch so wurde nicht erst seit 1990 aus der D-Mark eine

Gesamt-Deutsche Mark, wenn sie ein Ostdeutscher irgendwo nach dem aktuellen Wechselkurs erwerben konnte.

Das Bruderland Ungarn, wo alljährlich Hunderttausende DDR-Bürger ihren Urlaub verbrachten, dort sogar Ferienhäuser am Balaton mieten konnten, soll dann regelmäßig die Ost-Währung in Millionenbeträgen mit Botschaftskurieren per Handgepäck in den anderen Teil Berlins transportiert und dort gegen die harte Währung getauscht haben. Das erzählte man sich nach der Wende.

Die Versorgungsengpässe oder Repressalien wie bei der Zwangskollektivierung in der Landwirtschaft mit den massenhaften LPG-Gründungen trugen dazu bei, dass täglich viele Ostdeutsche in der Flucht nach dem Westen den Ausweg aus dieser Misere sahen. Über Berlin war das verkehrstechnisch kein Problem: Man löste in Thüringen eine Fahrkarte bei der Deutschen Reichsbahn bis zur Ostsee und stieg beim Zwischenaufenthalt in Berlin einfach in die S-Bahn, um angeblich im Umland einen alten Bekannten zu besuchen.

Der Weg nach Teltow, Hennigsdorf, Mahlow oder in andere Orte an der Stadtgrenze auf DDR-Territorium führte oft nach Marienfelde in das Notaufnahmelager für Flüchtlinge aus dem Osten. Von 1953 bis 1990 bildete es für 1,3 Millionen DDR-Bürger das „Nadelöhr zur Freiheit", wie man in der heutigen Erinnerungsstätte erfahren kann.

Die West-Alliierten fuhren in ihren Bussen bei Stadtrundfahrten unkontrolliert durch die Checkpoints: Meist sonnabends kamen viele von ihnen mit ihren Familien zum Einkauf in den Osten. Die Bewohner dort, ich auch, staunten nur über diesen allwöchentlichen lebhaften Einkauftourismus ausländischer Soldaten.

Sie machten dann von den für sie günstigen DDR-Angeboten wie im Warenhaus am Alexanderplatz oder im Sonderladen der traditionsreichen Meißner Porzellanmanufaktur Unter den Linden regen Gebrauch, wo sonst berühmte internationale Künstler ihr Ost-Honorar gegen Kostbarkeiten aus dieser sächsischen Produktionsstätte eintauschten. Nur russische Militärs hatten das Recht, sie an der Grenze zu kontrollieren. Was diese aber kaum und dann nur symbolisch taten.

Internationale Kulturstätten wie die Deutsche Staatsoper Unter den Linden oder das Pergamon-Museum auf der Museumsinsel zählten fast täglich Offiziere der Alliierten zu ihren Besuchern. Schon ihre schmucken Ausgangsuniformen erregten bei den Berlin-Gästen aus der ostdeutschen Provinz immer wieder Aufmerksamkeit.

Ich habe dann auch gestaunt, wenn ich mit meiner Frau kurz vor einer Theatervorstellung noch auf Restkarten wartete und die Englisch oder Französisch sprechenden Offiziere für ihre Plätze in den ersten Reihen mit einem großen Geldschein an der Kasse bezahlten. Dennoch habe ich mich über diese Art internationaler Wertschätzung für die Kunst und Kultur in Ost-Berlin sehr gefreut, wo auch ganze Reisegruppen aus sozialistischen und anderen Ländern regelmäßig einkehrten.

Berlin – seit 1990 wieder gesamtdeutsche Hauptstadt

Als am Abend des 9. November 1989 unter dem Ansturm tausender Ost-Berliner die Mauer fiel, gehörten viele Tote und Verwundete aus Ost und West neben den unzähligen Familiendramen in der Vergangenheit zur Bilanz der „Grenzsicherung" der DDR. Ein Jahr später, am 3. Oktober 1990, feierte das deutsche Volk die Wiedervereinigung seiner bisher getrennten Staaten. Aus dem geteilten Berlin wurde nun wieder eine gesamtdeutsche Hauptstadt. Dieser Tag mit vielen offiziellen Veranstaltungen, darunter die Amtsübergabe für den Befehlshaber der Bundeswehr Ost in Strausberg, bleibt mir unvergessen.

Die Truppen mit Alliierten-Status wandelten sich von einem Tag zum anderen zu Gaststreitkräften in Deutschland. Die letzten von ihnen, es waren russische Einheiten, wurden von der Bevölkerung Berlins im August 1994 offiziell verabschiedet. Bundeskanzler Helmut Kohl (CDU) richtete in Anwesenheit von Russlands Präsident, Boris Jelzin, herzliche Abschiedsworte an die Soldaten der einstigen Siegermacht.

Damit endete der 2. Weltkrieg erst richtig, obwohl doch schon am 8. Mai 1945 in Berlin-Karlshorst die Kapitulationsurkunde unterzeichnet worden war. In den nun nur noch von deutschen Wachschutzleuten kontrollierten ehemaligen WGT-Objekten wie in Karlshorst machten sich in den folgenden Monaten immer wieder Bewohner aus der Umgebung ein Bild von den meist riesigen Militäranlagen und den bescheidenen Unterkünften der Soldaten aus dem fernen Land. Vorher hatten sie nie Zutritt.

Der Sowjetstaat war sowohl in den Bildungseinrichtungen als auch in Betrieben der DDR als „ein von Ausbeutung und Unterdrückung befreites Land" verherrlicht worden. Bei uns in der Grundschule gab es unter Kindern folgenden lustigen Spruch: „Händchen falten, Köpfchen senken, fünf Minuten an Stalin denken!" Die Lehrer durften das aber nicht hören.

Wie es in diesem großen Land wirklich aussah, wie bescheiden und oft primitiv die Menschen unter sozialistischen Bedingungen leben mussten, wussten all die Ostdeutschen, die sich dort aus beruflichen Gründen länger aufgehalten hatten. Kein Fotoreporter der staatlichen Nachrichtenagentur TASS wurde bis in die 1970er Jahre je in einen Großbetrieb oder auf eine Kolchose geschickt, wenn er nicht im Kofferraum seines „Wolga"-PKW mehrere neue Arbeitsanzüge für die Bestarbeiter oder die fleißigen Bauern auf seinen Bildern mit sich führte. Das erzählte mir ein Fotograf von ADN-Zentralbild nach seinem mehrwöchigen „Erfahrungsaustausch" in der Sowjetunion.

Vorgaben dieser Art erhielten die Fotoreporter ostdeutscher Medien glücklicherweise nicht von ihren Chefs vom Dienst. Bei aller Parteilichkeit „für das Neue und den Fortschritt unter sozialistischen Bedingungen", wie eine der Grundforderungen der Partei- und Staatsführung an uns Journalisten lautete, konnte man angesichts vielfältiger detaillierter Informationen aus dem Westfernsehen und vom Westrundfunk über das Leben in der DDR auf solche Schwarz-Weiß-Darstellungen verzichten. Wie ich auch in Berlin immer wieder bei Spitzenfotografen von Tageszeitungen und unserer Nachrichtenagentur erlebt habe, lehnten sie solche gestellten Bilder prinzipiell ab.

Der Deutsche Bundestag beschloss am 20. Juni 1991 in Bonn per Gesetz, den halben Sitz der Bundesregierung nach Berlin zu verlegen. Auf den Umzug aller Ministerien samt Personal hatten sich die regierenden Parteien mit Blick zur Wählerschaft in den alten Bundesländern nicht einigen können. Bis heute nicht! So wären der Bundesrepublik in den Folgejahren mit dem ständigen Hin und Her von Regierungsverwaltungen und Beamten bestimmt dreistellige Millionen-Beträge erspart geblieben.

Eigentlich schade, dass nach all den Jahrzehnten der Teilung eine solche Entscheidung nicht konsequent durchgesetzt werden konnte, obwohl doch seit Konrad Adenauers Regierungszeit die deutsche Wiedervereinigung immer Priorität haben sollte. Und dass das Herunterfahren von DDR-Regierungseinrichtungen in Ost-Berlin auf Null, verbunden mit der Entlassung von zehntausenden Angestellten, wie eine Selbstverständlichkeit über die Bühne ging. Eine größere Weiterbeschäftigung von Personen, die keine Funktionsträger der DDR waren, wäre im öffentlichen Dienst durchaus als Geste des guten Willens verstanden worden.

Ähnliches hat ja die neu geschaffene gesamtdeutsche Bundeswehr beispielhaft vorgemacht: Allein mit der Weiterbeschäftigung von mehr als 3 000 NVA-Offizieren und etwa 24 000 Zivilbediensteten der vorher fast 50 000 Zivilbeschäftigten der DDR-Armee. Daher auch die große Wertschätzung der Bundeswehr von Anfang an unter der Bevölkerung zwischen Ostsee und Erzgebirge. Sie galt schon seit dem 3. Oktober 1990 als eine Armee der Einheit. Und in der heutigen Armee im Einsatz bewähren sich Ost- und Westdeutsche gleichermaßen.

Ein westdeutscher Wissenschaftler warnte kürzlich davor, dass „überproportional viele Ostdeutsche im Auslandseinsatz“ seien. Was soll eine solche Spaltung in tapfere Soldaten aus dem Osten, die sich im Kampfeinsatz bewähren, und weniger tapfere Soldaten aus den westlichen Bundesländern? Da sollte sich dieser Herr doch mal von seinem gut bezahlten Hochsitz in der Wissenschaftslandschaft gelegentlich mal in die Niederungen der Truppe begeben, um mit eigenen Augen zu sehen, wie wenig solche „Theorien“ in der gesamtdeutschen Bundeswehr mit der Realität zu tun haben. Denn von Anfang an gab es in Ostdeutschland, das hat der damalige Bundeskanzler wiederholt gewürdigt, großes Interesse an den gesamtdeutschen Streitkräften, gerade auch mit ihren vielfältigen Möglichkeiten der Berufsförderung.

Später war die Bundeswehr-Führung nicht nur auf der Bonner Hardthöhe, sondern auch im Bendlerblock mit dem zweiten Ministersitz vertreten. Die Streitkräfte selbst zeigten seit dem Tag der Deutschen Einheit Flagge in Berlin: Zuerst mit einem Jägerbataillon. Vier seiner fünf Kompaniechefs hatten in der NVA gedient. Dann ein großes Krankenhaus, in dem 150 der 370 Betten zivilen Patienten aus der Stadt zur Verfügung standen. Auch die Soldaten vom Luftwaffenmuseum, das aus Norddeutschland in das traditionsreiche Gatow verlegt wurde, und vieler anderer Einheiten trugen nun ein Berlin-Symbol auf ihren Uniformen. Es gab schon bald 16 zentrale und örtliche Dienststellen der Bundeswehr in der Stadt.

Heute vor allem mit dem Wachbataillon, von dessen 1 800 Soldaten in neun Kompanien der größte Teil in der Berliner Julius-Leber-Kaserne, der andere Teil in der Brückburg-Kaserne in Siegburg dient. Seit dem Abzug der Franzosen aus dem Quartier Napoleon trägt die Einrichtung in Berlin-Wedding den Namen des sozialdemokratischen Widerstandskämpfers gegen den Nationalsozialismus. Die feierliche Namensgebung durch Altbundeskanzler Helmut Schmidt (SPD) in Anwesenheit von Bundesverteidigungsminister Volker Rühe (CDU) und Leber-Tochter Katharina Christiansen hat mich sehr beeindruckt.

Und noch etwas fiel mir auf: Im Gegensatz zu den deutschen Armeen aus der Vergangenheit wie Reichswehr, Wehrmacht und Nationale Volksarmee verzichtete die Bundeswehr beim Großen Zapfenstreich oder bei Gelöbnissen auf den berühmt-berüchtigten Stechschritt und manche andere preußische Reliquie. Sie pflegt stattdessen solche Traditionen wie das Vermächtnis des deutschen militärischen Widerstands vom 20. Juli 1944, als Offiziere um Oberst Claus Schenk Graf von Stauffenberg mit einem Attentat auf Hitler dessen sinnlosen Krieg beenden wollten.

Im Innenhof des Bendlerblocks, wo diese patriotischen Offiziere nach dem Scheitern ihres Umsturzversuchs erschossen wurden, ehren nun Soldaten der Bundeswehr zu feierlichen Anlässen deren Vermächtnis. Ausländische Gesprächspartner des Verteidigungsministers erweisen hier dem deutschen militärischen Widerstand gegen das Nazi-Regime ihre Ehre. Als erster Gast kam 1993 Frankreichs Verteidigungsminister Francois Leotard hierher. An diesem Ort fühle er sich „von einer großen Emotion ergriffen“, sagte mir Rühes Amtskollege, tief beeindruckt, nach dem Zeremoniell. „Das erinnert uns Franzosen daran, dass die ersten Opfer der Nazis eigentlich die Deutschen selbst waren.“

In räumlicher Nähe zur Gedenkstätte Deutscher Widerstand befindet sich heute das Ehrenmal der Bundeswehr. Es ist seit 2009 der zentrale Ort des Gedenkens für die mehr als 3 200 Soldaten und Zivilbeschäftigten, die infolge der Ausübung ihrer Dienstpflichten für die Bundesrepublik Deutschland gefallen oder gestorben sind. Ein Raum der Stille trägt die Inschrift: „Den Toten unserer Bundeswehr für Frieden, Recht und Freiheit“. Das Ehrenmal ist ein öffentlich zugänglicher Betonquader von 32 Meter Länge, acht Meter Breite und zehn Meter Höhe. Er unterscheidet sich optisch wesentlich von traditionellen Kriegerdenkmalen, um so Heldenverehrung zu vermeiden.

Mit diesem Ehrenmal wird die Tradition von Streitkräften in der Demokratie bewahrt. Es reiht sich würdig ein in die vielen neuen Entwicklungen in Berlin seit der Wiedervereinigung. Zu denen gehört ebenso der alljährliche „Tag der offenen Tür“ im Kanzleramt und in Ministerien. So auch im Bundesverteidigungsministerium. Aus diesem Anlass kann man das Ministerbüro im Bendlerblock besichtigen, mit Repräsentanten von Bundeswehr-Organisationen sprechen, ausgewählte Militärtechnik aus den Teilstreitkräften bestaunen oder militärische Vorführungen entlang der Stauffenbergstraße erleben.

Nicht nur für viele Berliner, sondern auch für Gäste aus allen Bundesländern sind dann hier die Begegnungen mit dem Minister und dem Generalinspekteur in einer rundum lockeren Atmosphäre schöne Erlebnisse. Mich hat immer wieder die Herzlichkeit zwischen Soldaten und Reservisten, Zivilisten und Amtsträgern beeindruckt. Man fühlte sich wie auf einem großen Familienfest. Musik und Unterhaltung sorgen zudem für eine gesellige Atmosphäre.

Jedenfalls haben die neuen deutschen Streitkräfte in Berlin, davon kann man sich heute vielerorts in der Hauptstadt überzeugen, würdige Standorte gefunden. Dort hatte ich das Glück, seit der Wiedervereinigung bei vielen Gelegenheiten des freundschaftlichen Zusammentreffens von

Berlinern mit ihren Soldaten dabei zu sein: Bei Gelöbnissen, Namensgebungen oder Militärkonzerten.

Auch bei der Besichtigung militärischer Einrichtungen bin ich mit Soldaten, von denen so mancher vorher die NVA-Uniform getragen hat, ins Gespräch gekommen. Ihre Offenheit imponierte mir sofort. Besonders die nicht verklauselten Antworten auf die Frage nach ihren militärischen Aufgaben. Man erfüllte nun nicht mehr den „militärischen Klassenauftrag", wie das früher fast unisono bei ähnlichen Veranstaltungen zu hören war. Auch andere Phrasen aus dem Polituntericht der NVA gehörten nun nicht mehr zum Vokabular der Soldaten.

Das vergisst man auch nicht: Es gab in der alten Garnisonsstadt Berlin nirgends ernsthafte Probleme mit den neuen Streitkräften. Im Gegenteil! Ich würde sogar sagen: Sie wurden hier von der Bevölkerung und ihren Politikern mit offenen Armen empfangen. Das habe ich in Gatow, Reinickendorf, der Stadtmitte, eigentlich überall, erlebt. Nun ist hier die Bundeswehr die neue Schutzmacht. Ihre Soldaten stammen aus den alten und neuen Bundesländern. Und keiner fragt mehr nach dem: „Woher kommen Sie?".

Die Wehrdiensttotalverweigerer, denen einst die Arbeiter-und-Bauern-Macht nicht nur in Ost-Berlin mit aller Härte begegnet war, fanden nun sogar im ehemaligen SED-Zentralorgan ein Forum für ihre Argumente. Pikanterweise stammte diese Art der Schützenhilfe für eine Welt ohne Waffen auch vom einstigen Militärredakteur des Blattes. Er war über Jahrzehnte der Parteilosung „Der Frieden muss bewaffnet sein!" verpflichtet. Und hat das damals seiner Leserschaft mit der anerzogenen Parteidisziplin regelmäßig auf Schlagzeilen in Erinnerung gebracht.

Tief beeindruckt hat mich dagegen ein Brief, den ich unlängst von Spandaus Bezirksbürgermeister a.D. Sigurd Hauff (SPD) erhielt. Nach der Lektüre meines Buches schrieb mir der Stadtälteste von Berlin: „Sehr genau habe ich die Verlegung des Jägerbataillons und einer Luftwaffendivision nach Spandau in Erinnerung. Es war ein Lernprozess für manche Mitbürger, und es war sicher hilfreich, dass ich damals als Bezirksbürgermeister öffentlich darauf hinwies, dass die Bundeswehr ein integraler Bestandteil unserer Gesellschaftsordnung ist. Und ich bin auch darauf stolz, dass mir 1995 das Ehrenkreuz der Bundeswehr in Gold verliehen wurde."

Beim Umzug von Strausberg nach Spandau konnte er gelegentlich mit der Vermittlung von Kita- und Arbeitsplätzen für die Ehefrauen der Soldaten helfen. Schon zuvor hatte Hauff, ab 1981 Bezirksstadtrat und bis 1995 Bezirksbürgermeister, „die Chance und das Glück, den guten Kontakt und die Zusammenarbeit mit den in Spandau stationierten Truppen unserer britischen Schutzmacht zu pflegen. Daran erinnere ich mich gern." Ihm wurde 1994 der Orden „Order of the British Empire" verliehen. Auch diese Ehrung war ein Ausdruck für das freundschaftliche Verhältnis zwischen den Berlinern und den britischen Streitkräften.

Seine Beziehung zu den Soldaten, die für Freiheit und Demokratie einstehen, ist nur ein Beispiel für viele Bürger in der deutschen Hauptstadt. Sigurd Hauff, übrigens ein gebürtiger Schwabe, hat sich große Verdienste um Spandau, um Berlin und um viele internationale Kontakte erworben.

Auch nach Ansicht anderer West-Berliner Politiker war hier die Teilung des europäischen Kontinents am sichtbarsten zu erkennen. Diese Meinung vertritt der ehemalige Präsident des Abgeordnetenhauses und Regierende Bürgermeister Walter Momper in „Alliierte in Berlin 1945-1994" (Berliner Wissenschafts-Verlag, 2007, S. 7). „Die Mauer markierte ab 1961 die Trennungslinie zwischen zwei politischen Lagern, Weltanschauungen und ökonomischen Systemen. Viele Krisen, die sich aus der Konfrontation zwischen Ost und West ergaben, hatten hier ihren Ursprung und wirkten sich unmittelbar auf das Leben der Menschen nicht nur in dieser Stadt aus." Aus heutiger Sicht und zum Glück ist dies alles Vergangenheit!

Jeder vierte Deutsche war Suchender oder Gesuchter

Das Ende des 2. Weltkrieges und seiner Schrecken galten für die Menschen in Deutschland und besonders in Berlin, mitten in der riesigen Trümmerlandschaft, als Stunde Null. Jeder vierte Deutsche war Suchender oder Gesuchter, auch hier. Männer, viele noch in der Wehrmachtsuniform, standen gemeinsam mit fremden Frauen und Kindern in langen Schlangen vor den Dienststellen des Deutschen Roten Kreuzes (DRK).

Diese bildeten nach Kriegsende die ersten Anlaufstellen, um über Familienangehörige nähere Auskünfte einzuholen. Deren Spuren hatten sich über all die Jahre des Leides verloren. „Aus Liebe zum Menschen" wurde zum Credo und Leitmotiv des Handelns der Hilfsorganisation.

Allein zwischen 1945 und 1950, noch im Chaos nach dem Krieg, hatten Betroffene 17 Millionen Suchanträge beim DRK gestellt. Davon galten 291 000 nur Kindern, auch eine der ganz bitteren Seiten der Kriegsfolgen. Zu jener Zeit waren zudem 11,5 Millionen Menschen in Kriegsgefangenschaft oder ziviler Internierung. Es gab 15 Millionen Flüchtlinge. All das gehörte unter der deutschen Bevölkerung zur grausamen Bilanz eines Krieges, den die Nazis angezettelt hatten.

Gekennzeichnet vom Kriegsleid oder von der Flucht aus dem Osten oder Südosten Europas, wandten sich meist heimatlose Menschen an die Auskunftsstellen des Suchdienstes. In Norddeutschland hatte man eine solche als „Flüchtlingshilfswerk, Ermittlungsdienst, Zentralsuchkartei" schon im April/Mai 1945 in Flensburg gegründet. Hier wurden Sonderwünsche in ein geordnetes Karteikarten-Begegnungssystem integriert. Zuvor waren diese meist an Haus- oder Bretterwänden angebracht worden.

Erste beglückende Nachrichten über das Schicksal Verschollener machten den engagierten DRK-Mitarbeitern Mut. Dann verlegte die Einrichtung nach Hamburg-Altona. Aus ihr ging eine Zonenzentrale hervor. Sie war Vorläufer vom DRK-Suchdienst.

Argwohn der Besatzungsmächte bei „suchdienstlichen" Aktivitäten

Insgesamt hatten etwa 800 Mitarbeiter eine Flut von Hilfeersuchen zu bearbeiten. Und das war das Ergebnis: Von 1945 bis 1950 konnten hier aus 12 Millionen Meldungen der Bevölkerung über Opfer des 2. Weltkrieges 2,9 Millionen Erfolge in der Nachforschung nach Vermissten erreicht werden. Für die betroffenen Familien und Personen folgten wahre Glücksstunden.

Trotz komplizierter Arbeitsmöglichkeiten in den Besatzungszonen, in denen es kaum Verkehrs- und Postverbindungen gab und die Militärregierungen jeder „suchdienstlichen" Aktivität mit Misstrauen begegneten, hatte auch die südliche Zonenzentrale in München in diesen Jahren viele „Glückstreffer". Schon in den ersten fünf Nachkriegsjahren waren in Deutschland acht Millionen Menschen vom Suchdienst zusammengeführt worden. Ab 1950 ging die Hamburger Zentralkartei mit der des DRK-Suchdienstes München in die Zentrale Namenskartei des Deutschen Roten Kreuzes ein.

Die Grundlage dieses Erfolgs bildeten die Such- und Meldekarten. Bei der Nachforschung nach den 1950 noch immer verschollenen 1,7 Millionen Wehrmachtsangehörigen aller Waffengattungen und etwa 400 000 Zivilgefangenen nutzte der Suchdienst mehrere Methoden. Besonders effektiv war der Karteiabgleich bei Nachforschungen. Einbezogen wurden die Deutsche Dienststelle (einst Wehrmachts-Auskunftstelle) mit 20 Millionen Unterlagen, die Ortskarteien des Kirchlichen Suchdienstes mit 17 Millionen Unterlagen und die deutsche Kartei des Zentralen Suchdienstes beim Internationalen Roten Kreuz mit 10 Millionen Unterlagen.

Außerdem befragten die Suchdienst-Mitarbeiter unzählige Soldaten nach ihrer Heimkehr und ebenso Heimatvertriebene. 5,4 Millionen Befragungen zwischen 1947 und 1965 führten zu mehr als zwei Millionen Aussagen über Wehrmachtsverschollene. Leider waren ein Drittel Todesmeldungen.

Ursprünglich wurde alles handschriftlich erfasst. Eine Sisyphusarbeit, wie man sich vorstellen kann. Mit den Ergebnissen staatlicher Registrierung konnten die Namenslisten mit Hollerith-Maschinen auf Lochkarten gestanzt und geschrieben werden. Als Erinnerungsstützen dienten ab 1958 die Bildlisten von Verschollenen vom Suchdienst München. Nach ehemaligen Truppenverbänden und Kriegsgefangenenlagern gegliedert, umfassten diese über 200 Bände mit mehr als 900 000 Fotos.

Schicksalsmeldungen aus russischen Archiven

Zu bemerkenswerten Ergebnissen führten auch die Anfragen an die Rotkreuz-Gesellschaften von Ländern, in deren Gewahrsam sich Gesuchte befanden. So gab es in Zusammenarbeit mit dem Russischen Roten Kreuz zwischen 1992 und 1995 folgende Schicksalsmeldungen aus dortigen Archiven: 680 000 verstorbene Kriegsgefangene, 75 000 Zivilinternierte, 123 000 Inhaftierte der Sonderlager des Geheimdienstes NKWD in der Sowjetischen Besatzungszone und 50 000 Personen auf Gräberlisten.

Da die Sowjetunion dem III. Genfer Abkommen über Kriegsgefangene von 1929 nicht beigetreten war, sah sie sich nach Kriegsende nicht zu solchen Auskünften veranlasst. Erst eine Vereinbarung 1957 mit dem Suchdienst München über wechselseitige Nachforschungshilfen taute das Eis. Jeder fünfte Suchantrag wurde nun geklärt.

So konnte in all den Jahren nach Kriegsende dank uneigennütziger Hilfe vieler Helfer des DRK, das inzwischen von der Bundesregierung mit diesem humanitären Anliegen beauftragt wurde, eine stolze Bilanz bei der Aufarbeitung allein der Verschollenenschicksale gezogen werden: Etwa 14 Millionen Personen wurden ausfindig gemacht und vom DRK mit ihren Familien zusammengeführt. Diese Bemühungen gestalteten sich während des Kalten Krieges zwischen Ost und West als besonders schwierig.

Weiterhin wurden etwa eine Millionen Verschollenenschicksale von Soldaten und Zivilgefangenen sowie etwa 300 000 Kindern geklärt. Ungeklärt war zu dieser Zeit noch immer das Schicksal von 1,25 Millionen Soldaten und 170 000 Zivilpersonen. Ebenso lagen 4 600 Kindersuchfälle vor. Das Erfreuliche an dieser bitteren Bilanz: Es gab jährlich etwa 900 Wiedersehen mit Gesuchten. All das erfuhr ich 1995 in der Berliner Stadtbibliothek während einer ergreifenden DRK-Veranstaltung zum 50. Jahrestag des Kriegsendes.

DRK-Helfer in neuen Bundesländern an Nachforschungen beteiligt

Täglich erreichten das DRK noch 1995 neue Suchmeldungen. Vor allem von Aussiedlern, die nun erstmalig Gelegenheit zur Nachforschung in Familiensachen hatten. Aber auch von einst adoptierten Kindern, die nun ihre eigentlichen Eltern kennen lernen wollten. Aus jedem Antrag sprach das Vertrauen, es möge Menschenmögliches getan werden, um das Schicksal Gefallener, Verschleppter, Vermisster, Ausgebombter oder Evakuierter zu klären.

Dabei erwiesen sich die Zentrale Namenskartei München, in der damals fast 23 Millionen Menschen erfasst waren, und die Außenstelle Berlin mit den Personalien von 6 Millionen Menschen als eine wertvolle Hilfe. Laut DRK-Angaben handelte es sich um Bestände, „die Jahrzehnte deutscher Geschichte, vielfach anhand von Einzelschicksalen, dokumentieren". Wie auch immer die Auskunft lautete: Die Empfänger waren dankbar dafür, endlich Klarheit über einen nahestehenden Menschen zu erhalten. Hier muss ich an meine Großmutter denken, die alles dafür gegeben hätte, eine Nachricht über ihren im Krieg vermissten Sohn zu erhalten. Ein zweiter Sohn war auf Kreta gefallen.

Nach der Wiedervereinigung beteiligten sich viele Helfer aus den neuen Bundesländern an den Nachforschungen. Das war zu DDR-Zeiten wegen der staatlichen Kontrolle durch die Volkspolizei und Staatssicherheit nur beschränkt möglich. Die verordnete Wachsamkeit gegenüber allen Anfragen, die aus dem Westen zu Personen und ihrer Vergangenheit kamen, hatte auch hier über jeden menschlichen Kontakt dominiert.

Heute bewahrt der Suchdienst über 50 Millionen Karteikarten am Standort München auf. Mit ihnen wird noch immer gearbeitet, teilte Ronald Reimann, Referent in der DRK-Suchdienstleitstelle, in einem Rundfunkinterview mit. Dank dieser akribischen Arbeit konnte vielen Menschen „diese glückliche Nachricht überbracht werden". Das DRK kümmere sich jetzt in Zusammenarbeit mit anderen Organisationen nicht nur um Vermisste des 2. Weltkrieges.

Ungeklärt sind nach wie vor allein 1,3 Millionen deutsche Schicksale. Es geht auch um Personen, die laut DRK aufgrund von bewaffneten Konflikten und Kriegen oder von Naturkatastrophen den Kontakt zueinander verloren haben.

3 Ost-Sektor

Sowjetische Besatzungsmacht

Nach dem Hissen der Siegesflagge auf dem Reichstag am 30. April 1945 endeten für die Sowjetarmee nicht nur die Schlachten im Großen Vaterländischen Krieg, wie dort der 2. Weltkrieg hieß, obwohl noch in Berlin gegen einige Widerstandsnester zu kämpfen war. Am 2. Mai forderte General Helmut Weidling, Befehlshaber des Verteidigungsbereichs Berlin, im Einvernehmen mit dem Oberkommando der sowjetischen Truppen in seinem Kapitulationsbefehl „die sofortige Einstellung jeglichen Widerstandes“ und appellierte an seine Soldaten, „sofort den Kampf einzustellen“.

Mit der Unterzeichnung der Kapitulationsurkunde im sowjetischen Hauptquartier in Berlin-Karlshorst am 8. Mai 1945 (Moskauer Zeit: 9. Mai 1945), dem offiziellen Ende des 2. Weltkrieges, begann die Siegermacht aus dem großen Land, im Osten ihre Besatzung zu etablieren. Unterstützung gab es von einer Gruppe KPD-Funktionäre unter Leitung von Walter Ulbricht aus dem Moskauer Exil. Sie sollte mit der Politischen Hauptverwaltung der 1. Belorussischen Front dazu beitragen, das öffentliche Leben und die Verwaltung Berlins wieder in Gang zu setzen. Weiterhin wollte man die Gründung von Parteien, Gewerkschaften und anderen Organisationen vorbereiten. So wurde am 19. Mai 1945 der Berliner Magistrat gebildet.

Erster sowjetischer Stadtkommandant und Chef der sowjetischen Garnison in Berlin wurde Generaloberst Nikolai E. Bersarin (1904-1945). In seinem Befehl Nummer 1 erhielt die Sowjetische Stadtkommandantur die verwaltungsmäßige und politische Macht über alle Bezirke Berlins. Zur Wiederherstellung der Ordnung wurde in Groß-Berlin eine Stadtpolizei gebildet. Sie war nicht nur für die Stadtbezirke im demokratischen Sektor wie Mitte, Lichtenberg oder Pankow zuständig. Auch in den West-Sektoren wurde sie aktiv, als es damals vor allem um Kriminalität, Bandenunwesen und Schieberei ging. Ab 1947 traten die ersten Überfallkommandos der Berliner Polizei in Aktion.

Zum ersten Polizeipräsidenten im Nachkriegs-Berlin wurde Paul Margraf, ein KPD-Mitglied, von der sowjetischen Besatzungsmacht ernannt. Ihm folgte Johannes Stumm. Ab 1948 gab es in den westlichen Sektoren einen geordneten Polizeidienst mit etwa 13 000 Mitarbeitern. Im Osten nahm die Berliner Volkspolizei ihren Dienst auf. Da es sich bei den Polizisten um die ersten deutschen Waffenträger nach dem verlorenen Krieg handelte, die vorher nur mit Knüppeln ausgerüstet waren, achteten alle Besatzungsmächte mit Argusaugen über diesen Personenkreis. Schwerpunkte ihrer Tätigkeit waren auf beiden Seiten die Sicherung der Sektorengrenzen und der Wachschutz.

Mot. Schützen für die 1. Strategische Staffel

Die meisten Verbände und Truppenteile der Sowjetarmee in der DDR verhielten sich wie eine „geschlossene Gesellschaft". Das hieß: Für einen deutschen Zivilisten gab es hier in der Regel keinen Zutritt. Die Ausnahme bildeten nur die Mitglieder der Ost-Berliner Führungsriege, örtliche Partei- und Staatsfunktionäre oder immer wieder mal einzelne Offiziere vom NVA-Regiment nebenan. Solche Gäste wurden meist bei feierlichen Anlässen am Schlagbaum vor jeder russischen Kaserne begrüßt.

Dann überbrachte man den sowjetischen Kampfgefährten in Städten und Gemeinden zum Tag der Sowjetarmee am 23. Februar „brüderlichen Grüße und Glückwünsche". Ostdeutsche Soldaten beteiligten sich zudem in der folgenden „Woche der Waffenbrüderschaft" bis zum 1. März, dem Tag der NVA, der an ihre Gründung 1956 erinnern sollte, an gemeinsamen Kultur- und Sportveranstaltungen. Wobei, so wurde mir wiederholt berichtet, die sowjetische Seite meist eine Auswahl aus der ganzen Division zum Kompanievergleich mit den Deutschen schickte, um unbedingt im Fußball oder beim Schießen ein solches Prestigeduell zu gewinnen.

Auch das sollte die Überlegenheit der „ruhmreichen" Sowjetarmee demonstrieren, wie das den Soldaten beider Armeen ständig im Polituntericht eingepaukt wurde. Erstaunen löste bei den Deutschen aus, wenn in Anwesenheit von NVA- oder GSSD-Generalen sogar auf Kreisebene eine professionelle Auswahl der Sowjetarmee aus der DDR in schicker Sportbekleidung mit westlichen Herstellersymbolen auftrat. So etwas trugen sonst nur die Spitzenathleten aus dem Armeesportklub Elstal. Im einstigen Olympischen Dorf von 1936 bei Döberitz (Land Brandenburg) trainierten nach Kriegsende die besten Armeesportler aus den Reihen der GSSD in Vorbereitung alljährlicher internationaler Meisterschaften in den Militärsportarten innerhalb der Warschauer Vertragsstaaten. Hier hatte der Sport ebenfalls eine politische Mission.

Dagegen mussten die wehrpflichtigen Waffenbrüder aus Kleinkleckersdorf oder Posemuckel als Freizeitsportler, typisch deutsch, in befohlener NVA-Einheitskleidung um ein einigermaßen erträgliches Ergebnis kämpfen. Allein deren Sportschuhe, die schon bei der Einkleidung wie Stahlhelm, Stiefel und Unterwäsche mit den Worten „Passt!" vom Kompaniefeldwebel ausgegeben worden waren, sahen nicht besonders „sportlich“ aus. In meiner Wehrpflicht-Zeit trugen wir diese Lederschuhe mit Gummisohle auch beim Schneeräumen während des Frühsports.

Dieses Sieger-Denken der Sowjets habe ich oft auf Sportfesten erlebt. Natürlich gönnte man den Gewinnern solcher Leistungsvergleiche auf dem Gebiet des Sports das meist von einer benachbarten Landwirtschaftlichen Produktionsgenossenschaft (LPG) gestiftete schlachtreife Schwein von Herzen. Unter großem Jubel wurde dann der lebende Siegerpreis abtransportiert. Fraglich war dann nur, welche Dienstgrade nach den ertragreichen Wettkämpfen am folgenden feucht-fröhlichen Festmahl teilnehmen durften.

Solche lebenden Ehrenpreise waren auf sowjetischer Seite sehr begehrt, obwohl doch jedes GSSD-Regiment zur Selbstversorgung laut Struktur aus Kriegszeiten über einen „Schweinemeister“ verfügte. In der Regel musste ein Sergeant die Planstelle ausfüllen. Der hatte sich um all das lebende Viehzeug hinter den Kasernenmauern zu kümmern, wo gleich die Verwertung der eigenen Küchenabfälle stattfand.

Sehr selten erhielten ostdeutsche Journalisten, auch auf Bezirksebene, die Erlaubnis zur Besichtigung eines „Objekts“ der GSSD. So hießen die rund 1 500 militärischen Einrichtungen der Sowjets in Ostdeutschland. Darin waren neben den etwa 400 000 Soldaten rund 7 000 Panzer, 10 000 gepanzerte Fahrzeuge, 5 000 Artilleriegeschütze, 700 Kampfflugzeuge, 350 Hubschrauber und 220 Boden-Boden-Raketensysteme stationiert. (Kurt Arlt, Sowjetische (russische) Truppen in Deutschland (1945-1994) in: Im Dienste der Partei, Christoph Links Verlag, 1998, Berlin, S. 616) Besuche dieser Art fanden aber nur im Rahmen von Presseexkursionen in Gruppen mit entsprechender Aufsicht statt. Dafür mussten die Teilnehmer lange vorher von ihren Redaktionen im Wünsdorfer Oberkommando angemeldet werden.

Wer dann die politische Zuverlässigkeit dieser Medienvertreter geprüft hat, weiß man bis heute nicht so genau: Entweder der mit etwa 10 000 Leuten in der DDR agierenden sowjetische Geheimdienst KGB, bei dem Oberst Wladimir Putin in und um Dresden tätig war, sicher auch in seiner Funktion als Aufklärer mit Blick auf die Bundesrepublik und Westeuropa. Oder die ebenfalls allgegenwärtige Stasi-Abwehr, Unterabteilung Militärabwehr, die vertragsgemäß nicht nur für die Außenabsicherung von Übungen und Manövern der GSSD/WGT sorgte. Ohne eine solche Anmeldung endete schon am Schlagbaum (der auch russisch so hieß) jedes Gespräch mit einem sowjetischen Militärangehörigen und erst recht der geplante Aufenthalt in einer Garnison.

Die sowjetischen Waffenträger wollten mit diesem Abschirmen vor der Öffentlichkeit verhindern, dass sich vielleicht ein zu neugieriger Mensch ein genaueres Bild über die Indienststellung moderner Waffen oder die Umdislozierung einzelner Kampfdivisionen auf dem DDR-Territorium machen konnte. Solche Versuche gab es nach Kriegsende 1945 bis zum vollständigen Abzug der Russen aus Deutschland 1994 recht oft. Das kann man dem Buch „BND contra Sowjetarmee – Westdeutsche Militärspionage in der DDR“ (Armin Wagner/Matthias Uhl, Berlin, 2007, Lizenzausgabe für die Bundeszentrale für politische Bildung) entnehmen.

Jeder Laie staunt heute nur, was für den Westen dabei so interessant war und auf welche Weise (z.B. Verwandtenbesuche in der Bundesrepublik) der Geheimdienst BND in den Besitz oft klitzekleiner Bausteine für die militärische Aufklärung gelangt ist. Wobei viele Dinge schon durch die Fernmelde- und funkelektronische Aufklärung, auch über Foto- und Radarsatelliten, bekannt waren und ständig neu aufgeklärt werden konnten.

Eine weitere bewährte Methode sei die Reisespionage gewesen, heißt es dort. Sie „zielte auf die Gewinnung oder Aktualisierung von Hintergrundwissen über sowjetische Garnisonen, Infrastruktur, Übungsplätze, Personal, Großgerät und Waffentechnik“ (ebd. S. 122). Zusammenfassend schreiben die Autoren: „In der gespannten Atmosphäre des Kalten Krieges erreichte die Militärspionage eine bis dahin nicht gekannte Dimension.Die gemeinsame Sprache und die Vielzahl verwandtschaftlicher Beziehungen ließen den Spionageeinsatz Tausender Reisender, Hausfrauen, Rentner und Studenten besonders lohnend erscheinen.“

In seinem Vorwort konstatiert Oberst Dr. Hans Ehlert, damals Amtschef des Militärgeschichtlichen Forschungsamtes der Bundeswehr in Potsdam: Der BND sei „vor allem in der heißen Phase des Kalten Krieges sehr wohl informiert über Dislozierung, Struktur, Ausrüstung und Personalstärken des Gegners“ gewesen. „Mehr noch: in Pullach konnte man gewiss sein, etwaige sowjetische Angriffsvorbereitungen rechtzeitig zu erkennen. Das war ein unschätzbarer Faktor in der politischen und militärischen Stabilisierung jener turbulenten Zeit.“

Sonst sah man die sowjetische Militärtechnik in Ostdeutschland nur, wenn Einheiten zur Übung ausrückten oder mit der Bahn verlegt wurden. Selbst die Kfz-Kennzeichen und Kennungen an den Waffen waren für die westlichen Dienste interessant. Einen normalen DDR-Bürger hat so etwas nie interessiert. Er hat sich dann geärgert, wenn wieder einmal eine Straße für unbestimmte Zeit von der Sowjetarmee für eine Truppenbewegung abgesperrt worden war. Und keiner wusste, wie lange das noch dauert. So etwas wurde nie in einer Zeitung oder im Rundfunk angekündigt.

Auf Dorfstraßen hinterließen die Panzer der „Freunde" oft ihre Kettenspuren. Mancher Bürgermeister beruhigte dann in der Kneipe seine Mitbewohner mit den Worten: „Der Frieden muss beschützt werden!" Und wenn in der Erntezeit noch ein paar freiwillige Helfer für die LPG-Felder gesucht wurden, wofür sonst immer Studenten zu Hilfe kamen, nutzte er seinen guten persönlichen Kontakt zum sowjetischen Kommandeur von nebenan. Dann rückten die fleißigen Hilfskräfte mit dem roten Stern am Käppi oft sogar in Kompaniestärke an, freuten sich natürlich über diese Abwechslung im tristen Soldatenalltag und die gute Verpflegung mit deutscher Hausmannskost. Eine Großbäckerei in Burg bei Magdeburg beschäftigte sogar sowjetische Offiziersfrauen zur Planerfüllung – natürlich gegen Bezahlung und mit Backwaren als Deputat.

Bekanntlich wurde die Westgruppe der Truppen, Nachfolger der Gruppe der Sowjetischen Streitkräfte in Deutschland (GSSD), als Hauptkraft der 1. Strategischen Staffel des Warschauer Pakts für den europäischen Kriegsschauplatz mit den neuesten Waffen aus der eigenen Rüstungsindustrie ausgestattet. So mit dem Panzer T-64, erstmalig ein Kampffahrzeug mit Verbundpanzerung und einem Antrieb von 720 PS ab 1974 in der GSSD. Oder mit dem T-80, der anstatt eines Dieselmotors von einer Gasturbine mit 1 250 PS betrieben wurde. Auch schwere Selbstfahrlafetten für die weitreichende Artillerie und ihre Nuklearmunition oder neue Fla-Raketensysteme der Truppenluftabwehr trugen im ständigen Aufrüstungsprozess der GSSD-Truppen zwischen Plauen und Schwerin zu hoher Kampfkraft bei.

Der Kraftstoffverbrauch in den Truppenteilen, wo Vorräte an Munition und Betriebsstoffen für etwa zwei Monate Kampfhandlungen gebunkert waren, spielte bei den Russen nie eine Rolle. Da gab es wohl auch keine Nachweisführung beim Kfz-Feldwebel. Denn recht oft wurde irgendwo auf dem Land während einer „Kampfpause" ein Fass Diesel bei den Einwohnern gegen eine Glashütte- und Ruhla-Uhr beziehungsweise ein, zwei Flaschen Wodka oder Nordhäuser Doppelkorn getauscht.

Manchmal bekam man auch seinen Treibstoff für ein, zwei Zehner. Das leere Fass nahm die Fahrzeugbesatzung natürlich wieder mit. Dieser Tausch wie auch der Einkauf durch DDR-Bürger im Versorgungs-Magazin des sowjetischen Regiments gehörte in manchen Gegenden zum Alltag. Selbst der Abschnittsbevollmächtigte (ABV oder Dorfpolizist) hat es geduldet und nach Dienstschluss selbst genutzt.

Zudem bildeten die ehemaligen Wehrmachtskasernen, die sowjetische Truppen seit Kriegsende in Besitz genommen hatten, alles andere als Sehenswürdigkeiten. Nicht nur frische Farbe fehlte überall. Wie man nach dem WGT-Abzug sehen konnte, waren drinnen die Einrichtungen, so Fenster und Türen, oft auf dem Stand von 1945. Auch die Installation von Stromleitungen in und zwischen einzelnen Häusern ließen den deutschen Besucher wegen der Gefahr für Leib und Leben nur den Kopf schütteln. Über Land waren die Fernmeldeleitungen auf den Masten unter feldmäßigen Bedingungen verlegt worden. Das konnte man an so mancher Fernstraße sehen. Schließlich sollte die GSSD/WGT immer einsatz- und gefechtsbereit sein.

Aber eine Armee, die voll auf den sofortigen Einsatz zur Verteidigung oder zum Angriff aus dem Stand vorbereitet war, legte auf Äußerlichkeiten und innere Zustände keinen besonderen Wert. Die Wehrpflichtigen, in all den Jahren des Aufenthalts russischer Truppen in Ostdeutschland dienten hier mehr als acht Millionen Rekruten aus dem großen Sowjetland beziehungsweise Russland, stammten oft aus fernen Gebieten, wo man sich sonst in der Landessprache und kaum auf Russisch unterhielt. Diese mangelnden Russisch-Kenntnisse wertete der deutsche Gesprächspartner, der in der Schule diese Fremdsprache bis zur mittleren Reife oder bis zum Abitur erlernen musste, oft als ein Zeichen verordneter Verschwiegenheit.

Die jungen Burschen empfanden diesen harten Dienst in den siegreichen Verbänden ihrer Väter und Großväter mitten im industrialisierten und kulturvollen Deutschland meist als große Ehre. Das paukte man ihnen schon zu Dienstantritt bei der patriotischen Erziehung im Politunterricht ein. Darauf waren die Soldaten auch recht stolz.

Auf den riesigen Agitationstafeln am Exerzierplatz sah man nicht nur solche Siegeslosungen und Parolen aus dem Großen Vaterländischen Krieg. Auch große bunte Agitationsbilder, auf denen Sowjetsoldaten mit aufgepflanztem Bajonett im direkten Kampf ihre Gegenüber in Wehrmachtsuniformen kampfunfähig machten, erinnerten an diese Zeit. Die Siegesgewissheit aus Kriegszeiten wurde den jungen Leuten während des Kalten Krieges permanent in Büchern, Zeitschriften und Filmen vermittelt. Oft berichteten auch Kriegsveteranen vor Ort über ihre Erlebnisse an den Fronten.

„Klein-Moskau“ mitten in Berlin

In der Berliner 6. Garde-Mot.-Schützenbrigade im Bestand der Eberswalder 20. Gardearmee war dieses „Drumherum“ etwas anders. Mitten in der

Garnison Karlshorst gelegen, also in „Klein-Moskau", wie dieser Stadtteil mit einem direkten täglichen Schnellzug in die russische Hauptstadt seit Beginn der Besatzungszeiten von den Ost-Berlinern genannt wurde, musste man schon ab und zu mit zivilen deutschen Gästen rechnen. Sicher auch mit dem Besuch von Offizieren der in West-Berlin stationierten Alliierten. Oder der Militärverbindungsmissionen aus Potsdam-Babelsberg, die bei ihren Überwachungs- und Kontrollfahrten die sonst gekennzeichneten militärischen Sperrgebiete in der Nähe von Standorten oder Übungsplätzen nicht betreten durften.

Gezeigt wurde dem Besucher zuerst das Lenin-Zimmer, der Stolz eines jeden Regiments. Man sah Bilder, Fahnen und Orden. Auch andere Dokumente wie Feldpostbriefe und Aufzeichnungen der Kommandeure über den Verlauf des Kampfes während des Krieges sollten an die eigenen Traditionen erinnern – hier besonders vom Sturm auf Berlin bis zum Hissen der Siegesflagge am 30. April 1945 auf dem Reichstag. Der Einsatz von eigenen Panzern am 17. Juni 1953 zur Niederschlagung des Arbeiteraufstandes in Ost-Berlin wurde mit keinem Wort erwähnt. Außerdem durften die Gäste hin und wieder den riesigen Speisesaal und bestenfalls noch einen Kompanie-Schlafsaal mit Feldbetten für etwa 60 bis 80 Soldaten besichtigen.

Hier staunte der deutsche Besucher, dass in dieser Armee einem Wehrpflichtigen nur ganz wenige persönliche Dinge zur Verfügung standen. Da bekam selbst der gediente NVA-Soldat ob der hier praktizierten minimalen Bewegungsfreiheit vor und nach dem Dienst große Augen. Aber alles war Tip-Top in den Räumen mit Feldbetten und Schemeln, schlicht und einfach eingerichtet. Mit Bohnerwachs wurde auf dem Fußboden nicht gespart. Man sah es, und man roch es.

Als ich eines Nachmittags mit weiteren ostdeutschen Presseleuten dieses „Objekt" besuchte, um hier auf Einladung militärische Vorführungen, darunter mit und ohne Karabiner, auf dem Exerzierplatz zu erleben, staunte ich nicht schlecht: Bevor es losging, hörten wir nicht, wie ich andernorts schon erlebt hatte, russische Volksweisen aus den Lautsprechern, aus denen der Appellplatz beschallt wurde. Vielmehr hatte der zuständige Sergeant den „Feindsender" RIAS eingeschaltet. Flotte Musik und zwischendurch eine deutsche Stimme aus West-Berlin tönten so über den zentralen Ort. Einem NVA-Unteroffizier, der als Fahrer und Techniker eines Propaganda-LKW auch für die musikalische Betreuung der Truppe zuständig war, hätte dieses „Fehlverhalten" mit einem Westsender mindestens ein paar Tage Arrest eingebracht. So etwa der NVA-Jargon bei Verstößen gegen die Dienstvorschriften.

Sicher hat diese Sendung aus dem amerikanischen Sektor bei den Russen unter den Mannschaftsdienstgraden niemand verstanden. Aber Radio DDR, den Berliner Rundfunk oder vielleicht Radio Moskau über Langwelle, eigentlich der Lieblingssender aller sowjetischen Uniformierten und Zivilisten in deutschen Landen, habe ich an diesem Tag nicht gehört.

Hier machten sich auch die Soldaten fit, die dann täglich mit einem Kleinbus nach West-Berlin gefahren wurden, um das Sowjetische Ehrenmal im Tiergarten zu bewachen. Das war gewissermaßen eine Enklave im Britischen Sektor. Errichtet wurde diese Erinnerungsstätte wie auch die Ehrenmale in Treptow und Pankow zu Ehren der am Ende des 2. Weltkrieges bei den Kämpfen rund um Berlin gefallenen 80 000 Sowjetsoldaten.

Für jeden Soldaten und Sergeanten, der hier seinen Dienst versah, bedeutete gerade dieser Posten zu Ehren der toten Kämpfer von der 1. Belorussischen Front eine große Auszeichnung. An sie sollten nicht nur Grabplatten, sondern auch zwei Panzer T-34 und zwei Kanonen erinnern.

Ein Ehrenzimmer hatte man ebenfalls den gefallenen Helden der Sowjetunion aus diesem Verband gewidmet. Deren Namen wurden täglich beim morgendlichen Zählappell aufgerufen. Darauf antwortete jeweils ein Soldat unüberhörbar mit „Hier!" In der GSSD auch eine Form der Belobigung für gute Leistungen im täglichen Gefechtsdienst.

Irgendwelches Kriegsgerät wurde uns an diesem Tag nicht gezeigt oder vorgeführt. Das passte wohl nicht mehr in die Zeit von Perestroika und Glasnost mit den internationalen Abrüstungsverhandlungen. Aber man konnte sicher sein, dass die 6. Garde-Mot.-Schützenbrigade, die direkt der Eberswalder Garde-Armee als einer der fünf sowjetischen Armeen auf DDR-Territorium unterstellt war, über viele Panzer und Schützenpanzer sowie weitreichende Artillerie verfügte. Und sich, wie überall in der Westgruppe der sowjetischen Truppen, ständig im Rahmen der vorgesehenen 1. Staffel der Warschauer Vertragstruppen für die westliche Frontgruppierung auf den Kriegsfall mit der Bundeswehr und ihren Nato-Verbündeten vorbereitet hat.

Am 17. Juni 1953 waren diese Panzer in Berlin gegen ostdeutsche Arbeiter im Aufstand eingesetzt worden. Um den 13. August 1961 herum standen sie gefechtsbereit dem Oberkommandierenden der GSSD, Marschall Iwan Stepanowitsch Konjew, der im April 1945 die entscheidende Schlacht um Berlin eröffnet hatte, zur Verfügung. In der Wende-Zeit 1989/90 und vor der deutschen Einheit blieben sie in den Kasernen.

Nach der Wiedervereinigung 1990 existierten dann Verbände und Truppenteile der Bundeswehr mit Soldaten aus Ost und West zuerst an jenen Orten, wo sich noch sowjetische Truppen aufhielten. Deren Abzug erfolgte dann mit Bundeswehr-Hilfe. Nun begann auch in der Hauptstadt Berlin ein neues Kapitel deutscher Militärgeschichte – jetzt ohne ausländische Truppen.

Vom Kapitulationsmuseum zur deutsch-russischen Begegnungsstätte

Im letzten Weltkrieg waren sie noch Gegner. 50 Jahre danach haben Deutsche und Russen gemeinsam eine Gedenkstätte gestaltet: Das Museum Berlin-Karlshorst. An diesem historischen Ort, wo in der Nacht vom 8. zum 9. Mai 1945 die bedingungslose Kapitulation Deutschlands unterzeichnet wurde und der Krieg in Europa sein Ende fand, wird von zwei ehemaligen Kriegsgegnern an das schmerzhafteste Kapitel in der Geschichte beider Völker erinnert. Trotz anfänglicher Querelen um die Eröffnung hat man das neu gestaltete Haus ab 1995 wieder der Öffentlichkeit zugängig gemacht. Und es kommt an.

Zu DDR-Zeiten nannten die sowjetischen Hausherrn diese Einrichtung „Kapitulationsmuseum“. Aber nach wie vor ist in diesem Museum der 2. Weltkrieg das vorherrschende Thema. Man zeigt jetzt auch Alternativen aus der Vorkriegszeit sowie die Entwicklung nach 1945 bis zum „Vertrag über gute Nachbarschaft, Partnerschaft und Zusammenarbeit“. Dieser wurde am 9. November 1990 in Bonn von Bundeskanzler Helmut Kohl und vom sowjetischen Staatspräsidenten Michail Gorbatschow unterzeichnet. So erfährt der Besucher, beginnend mit dem Jahr 1917, als in Russland die Arbeiter und Bauern nach der Oktoberrevolution die Macht übernahmen, viele Episoden über die wechselhafte Geschichte deutsch-sowjetischer/russischer Beziehungen bis 1990.

In diesem Sinne hatte sich der Trägerverein dieser einzigen bilateralen Einrichtung zwischen der Bundesrepublik Deutschland und der Russischen Föderation noch vor Abzug der letzten WGT-Truppen 1994 aus Deutschland verständigt. Gefördert wird das Wissen um die Ursachen, Auswirkungen und Folgen des 2. Weltkrieges. Ebenso die Auseinandersetzung mit dem Jahrhundertereignis sowie zum Thema "Krieg und internationale Beziehungen im Zusammenleben der Völker". Das Gebäude diente einst als Offizierskasino der Pionierschule 1 der Wehrmacht. Es war zwischen 1936 und 1938 errichtet worden.

Was nach der deutschen Wiedervereinigung von einer Expertenkommission mit Wissenschaftlern und Vertretern der Ministerien des Auswärtigen, der Kultur, des Innern und der Verteidigung beider Staaten besiegelt wurde, konnte man nun in der neuen Ausstellung besichtigen. Der Zustand des Gebäudes sorgte erst einmal für mehr Arbeit als erwartet. Die gesamte Anlage war am 24. April 1945 kampflos der 5. Stoßarmee unter Generaloberst Nikolai Bersarin übergeben worden. Gestaltungselemente wie Parkett-, Dielen- und Steinfußböden oder Fenster der alten Architektur blieben erhalten.

Wenn nun der Gast das historische Gebäude in der Rheinsteinstraße betritt, wo bis 1948 der Chef der Sowjetischen Militäradministration in Deutschland (SMAD), Marschall Georgi Shukow, seinen Sitz hatte, begegnet ihm nicht mehr wie früher das Heldenepos ruhmreicher Streitkräfte. Das war der Grundtenor für das 1967 eröffnete "Museum der bedingungslosen Kapitulation des faschistischen Deutschland". Die sowjetischen Streitkräfte hatten es gestaltet und verwaltet. Daher fand hier der militärgeschichtliche Aspekt besonderes Augenmerk.

In damals 14 Ausstellungsräumen des offiziellen Armeemuseums der Westgruppe der sowjetischen Streitkräfte sollte bei den jungen Rekruten aus allen Sowjetrepubliken, die in der DDR dienten, vor allem der Patriotismus gestählt und die Feindschaft zu den Nato-Truppen gefördert werden. Dieses Anliegen veranschaulichten etwa 15 000 Exponate: Waffen, Plastiken, Gemälde, Fahnen, Uniformen und Urkunden.

Im Umfeld der Gedenkstätte konnte man schweres Kriegsgerät bestaunen: Vom berüchtigten Katjuscha-Mehrfachraketenwerfer, den Wehrmachtsangehörige wegen seiner pfeifenden Geräusche als "Stalinorgel" bezeichnet und gefürchtet hatten, bis zum Panzer T-34. Dieses legendäre Gefechtsfahrzeug kam während der Kampfhandlungen des Krieges in der riesigen Stückzahl von fast 60 000 Panzern zum Einsatz. Zu DDR-Zeiten standen zahlreiche Exemplare zur Erinnerung an die Befreiung vom Faschismus auf Sockeln in vielen Städten und Dörfern.

Motive des Treptower Ehrenmals für gefallene Sowjetsoldaten sind auf Fenstern des Hauses, andere russische Soldatenfriedhöfe Ostdeutschlands in einem Gedenkraum auf Fotografien zu sehen. Nun ist im Gegensatz zur Schau während des Kalten Krieges mit der Konfrontation zwischen beiden Weltbündnissen überall Sachlichkeit in der Betrachtung dieser schwierigen Geschichtsepoche zu spüren.

Unverändert blieben die zentralen Räume: Der Kapitulationssaal, in dem die militärische Niederlage des Dritten Reiches mit Unterschriften besiegelt wurde, und das Dienstzimmer des Vorsitzenden der damaligen Zeremonie. Beide Einrichtungen sind nun per Videoprojektion zu sehen.

Für die Anti-Hitler-Koalition hatten hier Marschall Georgi Shukow, der britische Luftmarschall Arthur W. Tedder, der amerikanische

General Carl Spaatz und der französische General Jean de Lattre de Tassigny die Akte unterzeichnet. Von deutscher Seite als Vertreter der drei Teilstreitkräfte der Wehrmacht Generalfeldmarschall Wilhelm Keitel, Generaladmiral Hans-Georg von Friedeburg und Generaloberst Hans-Jürgen Stumpf.

Auch in weiteren Räumen findet man eine museale und dokumentarische Betrachtung vieler deutsch-sowjetischer/russischer Ereignisse dieses Jahrhunderts. Darunter Dokumente über die Reichswehr und die wirtschaftlichen Beziehungen zur Sowjetunion. Weiterhin Zeugnisse deutscher Propaganda gegen den "antibolschewistischen Feind" oder vom Hitler-Stalin-Pakt, einem Nichtangriffspakt. Mit den geheimen Zusatzprotokollen zu den Verträgen der UdSSR mit Deutschland vom 23. August und vom 28. September 1939 stammen diese aus Bonner und Moskauer Archiven.

Diorama „Sturm auf den Reichstag“

Bei den bisherigen Exponaten handelte es sich meist um Sachzeugen aus dem Großen Vaterländischen Krieg der Sowjetunion. Beispielsweise um ein Miniaturmodell der deutschen Hauptstadt zur Vorbereitung der Berliner Operation in der 1. Weißrussischen Front und einen Stadtplan Berlins mit handschriftlichen Notizen Hitlers aus dem Führerbunker. An die schweren Kämpfe um Straßen und Häuser erinnert das Diorama "Sturm auf den Reichstag".

Zum Thema „Kriegsplanung“ sind an der Lagekarte "Barbarossa" die letzten deutschen Eintragungen vom 21. Juni 1941, dem Vorabend des Überfalls auf die Sowjetunion, zu sehen. Überhaupt wurde in der jetzigen Ausstellung versucht, mit neuen, geheimen Dokumenten aus Militär- und Staatsarchiven Russlands weiße Flecken in der Geschichte des 2. Weltkrieges aufzuarbeiten. Und davon gab es noch zu KPdSU-Zeiten recht viele.

An anderer Stelle liest man die Inspektionsberichte über den Zustand gepanzerter Verbände der damaligen Roten Armee. "Wir haben hier all das Widersprüchliche zusammengestellt, was es zu dieser Zeit in der Sowjetunion gab", sagte mir Projektleiter Dr. Peter Jahn vom Deutschen Historischen Museum. "Wir behaupten aber nicht, was andere sagen, die Russen wollten eine Woche oder einen Monat später losschlagen. Das sind Spekulationen, die nicht überzeugen."

Umfassend nachgestaltet wurde der militärische Kriegsverlauf. Auch die Befreiung und die bis zum Ende des Kalten Kriegs andauernde Besetzung osteuropäischer Staaten. Unter dem Stichwort "Soldatenalltag" findet der Besucher Zeugnisse jener Zeit - vom Kochgeschirr bis zu deutschen und russischen Uniformen. Der Ermordung von Millionen Juden, an das Massensterben in Kriegsgefangenenlagern sowie an die großen Dezimierungsaktionen unter der Zivilbevölkerung wird in einem würdevoll gestalteten Raum gedacht. An anderer Stelle zeigt man damalige Verteidigungsanstrengungen in Deutschland.

Dieser Ort der Begegnung zwischen Deutschen und Russen mit regelmäßigen Vorträgen und Fachkonferenzen dokumentiert ebenso vielfältig die Nachkriegsgeschichte: Die Beziehungen der Bundesrepublik Deutschland und der DDR zur Sowjetunion, vom Kalten Krieg bis zur Entspannung. Besondere Aufmerksamkeit finden zweifelsohne die Dokumente, die den Weg zur deutschen Wiedervereinigung am 3. Oktober 1990 bahnten. Hier wollte man das Ungewöhnliche an diesen musealen Aktivitäten würdigen. Nämlich die Tatsache, dass dabei einstige Kriegsgegner über diese Idee nachgedacht und gemeinsam beraten haben. Im Deutsch-Sowjetischen Freundschaftsvertrag hatten sich beide Seiten verpflichtet, sich jeweils für den Erhalt der auf ihrem Gebiet „befindlichen Kulturgüter der anderen Seite einzusetzen".

In dieser bilateralen Einrichtung der Bundesrepublik Deutschland und der Russischen Föderation erinnern sich noch fast 70 Jahre nach dem Ende der opferreichen militärischen Auseinandersetzungen Kriegsteilnehmer von beiden Seiten an die damaligen Schrecken. Unter den Besuchern trifft man ebenso viele junge Leute: Schüler, Lehrlinge und Jugendgruppen. Sie kommen aus allen Bundesländern, machen sich unter den Bedingungen der friedlichen Zusammenarbeit mit dieser Stätte der Erinnerung und der Mahnung vertraut. Ein geschichtsträchtiger Ort mit einem herausragenden Platz in Berlins Museumslandschaft.

Operation Heimat: Planmäßig kehrten WGT-Truppen heim

Als der Abzug der Westgruppe der Truppen (WGT) aus dem Gebiet der Bundesrepublik Deutschland am 12. Oktober 1990 geplant wurde, ahnte wohl keiner der Beteiligten von deutscher Seite, dass hier die größte militärische Bewegung im Nachkriegs-Europa über die Bühne gehen sollte. Es handelte sich schließlich um 546 000 Soldaten und Zivilisten sowie die Bewaffnung von 19 Heeres- und fünf Luftwaffendivisionen. Allein die WGT-Vorräte an Munition waren zu diesem Zeitpunkt mit 677 000 Tonnen doppelt so groß wie die Hinterlassenschaften dieser Art aus der DDR-Armee.

Doch alles verlief planmäßig. Bundeskanzler Helmut Kohl und der russische Präsident Boris Jelzin, die am 31. August 1994 den letzten Zug mit Soldaten der einstigen Siegermacht in die Heimat verabschiedeten, fanden nur noch freundschaftliche Worte. Wiederholt war von einem „Abzug in Würde" die Rede. Wenn ich mich recht erinnere, gab es aber nur ganz wenige Personen beim Abschiedszeremoniell mit Tränen in den Augen.

Die fast 50-jährige militärische Präsenz in Deutschland, darunter in Berlin, hatte doch hier bei den meisten Menschen nicht nur die Erinnerung an die Befreiungstat 1945 hinterlassen. Vielmehr dachte mancher in diesen Stunden auch an die russische Landblockade West-Berlins 1948/49, an die T-34, die beim Arbeiteraufstand am 17. Juni 1953 durch Ost-Berlin rollten, oder an das Mitwirken der Gruppe der sowjetischen Streitkräfte in Deutschland unter ihrem Oberkommandierenden, Marschall Iwan Konjew, bei der Errichtung des „Antifaschistischen Schutzwalls", also der Berliner Mauer, nach dem 13. August 1961. Alles Geschichte, aber unvergessen!

In Erinnerung beider Seiten blieb ebenso, dass es auf deutscher Erde etwa 600 000 Gefallene der Sowjetarmee gab; dass hier seit Kriegsende etwa acht Millionen Militärangehörige (meist junge Rekruten aus allen Sowjetrepubliken) und Zivilisten, vor allem als Fahrer der riesigen Militärlaster, dienten; dass für Zehntausende Familienangehörige Städte wie Berlin, Potsdam, Dresden oder Gera als Geburtsort in den Pässen stehen. Ebenso Geschichte, aber mit viel Zukunftspotential bei den damals jungen Menschen, was ihre Begegnung mit den Deutschen im Herzen von Europa vor und nach der Wiedervereinigung betraf.

Für die deutsche Seite, daran kann ich mich noch gut erinnern, war die Zusammenarbeit mit Repräsentanten der einst gegnerischen Seite seit dem Tag der Deutschen Einheit 1990 „vom Ungewöhnlichen" geprägt. Hatte noch der WGT-Oberkommandierende Generaloberst Boris Snetkow, ein Veteran der 2. Weltkrieges, gegenüber Generalen und Offizieren der Bundeswehr Vorbehalte, so gab es diese Berührungsängste bei dessen Nachfolger, Generaloberst Matwej Burlakow, nicht mehr. Snetkow war einst auch wegen der 145 fahnenflüchtigen Soldaten 1990 aus seinem Amt entlassen worden.

Wer von Anfang an die regelmäßigen Verlautbarungen über den Truppenabzug verfolgte, merkte schon bald, dass hier exakt nach Plan gearbeitet wurde. Eine gemischte Arbeitsgruppe „trat zusammen", „zog Zwischenbilanz" und „legte fest". Denn „po planu" (planmäßig) verläuft auch heute noch beim russischen Militär so ziemlich alles, vom Gefechtsdienst bis zur Ausbildung in den Rückwärtigen Diensten. Und so wurden 1991, 1992 und 1993 jeweils 30 Prozent an Personal, Geräten und Bewaffnung abgezogen. Für 1994 standen nur noch 10 Prozent zu Buche.

Von Schwerin über Magdeburg und Halle bis nach Weimar/Nohra und Dresden verabschiedeten sich die Truppen der Westgruppe, einst die stärkste militärische Kräftekonzentration der Sowjetunion außerhalb ihres Staatsgebietes. Die insgesamt 1 550 sowjetischen, später russischen Liegenschaften, über Jahrzehnte fast vollständig von der Außenwelt abgeschlossen, hatten eine Gesamtfläche von rund 300 000 Quadratkilometern. Das waren gut drei Prozent des gesamten DDR-Territoriums. Sie galten wie das Gelände von ausländischen Botschaften als ex-territorial und durften nur mit russischer Zustimmung betreten werden. Darauf verwiesen all die Warnschilder rund um die Garnisonen.

Auch deshalb verlangten die Verhandlungen mit der russischen Seite von den deutschen Verantwortlichen immer wieder viel Verständnis wegen der miserablen wirtschaftlichen Lage in der Heimat und Fingerspitzengefühl, was die persönliche Zukunft der Heimkehrer betraf. Darüber sprach ich oft mit dem Bevollmächtigten der Bundesregierung für den Abzug der Westgruppe und Leiter des 60-köpfigen Deutschen Verbindungskommandos, Generalmajor Hartmut Foertsch. Er sei wohl deshalb „für diesen Job ausgesucht worden, weil ich dafür ein großes Maß an Erfahrungen aus internationalen Stäben im Nato-Bündnis hatte. Das hat sich insofern bewährt, weil ich zunächst einmal auch mit innerer Distanz an diese Aufgaben herangegangen bin, um erst selbst zu lernen."

Foertsch zu den vertrauensbildenden Maßnahmen: „Unser Verbindungskommando mit Offizieren aus der Territorialstruktur der Bundeswehr arbeitete in nahezu wöchentlichen Routinegesprächen mit dem WGT-Stab in Wünsdorf zusammen, um alle Punkte bis ins Detail zu klären. Wir wollten, dass die Probleme soweit wie möglich ‚unten', vor Ort, koordiniert und geklärt wurden. Und hatten, bis auf ganz normale Sachen, bei diesem Auftrag ohne Präzedenz keine Probleme."

Ganz wichtig dabei: Obwohl direkt für den WGT-Abzug insgesamt verantwortlich, lag ihm von Anfang an eine gute Zusammenarbeit mit den Verbündeten am Herzen. „In Berlin hatten gerade die westlichen Alliierten ein unheimliches Renommee bei der Bevölkerung. Sie weiß, dass sie den Alliierten Dank schuldet. Daher war es mein Bestreben, mit den Kommandeuren und Offizieren der in Berlin stationierten verbündeten Streitkräfte zusammenzuarbeiten, sie aktuell zu informieren, aber auch deutlich zu machen, wo die Bundeswehr hingehört – nämlich in das Bündnis freier Nationen, in die Allianz. Bei dieser Zusammenarbeit mit den westlichen Verbündeten hier in Berlin wollten wir zugleich die geschichtlichen Leistungen dieser drei Nationen für unser Land würdigen."

Zu den WGT-„Objekten" zählten 27 große und mehr als 100 Standortübungsplätze, 54 Flugplätze, darunter 23 Fliegerhorste zur ständigen Stationierung einsatzbereiter fliegerischer Kampfverbände, 172 große Kasernenkomplexe, viele kleine Garnisonen und weit über 100 Depots aller Art. Die meisten dieser Anlagen stammten noch von der Wehrmacht, waren 1945 besetzt worden. Zur Bewaffnung gehörten Kampfpanzer, Schützenpanzer, Artilleriesysteme, Flugzeuge, Hubschrauber und Kraftfahrzeuge in, aus heutiger Sicht, unvorstellbaren Mengen.

Aus DDR-Unterlagen ging ferner hervor, dass die WGT (früher GSSD) über rund 1 Million Tonnen Munition, davon 680 000 Tonnen in den Lagern und 320 000 Tonnen direkt im beweglichen Truppenbestand, verfügte. Auch die insgesamt 530 000 Tonnen Betriebsstoffe sollten russischen Quellen zufolge für 40 Kampftage ausreichen.

Zu gegenseitigem Verständnis und zur Vertrauensbildung trug in dieser Zeit nicht zuletzt auch ein gemeinsamer deutsch-russischer Unterstützungsfonds bei. Er diente der speziellen medizinischen Betreuung von Soldaten und Familienangehörigen. Aus diesen Spendenmitteln konnte in annähernd 50 Fällen zum Teil lebensrettende Hilfe geleistet werden. So für die erfolgreiche Nierenoperation des dreijährigen Sohnes eines russischen Militärangehörigen.

Eine solche Benefizveranstaltung mit einem Konzert, dargeboten von deutschen und russischen Militärmusikern, fand Ende April 1993 im Haus des Rundfunks in Berlin statt. Das Zweieinhalb-Stunden-Programm mit volkstümlichen und klassischen Weisen von der Polka „Rosamunde" bis zu Tschaikowskis Feierlichem Marsch begeisterte nicht nur das Publikum im Saal, sondern auch während der Rundfunk-Direktübertragung viele tausende Zuhörer zu Hause an den Lautsprechern. Zum Abschluss nannte Generalmajor Hartmut Foertsch den gemeinsamen Auftritt „ein sichtbares Zeichen für das neue Miteinander".

Der historische Klinkerbau von Hans Poelzig, auch als ältestes eigenständiges Funkhaus der Welt unter Denkmalschutz, war übrigens nach 1945 über elf Jahre von der Sowjetarmee besetzt worden. Entsprechend einseitig verliefen die Rundfunksendungen. Diesmal fand laut SFB-Intendant Günther von Lojewski „anders als in jener Zeit" mit russischen Soldaten eine Rundfunksendung „in Freiheit für ein demokratisches Land" statt. Noch heute habe ich das Konzert als CD-Aufzeichnung.

Nach dem Abzug der russischen Truppen in Würde aus Berlin bot der Ortsteil Karlshorst ein trauriges Bild – verlassene Villen und, leider, oft auch völlig vernachlässigte und verwüstete Wohnungen. Alles Brauchbare hatten die Nutzer in die Umzugscontainer geladen und in Richtung Heimat geschickt, wo die Offiziersfamilien ein ungewisses Schicksal erwartete. Die Oberfinanzdirektion übernahm hier auf 320 Grundstücken mehr als 1 000 Wohnungen. Sie wurden zu je einem Drittel an den Bund, das Land und in Privateigentum überführt. Eine Ausnahme bildete das bisherige Kapitulationsmuseum.

Ost-Berlin – Hauptstadt der DDR

SED-Chef Honecker: „Jeder wird vernichtet ...“

Partei- und Staatschef Erich Honecker erwarb sich schon unter seinem Vorgänger, Walter Ulbricht, als Sekretär für Sicherheitsfragen im SED-Politbüro erste Sporen bei der umfassenden Militarisierung der DDR. In den Planungen zur Schließung der Staatsgrenze am 13. August 1961 und beim folgenden Mauerbau sah der gelernte Dachdecker sein „Meisterstück“. Später trug er auf dem Höhepunkt seiner politischen Karriere auch als Vorsitzender des Nationalen Verteidigungsrates persönliche Verantwortung für die Schüsse in Berlin wie an der innerdeutschen Grenze. Gegen ihn wurde 1990 auch wegen Anstiftung zum Mord ermittelt. Vor allem die Auf- und Ausrüstung der Nationalen Volksarmee zu einem „verlässlichen Koalitionspartner“ im Warschauer Pakt gingen auf sein Konto.

Deshalb hat Honecker aus seinen militanten Ansichten nie ein Geheimnis gemacht. In Reden und Aufsätzen beschwor er wiederholt das Feindbild – den Kapitalismus und Imperialismus, denen er schon in jungen Jahren den Kampf angesagt und wofür er von 1937 bis 1945 im Zuchthaus Brandenburg gesessen hatte. Die NVA, die Grenztruppen, die Volkspolizei, der Staatssicherheitsdienst und die SED-Betriebskampfgruppen wurden von ihm, der sich im Kriegsfall als Oberkommandierender in Marschallsuniform der Öffentlichkeit präsentierten wollte, zu bedingungslosem Gehorsam vergattert. Hier einige Auszüge:

20. April 1959 vor Kampfgruppenkommandeuren: „Es geht darum, aus allen Hundertschaften feste Kollektive zu schmieden, die diszipliniert, politisch zuverlässig und militärisch gut ausgebildet jederzeit bereit sind, jeden Auftrag der Partei zu erfüllen, jeden zu vernichten, der es wagt, seine Hand gegen die Arbeiter-und-Bauern-Macht zu erheben.“

14. April 1961 in einem NVA-Verband: „...den Frieden zu erhalten heißt, bereit und in der Lage zu sein, den Aggressor in seiner eigenen Höhle vernichtend zu schlagen. Darauf kommt es an!“

12. Oktober 1963 vor Grenzsoldaten in Meiningen (Thüringen): „Der Dienst an der Staatsgrenze ist ein Kampfauftrag, der unter schwierigen Bedingungen durchgeführt werden muss, eine hohe Disziplin und persönlichen Mut erfordert. Das Leben in der Grenzkompanie verläuft streng nach militärischen Normen und Vorschriften. Es verlangt unbedingten Gehorsam gegenüber den Vorgesetzten, die strikte Ausführung ihrer Befehle und erfordert eine hohe militärische Disziplin."

6. Februar 1970 auf einer Festveranstaltung zum 20. Jahrestag der Stasi: „Prinzipienfest, ohne zu schwanken und zu zögern, erfüllten Sie an der Seite der brüderlich verbündeten sowjetischen Truppen ihre Pflicht. Sie leisteten Hervorragendes und waren unermüdlich im Einsatz, um die wirklich Schuldigen aufzuspüren und unschädlich zu machen, um die Feinde des Volkes und ihre imperialistischen Drahtzieher und Hintermänner vernichtend zu schlagen. Ein großer Teil der Angehörigen des Ministeriums für Staatssicherheit vollbrachte dabei wahre Heldentaten."

6. Januar 1972 vor NVA-Soldaten auf Rügen: „In der durch die Kraft des Sozialismus veränderten und sich ständig weiter verändernden Welt unserer Tage kann der Imperialismus seine Ziele nicht mehr verwirklichen wie vor 30 oder gar vor 50 Jahren. Dennoch bleibt er aggressiv, tückisch und gefährlich … Wir haben deshalb allen Grund, keine Minute lang in unserer politischen und militärischen Wachsamkeit nachzulassen. Unser Feindbild stimmt genau."

5. Mai 1975 vor Sowjetsoldaten: „Frieden gibt es, weil wir stark und gut bewaffnet sind. Deshalb streben die Angehörigen der Sowjetarmee, der Nationalen Volksarmee und aller Streitkräfte des Warschauer Vertrages stets nach hoher Kampfkraft und Gefechtsbereitschaft."

3. September 1976 zu westlichen Geheimdienstberichten über die DDR: „Wir haben nicht die Absicht, Berichte unseres Geheimdienstes über die Lage in der Bundesrepublik Deutschland, in der Bonner Regierung, in der Führung der CDU/CSU oder des Bonner Verteidigungsministeriums zu veröffentlichen. Es besteht aber kein Zweifel, dass wir doch etwas besser informiert sind. Das stimmt uns optimistisch."

11. April 1981 im ZK-Bericht an den SED-Parteitag: „Alle Staats- und wirtschaftsleitenden Organe haben den Erfordernissen der Landesverteidigung und Gewährleistung von Sicherheit und Ordnung stets Rechnung zu tragen. Hohe Ansprüche werden an den Leistungswillen der Bürger und ihre Bereitschaft gestellt, für den militärischen Schutz des sozialistischen Vaterlandes und die Erhaltung des Friedens auch Opfer zu bringen."

8. Oktober 1982 vor Absolventen der Militärakademien: „Gerade unsere Militärkader sollten sich stets der Tatsache bewusst sein, dass die internationale Situation seit dem Ende des zweiten Weltkrieges noch nie so ernst war wie heute. Aus dem krisengeschüttelten imperialistischen System mit seinen bisher schon 30 Millionen Arbeitslosen, mit steigender Existenz- und Zukunftsangst wächst der Drang, das Macht- und Profitstreben der Monopole, ihre Aggressionslust durch den Ausweg in Kriegsabenteuer zu befriedigen. Das führt, wie Geschichte und Gegenwart beweisen, zu barbarischen Verbrechen am Frieden und an den Völkern."

21. Juni 1984 auf einem NVA-Feldmeeting: „Aus dem gemeinsamen Kampfauftrag zur Zügelung der aggressivsten Kräfte des Imperialismus ergibt sich für unsere moderne sozialistische Koalitionsarmee die Verpflichtung, täglich aufs Neue um ausgezeichnete und dauerhafte Ergebnisse in der politischen, operativen, taktischen und Gefechtsausbildung, im Diensthabenden System und im Gefechtsdienst zu ringen."

13. August 1986 auf einem Kampfappell zum 25. Jahrestag der Errichtung des „Antifaschistischen Schutzwalls": „Der Imperialismus folgte seiner illusionären Doktrin vom Zurückrollen des Sozialismus. Mit Nato-Manövern wurde die Aggression gegen die DDR geprobt, die gewaltsame Änderung des Status quo in Europa angestrebt. Westberlin war in dieser Konzeption eine besondere Rolle zugedacht... Alledem haben wir am 13. August 1961 einen Riegel vorgelegt."

26. Oktober 1987 beim Empfang von Offizieren im Staatsratsgebäude: „Allen jenen revanchistischen, militaristischen und expansionistischen Kreisen, die uns nach wie vor mit militärischer Gewalt überfallen wollen, mit angemessenen Mitteln die Aussichtslosigkeit aller Abenteuer vor Augen zu führen, darin besteht die große friedenspolitische Verantwortung der sozialistischen Militärmacht, jeder einzelnen Armee des Warschauer Vertrages und auch aller anderen Bereiche sozialistischer Landesverteidigung. Das Maß unserer Verteidigungsanstrengungen wird vom Grad der Bedrohung durch die NATO bestimmt."

Nationale Volksarmee (NVA)

In Ost-Berlin hat sich die Nationale Volksarmee, die hier über 61 Liegenschaften verfügte, seit ihrer Gründung 1956 auf vielfältige Weise präsentiert. Nicht nur den Berlinern, sondern auch den Besuchern und Touristen aus dem In- und Ausland sind vor allem die spektakulären Militärparaden in der Karl-Marx-Allee (bis 1978 am ehemaligen Marx-Engels-Platz, dem heutigen Schlossplatz) in Erinnerung. Das trifft ebenso auf die Ehrenwache und den allwöchentlichen Großen Wachaufzug am Mahnmal für die

Opfer des Faschismus und Militarismus (heute Neue Wache) Unter den Linden zu. Gelegentlich fanden öffentliche Militärkonzerte bei besonderen Anlässen auf dem Alexanderplatz, vor dem Schauspielhaus oder im Tierpark Friedrichsfelde statt.

Als Hauptakteure der NVA traten in Berlin die Soldaten vom Wachregiment „Friedrich Engels" in Erscheinung. Mit von der Partie waren stets das Stabsmusikkorps der Stadtkommandantur Berlin und der Spielmannszug der NVA mit weit über 50 Musikern. Hinter Tamborstab und Schellenbaum folgten die Militärmusiker mit Flöten, Trompeten, Posaunen und Waldhörnern. Alle Interpreten in Uniform, meist Unteroffiziere, besaßen die Abschlüsse von Hoch- und Fachschulen der Musik. Militärische Elemente wie der Marsch standen wöchentlich auf dem Übungsprogramm der Militärmusiker.

Zu besonderen Anlässen wie an den Jahrestagen der Republik am 7. Oktober oder der NVA am 1. März konnte man auf dieser Prachtstraße in den Abendstunden bei Fackelschein den Großen Zapfenstreich erleben. Intoniert wurden neben bekannten Arbeiter- und Kampfliedern wie Spaniens Himmel oder Der kleine Trompeter auch einige preußische Märsche.

Das Repertoire der Musikantentruppe hatten gewöhnlich Offiziere der Politischen Hauptverwaltung der NVA in Strausberg zusammengestellt. Es wurde dann von einem Stellvertreter des Verteidigungsministers, dem Chef der Politischen Hauptverwaltung, bestätigt. An dieser Zeremonie vor tausenden Zuschauern nahmen symbolisch Soldaten aller drei Teilstreitkräfte teil. Im Gegensatz zu anderen deutschen Armeen verzichtete man in der Abfolge des militärischen Zeremoniells auf das Kommando: „Helm ab, zum Gebet!"

Und dann existierte in Ost-Berlin noch das sogenannte ruhige Militär. Das sollte sich insbesondere um die Ideologie unter den eigenen Leuten und um eine positive öffentliche Meinung unter der Bevölkerung kümmern. Diese Aufgabe oblag der Militärpolitischen Hochschule „Wilhelm Pieck" in Grünau und dem Militärverlag der DDR in der Storkower Straße. In diesem Plattenbau wachte einst das Wehrbezirkskommando Berlin über die Einberufung von Wehrpflichtigen. Das Erich-Weinert-Ensemble der NVA sollte mit Musik-, Tanz- und Kabarett-Gruppen ebenso wie das Zentrale Orchester bei ihren Auftritten die Truppe und die Bevölkerung erfreuen. Das Armeefilmstudio, das sich vorwiegend mit Ausbildungsfilmen beschäftigte, war ebenfalls in Berlin-Biesdorf untergebracht.

In diesen kulturellen Einrichtungen dienten und arbeiteten Armeeangehörige beziehungsweise Zivilbeschäftigte. Darunter eine Tanzkompanie mit Frauen und Männern. Auch diese Künstler in und ohne Uniform konnten ebenfalls einen Hoch- oder Fachschulabschluss vorweisen. Sie „umrahmten" auch Festveranstaltungen und Pressefeste oder standen bei Arbeiterfestspielen im Mittelpunkt. Manche weibliche Schönheit aus deren Reihen fand sich, leicht bekleidet oder oben ohne, auf der Kulturseite der Zeitung „Volksarmee" wieder. Ein Fotograf vom Militärbilddienst nutzte vor allem die Auftritte des NVA-Ensembles im Sommer entlang der Ostseeküste, um dort so manche Tänzerin in ihrer Freizeit abzulichten. Wie er mir verriet, war meistens seine Frau bei solchen Sitzungen zugegen und führte „Regie". Sie arbeitete ebenfalls in der Fotobranche.

Bei der kulturellen Betreuung der NVA-Soldaten diente, wie konnte es anders sein, die Sowjetarmee als Vorbild. Besonders das 1928 gegründete Alexandrow-Ensemble mit seinen mehreren hundert Mitwirkenden, das 1946 auf dem Berliner Gendarmenmarkt die Bitternisse eines Krieges vergessen machen wollte, wurde eine Nummer kleiner nachgeahmt. Denn „Kunst ist Waffe!" predigten auch die Politoffiziere der ostdeutschen Streitkräfte.

Als Zugpferd präsentierte sich ein 25-köpfiger Männerchor. Dieser Klangkörper beeindruckte nicht nur vor Armeeangehörigen. Auch national und international machte er sich in Qualität und Vielfalt seines Repertoires einen Namen. Nach der deutschen Einheit wurde aus diesem Männerchor der gesamtdeutsche Carl-Maria-von-Weber-Chor, der bis 1995 für das Zusammenwachsen von Ost und West gewirkt hat.

Manchmal dienten in diesem NVA-Ensemble namhafte Schlagersänger aus dem Zivilleben. So Frank Schöbel und Hartmut Eichler, die dann drei Jahre lang die keinesfalls schicke NVA-Uniform tragen mussten. Allerdings besaß kein ostdeutsches Regiment, wie in der Sowjetarmee üblich, eine eigene Blaskapelle, die beim morgendlichen und abendlichen Marschieren auf dem Appellplatz den Takt vorgab.

Bestenfalls reichte es in den NVA-Truppen für einen Singeklub. Der Initiator war dann meist ein professioneller Musiker, den es trotz seiner Bekanntheit in der Region bei der Einberufung im Frühjahr oder Herbst „erwischt" hatte. Oder wie im Weißenfelser Mot. Schützenregiment „Thomas Müntzer" zu einer hochkarätigen Sangesgemeinschaft mit ehemaligen Thomanern aus Leipzig. Den jungen Wehrpflichtigen mit dieser musikalischen und schulischen Ausbildung blieb dann so manche Ausbildungsstunde auf der Sturmbahn oder beim Schießen erspart. Dafür mussten sie aber oft zweifelhafte Kompositionen über den „schönen Armeedienst“ im Sinne der patriotischen Erziehung anderen Kampfeinheiten nahe bringen.

Parade 1989: Keine SED-Hochrufe, aber „Gorbi, Gorbi, Gorbi“

Eine ganz andere Dimension, militärische Stärke gegenüber der eigenen Bevölkerung und der Weltöffentlichkeit zu zeigen, boten die spektakulären NVA-Ehrenparaden. Daran beteiligten sich traditionell mehr als zehn Marschblöcke der Fußtruppen mit je 144 Mann aus allen Teilstreitkräften und die Marschblöcke der motorisierten Truppen. 1984 marschierten 21 Blöcke.

Allen voran die Offiziershörer der Dresdner Militärakademie „Friedrich Engels“. An deren Spitze paradierte der Kommandeur der akademischen Bildungsstätte, ein Professor, der hier als Generalleutnant den Säbel präsentierte. Bei den Offizieren vom Hauptmann bis zum Oberst in diesem Block beeindruckte nicht nur die perfekte Marschordnung. Ins Auge fiel auch die Ordenspracht auf den Paradeuniformen: Vaterländischer Verdienstorden, Scharnhorstorden, Verdienstmedaillen, Medaillen für Treue Dienste und der Waffenbrüderschaft.

Ältere Zuschauer erinnerten sich beim Anblick dieses Stechschritts vor der Ehrentribüne mit der Partei- und Staatsführung der DDR gewiss an die „alte preußische Schule“ anderer deutscher Armeen. Diese pflegten in Berlin, besonders die Wehrmacht, ebenfalls große Aufmärsche. Und fast so hoch wie damals flogen hier die Beine der Teilnehmer in den Ausgangsuniformen mit den blank geputzten Stiefeln, wenn es an der Ehrentribüne vorbeiging. Das Schritttempo lag etwa bei 114 Schritten pro Minute mit den Fußspitzen nach unten und nicht wie in der Sowjetarmee üblich, bei 120 Schritten in dieser Zeit mit den Fußspitzen nach oben. Welche Fußhaltung im 18. Jahrhundert beim Exerzierschritt in Berlin mit dem Tempo 72 pro Minute üblich war, ist nicht überliefert.

Besonders die Marschblöcke der motorisierten Einheiten zogen dann die Blicke vor Ort und an den Fernsehbildschirmen bei dieser Originalübertragung auf sich: Zuerst die Landstreitkräfte mit Panzern, Schützenpanzerwagen, Artillerie und Truppenluftabwehr. Danach folgten die mobilen Raketentransporter der Luftstreitkräfte/Luftverteidigung. All dieses Kriegsgerät sollte die „Hohe Kampfkraft und Gefechtsbereitschaft zum Schutz der sozialistischen Errungenschaften“ demonstrieren. So stand es jedenfalls auf riesigen Plakaten und Transparenten beiderseits der Paradestrecke im Herzen Berlins.

Konzipiert vom Verteidigungsministerium in Strausberg als eine „eindrucksvolle Leistungsschau der Verteidiger von Sozialismus und Frieden", hieß es in den Pressemappen, diente dieses Spektakulum den führenden Militärs in den feldgrauen Uniformen als Huldigung gegenüber den Partei- und Staatsführern. Dieses Zeremoniell konnte man ursprünglich zweimal im Jahr erleben: Am 1. Mai und am 7. Oktober. Aus finanziellen Gründen (zwischen 5 und 10 Millionen Mark) und wegen der Schäden auf den Berliner Straßen fand es später nur noch zum Auftakt für die alljährlichen Feierlichkeiten zum DDR-Geburtstag statt.

Hier verfolgten die Repräsentanten auf der Ehrentribüne den knapp einstündigen Vorbeimarsch. Zu Beginn meldete der Chef der Landstreitkräfte, ein Generaloberst, dem Verteidigungsminister die angetretenen Truppen. Nach dessen Abnahme der Ehrenparade in einer offenen „Horch"-Limousine aus Zwickau (Nachkriegsmodell: 6 Zylinder, 2,4 Liter Hubraum, 80 PS) schritt dann der Vier-Sterne-General zur Ehrentribüne.

Der Armeegeneral meldete sodann dem Generalsekretär des ZK der SED, Vorsitzenden des Staatsrates und des Nationalen Verteidigungsrates die angetretenen Truppen „zur Durchführung der Ehrenparade anlässlich des Jahrestages der Deutschen Demokratischen Republik". Per Lautsprecher wurden diese Worte auch den tausenden Zuschauern entlang der Paradestrecke in der Karl-Marx-Allee zu Gehör gebracht.

Honecker, der in den Kriegsplanungen der DDR als uniformierter Oberkommandierender – das wäre die vierte Funktion des Möchtegern-Marschalls gewesen – in Erscheinung treten sollte, erwies dem Minister hier als Zivilist die militärische Grußerweisung und dankte für die Meldung. Da im Osten nur mit Kopfbedeckung militärisch gegrüßt wurde, trug der oberste Chef bei solchen und ähnlichen Gelegenheiten immer einen Hut.

Alles begann Punkt 10 Uhr. Die Glockenschläge vom Roten Rathaus hallten ebenfalls aus den Lautsprechern in die abgesperrte Allee. Der allererste Aufmarsch dieser Art hatte am 1. Mai 1956 noch auf dem Marx-Engels-Platz mit Einheiten der neu geschaffenen Nationalen Volksarmee stattgefunden. Diese firmierte nur wenige Wochen zuvor noch unter dem Namen „Kasernierte Volkspolizei". Sie war mit ihren Kommandeuren schon landesweit wie eine Armee mit zahlreichen sowjetischen Beratern ab Divisionsebene disloziert und stellte sich nun mit dem damals üblichen Kriegsgerät wie Panzer T-34 oder Vierlings-Flak auf Rädern faktisch über Nacht als eine einsatzbereite Streitmacht dar. Das fand gut ein Jahrzehnt nach dem bitteren Ende der Schlacht um Berlin statt.

Alle NVA-Waffen stammten zu diesem Zeitpunkt noch aus Beständen der GSSD. Diese hatte man dort durch neue aus der Sowjetunion ersetzt. Beim Militär eine übliche Rotation – neu gegen alt. Was hier nach „brüderlicher Hilfe" aussah und als solche propagandistisch unters Volk gebracht wurde, stellte eigentlich einen Kuhhandel dar: Die Russen modernisierten in Ostdeutschland ständig ihre Stationierungskräfte. Und der Gastgeber musste dann das ausgediente Kriegsgerät wie Panzer, Düsenjäger oder Kampfschiffe älteren Typs abkaufen. Alles wurde von der DDR teuer bezahlt. Auch hochwertige Industrieanlagen und Konsumgüter, in diesen Fällen waren das keine Reparationskosten wie in all den Jahren zuvor, lieferte man dafür in das weite Land.

So sollten die Zuschauer sehen, dass es schon in kurzer Zeit nach der offiziellen NVA-Gründung (1. März 1956) gelungen war, in Dresden, Erfurt, Halle, Schwerin, Potsdam und Eggesin sowie vielen anderen Orten eine kampfbereite Armee mit insgesamt sechs Divisionen (zwei Panzer- und vier Mot. Schützenverbände) auf die Beine zu stellen. Später wurden die Militärbezirke Neubrandenburg im Norden und Leipzig für den Süden als eigenständige Armeebereiche geführt. Hinzu kamen im Mobilmachungsfall oder für den Verteidigungszustand fünf weitere Reservedivisionen. Deren komplette Einsatztechnik mit Munition wurde an den Unteroffiziersschulen gelagert und gewartet. Regelmäßig mussten die Reservisten für deren Bedienung bei Mob-Übungen diese Orte aufsuchen.

Noch vor NVA-Gründung delegierten die KVP-Generale, darunter der spätere Verteidigungsminister Heinz Hoffmann, ab 1954 heimlich einzelne deutsche Offiziere zum militärischen Akademiestudium in die Sowjetunion. Hier wurden sie auf ihre Führungsfunktionen vorbereitet.

Wie bei einem Bekannten von mir spielte dann sein ehemaliger Dienst in der Wehrmacht keine Rolle mehr. Als dieser zu Studienbeginn in Leningrad dem Kommandeur, einem kriegserfahrenen russischen General, melden musste, dass er als Luftwaffen-Unteroffizier etwa zehn feindliche Flugzeuge abgeschossen hatte und nach eigenem Absturz mehrere Jahre in russischer Kriegsgefangenschaft im Steinkohlen-Bergbau verbüßen musste, hat man ihm vergeben. Schließlich war ja aus dem einstigen Gegner in der Luft ein geläuterter Kampfgefährte in den Reihen eines künftigen Verbündeten geworden. Als deutscher Kursant trug er die russische Uniform, allerdings ohne Schulterstücke. Der Akademie-Absolvent, inzwischen mit einer hübschen Russin verheiratet, brachte es später bis zum Oberstleutnant.

Im Verteidigungsfall oder beim Angriff auf den potentiellen Feind im Westen sollte die NVA entsprechend der sowjetischen Militärdoktrin mit den in der DDR stationierten GSSD-Truppen handeln. Von solchen Kriegsplanungen verlautete an diesem feierlichen Tag mit der Parade natürlich nichts in der Öffentlichkeit. Aber gut 50 km weiter östlich in Strausberg, im Operativen Planungszentrum des Verteidigungsministeriums, war dieses Thema schon Alltag: An einem überdimensionalen Deutschland-Modell mit Autobahnen und Fernstraßen übten Generale und hohe Offiziere der ostdeutschen Streitkräfte den Marsch gen Westen. Verwendet wurde dabei auch hochmoderne Computertechnik. Diese hatten die Außenhändler der DDR in Westeuropa trotz deren Ausfuhrverbot dort „erworben".

Die Hundertschaften aus den Land-, Luft- und Seestreitkräften waren zuvor bis zu drei Wochen auf einem abgelegenen Teil des Flughafens Berlin-Schönefeld für diesen Auftritt vorbereitet worden. Publikum wurde hier nicht geduldet. Für die meisten Beteiligten galt deshalb der Vorbeimarsch bei flotter Militärmusik gewissermaßen als Höhepunkt in ihrer Dienstzeit.

Danach freuten sich die Teilnehmer der Fußtruppen darauf, auf dem festlich geschmückten Alexanderplatz von Familienangehörigen, die aus allen Bezirken angereist waren, in die Arme genommen zu werden. Ein kleiner Umtrunk und ein zweites Frühstück an den Verkaufsbuden beschlossen für die Uniformträger den ereignisreichen Tag in Ost-Berlin.

Untergebracht waren die mehreren Tausend Paradeteilnehmer und Sicherungskräfte in dieser Zeit in den riesigen Hallen des ehemaligen Magerviehhofs in Friedrichsfelde-Ost. Dieses Areal diente im alten Berlin dem Viehhandel. Militärisch hat es einst die Wehrmacht, nach dem 2. Weltkrieg die Sowjetarmee und ab 1956 die NVA genutzt. Nun fungierte es als ein riesiges Feldlager – mit kollektivem Waschen, Essen, Schlafen und Dienst.

Auf diesem großen Gelände, eingezäunt und gut bewacht, wurde zu solchen Anlässen auch die Technik der NVA untergestellt: Panzer, Schützenpanzerwagen, selbstfahrende Haubitzen, Raketenwerfer sowie die mobile Truppenluftabwehr und Fahrzeuge mit operativ-taktischen und taktischen Raketen. Für ostdeutsche Verhältnisse galt alles, was zur Parade gezeigt wurde, als „modern" und „schlagkräftig". Was man nicht sah: Seit 1981 wurden aus allen Waffen von der Maschinenpistole bis zur Kanone vor der Parade die Schlagbolzen entfernt, aus Sicherheitsgründen. Denn das Attentat während einer Parade in Kairo auf den ägyptischen Präsidenten Anwar el Sadat am 6. Oktober 1981 war auch sofort in der NVA ausgewertet worden.

Allerdings blieb die Präsentation neuester Waffen und Geräte aus sozialistischer Produktion nur der Sowjetarmee bei ihren Paraden auf dem Moskauer Roten Platz und bei internationalen Flugschauen oder Flottenparaden vorbehalten. Mit solchen Großgeräten für den Krieg konnten die Ostdeutschen nicht dienen. Obwohl doch mehr als 40 000 Beschäftigte in fast 80 Betrieben der Speziellen Produktion, wie man sie hierzulande verschleiernd nannte, allein 1988 Rüstungsgüter im Wertumfang von 4,49 Milliarden Mark produzierten: 1 200 Nutzkraftfahrzeuge, 630 000 Handgranaten, 31 Millionen Patronen sowie Sturmgewehre, Zielsuchköpfe für Raketen, Panzerabwehrlenkraketen, Panzerfäuste, Laserentfernungsmesser und Kampfschiffe. (Uwe Markus: Waffenschmiede DDR, Berlin, 2010, S. 15)

Gemessen an der Bewaffnung und Ausrüstung der Gruppe der sowjetischen Streitkräfte in Deutschland galt die NVA-Kampftechnik sogar als veraltet. Dennoch machten ostdeutsche Ingenieure wie beim mittleren Kampfpanzer T-74 mit einem neuen Entfernungsmesser aus Thüringen noch so manche Schwachstelle gegenüber der Technik beim großen Waffenbruder wett. Dieser verfügte damals in den Garnisonen Nohra bei Weimar, Grimma, Plauen, Eberswalde und Schwerin über den Panzer T-80 mit Gasturbine statt Dieselmotor. Seine Geschwindigkeit: 70 km/h auf der Straße und mehr als 40 km/h im Gelände. Auf Feuerkraft, Panzerung und Geschwindigkeit legten die sowjetischen Konstrukteure mit ihren Erfahrungen aus dem Weltkrieg besonderen Wert.

Für die anwesenden Militärattachés aus den mehr als hundert diplomatischen Vertretungen in Ost-Berlin bot sich an einem solchen Tag die seltene Gelegenheit, von der Tribüne aus die aktuelle Bewaffnung des Gastgeberlandes eingehend in Augenschein zu nehmen. Es wurde viel fotografiert und gefilmt, vor allem von den amerikanischen, britischen und französischen Offizieren und Unteroffizieren aus West-Berlin. Besonders neugierig waren die Experten in Uniform natürlich jedes Mal zu erfahren, über welche Raketen unterschiedlicher Reichweiten die NVA verfügte. Über aufschlussreiche Details der Waffen erhielten die anwesenden Attachés keine besonderen Handreichungen. Obwohl ihnen doch Stabsoffiziere aus der Verwaltung Internationale Verbindungen der NVA zur Seite standen.

Auch die Presse wurde, wie immer, kurz gehalten: An diesem Tag praktizierten die zuständigen Presseoffiziere aus dem Verteidigungsministerium, ebenfalls festlich gekleidet, ihre Wachsamkeit und Zurückhaltung bei konkreten Angaben über all das, was hier zu sehen war. Auf keinen Fall sollten irgendwelche „Geheimnisse“ aus der Bewaffnung und Ausrüstung der NVA an die Öffentlichkeit gelangen. Dafür hatte schon im Vorfeld der Militärzensor beim Hauptstab der NVA vor der Herausgabe des Pressematerials gesorgt. Nur Eingeweihte wussten, dass irgendwelche NVA-Neuanschaffungen in den meisten Fällen schon in einer westlichen Fachzeitschrift wie Jane's Defence Weekly, oft noch mit Foto, publiziert worden waren. Aber die zuständigen NVA-Offiziere störte das nicht. Für sie galt wohl der Befehl, auch hier immer schön wachsam zu sein.

Die Vertreter der westlichen Militärmissionen waren bei solchen Großereignissen in Ost-Berlin besonders aktiv. Da die üblichen drei Hauptproben für die Ehrenparade vor Ort nur in den späten Abendstunden stattfanden, hielten sich die Männer in den auffallend schmucken Uniformen rechtzeitig in den Zufahrtsstraßen vom Strausberger Platz auf. Hier konnten sie bei den auf ihren Einsatz zum Probedefilee wartenden Soldaten in aller Ruhe Detail für Detail von deren Kampftechnik ablichten. Wie nicht nur jeder Fotoamateur aus dem Osten sofort erkannte, nutzten diese Herren für ihre Aufklärungsmission immer die modernste Technik. Für meine Begriffe gingen sie auch recht robust zu Werke. Volkspolizisten und NVA-„Feldjäger" durften sie nicht aufhalten oder behindern.

Man konnte den Eindruck bekommen, dass für sie scheinbar alles interessant war. Und Wochen später veröffentlichten dann weitere westliche Zeitungen solche Einzelheiten aus dem NVA-Bestand. Dabei wurde eine Zusatzpanzerung am Turm des Panzers T-55A ausführlich in Wort und Bild dokumentiert. Dieses Kettenfahrzeug hielt zu jener Zeit die westliche Fachwelt schon für ein Auslaufmodell. Es stand aber immer noch massenweise einsatzbereit in den Hallen der Regimenter und Bataillone. Hier wurde selbst im Winter nicht mit Heizenergie gespart, um jederzeit die schweren Dieselmotoren in Gang setzen und mit der aufmunitionierten Kampftechnik in die befohlenen Sammelräume ausrücken zu können. Heute weiß man: Das war ein großer Teil der etwa 2 000 NVA-Kampfpanzer.

Was man übrigens im Westen von dieser Technik gehalten hat, schilderte Ost-Experte Dr. Gunter Holzweißig in seinem Buch „Militärwesen in der DDR": „In einem Konfliktfall wäre die NVA nur an der Seite der Roten Armee kampffähig, denn Waffen, Ersatzteile und Munition erhält die NVA ganz überwiegend von der Sowjetunion. Einsatzfähig ist die NVA vor allem bei Operationen, bei denen die Anwendung konventioneller Waffen überwiegt. Für einen Bombenkrieg, für groß angelegte Luftlandeoperationen, für Gefechte auf hoher See oder gar für einen nuklearen Krieg ist die NVA nicht gerüstet. Sie könnte in solchen Fällen vor allem zur Sicherung des Hinterlandes eingesetzt werden. Für die Niederschlagung innerer Unruhen wäre die Nationale Volksarmee jedoch bestens gerüstet." (Berlin 1985, S. 64)

Nicht ganz so interessant wie die in der Karl-Marx-Allee von der NVA vorgeführte Technik war meist das offizielle diplomatische Protokoll. Es handelte sich um die Personen, die mit Erich Honecker, der „seine" Soldaten immer wieder militärisch korrekt grüßte, auf den Ehrentribünen standen oder, wie viele Parteiveteranen, in seiner Nähe Platz nehmen durften. Zum 40. Jahrestag des Arbeiter-und-Bauern-Staates am 7. Oktober 1989 hatten sich zudem zahlreiche internationale Partei- und Staatsführer eingefunden.

Der SED- und Staatschef, der sich sonst selbst zum eigentlichen Hauptdarsteller der Ehrenparade inszenierte und gewöhnlich mit organisiertem Beifall bedacht wurde, fuhr diesmal viel früher als sonst hinter der Haupttribüne vor. Umgeben von mehreren Personenschützern der Stasi, entstieg er dem gepanzerten silberfarbenen Citroen und gesellte sich zu den vollständig versammelten Mitgliedern und Kandidaten des SED-Politbüros. Wie es sich für einen Mann von Welt, der er sein wollte, gehörte, zog er beim Eintreffen in dieser Runde den Hut.

Dann kamen die hohen ausländischen Ehrengäste vorgefahren. Einer der ersten war Nikolae Ceaucescu aus Rumänien. Wegen der extremen Sicherheitsvorkehrungen durften sich diesmal in dieser Sperrzone keine FDJ-Mitglieder aufhalten. Sonst machten sie als Claqueure mit Hoch-Rufen auf die DDR und die SED auf sich aufmerksam. Daher war es schon beim Eintreffen Honeckers trotz des runden DDR-Jubiläums, aber angesichts der angespannten innenpolitischen Lage im Land ruhig wie auf einem Friedhof. Diesen Eindruck konnte man als einer der akkreditierten ostdeutschen Journalisten am Rande des Geschehens gewinnen.

Plötzlich fuhr eine riesige schwarze Limousine vor. Mit Michail Gorbatschow entstieg seine Ehefrau Raissa dem Fahrzeug. Und wie die beiden russischen Gäste, Seite an Seite, die etwa 50 Meter auf die schon versammelten Staatsmänner zugingen, riefen von einem seitlichen Balkon des angrenzenden Wohnblocks in der Karl-Marx-Allee plötzlich drei Bewohner: „Gorbi!", „Gorbi!", „Gorbi!". Es klang, so mein Gefühl in diesem Moment, wie ein Hilferuf. Sicher war der Präsident in seinen Gedanken schon bei den wartenden Gesprächspartnern aus den damaligen „Bruderländern".

Jedenfalls überhörte der Mann im dunklen Mantel und mit Hut diese Rufe. Seine Frau Raissa jedoch nicht. Sie machte nun Michael Gorbatschow auf seine Fans im sechsten oder siebten Stock des Wohnblocks aufmerksam, die wohl trotz Verbot durch die Staatssicherheit ihren Balkon genutzt und herunter gewunken hatten. Der in der DDR sehr beliebte Politiker winkte ihnen nun herzlich zurück und lief dann weiter, direkt zum SED-Generalsekretär.

In dieser nur wenige Sekunden dauernden symbolischen Beifallsbekundung für den Obersten Befehlshaber aller Streitkräfte des Warschauer Pakts zeigte sich die Verbundenheit vieler Menschen in der DDR mit dem Vordenker von Glasnost und Perestroika. Auch für mich war diese symbolträchtige Episode mehr als nur Randgeschehen von der allerletzten Ehrenparade in der DDR.

Honecker, dem an diesem Tag, genau 40 Jahre nach Gründung der DDR mit sowjetischer Hilfe und unter dem Schutz sowjetischer Militärs, keine so freundliche Geste von seinen Untertanen zuteil worden war, verfolgte wie die anderen Mitglieder des SED-Politbüros diese Episode mit bitterer Miene. Diese Momente waren eigentlich ein Affront gegen ihn persönlich. Denn niemand brachte hier auch nur einen Hochruf auf die DDR, die SED und ihren Generalsekretär aus.

Irgendwie waren die NVA-Ehrenparade und die am selben Tag an anderer Stelle folgende Kritik Gorbatschows an Honeckers starrer Haltung („Wer zu spät kommt, den bestraft das Leben.") der Tiefpunkt in der Karriere des SED-Führers. Knapp zwei Wochen später wurde der 77-Jährige im Politbüro der Staatspartei von seiner Funktion als Generalsekretär entbunden. Doch der Absturz, den auch das Säbelrasseln vor dem eigenen Volke nicht aufhalten konnte, hatte schon viel früher begonnen.

Auch für die Nationale Volksarmee ging an diesem Tag eine Ära zu Ende: Seit ihrer Gründung am 1. März 1956 paradierten ihre Soldaten 38 Mal in Berlin vor der Partei- und Staatsführung. War am 1. Mai 1956 das Aufklärungsbataillon aus der 1. Motorisierten Schützendivision mit Standort Potsdam noch mit Motorrädern oder Schwimmwagen über den Marx-Engels-Platz gerollt, so beeindruckten 33 Jahre später viel mehr die Schützenpanzer und Schützenpanzerwagen neben Geschosswerfern und taktischen (System Luna/FROG oder Totschka/SS-21/SCRAB) und operativ-taktischen (SS-1C/SCUD-B) Raketen.

Ein besonderer Höhepunkt bildete laut Zeitzeugen jedoch die 1984er Parade. Sie war „nach der Zahl der Teilnehmer und gezeigten Technik die größte. Diese Demonstration militärischer Macht stand ohne Zweifel im Zusammenhang mit der Stationierung der Mittelstreckenraketen Pershing 2 und der Marschflugkörper in der BRD", schreibt Günter Heinemann in „NVA – Die roten Preußen?" (Aachen, 2010, S. 54)

„Die Behauptung, dass Erich Honecker ein Liebhaber solcher Machtdemonstrationen im Ostteil Berlins (Hauptstadt der DDR) gewesen sei, mag seine Berechtigung haben. Wesentlich für die Entscheidung Honeckers, Vorschläge zur Reduzierung ihrer Häufigkeit (alle 5 Jahre) und ihres Umfangs (die Teilnehmerzahl erreichte einschließlich Sicherstellungskräften Divisionsstärke) abzulehnen, dürfte das Bestreben gewesen sein, die Souveränität der DDR aller Welt vor Augen zu führen." (S. 52)

Als am 2. Oktober 1990 mit dem Ende der DDR auch das Aus für die Nationale Volksarmee gekommen war, verfügte sie mit den Grenztruppen überproportional für eine Armee eines solch kleinen Landes über 3 315 Liegenschaften.

„Ehrenkompanisten" aus dem Friedrich-Engels-Wachregiment

Am meisten trat in Ost-Berlin das NVA-Wachregiment „Friedrich Engels" in Erscheinung. Seine sieben Kompanien, drei davon Ehrenkompanien, waren gut ausgebildet und bewaffnet. 1962 aufgestellt, bildeten sie aber keine Kampfeinheiten. Das hätte der Vier-Mächte-Status der Stadt nicht gestattet. Auf den musste die DDR unter dem Druck der Sowjetunion trotz anderer Bekundungen („Berlin liegt auf dem Territorium der DDR") letztlich doch Rücksicht nehmen. Die Einheiten des Wachregiments wurden nur für Repräsentationszwecke mit dem Karabiner SKS-45 oder für den Wachdienst an Militärobjekten eingesetzt.

In ihren Reihen dienten ausgesuchte Wehrpflichtige, darunter Reservisten. Die Bedingung: Ein Gardemaß von mindestens 1,80 Meter und eine schlanke Figur. Diese Soldaten sollten unbedingt „fotogen" sein, hieß es in den Hinweisen an die Wehrkreiskommandos, wo die Einberufungsbefehle zur NVA ausgestellt wurden.

Die jungen Männer, jetzt Sinnbild für die deutsche Armee der Arbeiter und Bauern, hat man ja bei jedem Aufmarsch in Berlin in nahezu allen Positionen abgelichtet – als Porträts, mit präsentiertem Selbstladegewehr oder beim preußischen Stechschritt. Vor allem Ausländer wollten sich diese Erinnerung an die Prachtmeile Unter den Linden nicht entgehen lassen.

Bei ihren Auftritten vor der Öffentlichkeit trugen die jungen Leute einen Karabiner mit aufgeklapptem Bajonett. Die fast vier Kilogramm schwere Waffe ohne Trageriemen wurde einheitlich nach dem Kommando „Gewehr - ab!" von allen Angetretenen von den Schultern genommen und neben dem rechten Fuß abgestellt, was natürlich beim Aufschlag des Kolbens laut über die Straße hallte. An diesem einheitlichen Klang erkannten der Kommandierende und der Regimentskommandeur, der sich irgendwo unter den Zuschauern aufhielt, ob der tägliche Drill erfolgreich war. Damit sich die Waffen beim Auftritt stets in einem 1a-Zustand präsentierten, probte man im Kasernenhof täglich mit dem Übungskarabiner. Dessen Magazin wäre im Ernstfall ebenfalls mit zehn Patronen geladen worden.

Die Uniform bei solchen Vorführungen ähnelte, im Gegensatz zur Ausgangsbekleidung anderer DDR-Rekruten, der Bekleidung von Berufssoldaten. Was bei diesen Auftritten immer so exakt preußisch aussah, mussten die Beteiligten im Alltag stundenlang hart trainieren. Das hieß unter den Soldaten: „Ex klopfen". Dabei wiederholten die Soldaten, Tag für Tag, auf dem steinharten Exerzierplatz der Friedrich-Engels-Kaserne am Kupfergraben immer wieder die vorgeschriebenen rhythmischen Bein- und Armbewegungen.

Es gab Einzelausbildung, aber auch Bewegungsabläufe im militärischen Kollektiv – in der Gruppe, im Zug. Dazu erteilte der Zugführer die lauten Kommandos „Stillgestanden!", „Rechts - um!" und „Links - um!", „Präsentiert das Gewehr!" und „Ganze Abteilung – kehrt!". Kurzum: Richtiger Drill!

Aber zwischen dem preußischen Drill, den man vom Hörensagen aus Erzählungen der Eltern und Großeltern kannte, und dem sozialistischem Soldatenalltag der „Ehrenkompanisten" (so nannten sie sich selbst) konnte man hier kaum Unterschiede feststellen. Vielleicht flogen die Beine beim Stechschritt nicht ganz so hoch wie in den Vorgängerarmeen.

Damit das Erscheinungsbild in der NVA-Uniform bei den Zuschauern überhaupt keinen Anlass zu Kritik geben sollte, stand sehr oft die Putz- und Flickstunde auf dem Dienstplan. Die Vorgesetzten bis hinauf zu den hohen Offizieren in der Stadtkommandantur von Ost-Berlin achteten peinlichst darauf, dass auch alles an der Bekleidung perfekt saß und die Haarfrisur akkurat war. Selbst ein professioneller Schuhmacher stand in der Kaserne zur Verfügung. Denn was sollten die aufmerksamen Beobachter Unter den Linden von krummen Absätzen an den auf Hochglanz geputzten Kommissstiefeln halten?

Dabei verkörperte schon der Name „Friedrich-Engels-Kaserne" eine Verpflichtung. Er war zum Tag der NVA am 1. März 1970 verliehen worden. Und mit großen militärischen Traditionen verbunden: Hier diente der spätere Militärtheoretiker der Arbeiterbewegung von 1841 bis 1842 als „Bombardier". In diesem Quartier, das einst Friedrich II. erbauen ließ, war nun das NVA-Vorzeige-Regiment untergebracht, nur wenige Marsch-Minuten von der Paradestrecke Unter den Linden entfernt.

Der Hof mit dem Exerzierplatz konnte von der direkt vorbeiführenden S-Bahn zwischen Friedrichstraße und Hackescher Markt wegen einer Sichtblende kaum eingesehen werden. Nur wenn ein S-Bahn-Zug in luftiger Höhe einen technischen Halt machen musste, sah man durch Ritze zwischen den Brettern die Uniformierten bei ihrem Tun. Das begann schon beim Frühsport mit Teilen aus Panzerketten. Regelmäßig fuhren die Soldaten auch mit dem LKW zu anderen militärischen Übungen in die Waldgegend der Berliner Wuhlheide.

An jedem Mittwochnachmittag bot sich das gleiche Bild: Gemeinsam mit dem Musikkorps verließ die Ehrenkompanie unter Marschmusik das Kasernengelände. Den Abmarsch hatte man so ausgeklügelt und eintrainiert, dass am Mahnmal Unter den Linden Punkt 14.30 Uhr die Wachablösung erfolgen konnte. Sie wurde jedes Mal vom Berliner Rundfunk direkt vom Mahnmal für die Opfer des Faschismus und Militarismus übertragen. Dazu gehörten der Aufmarsch und die Vergatterung sowie die Wachablösung unter Trommelwirbel mit Stechschritt nach überliefertem Ritual.

Ältere Zuschauer fühlten sich hier an die Aufmärsche der Wehrmacht erinnert. Diese nutzte das Ehrenmal für die Gefallenen des 1. Weltkrieges, das ab 1931 diese Bestimmung erhalten hatte. Von Karl Friedrich Schinkel als erstes repräsentatives Bauwerk nach den Befreiungskriegen in Berlin entworfen und 1818 errichtet, war aus dem Baublock mit Ecktürmen, den ursprünglich die Schlosswache genutzt hat, im Laufe der Zeit eine Einrichtung mit Denkmalfunktion geworden. Das Giebelrelief verkörpert den Krieg.

Die DDR gestaltete die Neue Wache ab 1960 zu einem Mahnmal um. Im Inneren befanden sich die Urnen eines Unbekannten Soldaten und eines Unbekannten Widerstandskämpfers mit blutgetränkter Erde aus nationalsozialistischen Konzentrationslagern und von Schlachtfeldern des 2. Weltkrieges. Auf der Straßenseite gegenüber verwiesen die Denkmale für Scharnhorst, Blücher, York von Wartenburg und Gneisenau auf die preußischen Traditionen aus den Befreiungskriegen mit dem deutsch-russischen Bündnis.

Das Zeremoniell, das auch bei Kranzniederlegungen ausländischer Staatsoberhäupter und Verteidigungsminister inszeniert wurde, beobachteten immer hunderte, in den Sommermonaten manchmal tausende Schaulustige. Nicht zu übersehen waren dabei die bunten Uniformen der Offiziere von den Alliierten Truppen aus West-Berlin. Sie kamen meist mit ihren Familien zu einem Spaziergang in den demokratischen Sektor der geteilten Stadt und hielten diese Eindrücke Unter den Linden mit ihren Kameras fest.

Zu den protokollarischen Aufgaben des Wachregiments „Friedrich Engels“ gehörte die militärische Begrüßung von Staatsgästen der DDR auf dem Flughafen Berlin-Schönefeld. Dann trugen die drei angetretenen Kompanien jeweils die Uniformen der Land-, Luft- und Seestreitkräfte. Das heißt, die Soldaten der 1. Kompanie traten als Mot. Schützen, der 2. Kompanie als Flieger und der 3. Kompanie als Matrosen der Volksmarine auf. Letztere aber eben nur aus diesem Anlass. Wenn neue Botschafter oder der Ständige Vertreter der Bundesrepublik in Ost-Berlin akkreditiert wurden, hieß es dann ebenfalls für die NVA-Soldaten vor dem Portal des Staatsratsgebäudes: „Präsentiert das Gewehr".

Ost-Berlin kam auch nie in den Genuss von einem „Haus der Nationalen Volksarmee" wie in den Bezirksstädten der DDR. Eine solche Einrichtung hätte die Strausberger Armeeführung liebend gern in der DDR-Hauptstadt gesehen. Aber da spielten wohl die sowjetischen Verbündeten mit Blick auf ihren Alliierten-Status nicht mit.

Stadtkommandantur

Die Stadtkommandantur der NVA am Alexanderplatz wurde von der Armeeführung eingerichtet, um angesichts des Vier-Mächte-Abkommens aller Welt die Souveränität der DDR im ehemals demokratischen Sektor Berlins zu zeigen. Dieser Neubau neben dem Polizeipräsidium diente gewissermaßen als Außenstelle des Ministeriums für Nationale Verteidigung in Strausberg. Für die betagten Verteidigungsminister hin und wieder mal eine Stätte der Ruhe und Entspannung.

Entsprechend militärisch bewacht und gesichert, konnte hier auch so mancher Bürger an der Wache seine Anliegen in Sachen „Landesverteidigung" einem Offizier vom Dienst (OvD) vortragen. Meist ging es um Probleme, mit denen die eigenen Kinder als Wehrpflichtige in Eggesin oder anderen Garnisonen zu tun hatten. Auch die zivilen Ministerien in Berlin nutzten diese Möglichkeit in zentraler Lage, um hier ihre Post an den „Genossen Verteidigungsminister", der in Strausberg seinen ständigen Sitz hatte, abzugeben.

An der Spitze dieser kleinen militärischen Einrichtung stand der Stadtkommandant. Auf diese Generalplanstelle, in der Regel von einem Generalleutnant besetzt, hatten nur erfahrene und bewährte Kader Anspruch, die oft zum Abschluss ihrer Karriere diesen Posten einnehmen durften: Zwischen 1962 und 1990 waren dies Helmut Poppe, Arthur Kunath, Karl-Heinz Drews und Wolfgang Dombrowski. Bei Kranzniederlegungen und zu anderen Ehrungen der Partei- und Staatsführung verkörperte dann dieser General gewissermaßen das militärische Element des Arbeiter-und-Bauern-Staates. Wenn auch nie im Vordergrund stehend, sollte (natürlich mit Blick auf die Westmächte und aus politischen Gründen) bei möglichst vielen Ereignissen gerade seine NVA-Uniform zu sehen sein. Das entsprach der Theorie der führenden SED-Politiker „von der Souveränität der DDR" und „von der Stärkung und vom Schutz des Sozialismus".

Dass der Stadtkommandant dabei mit Blick auf die Besonderheiten Ost-Berlins und in unmittelbarer Sichtweite zur Partei- und Staatsführung ziemlich unauffällig agieren musste, war stets von Vorteil. Wie bei keinem anderen General beobachteten nämlich der Minister höchstpersönlich sowie die Chefs der Politischen Hauptverwaltung beziehungsweise des Hauptstabes, hörte ich wiederholt von Presseoffizieren, dass sich der Stadtkommandant in seinen Antworten auf Reporterfragen aus Ost und West nicht als oberster Repräsentant der Nationalen Volksarmee aufspielt. Gelegenheiten für Interviews oder Filmaufnahmen mit ihm gab es viele.

Schon deshalb musste sich dieser Herr in Uniform tatsächlich mehr vor der eigenen Armeeführung fürchten als vor irgendwelchen Mitarbeitern des SED-Zentralkomitees, die natürlich auch über sein Auftreten in der Öffentlichkeit wachten. Denen ging es aber vor allem um die Einhaltung der von ihnen vorgegebenen Schreibweise für diese Funktion: „Stadtkommandant der Hauptstadt der DDR, Berlin". Und wehe dem Journalisten aus der DDR, der diesen Titel in irgendeiner Weise in seinem Artikel verkürzt hat! Sogar eine Fregatte der Volksmarine erhielt 1975 den kuriosen Namen „Berlin – Hauptstadt der DDR". War das wirklich ein Schiffsname oder nur SED-Propaganda?

Verantwortlich war der Stadtkommandant für das Brandenburger Tor, das Mahnmal für die Opfer des Faschismus und Militarismus Unter den Linden (Neue Wache), das Wachregiment „Friedrich Engels" und ein Stabsmusikkorps. Ihm zur Seite stand ein Oberst als Politstellvertreter, der sich zuvor im Plauener Grenzregiment an der innerdeutschen Grenze bewährt hatte. Bei seinen Auftritten an der Mauer am Brandenburger Tor berichtete der General ganz stolz immer wieder ausländischen Delegationen, dass die DDR am 13. August 1961 „mit der Errichtung dieses Schutzwalls den Frieden in Europa gerettet hat". Von der Spaltung und Teilung der Stadt natürlich kein Wort.

Militärverlag der DDR

Der Militärverlag der DDR mit mehreren hundert Mitarbeitern, zivil und uniformiert, unterstand unmittelbar der Politischen Hauptverwaltung der NVA in Strausberg. Ihm oblag vor allem, die politische Arbeit innerhalb der NVA und der Grenztruppen der DDR zu unterstützen. Das geschah mit Fachbüchern, Dienstvorschriften und anderen militärischen Publikationen. Verlagsdirektor war ein Oberst der NVA.

Hier erschien die Wochenzeitung „Volksarmee“ mit einer Auflage von etwa 180 000 Exemplaren. Eigentlich sollte jeder Armeeangehörige und Grenzsoldat ein Exemplar kaufen und lesen. Der Inhalt der Zeitung: Von politischen Bekenntnissen in langen Artikeln und Reden über Reportagen aus der Truppe bis zum Sport auf der letzten Seite. Da erfuhr man nicht nur, wer zurzeit „Stärkster Soldat“ war, der alljährlich in einem Massenwettbewerb von der Kompanie bis zur Division ermittelt wurde. Auch viel Persönliches über die zahlreichen Olympiasieger und Weltmeister, die in den Armeesportklubs als Hauptleute oder Majore ihrem geliebten Sport nachgingen, war zu lesen.

Eine ganze Seite wurde ebenfalls der Militärtechnik gewidmet. Hier musste der zuständige Redakteur meist seine perfekten Russisch-Kenntnisse nutzen, um aus einschlägigen sowjetischen und anderen Zeitungen des Ost-Blocks „Neuigkeiten“ in der Bewaffnung und Ausrüstung zu übernehmen. Die Sowjetarmee übergab nie solche Informationen. Andererseits standen der Zeitung „Volksarmee“ die auf diesem Gebiet führenden Militärzeitschriften aus dem Westen und die dort publizierten Bücher wegen der fehlenden Devisen nicht zur Verfügung. Wie der Kollege mir einmal erläuterte, hat er noch mit dem Rechenschieber so manche Umlaufbahn von kosmischen Fluggeräten berechnet.

Der Oberstleutnant schilderte mir auch an einem Beispiel, welche Kleingeister sein Tun beaufsichtigten: Der Chef der Luftstreitkräfte/Luftverteidigung, ein Generaloberst, Mitglied des SED-Zentralkomitees, verbot ihm, in der Zeitung einen der acht sowjetischen Jagdbomber Suchoi-22 (Nato-Code: FITTER), die 1984 in der NVA eingeführt worden waren, auf einer Start- und Landebahn als Foto zu zeigen. Und das, obwohl diese Maschine, Erstflug 1966, zur selben Zeit schon im Zentralen Luftwaffenmuseum Monino bei Moskau gemeinsam mit anderen Flugzeug-Veteranen zu sehen und zu fotografieren war. „Diese Geheimniskrämerei auf nahezu allen Gebieten in den obersten Etagen unserer Armee – das war unser Schicksal“, sagte er mir.

Die eigentliche Attraktion für den kasernierten Leser war immer auf der vorletzten Seite dieser Zeitung zu finden – meist eine nackte Schönheit neben Meldungen und Berichten aus der Kultur.

Nicht vergessen werden sollte, dass die Zeitung "Volksarmee" mit Kommentaren und anderen Veröffentlichungen die Bundeswehr eigentlich in jeder Ausgabe als eine Aggressionsarmee bezeichnet hat. Während sonst die Polit-Oberen in Strausberg in ihrem Blatt auf jedes Wort über die NVA achteten, durfte hier der Schreiberling seinen Hirngespinsten freien Lauf lassen. Dieser ständige Autor, ein Oberstleutnant, der zuvor beim DDR-Soldatensender für die Bundeswehr mit angeblichen Informationen vom Bund sein Brot verdient hatte, fühlte sich doch nicht ganz wohl in seiner Haut. Denn er schrieb meist unter einem Pseudonym. Wie andere Redakteure nach der politischen Wende berichteten, sollten auf Weisung aus Strausberg ab Januar 1989 die Begriffe „Feind" und „Gegner" vermieden und wenig über Angriffsmittel in der NVA berichtet werden.

Weitere Armee-Publikation waren das Soldatenmagazin „Armee-Rundschau" und die Zeitschrift „Militärwesen". Das theoretische Organ für Berufssoldaten gab es als offene Publikation am Kiosk (wohl mehr für Reservisten) und als VVS-Ausgabe, also als Vertrauliche Verschlusssache, in der Truppe. Während das „Militärwesen" (A) vor allem den Politoffizieren für ihre „Der-Sozialismus-siegt!"-Beiträge vorbehalten war, kamen in der anderen Ausgabe meist Militärfachleute zu Wort. Sie berichteten beispielsweise über Neuerungen oder Patente, die von ihnen zur Erhöhung der Kampfkraft eines Einsatzgerätes gemacht wurden oder bei Militärfahrzeugen zur Einsparung von Treibstoff führten.

Der Militärverlag hatte noch eine zweite Aufgabe: Er sollte die interessierte Öffentlichkeit, vor allem die Jugend, in der DDR für alles, was mit Militaria und Wehrsport zu tun hatte, begeistern. Dazu erschienen die „Flieger-Revue", der „Funkamateur", „Modellbau heute", die „GST-Zeitung" und weitere Monatsschriften mit viel Farbe und Fotos. Großes Interesse, auch im Ausland, fanden ebenso die Zeitschrift „Militärtechnik" und die Militärtechnischen Hefte zu nahezu allen Waffengattungen der NVA sowie die alljährlichen Motor-, Flieger- und Marinekalender. Hier konnte sich auch so mancher Freund von Militaria über Angaben in Wort und Bild zu Neuigkeiten in den "Bruderarmeen" erfreuen.

Seine Arbeit hatte der Militärverlag am 25. Mai 1956, nur wenige Wochen nach der NVA-Gründung, als Verlag des Ministeriums für Nationale Verteidigung aufgenommen. Seither war die Entwicklung des Fachverlags eng mit dem Aufbau der DDR-Streitkräfte zu einer „modernen sozialistischen Koalitionsarmee" verbunden. So hieß es in einer Verlagsveröffentlichung. Von Anfang an erschienen ausgewählte Schriften des Militärtheoretikers Michail Frunse, die Reihe „Gewehre in Arbeiterhand" und die „Rote Reihe" mit Schriften der Klassiker des Marxismus-Leninismus.

Zum 30-jährigen Bestehen 1986 wurde bilanziert: Mehr als 3 300 Bücher und Broschüren mit über 4 500 Ausgaben und insgesamt etwa 148 Millionen Exemplaren. Jährlich kamen dann etwa 175 Erst- und Nachauflagen hinzu. „Von Anbeginn war die Arbeit des Kollektivs des Militärverlags vom Anspruch geprägt, wirksam die marxistisch-leninistische Militärpolitik der SED zu propagieren, die sozialistische Landesverteidigung zu stärken und mit den Publikationen des Verlags zu Sicherung des Friedens beizutragen“, hieß es in einer Veröffentlichung aus diesem Anlass im „Börsenblatt“ des Börsenvereins in Leipzig (1986, S. 412). „Stärker noch als vor 30 Jahren sollen unsere Bücher Waffen im ideologischen Kampf sein“, kündigte darin der Verlagsdirektor zur Freude seiner vorgesetzten Generale an.

In den letzten Jahren war das verlegerische Programm thematisch und qualitativ mit wissenschaftlichen, populärwissenschaftlichen und künstlerischen Genres erweitert worden, darunter zur Lehre vom Krieg und von den Streitkräften, zur Militärwissenschaft, Militärgeschichte und Militärpädagogik bis hin zu Handbüchern für die Truppenführung.

Als „bedeutsame und profilbestimmende Editionen“ waren vom Verlag die DDR-Ausgabe der zwölfbändigen sowjetischen „Geschichte des Zweiten Weltkrieges“ und „Armee für Frieden und Sozialismus. Geschichte der Nationalen Volksarmee“ bezeichnet worden. Herausgegeben wurden zahlreiche repräsentative militär- und kulturhistorische Bildbände wie „Soldaten des Volkes“, „Gemeinsam auf der Erde und im All“ oder „Volksmarine auf Wacht“. Aus dem Militärverlag der DDR ging das Brandenburgische Verlagshaus hervor.

Bereich Militäraufklärung

Nicht nur in Fachkreisen Deutschlands galt es 1993 als Sensation, als das Buch „Der militärische Geheimdienst der DDR – Auftrag WINDROSE“ aus dem Berliner Verlag Neues Leben auf den Markt kam. Der Autor, auch zu meiner großen Überraschung: Dr. Andreas Kabus, ein ehemaliger ADN-Kollege. Es war die erste Veröffentlichung überhaupt über „ein bisher weitgehend unbekanntes Kapitel östlicher Militärspionage im Spannungsfeld des Kalten Krieges und beschreibt die Motivation der Beteiligten“, heißt es auf der Umschlagseite.

Ich kannte Kabus als Chefredakteur der Auslandsredaktion. Er hatte sein journalistisches Können zuvor als Korrespondent und Bürochef in Kairo, Neu Delhi, Tokio und Washington, bis November 1990 auch im Pressekorps des Weißen Hauses, bewiesen. Manchmal sahen wir auch den sympathischen Herrn, der über die jüngere Geschichte Ägyptens promoviert hat, als Urlaubsvertretung eines Fernseh-Korrespondenten im TV oder hörten einen Bericht von ihm im Rundfunk der DDR. Inhalt und Sprache, bei ihm selbstverständlich, eine Einheit und kein Parteideutsch.

Und dieser „Ungediente" trat nun kurz nach dem Ende der DDR als Pensionär mit einer Thematik an die Öffentlichkeit, deren Kenntnis ich als Gedienter ihm wirklich nicht zugetraut hatte. Ehemalige hohe Dienstgrade der NVA, so hörte ich, staunten ebenfalls über dieses Insiderwissen. Da hatte wohl einer von den graumelierten Obersten aus der von Geheimnissen umwobenen Gilde, vielleicht ein Nachbar aus seiner Plattenbau-Hausgemeinschaft am Ostbahnhof, mit alten Spionagegeschichten den flotten Schreiber auf diese heiße Spur gelockt.

Nun will ich ja nicht wiedergeben, wie der militärische DDR-Geheimdienst, über den es inzwischen mehrere Bücher gibt, fast 40 Jahre lang sein Netz über Westeuropa gespannt hat. Und wie, laut Kabus, „Bundeswehroffiziere, Regierungsräte, Sekretärinnen, Handelsreisende, Militärattachés, Funkaufklärer, Tankwarte und sogar eine katholische Klosterschülerin" Informationen in die Berliner Oberspreestraße geliefert haben. Das alles kann man da und dort nachlesen. Obwohl doch ganze Bündel solch geheimer NVA-Akten im Sommer 1990 mit dem Segen von Abrüstungsminister Rainer Eppelmann in den Reißwolf gelangt sind.

Viel wichtiger als Namen und weitere Einzelheiten, über die im Kabus-Buch berichtet wird, scheint mir ein Dokument im Anhang zu sein. Es hat der SED-Generalsekretär am 17.8.76 mit „Einverstanden Honecker" unterzeichnet. Dieses Schreiben hatte Verteidigungsminister Heinz Hoffmann an seinen obersten Parteichef gerichtet. Der Armeegeneral ersuchte darin um neue Planstellen für den „weiteren Ausbau des legalen Auslandsapparates der militärischen strategischen Aufklärung". Nach dem Rücklauf wurde auch Generaloberst Heinz Keßler, damals noch Stellvertreter des Ministers und Chef des NVA-Hauptstabes, davon in Kenntnis gesetzt.

Zur Begründung seiner Personalwünsche schrieb Hoffmann an Honecker: „Mit dem weiteren Ausbau des Netzes der Militärattachés bei den Botschaften der DDR in wichtigen Staaten der Welt bestehen günstige Voraussetzungen zur Führung von Aufklärungsoffizieren der Nationalen Volksarmee, die unter ziviler Deckung durch andere Ministerien und Institutionen in den Auslandsvertretungen der DDR eingesetzt werden. Bisher wurden im geringen Umfang Spezialkader des Ministeriums für Nationale Verteidigung in Planstellen des Ministeriums für Auswärtige Angelegenheiten und des Ministeriums für Außenhandel, unter deren Deckung ihr Einsatz erfolgt, eingesetzt." Anders formuliert: Ausbau des NVA-Spionagenetzes, in dem dann vor seiner Auflösung 1990 mehr als 1 200

Offiziere für aktuelle Lageeinschätzungen aus ihren Gastgeberländern sorgten.

Viele solcher Details gelangten erst nach dem Ende der DDR und ihrer Streitkräfte an die Öffentlichkeit. Wie im Westen waren sie auch im Osten streng geheim. Und so gab sich der Bereich/Verwaltung Aufklärung von Anfang an getarnt: Die Zentrale in Berlin nannte sich „Mathematisch-Physikalisches Institut der Nationalen Volksarmee". Das stand jedenfalls an der Eingangspforte. Das „Herzstück" für die Lagebesprechungen in großer Offiziersrunde sollte ein neuer Hochbunker werden, der nach seiner Fertigstellung infolge der Deutschen Einheit nicht mehr in Betrieb genommen werden konnte.

Die Militäraufklärung der Nationalen Volksarmee residierte in der Oberspreestraße in Berlin-Oberschöneweide. Nach dem Vorbild des sowjetischen GRU-Geheimdienstes strukturiert, entwickelte sie sich schon in Zeiten der Kasernierten Volkspolizei, also vor 1956, als eine Einrichtung, die sich überwiegend für die „andere Seite", also die Bundeswehr und andere Nato-Verbündete in Europa, interessierte. Dies unter operativtaktischen und strategischen Überlegungen. So wollten die ostdeutschen Militärs einen möglichen Angriff des vermeintlichen Gegners rechtzeitig aufklären.

Daher operierte der militärische Nachrichtendienst eigenständig. Das heißt: Ohne Zusammenarbeit mit der Hauptverwaltung Aufklärung (HVA) des Ministeriums für Staatssicherheit. Eingeweihte sprachen nach der Wende ganz offen von einer harten Konkurrenz zwischen beiden Institutionen, machten aus ihrer Antipathie gegenüber den Stasi-Leuten, die auch im Ausland jeden DDR-Bürger überwachten, kein Geheimnis. Was sich also im Laufe der Kämpferleben der DDR-Minister Hoffmann (Verteidigung) und Mielke (Staatssicherheit) seit dem Spanischen Bürgerkrieg 1936 bis 1939 in den Internationalen Brigaden an gegenseitiger Verachtung zusammengebraut hatte, setzte sich auch hier, sozusagen an der Basis für ihre Befehle, fort.

Unter den militärischen Aufklärern befanden sich Militärattachés und ihre Gehilfen. Als Diplomaten getarnt und geschützt, werteten diese in ihren Gastgeberländern und darüber hinaus alle zugänglichen Informationen unter militärischen Gesichtspunkten aus. Vorher mussten die Aufklärer, die nach eigenen Worten hin und wieder an der „Heimatfront" zum Einsatz kamen, ein Zusatzstudium am Militärwissenschaftlichen Institut in Klietz (Land Brandenburg) absolvieren. Mit dem Standort am gleichnamigen riesigen Truppenübungsplatz bot es ideale Bedingungen zur Ausbildung für geheimdienstliche Tätigkeiten, nicht nur an der geheimen Sammelstelle „Briefkasten", der eigentlich gar keiner war. Die Absolventen der „Waldschule", wie man die Einrichtung unter Kampfgefährten verschleiernd nannte, wurden zum Diplom-Militärwissenschaftler gekürt.

Wie einer dieser ehemaligen Mitarbeiter als neuer Bundesbürger bei seiner Buchvorstellung „Offizier, Diplomat und Aufklärer der NVA Streiflichter aus dem Kalten Krieg" aus der Reihe Geheime Nachrichtendienste des Verlages Dr. Köster, Berlin, in Wünsdorf (Landkreis Teltow-Fläming) zugab, hatte er während seiner Dienstzeit in Brüssel mit dem Bundesnachrichtendienst (BND) weniger Ärger als mit den dortigen Vertretern der „Firma Mielke". Über diese Buchpräsentation schrieb ich für die örtliche Zeitung "Zossener Rundschau". Seine Hauptaussage als Aufklärer: „Wir wussten alles!"

Ironie der Geschichte: Sicher hatte noch zuvor so mancher ältere Offiziershörer der „Waldschule" die sogenannte Hasenschule der NVA absolviert, um gut für die Anforderungen eines Hochschulstudiums gewappnet zu sein. Diese innerbetriebliche Weiterbildung, die offiziell natürlich anders hieß, gab es wirklich in allen Teilstreitkräften der Arbeiter-und-Bauern-Armee über viele Jahre und wurde rege genutzt.

Das Funkzentrum dieser NVA-Aufklärer, das sei noch erwähnt, befand sich in der Grunowstraße 38 in Berlin-Hellersdorf. Im eigenen Gästehaus im Hirseländerweg 124 in Berlin-Müggelheim fanden die Treffs mit Spionen oder Festlichkeiten in kleiner Runde statt.

In der Oberspreestraße tagten die obersten NVA-Geheimdienstler. Seit 1982 bis zuletzt unter Generalleutnant Alfred Krause, einst Kommandeur der 11. Mot. Schützendivision in Halle. Gegen ihn, inzwischen 63-jährig, erhob dann 1994 der Generalbundesanwalt Anklage wegen geheimdienstlicher Agententätigkeit und Landesverrat. Zu den Anklagepunkten gehörte, Krause habe dafür gesorgt, dass das Verratsmaterial aus dem Westen auch dem sowjetischen militärischen Nachrichtendienst zur Verfügung gestellt worden war. Da GRU wie der Spionagedienst KGB seine Verwaltung für das Gebiet der DDR und die westeuropäischen Länder im benachbarten Karlshorst hatte, war das für die pendelnden Offizierskuriere zu jeder Zeit kurzfristig möglich.

Man wertete also in der NVA und der Gruppe der sowjetischen Streitkräfte aus, was von den militärischen Aufklärern und Spionen der DDR nach Berlin gemeldet worden war. Oder die Dessauer Funkaufklärer bei neuen Truppenbewegungen in der Bundesrepublik, vor allem entlang der innerdeutschen Grenze wie am Brocken, feststellen konnten.

Noch einmal zu dem, was die ehemaligen NVA-Geheimdienstler nach der Wiedervereinigung dem Journalisten Kabus erzählt hatten und der dann in seinem Buch vermerkte: „Als sich 1990 die Tore an der Oberspreestraße öffneten, gab es in Brüssel und auf der Hardthöhe nachdenkliche Gesichter. Wie auf so vieles am Phänomen DDR hatte man auch den militärischen Aufklärungsdienst durch ein zu grobes Raster gesehen, hatte vereinfacht und pauschaliert." Eigentlich zu viel Eigenlob!

Es stimmt sehr wohl, möchte ich meinen, dass die DDR auch auf diesem Gebiet sehr präzise über die Bundesrepublik, ihre Streitkräfte und die Nato informiert war. Das erzählten mir später Bundeswehr-Offiziere nach der Übernahme von NVA-Hinterlassenschaften wie Einsatzpläne und Kriegsvorräte. Aber dieses Wissen, das zeigten auch andere Anklagen, hatte sich die stets verschuldete DDR in all den Jahren bestimmt mit Millionen-Valuta-Beträgen erkauft.

Und was alle ostdeutschen Aufklärer wussten, nur nicht die eigenen Truppenoffiziere: Die Bundeswehr-Soldaten fuhren doch jede Woche ab Freitag ins dienstfreie Wochenende, wenn gleichzeitig in der NVA wie im Soldatenalltag eine 85-prozentige Anwesenheit befohlen war. Auch so verlief Kalter Krieg: Drüben leere Kasernen, hüben ständige Gefechtsbereitschaft.

Redaktion „Soldatensender 935"

Der Deutsche Soldatensender 935 war eine Einrichtung der Nationalen Volksarmee. Er wandte sich schon in Friedenszeiten an die gegnerischen Truppen im Westen und nicht erst am „Tag X" zu Kriegsbeginn. Soll heißen: Ein Rundfunksender aus der DDR, der die Soldaten der Bundeswehr tagtäglich negativ zu beeinflussen suchte, meist mit kritischen Fakten aus der regionalen bundesdeutschen Presse. Früher hieß das: Wehrkraftzersetzung! Und das 12 Jahre lang als Sender aus dem geheimen Standort Burg bei Magdeburg.

Die Redaktion mit aktiven Offizieren und Zivilbeschäftigten arbeitete in Berlin-Grünau. Ihre Weisungen und Befehle erhielten die Journalisten aus Strausberg von der Politischen Hauptverwaltung des Verteidigungsministeriums. Und nicht, wie bei all den anderen Rundfunkstimmen oder Presseorganen zwischen Ostsee und Erzgebirge üblich, aus dem SED-Zentralkomitee von der Abteilung Agitation oder vom Presseamt des Ministerrates. Daher war auch das Programm der vier Sendungen in 24 Stunden nicht von den üblichen Schlagworten geprägt, die die Ost-Berliner Parteiführung gern hörte. Vorbild war wohl Radio Luxemburg, das mit seinen Schlagern unter der Jugend in West und Ost zu dieser Zeit sehr beliebt war.

Vor allem „heiße“ Musik diente beim Soldatensender als Einstiegsdroge. Dazwischen erfuhr man Neues vom Bund. Da wurde dem Hörer neben kurzen Nachrichten aus der Truppe auch so manches Märchen aufgetischt oder eine bevorstehende Übung angekündigt, die schon Tage zuvor in irgendeiner West-Zeitung erwähnt worden war. (Im Osten gab es solche Mitteilungen nur bei Großmanövern.) So dass der Eindruck entstehen konnte: Die Herren vom Soldatensender kennen sich aber gut aus in der Bundeswehr. Und so mancher gutgläubige Kamerad schrieb dann an die Adresse „Berlin W 8“, beschwerte sich über seine Vorgesetzten, die dann mit Dienstgrad und Namen genannt wurden. Auch solche Möglichkeiten bot eben eine Armee in der Demokratie.

Die Postkarten und Briefe landeten aber nicht im Westteil der Stadt, wie von den Absendern vermutet, sondern im Postamt W 8 in der Französischen Straße in Berlin-Mitte. Hier wurden zuerst die an allen Schnitt- und Übergangsstellen zwischen Ost und West tätigen Stasi-Mitarbeiter aktiv. Erst danach kamen die Aufklärer der NVA zum Zuge. Und dann die Redakteurinnen und Redakteure des Soldatensenders. Für diese Personen galten, wie ich nach der politischen Wende in der DDR von einigen erfuhr, auch gewisse Regeln der Konspiration.

Immerhin dauerte diese Propagandaschlacht im Kalten Krieg mit dem Gegner im Westen von 1960 bis 1972. Dann einigten sich die DDR und die Bundesrepublik, das gegenseitige territoriale Eindringen per Äther aus dem Osten und mittels Flugblättern aus dem Westen zu beenden. Die Vernunft hatte gesiegt. Das Redaktionskollektiv vom Deutschen Soldatensender wurde keinesfalls arbeitslos.

Jeder dieser Damen und Herren konnte von nun ab beim Deutschen Fernsehfunk der DDR, im Militärverlag oder in der Pressestelle des Verteidigungsministeriums arbeiten. Man zeigte jetzt aber sein Gesicht und präsentierte den richtigen Namen. Als ständiger Hörer des Soldatensenders erkannte man die bekannten Stimmen. Von der Lockerheit früherer Beiträge keine Spur mehr. Der Aufbau des Sozialismus in den Farben der DDR mit all seinen unlösbaren Widersprüchen war nun auch für diese Journalisten an der zivilen Front zur todernsten Sache geworden. Statt der militärischen Befehle aus Strausberg erhielten sie nun nicht weniger scharfe Anweisungen aus dem SED-Zentralkomitee.

Bereich Beschaffung und Instandsetzung

Diese Einrichtung befand sich in der Schnellerstraße 1- 5 in Berlin-Niederschöneweide. Die Mitarbeiter mussten gut Russisch können, denn die meist schweren Fahrzeuge und Geräte der Hauptbewaffnung der NVA wurden vorwiegend in der UdSSR gekauft. Darauf bestand das Oberkommando der Vereinten Streitkräfte des Warschauer Vertrages in Moskau, das immer unter russischer Führung stand.

Über die Umsetzung auch solcher Aufrüstungs-„Hinweise" an den deutschen Bündnispartner wachten seit NVA-Gründung 1956 ständig weit über 20 Generale der Sowjetarmee als Berater oder Vertreter des Oberkommandos. Sie versahen ihren Dienst in allen ostdeutschen Divisionen, den Kommandos der Land-, Luft- und Seestreitkräfte sowie im Verteidigungsministerium, wo von jeder Kollegiumssitzung ein Protokoll in Russisch angefertigt werden musste. Ihnen zur Seite stand ein deutscher Militärdolmetscher. Die Namen dieser Generale wurden auch auf den Gehaltslisten der NVA geführt.

Wenn es aber um Präzisionsgeräte ging, kam die DDR zum Zuge: Im VEB Kombinat Carl Zeiss Jena produzierte man unter strenger Geheimhaltung in abgeschotteten Betrieben nicht nur die üblichen optischen Militärgeräte wie Ferngläser und Zielfernrohre, sondern auch Laserentfernungsmesser für Schützenpanzerwagen und Panzerabwehrkanonen sowie Zielsuchköpfe für Luft-Luft-Raketen. Begonnen hatte alles mit der Multispektralkamera MKF 6 zur Fernerkundung der Erde und galt mit der Präzision ihrer Aufnahmen aus dem All für den Osten als „das" Frühwarnsystem.

Außerdem sorgte der NVA-Bereich für die Beschaffung all dessen, was eine Armee von der Bekleidung wie den Kampfanzug Ein-Strich-Kein-Strich bis zum Militärfahrzeug W50 aus Ludwigsfelde benötigt. Die Instandsetzung der Panzer T-55A und T-72 erfolgte im VEB Reparaturwerk Neubrandenburg, von Raketen im VEB Instandsetzungswerk Pinnow. Außer Kampfschiffen von der Peene-Werft Wolgast, Raketen zur Panzerbekämpfung aus Pinnow, Sturmgewehren aus Wiesa und Lasermessgeräten vom Kombinat Carl Zeiss Jena steuerte der Arbeiter-und-Bauern-Staat auch Fallschirme zum Warschauer Verteidigungsbündnis bei – für die NVA-Beschaffer hin und wieder die Gelegenheit, das Außenhandelsminus bei Waffen in erträglichem Rahmen zu halten.

NVA-Militärbauwesen und Unterbringung

Dieser Bereich der NVA hatte in der Werner-Seelenbinder-Straße in Berlin-Köpenick seinen Sitz. Gegenüber dem zivilen Bauwesen unterschied sich die Militäreinrichtung darin, dass für alle Vorhaben aus diesem Haus genügend Material und Arbeitskräfte zur Verfügung standen. Das waren meist vom Nationalen Verteidigungsrat beschlossene Aufträge mit dem

Sichtvermerk „LV". Was Landesverteidigung bedeutete und umgehend zu erledigen war. Solche Bauten hatten, wo auch immer angefordert, Vorrang. Ob es sich nun um einen neuen Kasernentrakt, eine Start- und Landebahn oder einen Bunker handelte.

Welchen Stellwert die Unterbringung in diesem Verwaltungsgefüge hatte, konnten am besten die Wehrpflichtigen der NVA beantworten. Ihre Gebäude und Stuben waren, wenn es sich nicht um einen Neubau handelte, meist marode. Auch hier wurde wie in vielen anderen Lebensbereichen der sozialistischen Gesellschaft gespart. Koste es, was es wolle.

Verwaltung Internationale Verbindungen

Die Verwaltung Internationale Verbindungen verkörperte gewissermaßen das „Außenministerium" der NVA. An ihrer Spitze stand lange Zeit Generalmajor Heinrich Winkler (1971-1990). Er war im Gegensatz zu den meisten Chefs aus den Landstreitkräften kein „Feldspaten", so mein Eindruck, sondern nach einer abwechslungsreichen Laufbahn als Personal-Offizier (früher hieß das Kader-Offizier) schon stellvertretender Leiter der bis dato Auslandsabteilung der Armee mit dem Habitus eines umgänglichen (natürlich linientreuen) Diplomaten. Ich hatte oft als ADN-Berichterstatter über Militärdelegationen im In- und Ausland oder bei Veranstaltungen zu Jahrestagen von Armeen der in der DDR akkreditierten Militärattachés mit ihm zu tun.

Dem Verwaltungsleiter in der Regattastraße 189 in Berlin-Grünau, direkt an der Olympischen Regattastrecke von 1936 gelegen, oblag also das ganze Spektrum offizieller militärischer Auslandsbeziehungen. Dass hier wie überall im Land mit Kontakten zu westlichen Ländern die Stasi ein besonders wachsames Auge pflegte, wusste man nicht erst seit der Wende. Denn viele der mehr als 100 in der DDR akkreditierten Botschaften aus Ost und West zählten den Stab eines Militär- oder Verteidigungsattachés, meist noch mit Stellvertretern und Gehilfen, in den Dienstgraden Oberst bis Feldwebel zu ihrer Vertretung. Und all diese Personen mit Diplomatenpässen vertraten einerseits die Armeen ihrer Heimat, andererseits wollten sie möglichst viel über die Streitkräfte ihres Gastgeberlandes erfahren. Bei all diesen Aktivitäten wurden sie von den NVA-Mitarbeitern dieses Hauses betreut. Wichtigster Ansprechpartner war der Doyen der Militärdiplomaten aus aller Welt.

Das begann schon beim traditionellen Neujahrsempfang durch den Minister für Nationale Verteidigung in Berlin-Grünau, an dem stets die Chefs der NVA-Teilstreitkräfte teilnahmen, und führte über Truppenbesuche, Niederwildjagden und Betriebsexkursionen in mehrere Bezirke bis zum Einkauf im Sonderladen des großen HO-Kaufhauses am Alexanderplatz. Hier konnten die VIP auch ohne West-Währung so manchen begehrten Artikel für sich oder die Familie einkaufen. Enge Verbindungen bestanden zum Protokollbereich des Ministerrates.

Während bis in die 1960er Jahre vor allem Russisch und andere osteuropäische Sprachen bei den Mitarbeitern gefragt waren, änderte sich das ab September 1973 nach dem UNO-Beitritt und der folgenden internationalen Anerkennung der DDR: Jetzt mussten sich die Genossen Offiziere auch perfekt in Englisch, Französisch, Spanisch und Arabisch verständigen können.

Was dann auch der Fall war, wie ich bei mancher Militärdelegation aus hoch entwickelten und Entwicklungsländern erlebt habe. Schließlich sollte ja die militärpolitische Botschaft, beispielsweise aus Angola oder Nicaragua, durch eine exakte Übersetzung gewährleistet sein. Dennoch blieb für alle ostdeutschen Armee-Diplomaten bei ihrer Ausbildung in der Naumburger Lehranstalt Schulpforta, wo im Dritten Reich die nationalsozialistische Erziehungsanstalt NAPOLA untergebracht war, Russisch Pflichtfach.

Doch nicht nur gutes Benehmen bei Empfängen, Cocktails und anderen diplomatischen Veranstaltungen wurde hier gelehrt. „Es gab auch konspirative Arbeit in Form von Einweisungen, die mehr oder weniger als Informationen zu betrachten waren“, erinnert sich der ehemalige NVA-Oberstleutnant Jürgen Gröbsch in seinem Buch „Der Dienst für Internationale Verbindungen der NVA – Einblicke in ein Schattenreich“ (Verlag Dr. Köster, Berlin, 2003, S. 54). Er hat nach eigenen Angaben „14 Jahre an hochrangiger Stelle im Dienst für Internationale Verbindungen gearbeitet“. „Dabei erfuhren wir von der Bedeutung sogenannter toter Briefkästen mit ihren Signalstellen und den dazugehörigen Legenden.“

Die „theoretischen Kenntnisse in der Aufklärungsarbeit“ seien durch praktische Übungen ergänzt worden. „In einer praktischen Übung im Stadtgebiet von Naumburg musste ich einen toten Briefkasten anlegen, den ich im Hohlraum eines Brückengeländers plazierte. Für die 300 Meter entfernte Signalstelle wählte ich in unmittelbarer Nähe einen gebogenen Nagel aus, der je nach Drehung recht oder links anzeigte, ob der Briefkasten gefüllt oder leer war.“ Eine weitere Aufgabe sei gewesen, „ein im Bezirk Halle befindliches Industrieobjekt zu observieren, um Detailinformationen zu gewinnen“.

Für einen Journalisten waren die Offiziere aus der Verwaltung Internationale Verbindung meist Ansprechpartner in Protokollfragen bei Veranstaltungen mit ausländischen Militärs. Über deren Dienstgrade, Namen und Funktionen konnten sie die richtige Auskunft geben. Hier zahlte sich dann die enge Zusammenarbeit dieser Dienststelle mit dem eigenen Militärattaché in dem betreffenden Land aus.

Pionierbau-Bataillon „Heinrich Wieland"

An der Spree gab es weiterhin NVA-Baupioniere. Sie kamen aus dem Pionierbaubataillon 22 „Heinrich Wieland" in Biesdorf und leisteten an der Seite regulärer Bauschaffender ihren Schichtdienst mit schwerem Gerät bei der Errichtung von Ost-Berliner Großprojekten. Am Palast der Republik (1973-75) und beim neuen Friedrichstadtpalast (1984) waren die Soldaten mindestens in Kompaniestärke beteiligt. Wenn man dem Baugeschehen von weitem zusah, sah man, dass die Uniformierten mit dem Schutzhelm keinesfalls Bauhilfsarbeiten ausführen mussten. Hin und wieder tauchte vor Ort ein General auf, um sich über die Leistungen „meiner Männer" zu informieren. Für einen positiven Bericht mit Foto in der Presse reichte eine solche Visite allemal.

Auch in Berlin galt, so bitter das heute für die beteiligten Uniformträger von damals klingt, das NVA-„Arbeitsprinzip". Darüber wussten nur Eingeweihte genau Bescheid: Die Baupioniere, als Wehrpflichtige für den allgemeinen 18-Monate-Dienst an der Waffe eingezogen, erhielten den gleichen Sold wie Mot. Schützen oder Panzersoldaten. Der Bauherr musste jedoch das Mehrfache als den regulären Stundensatz eines Facharbeiters oder des Gehalts eines Ingenieurs an das Verteidigungsministerium abführen. Auch wenn dabei das Geld nur von einem Staatssäckel in den anderen wanderte, so konnte doch das Verteidigungsministerium mit solchen Einnahmen in Millionen-Höhe der eigenen Regierung vorrechnen, dass sozialistische Militärs bei ihren Millionen-Ausgaben für neues Kriegsgerät auch „wirtschaftlich" denken können.

Zu meiner Dienstzeit bekam ein Soldat 80,00 und ein Gefreiter 90,00 Mark Sold. Davon behielt der Hauptfeldwebel gleich den monatlichen Abo-Preis für die Wochenzeitung „Volksarmee" (einer „Pflichtlektüre" ähnlich wie das „Pflichtfernsehen" bestimmter politischer Sendungen) ein. Ohne Diskussion! So „demokratisch" ging es auch außerhalb des Dienstes in der deutschen Arbeiter-und-Bauern-Armee zu.

Das Pionierbau-Bataillon 22 befand sich in Berlin-Biesdorf. Es trug den Namen „Heinrich Wieland", der als Kompanieführer im Ernst-Thälmann-Bataillon am Freiheitskampf des spanischen Volkes teilgenommen hatte und später als Abteilungsleiter im SED-Zentralkomitee arbeitete. Das Bataillon kam auf vielen Baustellen vor allem im Sinne der Landesverteidigung rund um Berlin zum Einsatz.

Eng mit diesem Truppenteil wirkte das NVA-Einsatzkommando auf der Großbaustelle Palast der Republik am damaligen Marx-Engels-Platz (heute Schloßplatz) zusammen. Aufgrund der Vergangenheit dieses Ortes mit vielen bewaffneten Auseinandersetzungen betrachteten die Soldaten ihre Mitarbeit „als einen Klassenauftrag an historischer Stelle", erklärte Kommandeur Oberstleutnant Herbert Philipp. Das sei für sie „eine besonders große Ehre". Die Angehörigen des Baukommandos „kamen alle aus für den Einsatz erforderlichen Fachberufen" und hatten „als Mot. Schützen, Pioniere, Artilleristen, Matrosen oder Grenzsoldaten ihr Waffenhandwerk erlernt".

„Vom ersten Tag an arbeiteten sie in drei Schichten auf der Großbaustelle. Sie lösten eigenständig komplexe Aufgaben. Viele unserer Genossen äußerten den Wunsch, nach Beendigung des aktiven Wehrdienstes weiterhin am Palast der Republik oder in dem Betrieb zu arbeiten, den sie mit unterstützt hatten. Auch das ist ein Ausdruck der engen kameradschaftlichen Verbundenheit unserer Soldaten mit den Arbeitern", berichtete der Offizier. Man war hier „in den sozialistischen Komplexwettbewerb eingebunden" und habe auch die Zulieferbetriebe wie den VEB Sächsischer Brücken- und Stahlhochbau oder den VEB Metallbaukombinat unterstützt. „Insgesamt gesehen leisteten die Genossen des Einsatzkommandos einen wichtigen Beitrag für den planmäßigen Gesamtablauf und zur hohen Qualität der Bauausführung."

Im Baukommando arbeitete auch der Stabsmatrose Walter Klaus. Er qualifizierte sich während des Einsatzes durch Ablegen der Schweißerprüfung, berichtete der Kommandeur. Ein Jahr unterstützte er dann die Bauarbeiten an der Unterkonstruktion für die Fassade und erwarb sich so die Wertschätzung der Kollegen aus den beteiligten Betrieben.

Wie Oberleutnant Hans Zolldan, Kommandeur einer NVA-Baueinheit am Palast, schilderte, habe man den Einsatz auf der Großbaustelle „als Teil unserer militärischen Hauptaufgabe betrachtet". „Wir bildeten Jugendbrigaden und machten uns u.a. das Anliegen der FDJ-Initiative, Sekundärrohstoffe der Wiederverwendung zuzuführen, zu eigen. Damit wollten wir zur Stärkung der Materialbasis beitragen."

Komitee der Armeesportvereinigung „Vorwärts"

In die Armeesportvereinigung Vorwärts, kurz ASV, trat man nicht ein. Als Wehrpflichtiger wurde man eingetreten, wie es mir zu Beginn meiner 18 Monate Armeedienst erging. „Wegen der Sportversicherung", erläuterte der Hauptfeldwebel diesen Pflichtbeitritt. Daher behielt er Kraft seines Amtes auch gleich die 20 Pfennig Beitrag vom monatlichen Wehrsold ein.

So war ich fast automatisch ASV-Mitglied geworden. Den einheitlichen Trainingsanzug mit dem Emblem der Armeesportvereinigung hatte ich schon zur Einkleidung in Empfang genommen. Damals war eine ganz dunkle Farbe modern. Später gab es einen braunen Trainingsanzug. Jedenfalls musste ein Soldat das gute Stück beim obligatorischen Frühsport oder in der Ausbildung im Fach Militärische Körperertüchtigung tragen. An strengen Wintertagen ergänzte der NVA-Trainingsanzug die wärmende Unterwäsche.

Ähnlich erging es wohl den insgesamt mehr als drei Millionen DDR-Bürgern, die in ihren jungen Jahren zuerst freiwillig für zwei Jahre, was aber oft ein freiwilliger Zwang war, oder ab 1962 per Wehrpflichtgesetz zum Dienst in einer NVA-Kaserne einberufen wurden. Kurzum: Die Armeesportvereinigung Vorwärts galt als eine Massenorganisation. Sie gehörte dem Deutschen Turn- und Sportbund (DTSB) an, einer weiteren der vielen Organisationen im Arbeiter-und-Bauern-Staat.

Die Leitung in der Regattastraße in Berlin-Grünau mit Generalmajor Walter Herkner von 1973 bis 1989 an der Spitze nannte sich Komitee der ASV Vorwärts. Ihr unterstanden sowohl die nahezu zahllosen Armeesportgemeinschaften (ASG) der Truppenteile und Einheiten aller Teilstreitkräfte als auch die Armeesportklubs (ASK) für Sommer- und Wintersportarten.

Besonders die Klubs in Berlin, Leipzig, Frankfurt/Oder, Rostock und Oberhof trugen wesentlich zum Renommee der Nationalen Volksarmee bei. Dafür sorgten zahlreiche namhafte Spitzensportler mit internationalen Erfolgen wie beim Kugelstoßen oder Boxen, Kanu oder Ringen, im Skisprung oder Bobsport. Ihre Namen sind auch heute noch bestens bekannt. Mehrere dieser Weltklasseathleten dominierten nach der Wiedervereinigung in ihren Disziplinen den gesamtdeutschen Sport.

Weniger große Hürden bewältigten dagegen die Armeefußballer: Alles begann beim ASK Vorwärts Leipzig mit dem Aufstieg in die Oberliga. Da der Verteidigungsminister seine Mannen bei Heimspielen lieber in Ost-Berlin als in der Messestadt sehen wollte, gab er kurzum den Marschbefehl. Und aus der Leipziger Elf wurde nun ein Team der DDR-Hauptstadt. Es errang mehrere nationale Titel. Als großer Konkurrent galten die Fußballer vom Dynamo-Verein in Hohenschönhausen, als dessen Vorsitzender Stasi-Chef Erich Mielke fungierte. Eine spätere Verlegung nach Frankfurt an der Oder bekam der Armee-Mannschaft mit einigen Nationalspielern gar nicht gut. Sie wurde nach dem Umzug in die Provinz bald zweitklassig.

Weiterhin gehörte die Armeesportvereinigung zu den Mitgliedern des 1958 von zwölf Armeen ins Leben gerufenen Sportkomitees der befreundeten Armeen (SKDA). An deren Spitze stand ein General der Sowjetarmee. In diesem Rahmen fanden jedes Jahr SKDA-Meisterschaften in mehreren Sportarten statt. Die NVA war dann auch wiederholt Gastgeber für solche Höhepunkte.

DDR begann schon 1949 mit Militarisierung

Nach dem Ende der DDR und der Auflösung der Nationalen Volksarmee wurde immer mehr Menschen im Osten Deutschlands klar, warum die "Bedrohung aus dem Westen" in der SED-Propaganda einen so wichtigen Platz einnahm: Bisher unbekannte Dokumente und Aussagen von Zeitzeugen brachten ans Tageslicht, dass schon unmittelbar nach Gründung des Arbeiter- und- Bauern-Staates im Oktober 1949 zwischen Rügen und Erzgebirge die Grundlagen für eine intensive militärische Aufrüstung geschaffen wurden. Zur Ablenkung vom eigenen Treiben prangerte Ost-Berlin die "aggressiven imperialistischen Kräfte" an.

Bereits im Jahr 1950 gab es unter dem Kommando der damaligen Hauptverwaltung Ausbildung beim DDR-Innenministerium 48 921 Polizeikräfte in 24 Bereitschaften mit sowjetischer Regimentsstruktur. 1952 dienten in der nachfolgenden Kasernierten Volkspolizei 90 250 Mann (zum Teil an schweren Waffen). Zum Zeitpunkt der NVA-Gründung 1956, in ostdeutschen Geschichts- und Schulbüchern als "Forderung großer Teile der Bevölkerung" und "Reaktion auf die Militarisierung Westdeutschlands" deklariert, tauchten praktisch über Nacht einsatzbereite Truppenteile auf. Sie verfügten über Panzer, Flugzeuge und Schiffe.

Das in der tanspress Verlagsgesellschaft erschienene Buch "Die andere deutsche Luftwaffe" von Wilfried Kopenhagen belegt den frühzeitigen Aufbau der DDR-Armee. FDJ-Mitbegründer und Erich Honeckers engster Freund, Heinz Keßler (seine militärische Laufbahn begann der spätere Verteidigungsminister als Generalinspekteur der Volkspolizei), tüftelte schon Ende Oktober 1949 an den künftigen DDR-Fliegereinheiten. Danach wurden 1952 unter strengster Geheimhaltung auf dem Sonnenstein im sächsischen Pirna Fachlehrer für die fliegertechnische Ausbildung und in Pinnow bei Schwedt an der Oder angehende Flugschüler auf ihre Reise in die Sowjetunion vorbereitet. Dort fand die militärische Qualifizierung für den künftigen Armeedienst im Osten Deutschlands statt.

Die Teilnehmer fanden sich nach der Rückkehr aus der UdSSR in der Fliegertechnischen Schule in Kamenz beziehungsweise der 1. Fliegerdivision Cottbus wieder. Zur Täuschung der Öffentlichkeit im In- und

Ausland wurde sie als Aeroklub bezeichnet. Am 1. Oktober 1952 begann in der DDR der militärische Flugdienst. Die ersten Flüge mit einer Düsenmaschine MiG-15 (Nato-Bezeichnung: FAGOT), die in der Sowjetarmee 1948 eingeführt worden war und eine Reichweite von 1 400 km hatte, fanden 1953 statt. Die Ausbildung an Transportflugzeugen und Hubschraubern ab März 1957 war ein weiterer Schritt zum Ausbau der NVA-Fliegerkräfte. Wie die Landstreitkräfte und die Volksmarine wurde auch die DDR-Luftwaffe Jahr für Jahr aufgerüstet.

Von der MiG-17 (FRESCO) über die MiG-19 (FARMER), MiG-21 (FISHBED) und MiG-23 (FLOGGER) bis hin zur MiG-29 (FULCRUM) und SU-22 (FITTER) kaufte die DDR-Führung teuerstes Kriegsgerät vor allem in der Sowjetunion ein. In den meisten Fällen bestand auch hier das Vereinte Oberkommando der Warschauer Vertragsarmeen auf der Anschaffung solcher Flugzeugtypen.

Gegen Luftziele sollten auch Raketen wie "Dwina" (GUIDELINE), "Newa" (GOA) und "Wega" (GAMMON) mit Vernichtungszonen zwischen fünf und 240 Kilometern eingesetzt werden. Um mögliche Angriffsoperationen der Landstreitkräfte durch Jagdbomber und Kampfhubschrauber unterstützen zu können, wurde im NVA-Luftwaffenkommando Strausberg ein Führungsorgan der Front- und Armeefliegerkräfte gebildet.

Dieser Stab einer dritten NVA-Fliegerdivision, nach außen verschleiert, sollte doch bei den späteren internationalen Abrüstungsverhandlungen in der Gesamtstärke dieses Verbandes nicht mitgezählt werden. Weniger schlagkräftig, aber auch geheim war die AN-2 (COLT)-Einheit des Stasi-Ministeriums. Diese Absetzmaschinen dienten Dynamo- und anderen Fallschirmspringern auf dem Flugplatz der vormilitärischen Wehrorganisation GST in Eilenburg bei Leipzig zur Erhaltung ihrer Einsatzbereitschaft.

Nach 40 Jahren DDR bot das Erbe ihrer Luftstreitkräfte und Luftverteidigung sowohl den Experten als auch der Öffentlichkeit keine Überraschungen mehr: 132 Liegenschaften, 21 Flugplätze (für den Ernstfall waren auch Autobahnabschnitte für Starts und Landungen vorbereitet), 444 Kampfflugzeuge, 93 Transportluftfahrzeuge, 3 000 Flugabwehrraketen, 240 Radargeräte und 17 085 Kraftfahrzeuge einschließlich Anhänger. Allein von der kleinen Einmann-Flugabwehrrakete Strela 2 gab es einen Vorrat von 28 Tonnen. Als Abwurfmunition hatten die DDR-Militärs 1 459 Tonnen in petto – alles zusammen ein riesiges Arsenal von Kriegsmaterial mitten in Europa.

All das war unter der SED-Führung in Berlin wohl mehr für Angriffszwecke als zur eigenen Verteidigung angehäuft worden, zumal die russischen Fliegerkräfte zwischen Elbe und Oder noch um ein vielfaches mehr und besser mit Kriegsgerät dieser Art samt Kernwaffen ausgerüstet waren.

"Wir gründen eine LPG, die Arbeit macht die Volksarmee"

Die Geschichte der Nationalen Volksarmee ist auch mit ihrem ständigen Einsatz als Arbeitsreserve und Devisenbringer der DDR-Volkswirtschaft verbunden. Hieß es noch in den 1950er Jahren bei der Kollektivierung der Bauernhöfe zu Landwirtschaftlichen Produktions-Genossenschaften voller Ironie: "Wir gründen eine LPG, die Arbeit macht die Volksarmee", so waren auch spätere Einsätze bei der Ernte und in der Braunkohle, im Verkehrswesen oder bei Versorgungsengpässen zum Soldatenalltag geworden.

Spitzenwerte erreichte die Abkommandierung regulärer Truppen in die Produktion vor der Wende: Im Juli 1989 waren 12 819 Armeeangehörige außerhalb der Kasernen "vor Ort", um auf Weisung der Armeeführung als Billiglöhner die Staatskasse aufzufüllen.

Diese damals geheimen Angaben gingen aus einer Studie des Militärgeschichtlichen Forschungsamtes der Bundeswehr in Potsdam hervor. Die Autoren sahen darin einen Zusammenhang zur Tatsache, dass bei anonymen Befragungen von DDR-Soldaten zur These "Der Sozialismus muss verteidigt werden" die Befürwortung "ab Mitte der 80er Jahre rapide zurückging". Kein Wunder, denn die uniformierten Arbeitstruppen waren in den Bereichen von zehn Fachministerien in rund 80 Kombinaten und Betrieben im Einsatz: 30 Prozent in Normalschicht, 60 Prozent im Mehrschichtsystem. Und zehn Prozent im durchgängigen Schichtsystem.

Die Leistungen der Soldaten hatten die Betriebe nach einem Stundenverrechnungssatz von bis zu 15 Ost-Mark je Einsatzstunde an den Staat zu begleichen. Das war schon mehr als der Facharbeiterlohn für solche Tätigkeiten. Außerdem mussten die Entgelte für Transportleistungen und Übernachtungen in militärischen Objekten entrichtet werden, falls die Betriebe keine Unterkünfte stellen konnten. Was sehr oft vorkam.

So waren allein im Jahr 1989 bis Ende Juni von den Strausberger Militärs Einnahmen von 110,4 Millionen Ost-Mark erzielt worden. Das ging aus weiteren Papieren hervor. Der volkswirtschaftliche Nutzen betrug 380,9 Millionen Ost-Mark. Dadurch sollten zusätzliche Exporte von 120 Millionen Valuta-Mark in das sozialistische und von 64 Millionen in das nichtsozialistische Wirtschaftsgebiet ermöglicht werden. Auch West-Importe von 185 Millionen Valuta-Mark wollte man damit ablösen.

Da die gesamte DDR-Schuldenlast zwischen 1970 und 1988 von 2 auf 49 Milliarden Valuta-Mark angewachsen war, handelte es sich beim ganzjährigen NVA-Arbeitseinsatz nur noch um einen Verzweiflungsakt der SED-Führung. Für viele Soldaten bot sich die Gelegenheit, den primitiven Bedingungen und oft sinnlosen Beschäftigungen in den Kasernen zu entkommen. Sie arbeiteten meist fleißig, obwohl nicht immer unter günstigen Bedingungen. Zum Beispiel halfen mehr als 1 000 Soldaten der Landstreitkräfte in gesundheitsgefährdeten Bereichen und erhielten bis Mitte 1989 überwiegend nicht die dort den Beschäftigten gewährten Zuschläge.

In einer Dienstbesprechung wurde beim Chef der NVA-Landstreitkräfte am 24. Juli 1989 protokolliert: "Nicht zu übersehen sind jedoch solche Meinungen wie: Warum zieht Ihr uns in die Armee ein, wenn wir dann doch Aufgaben in der Volkswirtschaft zu lösen haben?" Auch nachdem "spezielle Arbeitseinheiten" für Soldaten geschaffen wurden, kamen durch die langfristigen Arbeitseinsätze immer mehr Zweifel an den Verteidigungsanstrengungen des eigenen Staates im Warschauer Pakt. "Der Unmut über diese Art von Verwendung wuchs", hieß es in der Potsdamer Studie. Kritische Stimmen und Haltungen sollten laut ostdeutschem Verteidigungsministerium vom 8. September 1989 "durch Erziehungsarbeit" abgebaut werden.

Zu dieser Zeit sahen nicht wenige Armeeangehörige, auch Grenzsoldaten, in der Fahnenflucht den einzigen Ausweg aus dieser ständigen Bevormundung und Diskriminierung. Deren Zahl erhöhte sich zwischen Juni 1988 und Mai 1989 gegenüber dem vorangegangenen Vergleichszeitraum von 46 auf 55, nachdem sich schon seit 1980 Hunderte DDR-Soldaten in den Westen absetzen wollten. Viele wurden dabei verhaftet. Von Juni bis September mussten 39 weitere solcher "Fälle" registriert werden, fast jeder zweite mit einem Berufssoldaten. Auswanderungswelle und Fahnenfluchten nahmen nach dem 40. DDR-Jahrestag am 7. Oktober 1989 noch zu. Allein vom Dezember 1989 bis Mai 1990 kehrten 1 507 NVA-Angehörige der DDR den Rücken.

Letzter NVA-Befehl: Einholen der Truppenfahne

In der NVA trafen Ende September und Anfang Oktober 1990 Vorgesetzte und Unterstellte die letzten Vorbereitungen für die Auflösung der Armee und die Übernahme von Personal und Technik in die Bundeswehr. Als allerletzte Maßnahme fanden am Dienstag, dem 2. Oktober 1990, in allen Einrichtungen, Truppenteilen und Einheiten militärische Appelle statt. So auch in den Ost-Berliner NVA-Dienststellen. Verabschiedet wurden vor der Auflösung der NVA alle Generale und Admirale, alle Politoffiziere, alle Soldaten über 55 Jahre und alle weiblichen Soldaten.

Zu Beginn verlasen die Kommandeure den Tagesbefehl des Abrüstungs- und Verteidigungsministers zur Eingliederung der NVA in die Bundeswehr anlässlich des DDR-Beitritts zur Bundesrepublik Deutschland. Gemeint waren damit Personen, Waffen und Liegenschaften. Rainer Eppelmann stellte fest, die NVA-Angehörigen haben seit dem Herbst 1989 dazu beigetragen, dass der Umgestaltungsprozess in der DDR friedlich verlief und sich Freiheit und Demokratie auch in diesem Teil Deutschlands den Weg bahnen konnten. Die NVA stand unter der Vormundschaft einer Partei, die sich als unfähig erwies, den Interessen der Bürger gerecht zu werden.

„Es bleibt jedoch das Verdienst der Angehörigen der Nationalen Volksarmee, ihre von der Verfassung gegebene Aufgabe, die äußere Sicherheit der Bürgerinnen und Bürger zu gewährleisten und der Bewahrung des Friedens zu dienen, nach bestem Können und mit hoher Professionalität erfüllt zu haben.“ Dafür sprach ihnen der Minister seinen aufrichtigen Dank aus. Er forderte die bleibenden und die in den nächsten Jahren ausscheidenden Angehörigen auf, solange sie dienen, die ihnen übertragenen Pflichten in Ehre und Würde zu erfüllen und mit all ihren Kräften zum Schutz von Freiheit und Demokratie in einem geeinten Deutschland und zur Aufrechterhaltung des Friedens in Europa beizutragen.

Eppelmann entließ die Angehörigen und Zivilbeschäftigten aus ihren Verpflichtungen gegenüber der DDR und teilte mit, dass sie ab 3. Oktober 1990, 00.00 Uhr, Soldaten beziehungsweise Zivilangestellte der Bundeswehr sind und damit dem Zuständigkeitsbereich des Bundesverteidigungsministers unterstehen.

Dann erfolgte der aus heutiger Sicht historische Befehl an die Angehörigen der NVA: „Einholen der Truppenfahne“ beziehungsweise „Einziehen der Dienstflagge“. Damit wurde das offizielle Truppenleben „in der ersten Armee der von politischer Unterdrückung und kapitalistischer Ausbeutung befreiten deutschen Arbeiter und Bauern“, so im Tagesbefehl vom 1. Mai 1965, beendet. Gemäß ihrer Geburtsurkunde stand sie „an der Seite der Bruderarmeen des sozialistischen Weltlagers auf der Wacht für die gerechte und unbesiegbare Sache des Friedens, der Demokratie und des Sozialismus“.

Nur wenige Anwesende erinnerten sich in jenen Stunden noch gern an die einstigen NVA-Höhepunkte, die in den Traditionszimmern jeder neu einberufene Wehrpflichtige in Wort und Bild erläutert bekam. Sie reichten von Aufmärschen der Ehrenformationen zu den Staatsjubiläen und SED-Parteitagen über die kollektiven Diskussionen zu nahezu allen innen- und außenpolitischen Ereignissen bis zum sozialistischen Wettbewerb. Dieser war alle Jahre wieder auf die „weitere Stärkung der Verteidigungskraft der DDR“ gerichtet. Dazu gab es ab Ende 1980 in den Kasernen die wiederkehrende Losung „Für hohe Gefechtsbereitschaft! Alles zum Wohle des Volkes!“

Als Bewährungssituationen genannt wurden Übungen und Manöver der Truppen und Stäbe in den vergangenen 34 Jahren oder die regelmäßigen Arbeitseinsätze in der Braunkohle und bei Planschuldnern unter den volkseigenen Großbetrieben. In den Anfangsjahren zählten auch die alljährlichen „Enteschlachten“ zu den Aufgaben der ostdeutschen Soldaten.

Knapp ein halbes Jahr nach der Schließung der Staatsgrenze am 13. August 1961 war Anfang 1962 die Wehrpflicht in Ostdeutschland eingeführt worden. Zuvor galt der freiwillige 2-Jahres-Dienst. Angesichts einer seltsamen Truppenführung brachte es mancher der mehr als 3,5 Millionen DDR-Reservisten, ob Familienvater, Meister oder Diplom-Ingenieur, auch zu persönlichen Rekorden im Wachdienst am Kasernentor oder an den Munitionsbunkern.

Nach den dann folgenden letzten Stunden der DDR-Existenz haben die Soldaten im Osten auf ihre Weise den Tag der Deutschen Einheit begrüßt und begangen. Symbolisch für die Entwicklung in ihrer Heimat trugen dann etwa 90 000 Soldaten eine neue Uniform: Nato-oliv der Bundeswehr. Auch die 47 000 zivilen Mitarbeiter der insgesamt 1 500 Truppenteile unterstanden nun dem Bundesverteidigungsminister. Durch die Bundesdienstflagge wurden die Dienstflaggen der DDR ersetzt.

In Strausberg nahm an diesem historischen Tag das Bundeswehrkommando Ost als zentrale Führungseinrichtung aller Truppenteile, Stäbe und Einrichtungen seine Tätigkeit auf. Befehlshaber wurde Generalleutnant Jörg Schönbohm. Der gebürtige Brandenburger hatte zuletzt auf der Bonner Hardthöhe gedient.

Dazu fand in Strausberg eine Feierstunde mit dem Bundesminister der Verteidigung, Gerhard Stoltenberg, und dem ehemaligen DDR-Minister für Abrüstung und Verteidigung, Rainer Eppelmann, statt. Die offiziellen Worte bildeten für die neuen Bundesbürger in Uniform beim Heer, in der Luftwaffe und bei der Marine so etwas wie eine Handreichung für den weiteren gemeinsamen Weg in den gesamtdeutschen Streitkräften. Vor allem ging es um den Geist des Grundgesetzes und der Wehrgesetzgebung.

Roter Matrose als „Pappchinese" auf der Briefmarke

Was für eine Aufregung am 7. November 1958 in Berlin unter Mitgliedern der Partei- und Staatsführung der DDR. Getreu dem Motto: „Kleine Ursache, große Wirkung" war eine Briefmarke mit militärischem Charakter in die Kritik führender Funktionäre um Walter Ulbricht geraten. Ein politischer Skandal! Und wieder einmal hatte das ausgeklügelte Kontrollsystem der Behörden über alle Bereiche der Kunst und Kultur versagt.

Wie andere Marken der Deutschen Post in diesem Jahr mit Porträts von Heinrich Zille, Max Planck oder Charles Darwin, auf dem üblichen Dienstweg vorher angekündigt, erschien eine Sondermarke anlässlich des bevorstehenden 40. Jahrestages der Novemberrevolution. Auch so wollte der deutsche Arbeiter-und-Bauern-Staat seine Verbundenheit mit diesem Ereignis bekunden. Dabei waren 1918 im Deutschen Reich und in Österreich die Monarchie gestürzt und parlamentarische Republiken errichtet worden.

Also, ein Tag von historischer Tragweite. Zumal die ostdeutschen Führer die Ausrufung einer „freien sozialistischen Republik" durch Karl Liebknecht in Berlin wie einen Vorläufer für die 1949 erfolgte Gründung der DDR betrachtet und das ehemalige Portal des Berliner Stadtschlosses in das Staatsratsgebäude integriert hatten.

Die Sondermarke zeigte ein Soldatengesicht mit Stahlhelm: Das Porträt eines Angehörigen der erst zwei Jahre zuvor geschaffenen Nationalen Volksarmee. Es sollte sozusagen das Antlitz eines der Nachfolger der Revolutionäre aus den Reihen der Arbeiter- und Soldatenräte verkörpern. Diese hatten dereinst die revolutionären Massen geführt.

Das Motiv schuf der Grafiker Kurt Zimmermann. Er hatte sich als Buchautor, besonders in der Kinder- und Jugendliteratur der DDR, einen Namen gemacht. Doch irgendwie war von ihm der Blick des Volksarmisten so entstellt worden, dass der mit seiner Gesichtsfarbe eher einem Krieger aus dem Reich von Chinas Kommunistenführer Mao Tse-Tung ähnlich sah als einem deutschen Waffenträger. Böse Zungen unter den Philatelisten in Ost und West nannten den NVA-Soldaten auf dieser Marke von nun an den „Pappchinesen".

Zur Sondermarke mit einer Auflage von 1,5 Millionen Stück erschien im Ost-Berliner Postamt W 8 auf dem Ersttagsbrief mit Posthorn und Prägeblinddruck ein Sonderstempel. Dieser trug die Aufschrift: „40. Jahrestag November-Revolution". Weiterhin auf dem Stempel neben dem Postamt „Berlin W 8" zeigte sich ein Roter Matrosen von einst, samt Waffe.

Wurde nun dieser Stempel links auf der 20-Pfennig-Marke plaziert, dann sah das so aus, als ob das Gewehr direkt auf den entstellten NVA-Angehörigen zielt. Das war in den Augen der wachsamen Genossen aus der SED, wahrscheinlich aus der Sicherheitsabteilung des Zentralkomitees, genauso verwerflich wie das entstellte Gesicht eines tapferen Verteidigers der jungen Republik.

Noch am selben Tag, so etwa gegen 15 Uhr, wurde an allen Postschaltern der DDR die Marke zurückgezogen. Inzwischen hatten die Postbeamten nach inoffiziellen Angaben aus allen Bezirken zusammen schon über 700 000 Stück verkauft. Die Marke war dann sogar mehrere Tage ungültig. Empfänger von Postkarten und Briefen mussten eine Nachgebühr (0,30 Pfennig) beim Zusteller entrichten. Die Sammler erkannten sofort diese „Staatsaffäre“ und baten dann viele Empfänger, diesen seltenen Postbeleg möglichst ungeöffnet aufzubewahren.

Sicher war den Post-Verantwortlichen vor dem Druck der Briefmarke dieser Lapsus nicht aufgefallen. Sonst hätten sie bestimmt schon den Entwurf für dieses Bildnis abgelehnt. Ihr Blick galt wohl mehr dem neuartigen Stahlhelm, der hier zur Schau gestellt werden sollte.

Dieser metallische Kopfschutz stammte, was nur Eingeweihte wussten, aus dem Eisen-Hüttenwerk Thale (Sachsen-Anhalt). Hier wurden seit 1916 Stahlhelme gefertigt, so auch millionenfach für die Wehrmacht. Die Riemen für das neue Modell lieferte die Sattler- und Lederwarenfabrik Taucha (Sachsen).

Und ebenso kannten nur wenige Experten die Vergangenheit dieses scheinbar neuartigen NVA-Modells aus Wehrmachtszeiten: Schließlich war es 1942/43 unter dem Ingenieur Erich Kiesan entwickelt und erprobt, dann in Thale in geringer Stückzahl produziert worden.

Wenn man schon hierzulande in Wahrung deutscher Traditionen der Wehrmachtsuniform zugetan war, so wollte man doch wenigstens mit dem Helm einen sichtbaren Bruch mit dem Militär aus jüngster Vergangenheit vollziehen. So dachten wohl die Militärs um Verteidigungsminister Generaloberst Willi Stoph in Strausberg. Zumal der bekannte typische Wehrmachtshelm an seinen Knickstellen vorn und hinten oft zu Durchschlägen bei Kopfschüssen und Granatsplittern geführt hatte. Eine solche Gefahr sollte im Kriegsfall bei dieser Art mit einer überschrägen Form vermieden werden.

Der NVA-Stahlhelm wurde viele Jahre später wie Maschinenpistolen und Lastkraftwagen sogar zum Exportschlager „Made in GDR“ in jungen Staaten. Die Richtung der Militärlieferungen: Afrika, Asien, Lateinamerika. So konnten die SED-Führer diesen faux pas der ostdeutschen Postler schon bald vergessen.

Für die Briefmarkensammler in Ost und West ist der „Pappchinese“ damals wie heute eine Rarität. Dafür muss man samt Sonderstempel auf einem echt gelaufenen und sehr gut erhaltenen Brief bei Versteigerungen im Internet weit über 20 Euro bieten. Ich habe mir inzwischen für weniger Geld ein postfrisches Exemplar der 20-Pf-Marke gesichert.

Apropos NVA-Stahlhelm: In den 34 Jahren der Existenz der DDR-Streitkräfte erschienen weit über zehn Briefmarken mit den Bildnissen eines Armeeangehörigen oder Grenzsoldaten in Uniform und mit einem Stahlhelm. Das war vor allem zu Jahrestagen der DDR, der NVA oder der Grenztruppen und besonders zu den Parteitagen der SED der Fall, die alle vier Jahre stattfanden. In den Kampfgruppen gehörte dieser Kopfschutz ebenfalls zur Ausrüstung.

Viele Briefe mit einer solchen Marke wurden auch zur Verwandtschaft oder Bekanntschaft in den Westen geschickt. Außerdem: Dass die Stasi im Osten beim heimlichen Öffnen von Briefen noch eine weitere Postzensur ausgeübt hat, wie ich Jahrzehnte nach der Wende bei der Besichtigung einer ehemaligen MfS-Kreisdienststelle in Zossen bei Berlin an zahlreichen „Arbeitsplätzen“ dieser Art sehen konnte, zeigte doch auch, dass sich die ostdeutsche Führung nicht nur vor „Pappchinesen“ gefürchtet hat.

Grenzkommando Mitte

Das Grenzkommando Mitte in Berlin-Treptow unterstand wie die Grenzkommandos Nord und Süd dem Kommando der Grenztruppen der DDR in Pätz bei Königs Wusterhausen. Ursprünglich gehörte die Deutsche Grenzpolizei zum Ministerium des Innern und kurzzeitig, nach russischem Vorbild, zum Ministerium für Staatssicherheit, bevor die Grenztruppen 1961 der NVA angegliedert und dem Ministerium für Nationale Verteidigung unterstellt wurden. So sollte auch das Berliner Grenzkommando nach seiner Eingliederung 1971 in die Kampfverbände des Warschauer Vertrages im Kriegsfall wie eine Division im Bestand der NVA-Landstreitkräfte handeln. In Friedenszeiten dienten hier etwa 13 000 Soldaten.

Mit Blick auf die Wiener Abrüstungsgespräche zwischen Ost und West wurden 1971 die Grenztruppen der DDR mit mehr als 40 000 Angehörigen gegründet, um so nicht als Teilstreitkraft der Nationalen Volksarmee in die Reduzierung der militärischen Potenziale zwischen Atlantik und Ural vereinnahmt zu werden. Kein Staat in Europa, so das Ziel der internationalen Verhandlungen, sollte zu einem überraschenden Angriff oder zu weitreichenden offensiven Handlungen mehr fähig sein.

Zu den Berliner Truppenteilen zählten sieben Grenzregimenter mit Namen wie „Nikolai Bersarin", „Clara Zetkin" und „Hanno Günther", zwei Grenzausbildungsregimenter, mehrere technische Einheiten sowie die militärischen Besatzungen von 26 Grenzübergangsstellen, die alle von den Grenztruppen bewacht wurden. Die Pass- und Zollkontrolle führten Offiziere und Unteroffiziere des Ministeriums für Staatssicherheit durch. Sie trugen dabei die Uniform der Grenztruppen, waren mit Pistolen und Maschinenpistolen bewaffnet.

An der Spitze des Berliner Grenzkommandos stand zwischen 1979 und 1990 ein Generalmajor. Wegen mehrfachen Totschlags und versuchten Totschlags sowie Beihilfe dazu wurde er vor dem Landgericht Berlin 1997 zu fünf Jahren Haft verurteilt. Wie andere Berufssoldaten seines Verbandes war der oberste Chef ständig unterwegs, um die Posten an der 136 km langen Mauer zu kontrollieren und die jungen Wehrpflichtigen oder Unteroffiziere zur „Wachsamkeit" gegenüber Grenzverletzern jeder Art aufzufordern. Zwischen dem Mauerbau 1961 und dem Fall der Mauer 1989 mussten so von den Familienangehörigen mehr als 130 Maueropfer beklagt werden. Die meisten davon hat die Berliner Staatsanwaltschaft nachgewiesen, weitere werden untersucht.

Was so im Kopf eines der Hauptverantwortlichen für die Überwachung der Berliner Grenzanlagen vor sich ging, erfuhr ich während einer Podiumsdiskussion zu einem Tag der Grenztruppen im Pionierpalast „Ernst Thälmann" in der Wuhlheide. Ein zwölfjähriger Junge wollte beim „Treffen mit dem General" aus dieser Waffengattung wissen, ob der angesichts seiner „vielen wichtigen Aufgaben", über die er zuvor ausführlich referiert hatte, auch noch Zeit für irgendeine Freizeitbeschäftigung oder gar ein Hobby habe. Zum Beispiel Sport oder Lesen, fragte der Schüler. Nach langem Überlegen entgegnete der Grenzer-General mit den grünen Biesen an der Uniform auf diese Frage: „Mein Hobby sind meine Soldaten."

Nach dieser Äußerung, die die anwesenden 40 bis 50 Jungen und Mädchen gar nicht so recht verstehen konnten, schaute mich der neben mir sitzende Pressesprecher vom Grenzkommando Mitte, ein Oberstleutnant, ganz verlegen an und schüttelte den Kopf. Ihm war die Antwort seines obersten Chefs wohl peinlich.

Der General war eben immer im Dienst! Die Kinder staunten nur. Sie konnten sich gar nicht so recht vorstellen, dass ein Mann in diesem Alter und mit diesem Dienstgrad noch nicht einmal ein richtiges Hobby hat. Er hatte sich als gelernter Schuhmacher und Absolvent einer Generalstabsakademie der UdSSR vorgestellt. Und dabei warb doch so mancher Lehrer in den Berliner Schulen, spätestens ab der 8. Klasse, für Nachwuchs in einem militärischen Beruf. Sogar mit der Aussicht, dass ein jeder Junge dann den Marschallstab im Tornister tragen würde. Dass man dafür neben fester DDR-Verbundenheit auch den persönlichen Segen des obersten SED-Chefs und Verteidigungsratsvorsitzenden benötigte, haben die Werbekolonnen in den Schulen lieber verschwiegen.

Über die Aufgaben des Artillerietruppenteils beim Grenzkommando Mitte, besonders bei der geplanten Eroberung West-Berlins, berichtete ein Oberstleutnant nach der Deutschen Einheit im Buch von Volker Koop „Ausgegrenzt – Der Fall der DDR-Grenztruppen" (Berlin, 1993, S. 102). „Konkrete Namen von Städten wurden bei solchen Übungen nie genannt, die Namen sind vorher auf den Karten geschwärzt worden. Aber es war ja klar, wenn man eine Karte vor sich hatte, auf der die Elbe und eine Großstadt zu sehen waren, dass das dann nur Magdeburg oder Dresden sein konnte. Und ähnliches galt natürlich auch für die Stadt, durch die Havel und Spree fließen."

Auch im Keller des Grenzkommandos in Berlin-Karlshorst konnten sich die Grenzoffiziere mit den Gegebenheiten in und um Berlin vertraut machen. „Wir hatten ein großes Modell mit allen Grenzsicherungsanlagen, mit allen Standorten, und auch West-Berlin war vollständig enthalten, zwar nicht mit jedem einzelnen Haus, aber doch mit allen Straßenzügen. Dieses Modell wurde für Stabsübungen genutzt, und die Kommandeure hatten dann vor den entsprechenden Gremien ihre Entschlüsse und Entscheidungen darlegen müssen."

Gemeinsam mit Offizieren der Potsdamer Mot. Schützendivision und der sowjetischen Armee Eberswalde seien solche Stabsübungen durchgespielt worden. „Die Feuerplanung hatte sich auf die Kasernen der Alliierten ausgerichtet, die Nachrichtenmittel waren entfaltet, einschließlich der möglichen Funkverbindungen zwischen den einzelnen Teilstreitkräften." Handlungs- und Schussrichtungen seien fixiert gewesen. Auch noch zur Zeit der anbrechenden Gorbatschow-Ära mochte die DDR auf ihre Planspiele nicht völlig verzichten. Praktisch sei die Einnahme West-Berlins beim Häuserkampf auf dem Übungsplatz Streganz südöstlich von Berlin trainiert worden. Hier gab es nicht nur Häuser, sondern auch Eingangsschächte zu U-Bahnen.

Die Kasernen der Grenztruppen unterschieden sich nicht von den Einrichtungen der NVA. Das konnte man allein bei der Besichtigung der Anlagen des Grenzregiments 35 in Berlin-Rummelsburg nach der Übernahme 1990 durch die Bundeswehr nachvollziehen. Hier waren deren Berliner Feldjäger untergebracht. Außerdem fanden im Klubhaus mehrere Veranstaltungen der neuen Hausherrn statt, so auch über die Militärseelsorge in der Bundeswehr mit Vertretern der evangelischen und katholischen Kirche. Auch für mich war die Diskussion über das Verhältnis zwischen Kirche und Armee neu.

Da in der Bundeswehr für das etwa 13 ha große Gelände mit Unterkunfts-, Stabs- und Wirtschaftsgebäuden, Bootsschuppen und Anlegestelle sowie Exerzierplatz kein Bedarf bestand, wurde es wieder einer zivilen Nutzung zugeführt – dem Entwicklungsgebiet Rummelsburger Bucht mit einer städtischen Landschaft am Ufer der Spree. Es entstanden tausende neue Wohneinheiten, Gewerbeflächen und soziale Struktureinrichtungen mit Grün- und Freiflächen. Wie bei der Flächenkonversion üblich, gingen der Revitalisierung die Altlastenbeseitigung, Rückbaumaßnahmen und Flächenaufbereitung voraus.

Minen und Mauer machten Grenze zum Todesstreifen

Für einen möglichen Kriegsfall oder auch Volksaufstand wie am 17. Juni 1953 hatte die DDR-Führung auf ihre Weise Vorsorge getroffen: Sie ließ gar nicht so weit von Berlin im Norden die gigantische Bunkeranlage "Perle" im brandenburgischen Prenden als Hauptgefechtsstand bauen, stockte den Stasi-Überwachungs- und -Unterdrückungsapparat (nun auf etwa 100 000 hauptamtliche und 100 000 Inoffizielle Mitarbeiter) auf, rüstete die insgesamt mehr als 500 000 Volksarmisten, Polizisten, Grenzsoldaten und Kampfgruppenangehörigen mit modernen Waffen aus, hielt 340 Millionen Tonnen Munition "für den Fall der Fälle" bereit, also für den Angriff oder die Verteidigung.

Doch nicht genug damit. Um beim Schutz der Arbeiter-und-Bauern-Macht ganz auf Nummer Sicher zu gehen, gab der damalige Nationale Verteidigungsrat nach dem Mauerbau 1961 einen Befehl mit Langzeitwirkung: Die Verlegung von Infanterieminen an der insgesamt 1 480 km langen innerdeutschen Grenze sowie in und um Berlin.

Was unter strengster Geheimhaltung begann und die damalige Ost-West-Grenze zu einem Todesstreifen werden ließ, war nicht nur das ausgeklügelte System der Verlegung. Das kannten nur die Kommandeure und Pionier-Offiziere. Vielmehr ging es den DDR-Sicherheitsverantwortlichen schon zu Ulbricht-Zeiten um die "abschreckende Wirkung". Deshalb wurden die bereits verlegten Minen von Zeit zu Zeit durch immer wirkungsvollere Sprengkörper ersetzt. Von den Minenfeldern zwischen Hof und Lübeck, die auf DDR-Seite schon in Friedenszeiten als

"Militärisches Sperrgebiet" an der Westgrenze deklariert worden waren, sollte für jedermann, selbst für die wehrpflichtigen Grenzsoldaten, beim Überqueren Lebensgefahr ausgehen.

In den 25 Jahren der Minensperren zu Land kamen mehrere Generationen dieser heimtückischen Waffen zum Einsatz. Insgesamt waren es 1,3 Millionen Minen. Alles begann mit den russischen Typen POMS aus Metall. Zuletzt verlegten Grenzpioniere DDR-Sprengkörper aus Duroplaste beziehungsweise Polyäthelen. Auch sie waren bei der kleinsten Berührung eine tödliche Gefahr. Viele Menschen mussten an der Mauer, auf den Minenfeldern, entlang der Kfz-Sperrgraben, Stacheldraht- oder Streckmetallzäune sowie an den Signal- und Selbstschussanlagen ihr Leben lassen oder wurden schwer verletzt. Ein scheinbar perfekter Todesstreifen mitten in Deutschland und durch das geteilte Berlin.

Nach internationalem Druck und vor dem Milliarden-Kredit durch die Bundesrepublik, für den der Abbau der tödlichen Waffen an der innerdeutschen Grenze Voraussetzung war, ließ die DDR-Führung 1985 im Eilverfahren die Minenfelder beseitigten. Als die Bundeswehr 1990 das Grenzgebiet mit einer Fläche in der Größe des Großherzogtums Luxemburg übernehmen musste, gab es eine alarmierende Nachricht: In den Vernichtungsunterlagen aus DDR-Zeiten fehlte der Nachweis über 33 863 Minen. Die Suche begann. Mit der deutschen Einheit sollten alle Grenzabschnitte so schnell wie möglich und ohne Gefahr für Leib und Leben für die Menschen in Ost und West begehbar gemacht werden. Dazu waren aber umfangreiche Untersuchungen notwendig. Sie wurden im Wesentlichen von der Bundeswehr vorgenommen oder überwacht.

Und fünf Jahre nach der Wiedervereinigung verlor der ehemalige Todesstreifen an der innerdeutschen Grenze endgültig seinen Schrecken: Im Spätherbst 1995 wurde die Nachsuche nach DDR-Minen an dem einstigen Todesstreifen beendet. Dieser, mal 50, mal 200 m breit, war dann "nach menschlichem Ermessen minenfrei", wie es offiziell hieß. Die letzten Gefahrenherde beseitigte die Rekultivierungs-Gesellschaft im Auftrag des Bundesverteidigungsministeriums. Beim Abbau restlicher Sicherungsanlagen zwischen Ostseeküste und Vogtland baute das Unternehmen außerdem Sperrzäune ab, beseitigte Beobachtungstürme, Kfz-Sperrgraben, Brücken und Wasserhindernisse.

Heute erinnert ein „Grünes Band“ an den Todesstreifen an der ehemaligen innerdeutschen Grenze zwischen Ostsee und Frankenwald. Dieses große Naturschutzgebiet mit seinen kartierten Tieren und Pflanzen, das bereits 1989 in den Tagen der Wende entstand, ist ein lebendes Denkmal für die jüngste deutsche Geschichte mit diesen Gefahren durch die

Teilung. Da und dort findet man heute noch als Mahnung an diese Zustände einen der einst 850 Beobachtungstürme oder ein Stück vom 1 800 km langen Kolonnenweg.

In der Hauptstadt ist die Gedenkstätte Berliner Mauer in der Bernauer Straße der zentrale Erinnerungsort an die deutsche Teilung. Seit Eröffnung des Dokumentationszentrums 1999 kamen mehr als drei Millionen Besucher, fast jeder zweite aus dem Ausland, hierher, um sich besonders mit der mehr als einen Kilometer langen Außenausstellung, dem letzten Stück der Berliner Mauer, vertraut zu machen. Am Rande einer Veranstaltung vor Ort am 9. November 2012 zum Jahrestag des Mauerfalls vor 23 Jahren sagte Berlins Regierender Bürgermeister, Klaus Wowereit: „Wir müssen unsere Demokratie jeden Tag von neuem verteidigen gegen Feinde von Freiheit und Toleranz, um sie für uns und nachfolgende Generationen zu bewahren."

Um gemäß ihrem Auftrag einem breiten Publikum unterschiedliche Aspekte der Teilungs- und Fluchtgeschichte zugänglich zu machen, begründete die noch junge Stiftung Berliner Mauer 2011 eine wissenschaftliche Buchreihe. Darin werden Facetten der Berliner Mauer und der Fluchtbewegungen aus der DDR als Teil und Auswirkung der deutschen Teilung und des Ost-West-Konflikts im 20. Jahrhundert dokumentiert und vermittelt. So von der Mauer als Symbol des Kalten Krieges oder als Baudenkmal von internationalem Rang.

Wie Stiftungsdirektor Dr. Axel Klausmeier betont, erfährt man durch diese Arbeit „gänzlich neue Einblicke in die bauliche Infrastruktur im Hinterland der Grenzanlagen, die nötig war, damit dieses Bauwerk seinen (tödlichen) Zweck erfüllen konnte. Sie macht deutlich, welcher immense materielle Aufwand betrieben wurde, damit die Sperranlagen im Sinne ihrer Erbauer funktionierten und die Grenzsoldaten ihren zumeist ebenso unfreiwillig wie aufgezwungenen Dienst leisten konnten." (Hinter der Mauer – Zur militärischen und baulichen Infrastruktur des Grenzkommandos Mitte, Berlin, 2012, S. 10)

Militärausbildung und Prämien für 8 000 DDR-Grenzhelfer

Für die "Sicherheit und Ordnung im Grenzgebiet der DDR" scheute die SED-Führung weder Kosten noch Mittel. Um einen Flüchtlingsstrom in Richtung Westen wie vor dem 13. August 1961 zu verhindern, wurde die beim Mauerbau begonnene Zementierung deutscher Teilung ständig perfektioniert.

Und so sah dann die Westgrenze der DDR, "Bollwerk zum Schutz des Sozialismus", über viele Jahre in Richtung Bundesrepublik aus: Zuerst ein mehrerer Kilometer breiter Schutzstreifen von der Ostsee bis ins Vogtland, dann ein Grenzsignalzaun von 1 100 km Länge. Es folgten 579 Beobachtungstürme und Führungsstellen, verteilt über das ganze Grenzgebiet.

Dann 1 481 km Kolonnenweg von Nord nach Süd, 1 282 km Kontrollstreifen und 655 km Kfz-Sperrgraben. Wer über diese Hindernisse bis hierher durchgekommen war, hatte "nur" noch die vorderen Sperr- und Sicherungseinrichtungen (insgesamt 1 481 km lang), darunter 690 km Grenzzaun und Erdminen auf 660 km Länge, zu überwinden. Dazwischen befanden sich Signalfelder mit Selbstschussanlagen und Lichttrassen. Selbst abgerichtete Diensthunde sollten Flüchtlinge von ihrem Vorhaben abhalten.

Die Grundlagen für ein nahezu perfektes System militärischer Grenzüberwachung bildeten Beschlüsse des SED-Politbüros und des DDR-Verteidigungsrates. So von 1971 "zur weiteren Arbeit im Grenzgebiet". Für das Funktionieren dieser Anlagen zur Grenzsicherung hatten die Soldaten der Grenztruppen zu sorgen. Strukturiert wie Mot. Schützenregimenter mit Kompanien und Bataillonen, entsprechend auch bewaffnet und ausgerüstet, sollten diese Einheiten und Truppenteile im Fall eines Krieges in die NVA-Landstreitkräfte integriert werden.

Auch in den Folgejahren erhielten die Kommandos der DDR-Grenztruppen (Süd, Mitte und Nord) militärische Befehle und politische Weisungen direkt vom Verteidigungsministerium. Der Chef der Grenztruppen gehörte dessen Kollegium an. Trotz dieser klaren Unterstellung und Einbindung der Truppen in das Warschauer Vertragssystem wollte die Strausberger Generalität mit Blick auf die internationalen Abrüstungsverhandlungen die Grenztruppen von den NVA-Personal- und Waffenzählungen ausgeklammert sehen.

Von fast 5 000 Fluchtversuchen gelangen nur 229

Eine wichtige Rolle beim "Aufspüren von Grenzverletzungen" spielten in den Plänen der DDR-Führung die 8 000 freiwilligen Grenzhelfer. In den schon 1961 von Querdenkern und Republikflucht-Kandidaten gesäuberten Grenzgebieten waren dies meist "positiv" zum Staat eingestellte Bürger. Sie gingen besonders in Spitzenzeiten der verbotenen Ost-West-Bewegung, die meist an Wochenenden und zu Feiertagen zu verzeichnen war, auf Streife. Wenn allein zwischen 1974 und 1979 von 4 956 Fluchtversuchen nur 229 gelangen, die anderen 4 727 scheiterten und die Beteiligten meist zu hohen Haftstrafen verurteilt wurden, so hatten auch Grenzhelfer Anteil daran. Es gab "Fangprämien" und das "Leistungsabzeichen der Grenztruppen", gelegentlich auch eine "Bestenfeier".

Als die Fluchtbewegung 1986 in der DDR parallel zur Ausreisewelle immer größere Dimensionen annahm, beschloss der Verteidigungsrat, eigens für die zivilen Beteiligten an der Jagd auf Flüchtlinge an der innerdeutschen Grenze eine staatliche Auszeichnung zu stiften. Es war die "Medaille für treue Dienste freiwilliger Helfer beim Schutz der Staatsgrenze der DDR". Dabei ging es hauptsächlich, wie der Sekretär des Verteidigungsrates in der Geheimen Kommandosache 27 / B 912 191 formuliert hatte, um die "höheren Einstufungen der Leistungen der freiwilligen Helfer der Grenztruppen der DDR sowie der freiwilligen Helfer der Deutschen Volkspolizei bei der Arbeit im Grenzgebiet".

Obwohl diese staatliche Aufwertung laut Sitzungsprotokoll des Verteidigungsrates ursprünglich erst ab Anfang 1991 vorgesehen war, setzte Partei- und Staatschef Honecker in seiner Funktion als Vorsitzender des Nationalen Verteidigungsrates die von diesem Gremium beschlossene Anordnung ab 1. Januar 1987 in Kraft. Damit sollte die "langjährige, gewissenhafte und treue Pflichterfüllung an der Staatsgrenze" gewürdigt werden. Er konnte zu dieser Zeit nicht ahnen, dass vier Jahre später schon das Jahr eins im wiedervereinigten Deutschland war.

Aufklärung und Kontrolle von Unterschlupfmöglichkeiten

Bevor nun ein Grenzhelfer diese Medaille samt Urkunde erhielt, musste er zwischen fünf und 30 Jahre "für den Schutz der Arbeiter-und-Bauern-Macht" tätig gewesen sein. Das bedeutete laut Jahresarbeitsplan 1988/89 des Grenzregiments 44 Dienst "paarweise in Uniform oder zivil" oder "in Gruppen bis zu 6 Mann". Dabei waren den Grenzhelfern "spezifische, auf die Person abgestimmte Aufgaben zuzuordnen, z.B. Aufklärung und Kontrolle von Unterschlupfmöglichkeiten, Baustellen, Objekten und Anlagen in der Höhe des Wohnortes". Zweimal jährlich mussten die Grenzhelfer an der Schiess-, Grenzdienst- und Nahkampfausbildung teilnehmen, verbunden mit aktuell-politischer Lageinformation.

Über diese und weitere geheime Dokumente zu den Grenzhelfern informierten 1994 das Haus am Checkpoint Charlie und die Forschungs- und Gedenkstätte Normannenstraße in Berlin die Bundestags-Enquete-Kommission. Sie hatte sich mit der Aufarbeitung von Geschichte und Folgen der SED-Diktatur in Deutschland befasst.

Mielkes Bürgerkriegsarmee: Ministerium für Staatssicherheit

Das Ministerium für Staatssicherheit (MfS) wurde im Februar 1950 gebildet und im Dezember 1989 nach einem Beschluss der basisdemokratischen Institution Runder Tisch durch den Ministerpräsidenten der DDR aufgelöst. Es hatte sein Hauptquartier in der Normannenstraße in Lichtenberg. Die Berliner MfS-Bezirksverwaltung, ebenfalls ein Riesengebäude mit Regierungscharakter, befand sich unweit davon in der Nähe des Tierparks. Zudem überwachten noch Kreisdienststellen des Geheimdienstes das Leben der Bürger.

Allein in Ost-Berlin gehörten 436 Stasi-Leute zur Telefonüberwachung der Abteilung 26, darunter in einem "Studio" in der Staatsbibliothek Unter den Linden. Republikweit wurden von 2 177 Stasi-Postkontrolleuren in der Abteilung M täglich bis zu 90 000 Briefe mit heißem Dampf oder chemischen Lösungsmitteln geöffnet. Und bei Personen, die im Visier der Schnüffler standen, gezielt jede Post. Wie dabei mit verschiedenen Schnüffelgeräten gearbeitet wurde, erfuhr man in einer Sonderausstellung des Berliner Museums für Kommunikation.

Eine parlamentarische Kontrolle des Ministeriums, das sich gern in seinen Pressemeldungen als „zuständiges Organ“ bezeichnete, fand nicht statt – weder durch die Volkskammer noch durch den Ministerrat. Nach Denkart der Stasi gab es eigentlich nur „Freund“ oder „Feind“. Der 1980 von Erich Honecker zum Armeegeneral beförderte MfS-Minister Erich Mielke wollte, wie er immer wieder seinen Mitstreitern befahl, „alles wissen“. Laut SED-Parteitagslosung natürlich "Alles zum Wohle unserer Menschen".

Befehle solcher Art genügten den hauptamtlichen Stasi-Leuten in Ostdeutschland als Freibrief, um flächendeckend über die 15 Bezirksverwaltungen und mehr als 200 Kreisdienststellen ein Spitzel- und Terrorsystem im großen Stil zu organisieren. Diese vom Volksmund als „Firma“ oder „Konsum“ bezeichnete Einrichtung nannte sich „Schild und Schwert der Revolution“.

Als Vorbild der ostdeutschen Tschekisten diente der sowjetische Geheimdienst KGB, berüchtigt für die Grausamkeit seiner Methoden, mit denen er die Gegner des Sozialismus und Kommunismus bekämpfte. Wer in der DDR ein Andersdenkender war und das wiederholt öffentlich zu erkennen gab, musste immer damit rechnen, eines Tages zu Hause oder am Arbeitsplatz ohne Haftbefehl abgeholt zu werden. Das geschah zu jeder Tages- und Nachtzeit. Meist wurde nicht einmal der Grund der Festnahme genannt. „Kommen Sie mit zur Klärung eines Sachverhalts“, hieß es dann, nachdem die Stasi-Leute ihren Dienstausweis gezeigt oder sich als „Kriminalpolizei" vorgestellt hatten und der oder die Betroffene dann ins Auto einsteigen musste.

Die Gründe solcher Festnahmen konnten eine geplante „Republikflucht" oder eine kritische Äußerung über die Partei- und Staatsführung sein. In den Anfangsjahren der DDR reichte manchmal sogar ein schlechter Witz in einer Kneipe über den Spitzbart von Walter Ulbricht. Das beurteilte man als „Staatsverleumdung". Dann folgten Verhöre und später Gerichtsverfahren. Viele Schicksale erinnern noch heute daran.

In der Regel drohte zuerst Haft in einem der berüchtigten Stasi-Untersuchungsgefängnisse. Diese befanden sich in allen Teilen der Republik. Nach der Verurteilung durch ein Kreis- oder Bezirksgericht wurde man als Politischer meist in die Zellen mit Kriminellen in eines der noch schlimmeren DDR-Zuchthäuser verbannt. Die Ortsnamen Cottbus, Bautzen, Brandenburg und Hoheneck wurden zu Synonymen staatlichen Terrors gegen Männer und Frauen. In Sachsen pflegte man hinter vorgehaltener Hand recht aufmüpfig und ironisch zu sagen: „Wer nicht wagt, kommt nicht nach Waldheim!" Das war auch so ein Ort, sonst „Perle des Zschopautals" genannt, wo in der Sowjetzone Geheimprozesse stattfanden und zu DDR-Zeiten den Verurteilten das Grauen hinter Gittern erwartete.

Für diese und weitere Aufgaben hatte sich die Staatssicherheit auch umfassend militärisch gerüstet. Der gesamte Bestand des vor dem Ende der DDR-Diktatur in ein Amt für Nationale Sicherheit umbenannte MfS umfasste im November 1989 rund 100 000 Pistolen, 55 000 Maschinenpistolen, mehr als 10 Millionen Schuss Munition sowie große Mengen Spreng- und Kampfstoffe.

Über diese ungewöhnliche militärische Bewaffnung und Ausrüstung der Stasi berichtete der persönliche Mitarbeiter Karl-Heinz Arnold des DDR-Ministerpräsidenten Hans Modrow in seinem Buch „Schild und Schwert" (edition ost, Berlin, 1995, S. 164 ff): „Die Bewaffnung des MfS reicht aus, um eine Million potentieller Gegner in Schach zu halten. Die Zahl der Mitarbeiter sowie ihrer Waffen machen das MfS objektiv zu einer Bürgerkriegsarmee. Dem Anspruch, alles zu wissen, ist offenbar die Aufgabe hinzugefügt worden, alles niederhalten zu können. Anders sind die Dimensionen an Waffen und Munition nicht erklärbar."

Die Schlussfolgerung des langjährigen Journalisten der „Berliner Zeitung", nachdem 1990 all diese Waffen der Volkspolizei übergeben und bei der NVA sicher aufbewahrt worden waren: „Eine Bombe wurde entschärft." Das Mielke-Imperium konnte nicht treffender charakterisiert werden.

Nicht weniger Brisanz beinhalteten zu dieser Zeit die alten Strukturen des ehemaligen MfS, die von der Bürgerbewegung der DDR Stück für Stück offengelegt wurden. Ob das nun der Bereich Kommerzielle Koordinierung (KoKo) mit den unterstellten Außenhandelsbetrieben und Firmen war, der seine jährlichen Millionen-Valuta-Gewinne, also Westgeld, direkt an das SED-Politbüro und das MfS abgeführt hat, oder die Festnahmen und Inhaftierungen von in- und ausländischen Bürgern durch die Sicherheitsorgane, obwohl das eine Aufgabe der Polizei gewesen wäre – mit der Aufarbeitung des Mythos „wichtiger Geheimdienst“ kam so manche Gesetzwidrigkeit der Mitarbeiter dieses Ministeriums ans Tageslicht. Hinter vorgehaltener Hand hatte man schon zu DDR-Zeiten hin und wieder den Begriff „Mysterium“ geprägt, was wohl treffender war.

Wachregiment „Feliks Dzierzynski“ in Adlershof

Die Angehörigen des Stasi-Wachregiments „Felix Dzierzynski“ aus Adlershof fielen schon äußerlich in der Öffentlichkeit auf: Ihre Uniformen, zum Beispiel eines Gefreiten, von der Marke „Knitterfrei“ trugen sonst nur Berufssoldaten der Nationalen Volksarmee. Die Ausgangsuniform eines NVA-Wehrpflichtigen war demgegenüber wohl aus „Brennnesselstoff“ gefertigt worden, weil man, wie ich mich erinnere, immer lange Unterwäsche tragen musste, selbst im Hochsommer. Dafür mussten sich aber die jungen Männer dieses Wachregiments, wo man wie in den Volkspolizei-Bereitschaften den Wehrersatzdienst mit Waffe ableisten konnte, mindestens für drei Jahre Dienst im Ministerium für Staatssicherheit verpflichten.

Als Gegenleistung durften sie, wenn in Berlin wohnhaft, den Vorteil eines Heimschläfers nutzen. Man fuhr früh wie ein Werktätiger, allerdings in Uniform, mit der S-Bahn nach Adlershof und abends nach Dienstschluss, auch in Uniform, wieder nach Hause. Wovon jeder Unteroffizier der Nationalen Volksarmee während der gut 1 000 Tage seines Dienstes in oft maroden Kasernen in Prora oder Eggesin nur träumen konnte. Die Gruppenführer oder Militärkraftfahrer der NVA waren eigentlich immer im Dienst und vor Ort, gewissermaßen als Scharnier zwischen Offizier und Soldat.

Dass für diesen freiwilligen Einsatz bei der Stasi-Truppe, auch nach Einführung der Wehrpflicht 1962 kurz nach dem Mauerbau in Berlin, meist junge Männer aus „gutem Hause“, sprich aus Familien von SED- und Staatsfunktionären sowie von Berufssoldaten, verpflichtet wurden, lag wohl in der Natur der Sache. Sie hatten vor allem die Gebäude des SED-Zentralkomitees am Werderschen Markt und des benachbarten Staatsrates der DDR, die Politbüro-Waldsiedlung Wandlitz sowie die geheimen Bunker der Partei- und Staatsführung, die es in allen Teilen der Republik gab, in Vorbereitung auf den Kriegsfall zu bewachen. Für diese Aufgaben verlangte man ein gerüttelt Maß an Staatsnähe. Auf kritische Geister und Denker verzichtete die Stasi prinzipiell in ihren Reihen. Das überprüften die Kader-Offiziere des Wachregiments vor der Einberufung sehr gründlich.

In „kritischen Zeiten", so im Oktober 1989 bei den Protesten der Bevölkerung gegen die SED-Politik, kamen die „Dzierzynskis" in einer anderen Funktion zum Einsatz: als ausgebildete Schlägertrupps. Dann ohne Uniform, vielmehr in den Annoraks der Jugendorganisation FDJ. Bei Staatsbesuchen trugen diese Eckensteher, als Doppelposten eingesetzt, meist einen als Regenschirm getarnten Fotoapparat bei sich. Die jungen Burschen fühlten sich dann wie Geheimdienstler, nur dass sie keinen Schlapphut trugen, und benahmen sich auch so wichtig. Sicher stand neben Politunterricht und Schießen das Fach „Holzauge, sei wachsam!" regelmäßig auf dem Ausbildungsprogramm in Adlershof.

Als am 15. Januar 1990 in den Berliner Rusche- und Normannenstraßen die Stasi-Zentrale von mehr als zehntausend angeblich aufgebrachten Bürgern gestürmt wurde, befanden sich laut Augenzeugen darunter auffallend viele junge Leute. Wie mir eine ADN-Kollegin am folgenden Tag sagte, habe sie nach Dienstschluss auf ihrer Heimfahrt gesehen, wie an der U-Bahn-Station Magdalenenstraße (direkt neben dem Stasi-Hauptquartier) viele Gruppen junger Männer aus den Waggons gestiegen sind. Zu diesem Einsatz, den Bürgerrechtler unter dem Motto „Wir mauern die Stasi-Zentrale zu!" organisiert und dazu in aller Öffentlichkeit aufgerufen hatten, waren die abkommandierten Stasi-Soldaten zivil und nicht einheitlich gekleidet.

Und wie ich heute aus Fernsehberichten weiß, hatten sich zu diesem Zeitpunkt im gegenüberliegenden Häuserblock an der Frankfurter Allee mehrere Generale des AfNS/MfS in einer konspirativen Wohnung einquartiert, um fernmündlich den inszenierten „Volkszorn" zu koordinieren. Da brauchte sich dann auch Ministerpräsident Hans Modrow nicht zu wundern, dass ihm an der Seite mehrerer bekannter Bürgerrechtler von der aufgebrachten Menge kein Haar gekrümmt wurde. Und was das Zumauern am Haupteingangstor betraf: Ab einer gewissen Höhe konnte die stählerne Pforte von einzelnen Demonstranten mit einer auf dem Truppenübungsplatz trainierten Fechterflanke überwunden und das Tor von innen geöffnet werden. All das hieß dann: Erstürmung der Stasi-Zentrale.

Keine Überraschung auch, dass die Massen schnurstracks zum harmlosen Mehrzweckgebäude (Haus 18) in dieser Stasi-Festung gelenkt wurden. Hier brannte nämlich Licht. Und hier waren nur Versorgungseinrichtung des Ministeriums: Ein großer Speisesaal, ein Blumenladen, eine Buchhandlung, der Frisörsalon und die Küche im Keller. Das Haus 1, gleich daneben und Sitz des Ministers, blieb wie die anderen wichtigen Gebäude des Geheimdienstes in diesen Abendstunden völlig unbeachtet, weil auch unbeleuchtet. Schon daran war im Nachhinein zu erkennen, wer hier vor Ort Regie geführt und den Massen die Richtung vorgegeben hat.

Vor allem andere Gebäude mit brisantem Geheimdienst-Unterlagen boten an diesem Abend bei völliger Dunkelheit ganz sicher einigen Vertrauten dieser Räumlichkeiten die letztmalige Gelegenheit, hier und da in den geheimen Personenkarteien oder unzähligen Aktenordnern noch ein paar „Flurbereinigungen“ vorzunehmen. Diesen Eindruck hatte ich jedenfalls nach einer mitternächtlichen Pressekonferenz mit einem Ex-Stasi-General und meinem anschließenden Rundgang ohne jede Begleitung durch die Räume des Mehrzweckgebäudes.

Noch einmal zum Stasi-Wachregiment. Schon der Name war irreführend. Hier handelte es sich mit 12 000 Waffenträgern um eine verdeckte Mot. Schützendivision mitten in Berlin. So auch die Struktur, Stärke und Bewaffnung. Insgesamt verfügte das Regiment über 19 einsatzbereite Bataillone. Sie besaßen Schlagstöcke, Schilde und Helme, Pistolen, Maschinenpistolen, Sturmgewehre, schwere Maschinengewehre, Schützenpanzerwagen der Typen 60 PB und 70, schwere Panzerabwehrwaffen und Granatwerfer 82 und 120 mm. Die Kompanie Fallschirmjäger war mit der kleinen Maschinenpistole Skorpion aus tschechischer Produktion ausgestattet.

Selbst die Ein-Mann-Flugabwehrrakete „Strela“ (SA-14) gehörte zum riesigen Waffenarsenal des militärischen MfS-Verbandes. Es fehlten in dieser Bewaffnung gegenüber den Landstreitkräften nur die Panzer. Diese Verschleierung war wegen des Vier-Mächte-Abkommens über Berlin getroffen worden.

Ansonsten bereiteten sich die „Dzierzynskis“ besonders auf ihrem Truppenübungsplatz in Teupitz (Land Brandenburg) auf alle Eventualitäten der bewaffneten Auseinandersetzung vor. So auf den Waffeneinsatz gegen die eigene Bevölkerung oder gegen irgendwelche „Eindringlinge“ von außen. Auch die Besetzung West-Berlins an der Seite sowjetischer und NVA-Truppen wurde geübt. Davon zeugten die monatlichen Ausbildungsprogramme – vom Nahkampf bis zum Häuserkampf.

Dass diese Truppe wohl doch nicht mit allen Privilegien der Parteiführung und Regierung bei der Versorgung mit Konsumgütern oder Ersatzteilen für Kraftfahrzeuge gesegnet war, zeigte ein kleines Vorkommnis in den 1980er Jahren auf dem zivilen Parkplatz des Wachregiments, direkt vor dem Eingang zum Kasernenkomplex. Ein Bekannter erfuhr es von einem Angehörigen des Wachregiments und erzählte mir davon, weil es auch dort die Runde gemacht hatte: Eines Nachts wurden von einem funkelnagelneuen privaten „Lada"-Personenkraftwagen eines MfS-Offiziers alle vier Räder gestohlen. Und keiner der Wachhabenden hatte es bemerkt!

Wie man also sah: So wachsam waren die Soldaten vom Stasi-Wachregiment nun auch wiederum nicht. Auch wenn sie dem lautstarken und unnahbaren „Genossen Minister" direkt unterstanden haben.

An dieser Stelle muss ich doch noch an den alten DDR-Witz über den Wachsamkeitswahn bei der Staatssicherheit denken. Bis auf einen einzigen Anwesenden machten alle Mitstreiter im Kinosaal des Wachregiments ein Nickerchen. So langweilig war das Gelabere des Politoffiziers in der politischen Schulung zum Thema: „Die Rolle und Bedeutung des Klassenkampfes". Danach der wachsame Mielke zu seinen Getreuen: „Seht ihr, Genossen, der Feind schläft nicht!" Und schon hatte der Armeegeneral höchstpersönlich den gesuchten „Verräter" entlarvt.

Stasi-Terror gegen Ausreisewillige und Flüchtlinge

Das berüchtigte Haus 1 in der Berliner Normannenstraße war zu DDR-Zeiten die Kommandozentrale des Ministeriums für Staatssicherheit. Wo später die Deutsche Bahn AG ihren Sitz hatte und das Logo „DB" weithin sichtbar als ein Symbol Deutscher Einheit zu sehen war, traf einst der „Genosse Minister", Armeegeneral Erich Mielke, Entscheidungen, um gerade die West-Kontakte der Bürger im Osten noch schärfer zu überwachen, Fluchtversuche und Ausreisen in Richtung Bundesrepublik möglichst zu verhindern. Unzählige Befehle, Richtlinien, Anordnungen, Dienstanweisungen oder Schreiben Mielkes wiesen die fast 100 000 Geheimdienstler an, wie mit diesen, „dem Sozialismus wesensfremden politisch-ideologischen Haltungen und Anschauungen" umzugehen sei.

Der Terror der Stasi sollte laut Ministeranweisung 1 aus dem Jahr 1975 „zur Vorbeugung, Aufklärung und Verhinderung des ungesetzlichen Verlassens der DDR und zur Bekämpfung des staatsfeindlichen Menschenhandels" dienen. Eine Koordinierungsgruppe sorgte dafür, Übersiedlungsversuche und Menschenhandel „im Keim zu ersticken". In einer 180-Seiten-Instruktion wurden alle MfS-Diensteinheiten zu „erhöhter Wachsamkeit", verstärkten Post- und Telefonkontrollen sowie engem Zusammenwirken mit dem KGB und anderen „sozialistischen Sicherheitsorganen" aufgefordert.

In der Anweisung Nr. 2/83 verlangte Mielke die weitere „Unterbindung und Zurückdrängung von Versuchen der Übersiedlung". Und in einem Befehl Ende 1988 legte das SED-Politbüromitglied fest, „auch die bereits Ausgereisten im Operationsgebiet rechtzeitig zu erkennen" und diese Personen „zu diskreditieren". Noch im Wendejahr 1989 trat eine Ministerratsverordnung in Kraft, in der auf Initiative des MfS „Grundsätze zur Zurückweisung von Ausreiseanträgen" definiert worden waren.

Auch offizieller Familienzusammenführung drohte Knast

Diese Richtlinien wider dem Geist von KSZE und Menschlichkeit bekamen hunderttausende Menschen des Arbeiter-und-Bauern-Staates zu spüren: Verleumdungen, Entlassungen, Umsetzungen am Arbeitsplatz, Hausdurchsuchungen und andere Schikane. Viele wollten offiziell ausreisen, weil sie die politischen, wirtschaftlichen und geistigen Zustände in der DDR nicht mehr ertragen konnten. Unter ihnen der Potsdamer Hannes Schönemann, damals bei der DEFA, und Ehefrau Sibylle. Sie gingen bei ihrem Ausreiseantrag strikt den Weg der Familienzusammenführung und landeten dennoch „als abschreckendes Beispiel für andere Filmemacher" im Februar 1985 für ein Jahr im Gefängnis. Das kann man heute den Stasi-Akten entnehmen. Ganz bitter auch für ihre sechs- und zehnjährigen Töchter.

Andere DDR-Bewohner flüchteten in den Westen – im Kofferraum eines PKW oder durch Tunnelröhren, mit selbstgebauten Wasserfahrzeugen und Flugkörpern. Wurden sie erwischt, oft durch Verrat, drohten ihnen meist langjährige Freiheitsstrafen. So erging es Ellen Thiemann als Ehefrau eines Berliner Sportjournalisten. Sie wollte zu ihrem Zwillingsbruder nach Köln und war dann wegen „staatsfeindlicher Verbindungen" und „Menschenhandel" im gefürchteten Frauenzuchthaus Hoheneck gelandet. Unvergessen blieben ihr die „Begrüßungsworte" einer Aufseherin: „Republikflucht kommt gleich nach Mord!" Und so wurden Kriminelle und Politische zusammen eingesperrt.

Von diesen und weiteren Schicksalen erfuhren die Mitglieder der Enquete-Kommission des Deutschen Bundestages bei einer öffentlichen Anhörung in der ehemaligen Stasi-Zentrale. Neben den Zeugenberichten beeindruckten folgende Zahlen: Zwischen 1984, dem Beginn der Ausreisewelle, die die SED-Führung immer mehr in Verlegenheit und Zugzwang brachte, und 1989 siedelten etwa 150 000 DDR-Bürger in den Westen über. Etwa soviel, wie in den 15 Jahren zuvor. Anfangs kamen viele aus Dresden und Umgebung, dem „Tal der Ahnungslosen“. 78 Prozent aller Übersiedler waren nicht einmal 40 Jahre alt, 60 Prozent reisten mit Kindern aus. Fast alle hatten eine Lehre abgeschlossen, jeder vierte das Abitur.

„Sie alle waren hochmotiviert und sehr leistungsorientiert“, meinte Rudolf Hilmer von Infratest Berlin zu den damaligen Umfrageergebnissen. Waren es anfangs vorwiegend familiäre Gründe, so verließen später immer mehr Ostdeutsche auch wegen der schlechten Versorgungslage ihre Städte und Dörfer. Bitter war für viele der Verlust von Verwandten und Freunden.

Die vielen Übersiedler trugen dazu bei, dass die Verbindungen zwischen Ost und West „immer lebendig blieben“. Deshalb waren sie auch ganz besonders der Stasi „ein Dorn im Auge“, erklärte mir Jörg Drieselmann, ein DDR-Bürgerrechtler vom Verein Antistalinistische Aktion Berlin-Normannenstraße (ASTAK) e.V. Wie andere Angehörige der einst mit der Auflösung des DDR-Geheimdienstes befassten Bürgerkomitees trat er dafür ein, das Haus 1 in ein Haus der Menschenrechte umzuwandeln. Im November 1990 nahm die Forschungs- und Gedenkstätte Normannenstraße als Stasi-Museum Berlin in der Ruschestraße 103 ihren regulären Betrieb auf.

"Doppelzüngler" für die Stasi immer eine Gefahr

Auf welch ausgeklügelte Weise politisch Andersdenkende verfolgt und bekämpft wurden, zeigte sich im offiziellen „Wörterbuch der politisch-operativen Arbeit“ des ehemaligen DDR-Geheimdienstes. Die Lex Mielke, nach der Wiedervereinigung von der Gauck-Behörde öffentlich gemacht, galt als "Geheime Verschlusssache". Sie forderte die MfS-Mitarbeiter auf, "mit maximaler Kraft am Feind zu arbeiten". Dazu gab es klare Vorgaben von zuerst 747, dann 915 verbindlichen Festlegungen für den Sprachgebrauch und die einheitliche Anwendung im "tschekistischen Dienst".

Man muss wissen, dass die Tscheka, ein schlimmes Repressionsinstrument im Lande Lenins, mit ihren finsteren Methoden den ostdeutschen Untergrundkämpfern als großes Vorbild diente. Minister Mielke hatte in seinem Dienstzimmer im Haus 1 etwa fünf Symbole (Büsten, Wandbehänge) des Begründers des sowjetischen Geheimdienstes. Das sah ich bei einem Rundgang mit Bürgerrechtlern und anderen Medienvertretern der DDR am 7. Dezember 1989 gemeinsam mit einem Militärstaatsanwalt durch seine Berliner Festung.

Ein Beispiel aus dem Wörterbuch: "Doppelzüngler". Ein solcher Bürger hatte es in der DDR besonders schwer. Wer da und dort "unterschiedliche Meinungen" äußerte, verfolgte nach Stasi-Ansicht das Ziel, "andere Personen zu täuschen, zu verleumden, Verrat zu begehen". Daher war er für den Staatssicherheitsdienst nach deren Auffassung immer eine "Gefahr". Kein Wunder, wenn sich die sogenannten Doppelzüngler in dieser Dienstanweisung zwischen "Doppelagent" und "Drohung, anonym" wiederfanden.

Das Vokabular der wichtigsten Bestimmungen, Vorgehensweisen und Sachverhalte wurde den Stasi-Leuten in den Befehlen des Ministers beigebracht. So in Ausbildung, Schulung und Anleitung. Überhaupt war die Gedankenwelt dieses Apparates in den vierzig Jahren seiner Existenz gekennzeichnet vom Schema „Freund oder Feind“, „gut oder böse“.

Andere Maßstäbe gab es nicht. Im eigenen MfS-Anforderungsbild standen "hohes sozialistisches Bewusstsein sowie hohe persönliche Kampf- und Einsatzbereitschaft, die Bereitschaft und Fähigkeit zur Wahrung der Konspiration und Geheimhaltung" an vorderer Stelle, liest man in diesem Wälzer.

Von den Inoffiziellen Mitarbeitern, unter "IM" gab es 53 Unter-Einträge im Wörterbuch, wurde "Aufrichtigkeit, Wahrhaftigkeit und Lauterkeit von Wort und Tat in Bezug auf die Bewältigung der vom operativen Mitarbeiter an ihn gestellten Anforderungen" verlangt. Natürlich auch "operative Menschenkenntnis", um "psychologische Eigenschaften von Personen zu erfassen und Verhaltensweisen vorauszusagen". Dazu zählte ganz besonders "Hass" als "wesentlicher, bestimmender Bestandteil tschekistischer Gefühle, eine der entscheidenden Grundlagen für den leidenschaftlichen und unversöhnlichen Kampf gegen den Feind". Eine schlimme Sprache.

Stasi-Jargon: Geheimnisverräter, Hetzbriefverfasser, Passfälscher

Ein Feind war laut Wörterbuch, "wer die sozialistische Staats- und Gesellschaftsordnung generell oder in einzelnen Seiten gefährdet oder schädigt". Dazu zählte die Stasi nach ihren Begriffen Agenten, Banden, Demonstrativtäter, Entführer, Geheimnisverräter, Hetzbriefverfasser, negativ dekadente Jugendliche, Konterrevolutionäre, Luftspione, Menschenhändler, Passfälscher, Schleuser, Staatsverbrecher, Terroristen, Transitabweichler.

In die "Feind-Kategorie" ordnete die Stasi aber auch Missbrauch der Kirche, innere Opposition, gesetzliches Verlassen der DDR, Menschenrechtsdemagogie, gegnerische Kontaktpolitik, nachrichtendienstliche

Aktivitäten, politisch-ideologische Diversion, ungesetzliche Grenzübertritte, Rowdytum, Sabotage, Subversion, Untergrundtätigkeit, Zersetzung und andere "operativ bedeutsame Vorkommnisse" ein. Feinde sah man ferner in „imperialistischen Massenmedien, Ostforschungsinstituten und Revanchistenorganisationen“.

Gegen all diese "antisozialistischen Kräfte" handelte das Mielke-Ministerium nach der Devise: Erkunden, aufklären, bekämpfen! Dazu wurde auf der hierarchischen Linie vom "Genossen Minister" bis in die "unteren Diensteinheiten" jegliche Ungesetzlichkeit in der Informationsbeschaffung abgesegnet. Diese Aufgaben reichten von der "vorbeugenden, schadenverhütenden, offensiven, schwerpunktbezogenen, komplexen und koordinierten offiziellen und inoffiziellen politisch-operativen Tätigkeit" bis hin zur "Gewinnung kompromittierenden Materials gegenüber dem Abgeschöpften".

Wenn auch "Liquidierung" als solche in diesem streng geheimen Nachschlagewerk nicht definiert wurde, so forderte es dennoch dazu auf, "alle politisch-operativen Mittel und Methoden" zur "Bekämpfung des Feindes innerhalb und außerhalb der Deutschen Demokratischen Republik" anzuwenden.

"Differenzierungshunde" sollten Verdächtige aufspüren

Die Stasi-Sprache, in die von anderen Geheimdiensten unter anderem der "Tote Briefkasten" übernommen wurde, enthält auch Banalitäten und Lächerliches. In "luftdicht verschlossenen Weckgläsern" oder "sauberen Plastbeuteln" sollten von Verdächtigen berührte Gegenstände "gesichert" werden, da "jeder Mensch seinen ihm arteigenen und spezifischen Geruch aufweist". Das sei aber Aufgabe "ausgebildeter Spezialisten", heißt es unter dem Stichwort "Geruchsdifferenzierung". Gemeint waren "speziell ausgebildete Hundeführer (Differenzierungshundeführer) mit abgerichteten Hunden (Differenzierungshunde)".

Das Buch als Leitfaden zur Unterdrückung und Überwachung von Oppositionellen galt nach der deutschen Wiedervereinigung der Gauck-Behörde als "Schlüssel zur Gedankenwelt" der Stasi-Mitarbeiter. Als "wissenschaftliches Werk" entstand es Ende der 1970er Jahre an der MfS-Hochschule in Potsdam-Eiche zum 20. DDR-Jahrestag. Es wurde 1981 nach dem X. SED-Parteitag und 1985 als Reaktion auf die internationale Entspannung aktualisiert.

Inzwischen konnten fast drei Millionen Bürger bei ihrer Akteneinsicht nachlesen, was in diesem Sinne in den unendlich vielen Stasi-

Berichten seinen Niederschlag fand. Die Reaktion von Betroffenen: Ein schlimmes Deutsch. Noch heute gibt es Einblick in das Denken der Mitarbeiter dieses DDR-Staatsorgans. Weitaus bitterer ist wohl die Tatsache, dass dabei mit Hass gegen das eigene Volk gehandelt wurde. Eben typisch Bürgerkriegsarmee.

Bürgerrechtler kontrollierten Stasi-Zentrale

Meine erste Begegnung mit der ehemaligen Stasi-Zentrale im neuen Amt für Nationale Sicherheit (AfNS) in Berlin-Lichtenberg, seit 1950 Hauptsitz des Ministeriums für Staatssicherheit, fand am 7. Dezember 1989 statt. Das war eher zufällig.

Als an diesem Tag, so kurz nach 8.00 Uhr, ein dpa-Kollege beim Chef vom Dienst Inland anrief und sich erkundigte, ob denn der ADN auch um 10 Uhr beim Treffen von Berliner Bürgerrechtlern vor der Stasi-Zentrale vertreten sei, wurde die Kollegin am Telefon hellhörig. Sie sagte natürlich: „Ja". Obwohl dieser brisante Termin, Bürgerrechtler verlangten erstmals Zutritt zum Hauptquartier des umbenannten DDR-Geheimdienstes, bis zu dieser Minute in unserem Haus nicht bekannt war. Wir hatten damals kurz nach dem Mauerfall ein recht kollegiales Verhältnis zur Deutschen Presse-Agentur. Ihre beiden DDR-Korrespondenten wurden kurze Zeit später sogar Untermieter bei uns an der Mollstraße.

Da ich gerade im Großraum am Spitzentisch neben ihr stand, bat sie mich, dorthin zu fahren und darüber ausführlich zu berichten. Für mich war sofort klar: Ein richtig toller Auftrag, mit anderen Presseleuten erstmalig das bis dato geheimnisvolle und berüchtigte Hauptquartier des Mielke-Imperiums von innen in Augenschein zu nehmen. Was man bisher nur so vom Hörensagen kannte („Scharf bewacht!", „Strenge Kontrollen!"), sollte ich nun aus eigener Anschauung erleben. Das Reporterherz schlug gleich höher.

Gut eine Stunde später war ich vor Ort. Direkt vor dem Riesengebäude des Ministeriums stand auf dem Parkplatz an der Ruschestrasse eine Menschentraube. Hier hatten sich sechs Bürgerrechtler, darunter eine Frau von der Telefonseelsorge der Evangelischen Kirche, die ich später interviewt habe, eingefunden. Um diese Personen herum waren etwa 20 bis 30 Medienvertreter versammelt. Unter ihnen mehrere Kamerateams.

Nachdem ich als Selbstfahrer den Dienst-„Wartburg" auf dem lang gezogenen Parkplatz vor dem Ministerium abgestellt hatte, der gewöhnlich für Bürger ohne „Draht" zu dieser Behörde laut Parkordnung verboten war, gesellte ich mich zu den Versammelten. Hier diskutierten die

Journalisten eifrig, was man denn alles bei dieser Gelegenheit in der Stasi-Zentrale beobachten und kontrollieren könnte. Spekuliert wurde schon mit mancher Sensation aus dem Sitz des Geheimdienstes. Dieser sollte nun erstmals für kritische DDR-Bürger und Journalisten an ihrer Seite für einen Rundgang offen sein.

Der Hauptgedanke: Hier mit eigenen Augen zu sehen, ob zu diesem Zeitpunkt von den Mitarbeitern Akten vernichtet werden. Das hatte man in der Öffentlichkeit vermutet. Anlieger in den Häusern der Nachbarschaft bemerkten, dass nachts hinter vielen beleuchteten Fenstern gearbeitet wurde. „Wir befürchteten, dass hier Akten in großem Stil vernichtet werden", berichtete 20 Jahre später Ronald Lässig, einer der beteiligten Bürgerrechtler. Ihm war mit einigen weiteren Personen am Vorabend auf einer Veranstaltung in Berlin der Zutritt als Zeichen der „Offenheit" des umbenannten DDR-Geheimdienstes zugesagt worden.

Das Amt, das am 17. November 1989 von der Volkskammer als Nachfolgeeinrichtung des MfS gebildet und wie die Vorgänger-Behörde in großen Teilen der Bevölkerung abgelehnt wurde, musste sich nun dem Druck von außen beugen.

Vorbild für dieses Engagement kritischer Ost-Berliner Einwohner waren die Aktivitäten mutiger Bürger in Erfurt und Leipzig. Sie hatten in ihren Städten am Domplatz beziehungsweise drei Tage zuvor am Dittrich-Ring in der „Runden Ecke" (so nannte der Volksmund diese berüchtigte Einrichtung) die ehemaligen MfS-Bezirksverwaltungen kontrolliert und besetzt. Kurz zuvor erhielten die Eingänge das Schild „Amt für Nationale Sicherheit".

Auch in anderen Bezirks- und Kreisstädten hatten sich die Stasi-Verwaltungen umbenannt. Mit diesem Trick wollten deren Mitarbeiter dem Zorn und teilweise auch dem Hass unter der Bevölkerung auf die unwürdigen Praktiken des Geheimdienstes entgehen. Den wachsamen Bürgern ging es darum, zu verhindern, dass in den von der Außenwelt abgeschotteten Räumen brisante Unterlagen und Akten beseitigt wurden. Was dann auch mit der dauerhaften Besetzung dieser Einrichtungen weitgehend gelang.

In Erfurt fanden Kollegen von mir, die mit neugierigen „Eindringlingen" vor Ort waren, einen Ordner mit der Aufschrift „ADN-Bezirksredaktion" – allerdings ohne Inhalt. Da hatte schon die alte Stasi-Seilschaft ihr Werk getan und die Akten vernichtet. Natürlich hätten meine Kollegen zu gern gewusst, was so alles der Firma „Horch & Guck" aus ihren Redaktionsräumen zugetragen worden war.

Eine ähnliche Kontrolle sollte nun an diesem Donnerstag hier in Berlin erfolgen. Die Bürgerrechtler mit viel Zivilcourage warteten, umringt von dem großen Journalistenaufgebot, auf Einlass in das Heiligtum der Nasi/Stasi.

Plötzlich erschienen zwei Presseoffiziere des Ministeriums. Beide in Zivil. Sie teilten mit, dass die am Vorabend vereinbarte Besichtigung verschiedener Hauptabteilungen stattfindet. Die Westpresse sei aber hier nicht zugelassen, sagten sie. Dagegen dürften die Vertreter der DDR-Medien den Gebäudekomplex gemeinsam mit den Bürgerrechtlern betreten. Und das waren an diesem Morgen eine Journalistin von der Ost-Berliner „BZ am Abend" aus dem Berliner Verlag, ein dreiköpfiges Fernsehteam von Elf 99 und ich als ADN-Reporter. Dazu kam noch ein Militärstaatsanwalt.

Als dann gar nicht so weit von dem Journalisten-Pulk auf dem Parkplatz ein kleiner Herr aus einem „Wartburg" ausstieg, dessen Gesicht man aus dieser Entfernung unter seiner Kopfbedeckung nur schlecht erkennen konnte, hörte ich, wie einer der beiden Stasi-Presseoffiziere seinem Kollegen zuflüsterte: „Guillaume". Dieser Offizier lief dann recht unauffällig zu dem Ankömmling, als wäre der ein Falschparker vor der Stasi-Zentrale, und sprach kurz mit ihm. Worauf sich Günter Guillaume wieder in sein Auto setzte und schnell vom Parkplatz fuhr. Nun hatte ich zum ersten Mal den „berühmten" Meisterspion gesehen, der 1974 im Bundeskanzleramt enttarnt und später wegen Landesverrats zu 13 Jahren Gefängnis verurteilt worden war.

Was wäre das für eine Sensation gewesen, wenn die hier versammelten Journalisten den Ex-Spion vor die Kameras bekommen und ihn mit tausend Fragen zu seinem neuen alten Leben in der DDR bestürmt hätten? Nach einem Agentenaustausch 1981 war der zum Oberst beförderte Guillaume, wie man später erfuhr, ein sehr beschäftigter Ausbilder von DDR-Spionen in der Stasi-Zentrale geworden. Er berichtete hier regelmäßig dem Agenten-Nachwuchs über seine Tätigkeit im „Operationsgebiet Bundesrepublik". So hieß das im Stasi-Deutsch Ost. Er war auch laut ostdeutscher Presse kein Agent, wie West-Kollegen in solch einer Mission, sondern nur ein „Kundschafter des Friedens".

Dass die Kollegen der Westmedien, auch von der dpa, nun sehr über das Eintrittsverbot enttäuscht und verärgert waren, muss ich hier nicht beschreiben. Man diskutierte noch einige Zeit mit den Offizieren. Aber es nutzte nichts: Für die Westpresse blieb an diesem Tag das Nasi/Stasi-Hauptquartier in der berüchtigten Normannenstraße verschlossen.

Dann führte man uns wie bei einer Betriebsbesichtigung zuerst in den großen Innenhof des Ministeriums. Dieser erschien mit seiner hohen Bebauung ringsherum dem neugierigen Besucher wie eine Festung. Man hätte auch sagen können: Mielke-Festung. Hier standen nicht nur viele PKW der auf den ostdeutschen Straßen üblichen Marken und Modelle wie Wartburg, Lada, Trabant und Moskwitsch. Auch einige Personenkraftwagen westlicher Produktion besaßen das übliche IA-Nummerschild Ost-Berlins.

Wenn ich das recht in Erinnerung habe, parkte gelegentlich ein solcher italienischer Mittelklasse-Fiat, Modell Mirafiori 131, aus diesem Ministerium vor dem ADN-Gebäude in der Mollstraße. Ein Bote brachte dann eine Pressemeldung direkt zum Diensthabenden Generaldirektor in die 1. Etage unserer Zentrale. Das „zuständige Organ" vermeldete wahrscheinlich wieder einmal eine Festnahme entlang der Autobahn. Andere Ministerien schickten dagegen ihre Pressemeldungen zum Chef von Dienst der Fachabteilung oder zum Nachrichtenchef im Großraum in der 2. Etage.

Ein Taxi und ein Sanitätswagen vom Deutschen Roten Kreuz gehörten ebenfalls zum Fuhrpark des Ministeriums. Einen Barkas-Gefangenentransporter, der hier parkte, hatte ich schon wiederholt in der Keibelstraße hinter dem VP-Präsidium am Alexanderplatz gesehen. Wie man sah: Auch der Fuhrpark der Behörde war auf alle Eventualitäten vorbereitet.

Ansonsten begegneten uns immer wieder Ministeriumsmitarbeiter, Damen und Herren, vom Friseur gepflegt und exquisit gekleidet. Jeder gelernte DDR-Bürger wusste ja, dass die Mitarbeiter des MfS zu den Spitzenverdienern des Landes gehörten und so für ihre Treue zum Staat reichlich entlohnt wurden.

Vor allem fielen die Generale und Oberste außer Dienst auf, wenn sie als rüstige Rentner in den zivilen SED-Wohnparteiorganisationen außerhalb der Stasi-Seilschaften ihre hohen Einkünfte offenlegen mussten. Dafür hatten sie einen entsprechend hohen Parteibeitrag zu entrichten und auf der gemeinsamen Beitragsliste aller Parteimitglieder zu quittieren. Da gab es ernsthafte Konflikte in der Partei der Arbeiterklasse mit ehemaligen Produktionsarbeitern und Angestellten. Diese Männer und Frauen konnten nach einem arbeitsreichen Leben von solchen Renten der immer fein gekleideten Stasi-Pensionäre nur träumen. Das erzählte mir in Pankow eine Bekannte, die in diesem Wohngebiet für die monatliche Beitragskassierung zuständig war.

Jedenfalls waren an diesem Tag, wie wir sahen, noch sehr viele Beschäftigte auf den Beinen, obwohl doch in einigen Bezirksverwaltungen die Bürgerrechtler mit ihrer Kontrollfunktion die bislang meist konspirative Arbeit des Sicherheitsapparates schon weitgehend verhindern konnten.

Die erste Station war der Ort, wo gewöhnlich geschreddertes Papier zu einem unansehlichen Brei verarbeitet wurde. Der Untergrund dieser Anlage war zwar noch warm, wie man sofort merkte, aber während unseres Aufenthalts nicht in Betrieb. Sicher wurden hier noch kurz zuvor zerrissene Einsatzpapiere oder Spitzelberichte zermahlen.

Dann ein Besuch im Büro des Ministers. Seine Vorzimmerdame trug noch die Stasi-Uniform. Dienstgrad: Leutnant. Auf ihrem Schreibplatz stand eine IBM-Schreibmaschine mit Kugelkopf. Statt der robusten Optima-Schreibmaschine aus der Volkseigenen Industrie, auf der jeder Volkspolizist seine Protokolle über Verkehrsunfälle und Einbrüche eintippen musste, bevorzugte der „Genosse Minister", der sonst jeden Kontakt von DDR-Bürgern zur westlichen Welt gestört hat oder bekämpfen ließ, ein Spitzenprodukt von drüben.

Sein Kalender auf dem Schreibtisch mit den etwa fünf Telefonapparaten stammte gleichfalls aus dem Westen. Das sah ich zufällig an den eingetragenen Schulferien der Bundesländer. Das Mobiliar in diesem Raum: Ein langer Holztisch mit Stühlen, noch aus den 1950er Jahren, bildete den Mittelpunkt des recht großen Dienstzimmers. Auch ein Genosse Mielke, Parteimitglied seit 1925, gab sich im Dienst nach außen bescheiden, obwohl er doch wie die anderen Politbüro-Mitglieder und ihre Familien in der völlig abgeschotteten Waldsiedlung Wandlitz nur mit Lebensmitteln und Konsumgütern aus dem Westen versorgt wurde.

Bei den Valuta-Importen aus kapitalistischen Ländern (1988: 7,0 und 1989 bis zum 10. November 8,2 Millionen Valuta-Mark) für das dortige Sondergeschäft, in dem 260 von Honecker und Mielke bestätigte Personen einkaufen durften, „handelte es sich um Frischobst, Gemüse, Lebens- und Genussmittel, Textilien, Waren der Haushaltschemie, Kosmetikprodukte, Schmuck, Uhren, technische Konsumgüter. Nach Katalogen konnten die Kunden zahlreiche weitere Industriewaren bestellen, die umgehend beschafft wurden." So der Historiker Professor Volker Klemm in seinem Bericht „Korruptions- und Amtsmissbrauch in der DDR" (Berlin, 1991, S. 73) über die Anhörungen von Beschuldigten und Zeugen im gleichnamigen Volkskammer-Untersuchungsausschuss.

Auch ich war wie andere DDR-Journalisten Zeuge bei der Anhörung mehrerer Mitglieder des SED-Politbüros vor diesem Gremium. Mein Eindruck: Einfach skrupellos, wie die bestbezahlten Spitzenfunktionäre materielle und soziale Privilegien oft in großem Stil in Anspruch nahmen, hochwertige West-Artikel vom Farbfernseher bis zum Goldschmuck preiswert einheimsten. Auch ihre Wochenendgrundstücke, Wochenend- und Jagdhäuser, vom Staat finanziert und mit ebenfalls großen finanziellen Aufwendungen für Personal und Energie unterhalten, waren meist wie luxuriöse Villen eingerichtet. Solche Obergenossen predigten öffentlich Wasser und tranken heimlich mundigen Wein. Natürlich nicht aus ostdeutschen Landen wie Saale-Unstrut oder Sachsen, sondern aus westdeutschen Weingütern.

Zurück zu Mielkes Dienstzimmer. Auf einem Schrank an der Seite des Raumes thronte sein revolutionäres Vorbild Feliks Edmundowitsch Dzierzynski aus dem Lande Lenins. Das war der erste Vorsitzende des berüchtigten sowjetischen Geheimdienstes Tscheka. Man erblickte dessen Gesicht auf einem Wandteppich sowie seinen Kopf als Büste. Damit sollte wohl jeder Besucher und Unterstellte gleich sehen, nach wessen Pfeife der oberste Dienstherr der DDR-Staatssicherheit zu tanzen gedenkt. Daneben lagen weitere Ehrengeschenke aus „Bruderländern“. Auch diese hütete der Minister wie ein Heiligtum.

Als dann die Bürgerrechtler mehrere Kartons mit Fotos fanden, die hier im Laufe der Jahre gesammelt worden waren, staunten sie: Da sah man Honecker, Stoph, Mielke & Co. in der winterlichen Dienstuniformjacke der NVA auf der Jagd. Wahrscheinlich war das eine der alljährlichen Diplomatenjagden im Bezirk Erfurt.

Vor allem das Abschlussbild einer solchen Treibjagd empörte die Betrachter: Da lagen hunderte Hasen, in einem großen Kreis gestapelt, als Beute vor diesen Herrschaften, die sich auf den Bildern wie einst deutsche Großwildjäger in Afrika stolz mit ihren Jagdgewehren präsentierten. Das sollte wohl der Nachwelt zeigen, was für erfolgreiche Jagdgenossen an der Spitze des deutschen Arbeiter-und-Bauern-Staates ihren Dienst versahen. Was man nicht sah, waren die vielen Jagdhelfer aus umliegenden Dörfern, die, an diesem Tag von ihrer eigentlichen Arbeit freigestellt, stundenlang den Herrschaften das Trophäensammeln leicht gemacht hatten.

Es folgte die Besichtigung eines kleinen Nebenraumes mit Waschgelegenheit, direkt am Mielke-Büro. Hier stand neben einem Sofa ein Panzerschrank mit den kompletten Kaderakten des Generalsekretärs des SED-Zentralkomitees und Vorsitzenden des Staatsrates, Erich Honecker. Nachdem diese entdeckt worden waren, musste der Militärstaatsanwalt nach dem Willen der anwesenden Bürger umgehend handeln. Der Schrank wurde versiegelt. Auch andere Schränke erhielten an diesem Tag nach entsprechenden Hinweisen der Bürgerrechtler vom Militärstaatsanwalt ein Siegel. Was dann später daraus geworden ist, weiß ich leider nicht.

Für mich stellte sich spätestens hier vor Ort die Frage: Hatte der Stasi-Chef mit diesen Personalakten Honeckers aus dessen Vergangenheit als Jungkommunist, später FDJ-Vorsitzender und dann Sicherheitschef im Politbüro der SED den nun Obersten Befehlshaber aller Waffenträger in der DDR in seiner Hand? Oder gab es im handgeschriebenen Lebenslauf Honeckers gar Stellen, in denen er seine Zuchthausjahre in Brandenburg als politischer Häftling geschönt haben soll, was niemand lesen durfte? Diese Vermutung äußerten in den ersten Honecker-Jahren an der Spitze der DDR einige Kenner dieser Materie, so ehemalige Mithäftlinge aus dem Zuchthaus Brandenburg, wenn sie sich in kleiner Runde trafen.

Vielleicht war diese Mitwisserschaft Mielkes über die Personalie Honecker auch der Grund, warum der „große Erich", gemeint Honecker, den „kleinen Erich", alias Mielke, 1971 ins Politbüro des ZK der SED holte und ihn 1980 zum Armeegeneral beförderte. Im Strausberger Verteidigungsministerium, sagte man mir später, soll sich so mancher Stabsoffizier über diese Beförderung des Stasi-Ministers lustig gemacht haben, weil der gelernte Speditionskaufmann (ohne Abitur) nie eine Militärakademie von außen, geschweige denn von innen gesehen hatte.

Erst nach der Wende erfuhr die Öffentlichkeit den wahren Grund: Der Stasi-Chef befehligte in seiner Bürgerkriegsarmee gut und gerne etwa 100 000 Mann, alles Waffenträger. Und was die Qualifizierung der engsten Vertrauten Mielkes betraf: Auch ein Bürochef, ein Generalmajor mit 8-Klassen-Schulabschluss, war immer unentbehrlich, wenn es um Lehrgänge zur Bildung und Weiterbildung ging.

Ungewöhnlich war schon, dass der Sicherheitsminister persönlich über die Personalien seines obersten Parteichefs wachte. Denn die Kaderakten solch hoher Funktionsträger, eigentlich aller Obergenossen der DDR, lagerten im Haus des SED-Zentralkomitees am Werderschen Markt, dem früheren Gebäude der Reichsbank. Deren riesige Tresor- und Sicherheitsräume in den drei Tiefgeschossen dienten zu allen Zeiten als eine sichere Aufbewahrungsstätte für Interna dieser und ähnlicher Art. Das wussten doch alle Mitarbeiter der Abteilung Kader des Zentralkomitees.

Interessant war noch, dass man in das Ministerbüro ebenso über eine kleine Außentreppe gelangen konnte. Somit bemerkte selbst im Vorzimmer niemand etwas von solchen Besuchen. Sicher war das der Zugang für irgendwelche Agenten aus dem Ausland oder für die Zuträger aus dem eigenen Haus. Denn das war typisch Mielke: Immer wachsam! So beschrieb ihn einmal sein ehemaliger Stellvertreter Generaloberst Markus

Wolf in einer Fernsehsendung nach der Wende. Auch gegenüber seiner Ehefrau soll er nie ein Sterbenswörtchen über seinen Dienst verloren haben, beklagte sich diese gegenüber ihrer Haushälterin, die das nach der Wende den neuen Mitbewohnern in Wandlitz erzählte.

Noch nicht einmal dem obersten Kassenwart der MfS-Kriegskasse mit vielen Millionen Valuta-Mark, nämlich dem Chef Kommerzielle Koordinierung (KoKo), Oberst Alexander Schalck-Golodkowski, hat er über den Weg getraut. Deshalb wurde auch dessen Wohnung abgehört. Als „Doktorvater" an der Stasi-Hochschule bei Potsdam äußerte sich Minister Mielke, der nie einen akademischen Grad besaß, wohlwollend über Schalcks Künste der Devisenbeschaffung aus dem innerdeutschen Handel.

Dann führte man uns in einem anderen Gebäude in einen riesigen Raum, den Karteibereich. Hier sahen wir aus sicherer Entfernung ein großes Karteikartenverzeichnis in drehbaren Schrankreihen, in dem wohl alle DDR-Bürger, besonders die Dissidenten und Kritiker des Systems, erfasst waren. Sicher auch die Ex-Bewohner der DDR, die im Laufe der Jahre ihre Heimat verlassen hatten oder verlassen mussten.

Das konnte man der Antwort eines dieser Mitarbeiter entnehmen, als ihn ein Bürgerrechtler nach einem Bekannten fragte, der inzwischen Bürger der Bundesrepublik geworden war. Auch andernorts machten uns an diesem Dezember-Tag Stasi-Leute in diesem Ministerium deutlich, dass sie seit Monaten „in hoher Einsatzbereitschaft" ihre Aufgaben erfüllen mussten – natürlich zum „Wohl und Wehe" der DDR und ihrer Bürger. Ganz sicher lief in diesem Haus Anfang Dezember 1989 das große Aufräumen schon auf vollen Touren.

Zum Abschluss besichtigten wir mit den Bürgerrechtlern noch das benachbarte Stasi-Untersuchungsgefängnis. Schon als sich hinter uns die beiden Eingangstüren schlossen, hatte ich ein seltsames Gefühl: Wohl wissend, dass wir diese Einrichtung in ein, zwei Stunden wieder verlassen werden, dachte ich aber an die Menschen, die hier wochen- oder monatelang inhaftiert wurden. Man nannte uns als Beispiel ausländische Bürger, die versucht hatten, DDR-Bewohner ins westliche Ausland zu schleusen und dabei ertappt worden waren. Hier in diesem Haus trafen sie auch mit Vertretern von Botschaften zusammen, teilte man uns mit.

Der Leiter und sein Stellvertreter, dessen gebrochenes Nasenbein auf einen ehemaligen Boxer einer höheren Gewichtsklasse aus der Sportvereinigung Dynamo Berlin schließen ließ, waren überhaupt nicht Vertrauen erweckend. Auch der Zustand der Zellen und Treppen des Mehrgeschossers erschütterten mein Inneres. Da gab es, quer durch das ganze Gebäude, ein Signalsystem, was an jedem Ort (selbst auf den Treppen) von einem der Gefängniswärter mit leichter Handbewegung ausgelöst werden konnte. „Bitte, nicht berühren", sagte man uns unter Hinweis auf den dünnen Draht an den Wänden, der im Notfall Alarm in der Zentrale auslösen und sofort alle Türen schließen sollte.

Nachdem wir das Gebäude verlassen hatten, das war am frühen Nachmittag, musste ich erst einmal kräftig durchatmen. Die Bürgerrechtler und wir Journalisten hatten nun mehrere Stunden lang erlebt, was für eine Krake sich hinter dem neuen AfNS und früheren MfS verbarg. Hier agierte ein menschenverachtendes System, das keiner parlamentarischen Kontrolle unterlag. Das bestätigte mir abschließend auch die Vertreterin von der Bürgerbewegung „Demokratie Jetzt" in dieser Runde. Sie traf ich übrigens hier wieder: Einen Monat später nach dem Sturm auf die Stasi-Zentrale am 15. Januar zur mitternächtlichen Pressekonferenz mit einem General dieser Gilde.

Als ich kurz darauf in der Redaktion meinen Bericht schrieb, war ich innerlich noch völlig eingenommen und erschüttert von diesem ungewöhnlichen Rundgang. Ich hatte eine der schlimmsten Einrichtungen der DDR-Diktatur von innen gesehen und erlebt, die in all den Jahren des Arbeiter-und-Bauern-Staates unzählige Menschen drangsaliert und auf dem Gewissen hatte.

Es war ein Tag, der mich heute noch tief bewegt. Zumal ich inzwischen noch viel mehr über solche Schicksale meist Andersdenkender erfahren habe, wofür diese Herren aus der Mielke-Festung eine besondere Verantwortung trugen. Mit ihren Schredderaktionen seit Anfang Dezember 1989 sollten möglichst viele Spuren beseitigt werden. Was ihnen aber nicht gelang, auch dank des Engagements von vielen aufrechten und mutigen Bürgern der DDR.

Und wie der Zufall so spielt: Am selben Tag, also am 7. Dezember 1989, kam Mielke, der schon im November mit der gesamten DDR-Regierung zurückgetreten war, unter dem Vorwurf der „Schädigung der Volkswirtschaft" in Untersuchungshaft. Später wurde „Pistolen-Erich", wie ihn einst seine KPD-Genossen nannten, wegen des 1931 verübten Doppelmords vom Landgericht Berlin zu sechs Jahren Freiheitsstrafe verurteilt.

Stab der Zivilverteidigung der DDR

Die Zivilverteidigung (ZV) gehörte zum ausgeklügelten System der Landesverteidigung der DDR. Ihr Zentraler Leitungsstab hatte in der Ost-Berliner Mauerstraße seinen Sitz. Er war zuständig für etwa 500 000 ehrenamtlich tätige Männer und Frauen. Sie hatten sich vorher unter der Regie des Innenministeriums als Helfer für den Luftschutz betätigt.

Sein Leiter, ein Generalleutnant, der zuvor Stabschef der Landstreitkräfte war, unterstand direkt dem Verteidigungsminister. Daher nahm der ZV-Chef an allen Sitzungen des Kollegiums des Ministeriums für Nationale Verteidigung in Strausberg teil. So wurde diese Organisation eng in das landesweite System zur Überführung der gesamten Volkswirtschaft „vom Frieden in den Verteidigungszustand" eingebunden. So hieß das in den Einsatzdokumenten.

Als Otto Normalverbraucher musste man schon zweimal hinsehen, um die wenigen uniformierten und hauptamtlichen ZV-Offiziere, die ursprünglich der NVA oder der Deutschen Volkspolizei angehört hatten, von einem Oberst oder Oberstleutnant der Armee zu unterscheiden. Besonders das Ärmelband mit der Aufschrift „Zivilverteidigung" und die andersfarbigen Militäreffekten machten das möglich.

Aus ihren Händen stammten die Pläne, die für den Schutz der Bevölkerung und für die Aufrechterhaltung der Produktion in den Volkseigenen Betrieben im Ernstfall vorgesehen waren. Es ging dabei auch um Bunker und andere Schutzbauten im großen Stil.

So wurden in der Nähe vieler Kreiskrankenhäuser neue Einkaufszentren errichtet, deren Keller nur für die stationäre Behandlung von Geschädigten bei Katastrophen und im Kriegsfall, besonders beim Einsatz von Massenvernichtungswaffen, vorgesehen waren. Ihre Ausstattung entsprach dem üblichen Know-how in der DDR. Die Mittel dafür fehlten aber dann bei der Modernisierung manch maroder sozialer Einrichtung.

Auch für die Vorsorge der „Standhaftigkeit" der Volkswirtschaft und ihrer Verwaltung trugen diese Herren und eine Frau Oberst (in der Politischen Verwaltung) die Verantwortung. An der Basis existierten in jedem größeren Betrieb „Kollektive der Zivilverteidigung". Sie wurden laut Verteidigungsministerium auf das „Zusammenwirken mit den territorialen Führungsorganen und den bewaffnen Kräften" auf Bezirks- und Kreisebene vorbereitet. Dabei lautete die Devise: „Schützen und Helfen". Alljährliche Leistungsvergleiche sollten den Nachweis für den jeweiligen Ausbildungsstand bringen.

Gemeinsam mit den Angehörigen der rund 7 000 Freiwilligen Feuerwehren und des Deutschen Roten Kreuzes der DDR übten diese Kräftegruppen vor allem die Bergung und Rettung von Geschädigten. In der Dienstsprache hieß das: „Massenanfall von Verletzten und Toten". Auch die Instandsetzung zerstörter Einrichtungen nach möglichen Waffeneinwirkungen stand ständig auf den einheitlichen Ausbildungsprogrammen für die gesamte Republik.

Dass dabei auch die ABC-Aufklärung mit Entgiftungspunkten aktiv wurde, zeigte, wie umfassend das ganze Unternehmen auf die Landesverteidigung und nicht nur auf den Luftschutz wie früher ausgerichtet war. Die Zivilverteidigung sollte also die Menschen zwischen Kap Arkona und Fichtelberg vor atomaren, biologischen und chemischen Kampfmitteln oder Kampfstoffen schützen. Wie man nach der Wende erfuhr, geschah diese Militarisierung des gesamten zivilen Bevölkerungsschutzes auf ausdrücklichen Weisungen aus Moskau. Diese kamen vom Oberkommando der Warschauer Vertragsstaaten in Vorbereitung auf einen möglichen Kriegsschauplatz mitten in Deutschland.

Die Zivilverteidigungstruppen Ost-Berlins nutzten dafür ständig ihren Übungsplatz in Buch. Hier hatte man aus schadhaften Platten von Wohnsiedlungen einzelne Häuser aufgebaut. Damit konnten realitätsnah, mit und ohne Leitern, Menschen aus Trümmern geborgen werden.

Regelmäßig fanden sich meist an Wochenenden Einsatztrupps in ihrer Freizeit zu Leistungsvergleichen ein. Damit das alles von den ZV-Angehörigen ernst genommen werden sollte, erhielten die Sieger Urkunden und Pokale. Wie überhaupt die Angehörigen solcher ZV-Formationen in ihren Betrieben und Einrichtungen, ähnlich wie bei den Kampfgruppen, als Anerkennung für ihre ehrenamtliche Tätigkeit bei der Vergabe von Ferienplätzen oder Wohnungen besonders berücksichtigt wurden. Das war wohl der einzige Trost für dieses Tun, für das es glücklicherweise keine Stunde der Wahrheit gab.

Kampfgruppen: Waffenträger mit Parteiauftrag

Alle Ost-Berliner Großbetriebe vom Kabelwerk Oberspree (KWO) bis zum VEB Elektrokohle in Lichtenberg verfügten über selbständige Kampfgruppeneinheiten. Letztere war wiederholt Wettbewerbsinitiator für die rund 2 000 Bataillone dieser Art in der DDR. Über solche militärischen Einheiten verfügten auch alle Institutionen wie Ministerien und Verlage im Zentrum.

Die ersten Formationen waren nach dem 17. Juni 1953 gebildet worden. Damals hatten in Berlin, zuerst in der Stalinallee, Arbeiter gegen die Erhöhung der Arbeitsnormen und die allgemein schlechten sozialen Bedingungen demonstriert. Der Arbeiteraufstand, dem sich in vielen Orten der DDR unzufriedene Werktätige anschlossen, wurde von sowjetischen Panzern niedergeschlagen. Ältere Journalistenkollegen erzählten mir, wie brutal das damals zuging, unweit vom damaligen Sitz der Nachrichtenagentur ADN in der Mittelstraße.

In den Reihen dieser mit einer Miliz zu vergleichenden Organisation dienten nur ehrenamtliche Kämpfer. Sie gehörten in manchen Fällen auch den Reservistenkollektiven ihrer Betriebe an, hatten also schon in der Armee gedient.

Bei den Arbeiterwehren dominierte aber nicht die übliche Hierarchie vom staatlichen Leiter bis zum einfachen Mitarbeiter oder Kollegen. Kommandeur eines Bataillons, Zug- oder Gruppenführer wurde der, der dazu am besten geeignet war. Natürlich feste politische Überzeugung, militärische Kenntnisse, klare Sprache als Voraussetzung.

Am Anfang wurden nur Mitglieder und Kandidaten der SED mit einem Parteiauftrag ihrer Grundorganisation Waffenträger in diesen Reihen. Vor einem solchen „Befehl“ konnte sich der Betroffene, dem der Gebrauch von Waffen seinem Innersten widersprach, nur mit einem guten ärztlichen Attest drücken. Später gehörten auch einzelne parteilose Kollegen mit einem klaren politischen Bekenntnis zur DDR diesen Formationen an.

All den Kämpfern wurde das Mitwirken mit einem Zuschlag für die Altersrente von 100 Mark nach 25-jähriger Zugehörigkeit schmackhaft gemacht. Mit der regelmäßigen Ausbildung an der Waffe waren sie auch automatisch von weiteren gesellschaftlichen Verpflichtungen und Funktionen befreit.

An einem Wochenende im Monat rückte das Kampfgruppenbataillon auf einem LKW des Betriebes oder der Volkspolizei geschlossen aus. Geübt wurde in freier Natur. In der Regel fand die praktische Ausbildung auf dem Gelände des Ferienobjektes des eigenen Betriebes rund um Berlin statt. Hin und wieder kam der eigene Parteisekretär vorbei, um sich über Stimmungen und Meinungen in dieser Truppe zu informieren. Und das dann in der Regel an die Kreis- oder Bezirksleitung der SED zu melden. Mit seiner Anwesenheit vor Ort sollte auch die enge Verbundenheit zwischen der Partei und ihrem bewaffneten Organ immer wieder in Erinnerung gebracht werden.

Als Bewaffnung standen den Kampfgruppenbataillonen leichte und schwere Waffen zur Verfügung. Diese stammten, weil überaltert, aber noch immer einsatzbereit, aus den Beständen der Nationalen Volksarmee. Ob das nun die Maschinenpistole MPi-41 oder das Maschinengewehr PK-T, Flugabwehrkanonen vom Modell 1939 oder der Schützenpanzerwagen 152W, Granatwerfer oder selbstfahrende Panzerabwehrkanonen waren – das alles hatte zuvor die Kasernierte Volkspolizei (KVP), Vorläufer der

Volksarmee, und manches sogar die Sowjetarmee genutzt. Das Kriegsgerät funktionierte noch und befand sich meist in den Waffenarsenalen der Deutschen Volkspolizei. Manche Großbetriebe besaßen eigene Waffenkammern, die besonders gesichert waren.

Die oberste Zuständigkeit, vor allem politisch, für die Kampfgruppen der Arbeiterklasse lag in den Händen der Abteilung für Sicherheitsfragen des SED-Zentralkomitees. Diese gab dann auch in all den Jahren die ideologische Marschrichtung vor: Schutz vor „Saboteuren" und der „Konterrevolution". Das Ministerium des Innern, ebenfalls in Berlin-Mitte angesiedelt, führte über eine Hauptabteilung die fachliche Aufsicht. Vor allem über die Ausbildung und Bewaffnung. Nach Ende eines Ausbildungsjahres landeten hier alle Protokolle aus den Einheiten mit den Ergebnissen vom Tag- und Nachtschießen oder mit den Zeiten der Geländemärsche.

Zur weiteren Qualifizierung der Kommandeure fanden regelmäßig Lehrgänge in der Zentralschule für Kampfgruppen in Schmerwitz im Südwesten von Berlin statt. Insgesamt verfügte die DDR landesweit über ein „Freiwilligen-Heer" von mehr als 200 000 Kämpfern. Sie und ihre Einheiten waren am „Tag X" für Kampf- und Sicherungsaufgaben vorgesehen. Aber auch bei mancher Havarie im Werk mussten die Kämpfer, die zu jeder Zeit über ein internes Alarmierungssystem im Betrieb oder zu Hause zu erreichen waren, mit zupacken. So lustig das heute klingen mag: Jeder „Genosse Kämpfer" bekam schon recht bald einen Telefonanschluss in seiner Wohnung installiert und musste nicht wie andere Bürger gut zehn Jahre darauf warten.

In ihren Reihen dienten auch zahlreiche Frauen. Vor allem als Sanitäter und am Funkgerät. Oder sie mussten sich an der Gulaschkanone um das Essen kümmern. Auch in diesen Formationen galt die alte Bauern-Regel: "Wie die Verpflegung, so die Bewegung."

Ursprünglich mit einem blauen Schlosseranzug ausgerüstet, trugen die Kampfgruppenangehörigen schon bald eine spezielle einheitliche Kleidung, aber keine Uniform. Der Stahlhelm vom Modell 56 war im Auftrag des Heeresamtes der Wehrmacht als Versuchsmodell in Thale/Harz gefertigt worden. Nach dem Krieg gehörte dieser Eisenhut zur Ausrüstung der KVP- und NVA-Bestände.

Einen volkstümlichen Charakter hatten die militärischen Spartakiaden der Kampfgruppen. Die erste Bestenermittlung dieser Art fand 1959 in Berlin-Köpenick statt. Was hier recht locker vor der Öffentlichkeit über die Bühne ging, nahmen die Getreuen Mielkes dagegen sehr ernst: Man überwachte die ehrenamtlichen Kampfgruppen-Mitglieder, weil sie gelegentlich Waffenträger waren, ebenso wie die Armeeangehörigen oder Volkspolizisten. Die Stasi-Schnüffler fühlten sich immer der alten sozialistische Kampflosung: „Vertrauen ist gut, Kontrolle ist besser!“ verpflichtet.

Als Schütze A... bei der ADN-Betriebskampfgruppe

Im Sommer 1966 fing ich in der Berliner ADN-Zentrale als Sportredakteur an. Ich konnte das gar nicht erwarten und nahm schon gleich nach Abschluss meines Studiums Mitte Juli meine Arbeit auf, obwohl doch die Ferien bis Ende August gedauert hätten. Es gab wohl keinen glücklicheren Menschen in diesem Altbau in der Mittelstraße als mich. Das Gebäude war einst eine Bankfiliale und ist heute ein hochmodernes Redaktionsgebäude einer großen deutschen Zeitung.

Mein erster Berichterstattungstermin waren die DDR-Meisterschaften der Leichtathletik im Ernst-Abbe-Stadion von Jena: Mit Vorschau, aktueller Berichterstattung und Nachbetrachtung. Alles gut gelaufen, meinten danach meine Kollegen. Ich hatte mich ja schon in den Jahren zuvor bei kleineren und größeren Sportterminen an der Seite von erfahrenen Sportjournalisten des ADN auf diese Tätigkeit (mein Kindheitstraum) vorbereitet: Europameisterschaften im Schwimmen (1962) und im Boxen (1965), deutsche Olympia-Ausscheidungen im Bahnrad-Sport (1964), Weltmeisterschaften im Modernen Fünfkampf (1965) und im Fallschirmspringen (1966). Als ehemaliger Radrennfahrer und DHfK-Sportstudent war ich dabei so richtig in meinem Element.

Trotz all dieser Sporterlebnisse wusste ich aber auch, dass ich als Ungedienter nach dem Studium noch immer zur NVA „gezogen“ werden konnte. Das war ein Armee-Terminus. Den hatte ich irgendwo gehört. Und irgendwie war dieses ungute Gefühl ständig im Hinterkopf – nach Lehre, Abitur, Volontariat und Studium mit „kleinem Geld“ noch einmal anderthalb Jahre wie „Schmalhans“ leben zu müssen. Gehofft habe ich natürlich wie viele andere Leidensgenossen dieser Art, dass mich der „VEB Landesverteidigung“, so eine inoffizielle Bezeichnung rund um das Armeewesen im Staat der Arbeiter und Bauern, vor allem nach meinem Umzug von Leipzig nach Berlin aus den Augen verloren haben möge.

Doch in der kleinen DDR ging wirklich niemand verloren. Man war vom Kindergarten über Schule und Betrieb bis ins hohe Alter immer unter staatlicher Aufsicht oder Betreuung. Erst recht nicht wurden Herren im wehrfähigen Alter übersehen. (Ausnahmen bestätigten auch hier die Regel.) Denn der Schutz der sozialistischen Errungenschaften stand immer und überall im Vordergrund.

Deshalb fragte mich eines Tages ein Chef vom Dienst unserer Sportredaktion vor einem dienstfreien Wochenende, was ich denn am Sonnabend und Sonntag als alleinstehender junger Mann vorhabe. Nichts, antwortete ich und dachte, dass ich wohl in der Redaktion gebraucht werde. Dem war aber nicht so. Meine Antwort war wohl korrekt, aber eben falsch. Was ich nicht bedacht hatte, war, dass dieser etwa zehn Jahre ältere Kollege in der gemeinsamen Betriebskampfgruppe von Berliner Verlag und ADN als Gruppenführer fungierte. Nun lud er mich ohne Umschweife für Sonnabend in der Frühe zur Einkleidung in die Jägerstraße in Berlin-Mitte ein.

Als pflichtbewusster Redakteur bin ich dieser Aufforderung nachgekommen, meldete mich dort pünktlich und erhielt die volle Montur. Nun war ich Schütze A… in diesem Verein. Danach folgte für die gesamte Einheit, die man vom Alter her mit einem Reservistenkollektiv der NVA vergleichen konnte, auf einem LKW H3A die Fahrt zum Ost-Berliner Polizeipräsidium in der Keibelstraße. Hier wurden Maschinenpistolen und leichte Maschinengewehre in Empfang genommen. Anschließend die Fahrt über gut 60 Kilometer zur Ausbildung nach Bad Saarow am Scharmützelsee, eine der schönen Seenlandschaften rund um Berlin. Jahre zuvor hatte ich hier, nach einem gemeinsamen Arbeitseinsatz mit meinen Kommilitonen, in einem Studentenlager am Strand viele schöne Erlebnisse bei Sport und Spiel.

So kam ich zu den Kampfgruppen der Arbeiterklasse. Ich hatte, vielleicht wegen der Unfall- oder Lebensversicherung, nie ein Papier unterschrieben und war eben dabei. Eigentlich verkörperte der junge ADN-Kollege hier unter all den gedienten Reservisten in dieser Truppe wohl den einzigen Ungedienten. Wenn also der Sportredakteur alle vier Wochen wieder einmal einen dienstfreien Sonnabend (damals wurde samstags noch gearbeitet) und Sonntag hatte, verbrachte er nun diese Zeit gemeinsam mit Vertretern anderer Redaktionen aus unserem Haus innerhalb und außerhalb einer Ferienanlage des Berliner Verlages.

Aber hier am Wasser gingen wir nicht gemeinsam baden. Es hieß an diesen zwei Tagen ständig, wie beim Militär üblich, „Rechts - um!“ oder „Links - um!“. Und sehr oft musste sich unsere Gruppe beim Kommando „Flieger von links!“ in den nächsten Straßengraben werfen, die MPi sofort im Anschlag. Es wurde sogar die Verteidigung des Ferienhauses gegen Unbekannt geübt. Dabei gab es weithin hörbare Kommandos vom Redaktionssekretär der „Berliner Zeitung“, der hier als Bataillonskommandeur fungierte. Was er sagte, wurde gemacht. Befehl war eben Befehl!

Der einzige Vorteil für einen Junggesellen wie mich, noch dazu Untermieter, bestand darin, dass ich mich vor solchen Wochenenden der Wehrertüchtigung nicht um meine Verpflegung kümmern musste. Und Erbensuppe aus der Gulaschkanone mit zwei, drei Bockwürsten aus dem Fleischkombinat Eberswalde, Berlins Hauptversorger von Fleisch- und Wurstwaren, schmeckte an der frischen Luft in solcher Geselligkeit bestens. Weil auch die anderen „Genossen Kämpfer" dieses Treiben dienstbeflissen, aber nie todernst nahmen, selbst den üblichen überraschenden „Alarm!" mit anschließendem Marsch in der Nacht vom Sonnabend zu Sonntag, hielt sich bei mir im Inneren das Für und Wider für diese Freizeitbeschäftigung mit viel Bewegung an der frischen Luft die Waage.

Bemerkenswert war nur meine neue Lebenserfahrung: Einige Kollegen, die sonst in der Früh- oder Spätschicht im ADN trotz der üblichen Nachrichtenhektik die Ruhe in Person waren und nun im Freien den Gruppen- oder Zugführer für einen Tag vertreten mussten, erkannte ich wegen ihres zackigen Auftretens in den Stiefeln und ihrer lauten Befehle kaum wieder. So etwas Ähnliches hatte ich doch schon bei Heinrich Mann im „Der Untertan" gelesen und in der Staudte-Verfilmung mit Werner Peters als Dietrich Heßling gesehen. Wie doch große Aufgaben einfache Menschen verändern können.

Bei einem Nachtschießen hatte ich richtig Glück. In meiner MPi 41, laut Erzählungen eine außerordentlich robuste Maschinenpistole mit Trommelmagazin aus dem 2. Weltkrieg und sicher noch aus Beständen der Kasernierten Volkspolizei, verklemmte sich eine Patrone. Beim wiederholten kraftvollen Durchladen der MPi, natürlich aus Unwissenheit und Dummheit, hätte sie eigentlich explodieren müssen. Dann wären mir wohl einige Metallteile um die Ohren geflogen. Bis mir dann unser Fuhrparkleiter, als ehemaliger NVA-Unteroffizier schon ein erfahrener Kämpfer, völlig entsetzt über mein Tun seine Waffe gab und unter Kopfschütteln die Gefahr beseitigte.

Mein Gruppenführer hatte vergessen, mich in die Geheimnisse dieser doch recht einfach zu handhabenden Waffe einzuweisen. Geladen und gesichert, war dieses robuste Modell, das sich bei den Russen unter allen Witterungsverhältnissen im Krieg bewährt hatte, für jeden Schützen und seinen Nebenmann immer eine große Gefahr, wurde ich anschließend belehrt. Einer meiner ehemaligen Klassenkameraden aus der Arnstädter Knabenschule war nach der Lehre bei seinem freiwilligen NVA-Dienst in einer ähnlichen Situation mit einer solchen MPi 41 ums Leben gekommen.

Am Sonntagnachmittag fuhr dann unsere Kampfgruppeneinheit wieder zurück. Zuerst zum VP-Präsidium, wo wir die Waffen reinigen und abgeben mussten. Danach zum Umkleiden wieder in die Jägerstraße. Dieses Wochenendvergnügen erwartete mich nun jeden Monat. So rüsteten sich Journalisten aus dem Berliner Verlag und der staatlichen Nachrichtenagentur für die im „Fall eines Falles“ geplante Rundum-Verteidigung ihrer Einrichtungen in Berlin-Mitte, direkt am Alexanderplatz. Glücklicherweise trat das nie ein.

Regelmäßig belehrten uns die SED-Parteisekretäre beider Medien, es sei eine „Sache der Ehre, die Heimat mit der Waffe in der Hand zu verteidigen“. Und dem durfte man nicht widersprechen. Als mir dann im Herbst 1967 mit 26 1/2 Jahren der Einberufungsbefehl zur NVA per Einschreiben zugestellt wurde, war meine Mission bei den Kampfgruppen beendet. Und dann wehte, was vor allem die zwischenmenschlichen Beziehungen in der Nationalen Volksarmee betraf, ein anderer Wind. Schon bei der ersten Begegnung mit einem Vorgesetzten erhielten wir Neueinberufenen, die von zwei Unteroffizieren seit dem Treff vor dem Wehrkreiskommando am Pankower Markt Punkt vier Uhr in der Frühe betreut wurden, einen kleinen Vorgeschmack. Der schrie uns Wehrpflichtige schon auf einem Bahnhof kurz vor unserem Reiseziel an: „Sie wird das Lachen noch vergehen!“ Er sollte recht behalten.

13. August 1961: „Antifaschistischer Schutzwall“

Für die DDR galt West-Berlin „als Vorposten der kapitalistischen Welt gegenüber der sozialistischen Staatengemeinschaft“ mit der Garantie der Westmächte, besonders der USA, für sein Bestehen. „Damit wurde jede Zuspitzung des kalten Krieges von Westberlin aus eine Angelegenheit zwischen dem sozialistischen und kapitalistischen Weltsystem.“ So hieß es in „illustrierte historische hefte“ unter dem Titel: „13. August“ (Berlin, 1979, S. 17). Herausgeber war das Zentralinstitut für Geschichte der Akademie der Wissenschaften der DDR, eine bedeutende ostdeutsche Forschungsinstitution.

„Statt mit der DDR in guter Nachbarschaft zu leben und Handel zum gegenseitigen Vorteil zu treiben, missbrauchten die strategischen Planer des kalten Krieges Westberlin als Störzentrum gegen die DDR. Sie bezeichneten Westberlin selbst als ‚Pfahl im Fleische des Osten‘“, konnte man unter der Überschrift „Das offene Tor“ lesen. So sollte die „Konsolidierung der sozialistischen Gesellschaftsordnung“ verhindert und die „Gemeinschaft der sozialistischen Staaten“ infrage gestellt werden.

Denn in der „Planung und Vorbereitung der imperialistischen Kräfte zur Eroberung der Deutschen Demokratischen Republik spielte Westberlin eine außerordentlich große Rolle. Es hat eine Grenze zur DDR von 164 Kilometer Länge. Die 44,75 Kilometer zur Hauptstadt der DDR bildeten bis zum 13. August 1961 die eigentliche offene Grenze zur sozialistischen Staatengemeinschaft", lautete ein weiteres DDR-Argument zur Rechtfertigung des „Antifaschistischen Schutzwalls".

„Täglich überschritten 300 00 bis 400 000 Menschen aus den verschiedensten Gründen die Grenze. Allein den Bahnhof Friedrichstraße passierten während eines Tages 285 Züge aus Richtung Westberlin mit über 50 000 Fahrgästen. Nur ein Bruchteil der die Grenze überschreitenden Menschen konnte durch die Behörden der DDR kontrolliert werden." Insgesamt gab es 81 Straßenübergänge und 13 der S- und U-Bahn.

„Von Westberlin aus wurden Spione, Agenten und Saboteure in die DDR und die anderen sozialistischen Staaten geschleust. Der Gegner versuchte, mit Rundfunk- und Fernsehsendungen, Filmen und Schundliteratur sowie mit anderen Methoden die Hirne und Herzen der Bürger der DDR zu beeinflussen. Nach Westberliner Schätzungen besuchten 1960 rund 1 000 000 Bürger der DDR – darunter eine sehr große Zahl Jugendlicher – Kinovorstellungen in Westberlin. Der psychologische Krieg gegen die DDR und die intensive antikommunistische Propaganda wirkten sich bei einer Reihe von Bürgern der Deutschen Demokratischen Republik auf die Stellung zur sozialistischen Gesellschaft aus und beeinflussten ihr Handeln."

Außerdem hätten „die verschiedenen Formen der wirtschaftlichen Ausplünderung der DDR eine große Rolle" gespielt. „Die Hauptform bildete die Abwerbung. Besonders gefragt waren Ärzte, Facharbeiter, Ingenieure und Techniker. Bis 1960 diente die Abwerbung vor allem zur Erhöhung der Monopolprofite. 1961 wurde die im Wirtschaftskrieg gegen die DDR forciert und wuchs sich im Verlaufe einiger Monate zu einem Störfaktor erster Ordnung aus."

Selbst der „künstlich aufrechterhaltene Wechselkurs von 1 Westmark zu 4 Mark der DDR wurde von den Unternehmern Westberlins dahingehend ausgenutzt, charakterlich schwache und wenig klassenbewusste Teile der Bevölkerung der Hauptstadt der DDR und der Randgebiete zur Arbeitsaufnahme in Westberlin zu bewegen. Diese Bürger, die die billigen Mieten, Verkehrstarife, Gas- und Lichtpreise, die billigen Grundnahrungsmittel, die vorbildlichen Schul- und Gesundheitseinrichtungen ausnutzten, ihre Arbeitskraft aber in Westberlin verkauften, wurden Grenzgänger genannt."

Es habe sich dabei am 13. August 1961 um 60 000 Personen gehandelt. Nur ein Viertel von ihnen habe bereits „vor der Spaltung Berlins bei Firmen gearbeitet, die in den Westsektoren der Stadt liegen". All das führte allein in der Hauptstadt der DDR zu einem „Produktionsausfall durch das Fehlen der Grenzgänger von 2,5 Milliarden Mark jährlich". (ebd., S. 20)

Der ungehinderte Zutritt von Ostdeutschen nach West-Berlin war also bis zum 13. August 1961 möglich. In der Nacht zu diesem Sonntag riegelten bewaffnete Kräfte der DDR mit Unterstützung der Sowjetarmee die West-Sektoren ab. Zuerst mit Angehörigen der Kampfgruppen und der NVA, dann mit Stacheldraht und später mit einer rund 140 km langen Mauer.

So wollte die SED-Führung an diesem Tag vor allem den Massenfluchten unzähliger DDR-Bürger ein Ende bereiten. Gleichzeitig wollte man, so eine weitere Begründung für diese Maßnahmen, „den Einmarsch der Bundeswehr mit Klingendem Spiel durch das Brandenburger Tor" verhindern. Eine fadenscheinige Begründung. Wie fast 30 Jahre später die Verhandlungen der vier Großmächte mit den beiden deutschen Staaten um die Wiedervereinigung zeigten, hätten die westlichen Alliierten mit ihren besonderen Rechten in West-Berlin sehr wohl eine solche Präsenz der Bundeswehr zu verhindern gewusst.

Ohne Unterstützung durch russische Truppen im Hinterland wäre der Kampfauftrag der Partei- und Staatsführung von den Betriebskampfgruppen Ost-Berlins und der 1. Motorisierten Schützendivision der NVA aus dem Potsdamer Raum kaum zu bewältigen gewesen. Bei dieser Aktion erwarb sich der spätere Partei- und Staatschef Erich Honecker, damals im SED-Politbüro als Sekretär für Sicherheit zuständig, unter seinem politischen Ziehvater Walter Ulbricht die für seine spätere Karriere nötigen politischen Meriten. In Moskau wurden nun die kriegserfahrenen Militärs um KPdSU-Parteichef Leonid Breshnew auf den ehemaligen FDJ-Vorsitzenden aufmerksam.

Von dort erhielt er dann den entscheidenden Rückhalt für seinen Aufstieg zum Befehlshaber des gesamten Sicherheitsapparates mit Armee, Polizei, Stasi und Kampfgruppen in diesem Teil Deutschlands. In seinen Memoiren stellte er später „mit Genugtuung" fest, „welch förderliche Wirkung für Frieden und Entspannung" von diesen Maßnahmen zur Spaltung der Stadt ausgegangen sei. Über das Leid für die betroffenen Menschen, auch über die vielen Maueropfer, verlor Honecker kein einziges Wort. Dafür musste er sich im wiedervereinigten Deutschland vor einem Berliner Gericht verantworten und wurde, wie andere führende SED-Funktionäre, für die Todesschüsse an Mauer und Stacheldraht bestraft.

Erst viel später richtete Ost-Berlin für die West-Berliner Bevölkerung nach dem Passierscheinabkommen vom Dezember 1963 Grenzübergangsstellen in Richtung Osten ein.

Die Behauptung, der 13. August 1961 habe zur Sicherung des Friedens in Europa beigetragen, wurde übrigens 50 Jahre später vom greisen FDJ-Kumpel Honeckers und einstigen DDR-Verteidigungsminister Heinz Keßler wiederholt.

An dieser Aktion der Abriegelung ab 2 Uhr morgens, zuerst mit Stacheldraht und anderen Hindernissen, später mit einem massiven Bauwerk und der Einstellung von S- und U-Bahnen zwischen Ost und West sowie dem Umland, war die NVA maßgeblich beteiligt. Besonders die Truppen der 1. Motorisierten Schützendivision aus Potsdam und Umgebung standen den Einheiten der Kampfgruppen, der Volkspolizei und der Staatssicherheit mit ihren Panzern, Schützenpanzern und Kanonen jederzeit einsatzbereit zur Seite.

Laut Ministerrat der DDR wollte man „eine solche Kontrolle an den Grenzen der Deutschen Demokratischen Republik einschließlich der Grenze zu den Westsektoren von Groß-Berlin“ einführen, „wie sie an den Grenzen jedes souveränen Staates üblich ist“. Nur mit einer „besonderen Genehmigung“ sollten Bürger der DDR und Ost-Berlins nach West-Berlin reisen dürfen.

NVA-Offizier: „Als stünde der 3. Weltkrieg vor der Tür“

Bevor der Befehl kam, um Mitternacht die Grenze zwischen Ost- und West-Berlin zu schließen, mussten sich die Offiziere und Zivilbeschäftigten des Militärverlages der DDR am 12. August 1961, einem Sonnabend, gegen Mittag zu einer „wichtigen Betriebsversammlung“ in ihrem Dienstgebäude einfinden. So lautete die unscheinbare Begründung für diese kurzfristig anberaumte Zusammenkunft, erzählte mir später einer der Teilnehmer.

Am Nachmittag wurden sie vom Stellvertreter des Verteidigungsministers und Chef der Politischen Hauptverwaltung, einem Admiral, dessen Bruder zu dieser Zeit 1. Sekretär der SED-Bezirksleitung Berlin war und dann mit Honecker im Politbüro des ZK der SED Karriere machte, in die bevorstehende Aktion eingeweiht. Es galt von nun an die höchste Stufe der Gefechtsbereitschaft. Dazu wurden sofort die Waffen ausgegeben: Pistolen und Maschinenpistolen, samt Munition. Keiner der Teilnehmer durfte das militärisch gesicherte Gebäude verlassen. Alle zivilen Telefonleitungen wurden gekappt. Mein Bekannter viele Jahr später: „Uns war, als stünde der 3. Weltkrieg vor der Tür. So angespannt war die Situation in diesen Stunden."

Die Redakteure der Wochenzeitung „Volksarmee" bekamen nun den Auftrag, sofort eine Sonderausgabe für den 13. August vorzubereiten. Für solche und ähnliche Fälle, in der Vergangenheit oft durchexerziert, stand in Eggersdorf bei Berlin die komplette Drucktechnik der NVA-Propagandabrigade zur Verfügung. Mit dieser gedruckten Botschaft wollte man den Armeeangehörigen und Einwohnern in und um West-Berlin verkünden, dass die DDR mit ihrem „entschlossenen Handeln" den „Einmarsch der Bundeswehr durch das Brandenburger Tor verhindert und den Frieden in Europa gerettet" hat.

Auf der Sitzung des Nationalen Verteidigungsrates vom 3. Mai 1974 „Über die Lage an der Staatsgrenze zur BRD, zu Westberlin und an der Seegrenze" berichtete der Stellvertreter des Verteidigungsministers und Chef des NVA-Hauptstabes, Generaloberst Heinz Keßler: An der 168 km langen Grenze zu West-Berlin seien 130 km Grenzmauer, 59 km Grenzzaun, 95 km Kraftfahrzeug-Sperrgraben und 25 km Höckersperren errichtet worden. (Otto Wenzel: Der Nationale Verteidigungsrat der DDR 1960 bis 1989, Köln, 1995, S. 189)

Nach diesem Bericht Keßlers hatte Partei- und Staatschef Erich Honecker, Vorsitzender des Nationalen Verteidigungsrates, erklärt, Grenzdurchbrüche dürften „überhaupt nicht zugelassen werden". Es müsse überall „ein einwandfreies Schussfeld gewährleistet werden... Nach wie vor muss bei Grenzdurchbruchsversuchen von der Schusswaffe rücksichtslos Gebrauch gemacht werden, und es sind die Genossen, die die Schusswaffe erfolgreich angewandt haben, zu belobigen." (ebd., S. 189) Dieser Redebeitrag Honeckers habe im Prozess vor dem Landgericht Berlin, der am 12. November 1992 begann, laut Autor „eine große Rolle" gespielt.

„Wehrkunde": „Blamage vor aller Welt"

Wie die Berliner Mauer von den Militärs der Bundesrepublik betrachtet wurde, las ich zehn Jahre später in der „Wehrkunde", der westdeutschen Zeitschrift für Wehrfragen. „Allen Ernstes wird auch heute noch behauptet, vor zehn Jahren sei durch die Errichtung der Mauer ein militärischer Angriff auf die ‚Staatsgrenze der Deutschen Demokratischen Republik' verhindert worden. Deshalb nennt die kommunistische Propaganda diese Unsinnigkeit moderner Zivilisation einen ‚antifaschistischen Schutzwall'. Nun weiß jeder, dass die Mauer aus einem einzigen Grund errichtet wurde, nämlich die Abwanderung weiterer Millionen deutscher Menschen aus dem Machtbereich der SED zu stoppen.

Man versteht sogar, dass das kommunistische Regime durch die anhaltende Massenflucht damals in einen gesellschaftlichen und politischen Notstand geraden war. Die Blamage aber vor aller Welt, dass sich täglich Tausende auf und davon machten, wurde größer empfunden als die peinliche Errichtung der Mauer. Draußen in der Welt ist verstanden worden, was man von einem Regime zu halten hat, das sich selbst und die von ihm beherrschte Bevölkerung einmauert." (Wehrkunde, Organ der Gesellschaft für Wehrkunde e.V., München, August 1971, S. 393)

Unter dem Titel „unser berlin", Sonderheft für die Truppe, herausgegeben vom Führungsstab der Bundeswehr, nannte Fritz Schatten in seinem Beitrag „bankrott" fünf Tatsachen, die das SED-Regime direkt während der letzten beiden Monate vor dem 13. August eingestehen musste: 1. Die Mehrheit der Bevölkerung glaubte nicht an den „Sieg des Sozialismus"; 2. Überall in der Zone regte sich eine „starke Opposition"; 3. Die ökonomischen Schwierigkeiten nahmen zu; 4. Die Bauern machten nicht mehr mit; 5. Offensichtlich fehlen in der „DDR" nicht nur diejenigen, die sich überzeugen lassen; es fehlen auch diejenigen, die überzeugen könnten.

Und an anderer Stelle: „Die Berliner lieben ihre Soldaten. Als nach dem 13. August eine Verstärkung der Amerikaner eintraf, war der Empfang überwältigend herzlich. Und die Soldaten lieben ihr Berlin. Sie wissen, für wen sie auf Posten stehen und was sie verteidigen."

Mauerfall ein Markstein zur Deutschen Einheit

Als am 9. November 1989 die Mauer unter dem Ansturm der Ost-Berliner fiel, waren ganz sicher viele ehemalige NVA-Soldaten, nun Reservisten, hier anwesend. Auch in den Folgetagen besuchte so mancher Ost-Militär von damals ohne Risiko für seine Person und seine Tätigkeit West-Berlin..

Für sie hatte die SED-Führung, die nun mit anderen, aber dennoch aus der Tagespolitik bekannten Gesichtern an der Spitze auftrat, ein für allemal abgewirtschaftet. In der Nationalen Volksarmee begann unter dem Druck aus der Truppe ein Prozess des Umdenkens. Dieser führte bis zur Auflösung am 2. Oktober 1990 zu einigen politischen und militärischen Reformen und Reförmchen.

Mit der Deutschen Einheit und der Bundeswehr Ost verschwanden dann auch die feldgrauen Uniformen aus dem Stadtbild Berlins: Sie gab es nur noch auf den Trödelmärkten oder an den Verkaufsständen mit Billigwaren vor dem Brandenburger Tor gegen Bares. Zum Beispiel die

Uniform eines NVA-Generals der Landstreitkräfte für immerhin 1 000 DM. Aber dafür interessierten sich meist nur Sammler von Militaria aus dem In- und Ausland, wurde mir berichtet.

Wenn also der 13. August 1961 nach den Honecker-Worten auf einem Appell der Kampfgruppen am 29. September 1973 „ein Markstein in der Entwicklung unserer sozialistischen Republik“ war, so bedeutete die Öffnung der Berliner Mauer am 9. November 1989 auch einen Markstein: Aber auf dem Weg zur Deutschen Einheit.

An einigen Stellen, etwa an der Bernauer Straße, erinnern auch künftig 3,5 Meter hohe Betonplatten als Denkmal oder Gedenkstätten daran, dass hier nach dem 13. August 1961 mit diesen Absperrungen Deutsche von Deutschen getrennt wurden. Auch die wohl größte Open-Air-Galerie der Welt zwischen Oberbaumbrücke und Hauptbahnhof, die East-Side-Gallery, zeugt mit den von 118 Künstlern aus 21 Ländern gestalteten Segmenten von diesen Sperranlagen. An einem Wettbewerb zum Thema „Wo Weltgeschichte sich manifestiert“ waren 1979 zur Bemalung einer Hauswand am Checkpoint Charlie in Berlin 71 Entwürfe eingereicht worden. Sieger wurde der Entwurf von Johannes Grützke „Europa auf dem Stier, auf der Mauer balancierend, Vorwärts oder rückwärts?“

Viele Jahre nach der Deutschen Einheit blickte der Militärhistoriker Dr. Winfried Heinemann vom Militärgeschichtlichen Forschungsamt, Potsdam, noch einmal auf die damalige Situation zurück. „Die Existenz eines dem Westen zuzurechnenden politischen Gebildes mitten in ihrem Territorium war für die DDR nur schwer hinnehmbar. Alle Bestrebungen von 1958 bis 1961, durch die Drohung mit einer neuerlichen Blockade zu einem Friedensvertrag zu kommen, der endlich dem ostdeutschen Staat die volle Souveränität und damit auch die Kontrolle der Zugangswege von und nach Berlin einräumen würde, liefen auf nichts anderes als die Absicht hinaus, den Verbleib der West-Alliierten in der Stadt, wie er sich aus den Vereinbarungen der Besatzungsmächte 1945 in Potsdam ergeben hatte, unmöglich zu machen.“ (Winfried Heinemann: Die DDR und ihr Militär, München, 2011, S. 198)

"Feindbild West" als SED-Propaganda gegen Bundeswehr

Für die Ostdeutschen waren 1995 die 55 Jahre Bundeswehr wie zwei Seiten einer Medaille: Über fünf Jahre hatten sie die "Armee der Einheit" erlebt, in der allein in den neuen Bundesländern bis zu 85 000 Bürger als Soldaten dienten oder als Mitarbeiter der Wehrverwaltung beschäftigt waren. Rechtsstaatlichkeit am Arbeitsplatz in den neuen Dienststellen der

Streitkräfte und der Wehrverwaltung, Offenheit gegenüber den Städten und Gemeinden sowie das Mitwirken der Staatsbürger in Uniform am Prozess der inneren Vereinigung brachten den neuen Streitkräften zwischen Ostsee und Erzgebirge in dieser kurzen Zeit hohes Ansehen. Die Ost-West-Durchmischung tat ein Übriges für den guten Ruf der neuen Truppen.

All die Jahre zuvor waren die Ostdeutschen in Sachen Bundeswehr der SED-Propaganda ausgesetzt. Diese nutzte nach 1955 jede Gelegenheit, den westdeutschen Streitkräften eine Aggressionsfähigkeit zu unterstellen. Getreu marxistisch-leninistischer Weltanschauung wurde die "Armee gegen den Krieg", damals ein westdeutscher Buchtitel mit Beiträgen von Konrad Adenauer, Helmut Schmidt und Franz Josef Strauß, in der DDR zuerst zu einer "Armee der Revanche" und dann zur "Armee für den Krieg" umfunktioniert. So lauteten ostdeutsche Veröffentlichungen zum 10-jährigen Bestehen der Bundeswehr. Folgende Worte stammen aus dem DDR-Militärverlag: "Im teuflischen Zusammenspiel von Politik und Aufrüstung, das für die Entwicklungsgeschichte in Westdeutschland kennzeichnend ist, liegt für die Völker Europas abermals eine tödliche Gefahr."

In der DDR, besonders für die NVA, galt in Presse, Rundfunk und Fernsehen die Sprachregelung von der "Aggressions- und Revanchearmee". Als "Teil imperialistischer Kriegskoalition" sei sie eine "atomare Einsatzarmee". Immer wieder warnte man vor den "Aggressionsplänen westdeutscher Militaristen".

NVA-Autoren schrieben über den Klassenfeind: Mit der These "Die Bundeswehr Armee der Demokratie und Verteidigungsarmee" soll "der wahre Charakter Bonner Militärpolitik, der Kriegsdoktrin und der Streitkräfte vertuscht werden". Vielmehr sei es "seit eh und je" Bonner Taktik, "Aggressionsvorbereitung mit raffinierter Verteidigungsphraseologie zu begründen".

Erst in einem 1989 von DDR-"Experten" herausgegebenen Buch über die "Militärgeschichte der BRD" betrachtete man die Bundeswehr differenzierter. Dennoch fehlte auch im Zeitalter der Ost-West-Annäherung nicht der Hinweis auf die "reaktionärsten Kräfte" im anderen Teil Deutschlands. Diese verwandelten die Bundesrepublik, so die Autoren, "in einen Staat des Militarismus, zu einer europäischen Aufmarschbasis und Speerspitze des Nordatlantikblocks gegen den Weltsozialismus", hieß es darin zur Situation vor 40 Jahren. (Berlin, 1989, S. 103) Für sie sei "die DDR ein Hort des Friedens". Ihn gelte es, "militärisch zuverlässig zu schützen".

Nach der Wiedervereinigung erfuhren die ehemaligen DDR-Bewohner in vollem Umfang, dass die SED-Führung mit solchen Parolen eigentlich von den eigenen Kriegsvorbereitungen abgelenkt hat. Sie ließ nach dem Mauerbau 1961 über 1,3 Millionen Minen an der innerdeutschen Grenze verlegen. Etwa 2 280 Militärliegenschaften mit Kasernen, Truppenunterkünften, Depots und Übungsplätzen wurden auf den "Ernstfall" vorbereitet. Fast 2 300 Kampfpanzer, 9 000 gepanzerte Kampf- und Spezialfahrzeuge, über 5 000 Artillerie-, Raketen- und Flugabwehrsysteme, 700 Kampf- und Transportflugzeuge sowie Hubschrauber standen bereit. Auch 192 Kriegsschiffe und sonstige Marinefahrzeuge. Hinzu kamen über 1,2 Millionen Handfeuerwaffen und 295 000 Tonnen Munition. Ein übervolles Waffenarsenal im Staat der Arbeiter und Bauern.

Verschwiegen wurden der DDR-Öffentlichkeit die etwa 170 000 Mann Friedens- und fast 500 000 Mann Kriegsstärke der NVA. Kein Wort über militärische Mobilmachung für den "Tag X", den man im Operativen Lagezentrum des Verteidigungsministeriums in Strausberg mit dem Vormarsch von Divisionen via Nordseeküste, Ruhrgebiet und Bayern übte. Nur aus internen Handbüchern, so in den 17 Auflagen "Militärisches Grundwissen" mit dem Vorwort vom NVA-Hauptinspekteur, konnte man Näheres über das "Prinzip der Kriegsbezogenheit der Ausbildung" in der DDR als umfassende Vorbereitung "der Soldaten und Einheiten auf den bewaffneten Kampf" erfahren.

Über die Scheinheiligkeit, mit der die DDR-Spitze unter Ulbricht und Honecker jahrzehntelang von der eigenen "Armee für Frieden und Sozialismus" gesprochen und das "Feindbild West" fixiert hatte, sind noch heute viele Ostdeutsche empört. Bis zur Wiedervereinigung war die NVA-Ausrüstung und -Bewaffnung streng geheim. Als mit dem 3. Oktober 1990 die Bundeswehr Ost aufgestellt wurde, die auf jede Geheimniskrämerei verzichtete, war man hier vom Geist der neuen Truppe angetan.

Jetzt wurde Deutschland sogar "Weltmeister" in der Abrüstung. Es hatte im 40. Jahr der Bundeswehr 1995 als erster KSE-Staat seine Verpflichtungen zur Vernichtung von über 11 000 Hauptwaffensystemen erfüllt. Sie stammten überwiegend aus den Hinterlassenschaften der NVA.

Postkrieg über Berliner Sektorengrenzen

Im Kalten Krieg zwischen Ost und West, der sich wiederholt, auch wegen West-Berlin, in einen heißen Krieg auszuweiten drohte, wurden viele Schlachten geschlagen. Eine davon, man glaubt es heute kaum, mit postalischen Mitteln. Da bekriegten sich die Mächtigen diesseits und jenseits des Eisernen Vorhangs und vor allem von Ost- und Westdeutschland mittels ihrer staatlichen Posteinrichtungen. Statt mit großen Sprüchen und Aktionen geschah das mit Sticheleien in Form von Briefmarken. Ebenso mit Stempeln und anderen postalischen Merkmalen auf Briefen und Karten. Für Sammler: Der Postkrieg.

Diese unscheinbaren Dinge des Alltags, in der Regel mit einer politischen Aussage, passten der anderen Seite nicht und wurden ganz offiziell beanstandet. Durch die Post. Deren Leute schwärzten dann die unerwünschte Briefmarke oder versahen den Brief mit einem Stempel und schickten ihn an den Absender zurück. Oft wurde eine Nachgebühr vom Empfänger verlangt. So war diese Kritik am System und an der aktuellen Politik der anderen Seite von ganz oben gewollt. Und die Menschen, die ihre familiären Kontakte mit Briefen aufrechterhielten, bekamen das zu spüren. In all den Jahren der deutschen Teilung.

Unter dem Stichwort „Berliner Postkrieg" fand 1948/49 eine solche Auseinandersetzung zwischen West-Berlin und der Sowjetischen Besatzungszone statt. Auslöser war die Währungsreform und die damit zusammenhängende Blockade der West-Sektoren durch die Sowjetunion. In diesem Zusammenhang erkannten der Osten nicht die Marken auf den Briefen aus dem Westen und umgekehrt der Westen die Marken aus dem Osten nicht an. Auch hier war die Bevölkerung Leidtragender.

Das setzte sich dann im Laufe der Jahre während der Teilung Deutschlands fort. In Erinnerung ist aus der Bundesrepublik die 20-Pfennig-Sondermarke mit dem Aufdruck „Zwanzig Jahre Vertreibung 1945 – 1965". Diese wurde von der DDR als „revanchistisch" bezeichnet und als Postwertzeichen nicht anerkannt. Ähnlich erging es den Bundespost-Marken zu Jahrestagen der Heimatvertriebenen oder der Bundeswehr.

Während des Postkrieges zwischen der DDR und der Bundesrepublik schwärzte die Postzensur Ost ganz ungeniert westdeutsche und Westberliner Briefmarken beziehungsweise Bildganzsachen. So die Sondermarken „17. Juni 1953", „Wahl des Bundespräsidenten" und „20. Juli 1944".

Das war in anderen sozialistischen Ländern auch dann der Fall, wenn statt des polnischen oder russischen Namens für einen Ort im Osten die alte deutsche Schreibweise verwandt wurde. Dann kam der Brief mit dem Stempel „RETOUR" zurück. Und die Deutsche Bundespost klebte einen Zettel darauf mit dem Hinweis, diese Sendung sei von den Postdienststellen des jeweiligen Landes „ohne Angabe von Gründen zurückgesandt worden".

Mitten in den Zeiten des Postkrieges wurde 1971 in der DDR die Marke „Unbesiegbares Vietnam" in Anlehnung an das Massaker 1968 von

My Lai aufgelegt. Auf ihr war eine bewaffnete Mutter mit schützenden Händen um ihr Kind zu sehen. In dieser „Unbesiegbarkeit" erkannte man in Bonn eine politische Aussage. Sie sollte weder in die Bundesrepublik noch nach West-Berlin transportiert werden.

Erst recht passten nicht die Botschaft der Sondermarke und des Schmuckumschlages mit dem Aufdruck „10 Jahre antifaschistischer Schutzwall – 10 Jahre sicherer Schutz des Friedens und des Sozialismus" oder mit dem Brandenburger Tor „25 Jahre Antifaschistischer Schutzwall", also der Mauer um West-Berlin, in die politische Landschaft des Westens. Auch diesen Brief erhielten die Absender prompt wieder. Vor vielen Jahren bot mir ein Sammler aus dem Berliner Verlag ein solches Exemplar an.

Als ein West-Berliner am 5.5.1969 zum 20. Jahrestag der Unterzeichnung des Statuts des EU-Europarates, so der Aufdruck eines Sonderstempels im Postamt Berlin 12, einen Brief mit den Marken von der Deutschen Bundespost Berlin nach Meerane in Sachsen schicken wollte, kam dieser zurück. Der Stempelaufdruck: „Sendung verstößt gegen die gesetzlichen Bestimmungen der DDR". Und als ein Ost-Berliner einer Frau in Tegel in einem Brief mit der Sondermarke „Fledermaus (Chiroptera) – Deutsche Demokratische Republik" seine Grüße sandte, versah man diesen drüben mit dem roten Stempel: „Berlin Hauptstadt Deutschlands nicht der Sowjetzone".

Jedenfalls wurde während des Kalten Krieges, auch im geteilten Berlin, so manches Geschütz kleineren Kalibers während der Propagandaschlachten zwischen Ost und West sogar mit Briefmarken oder Sonderstempeln der Post aufmunitioniert. Leidtragende dieser Behördenwillkür diesseits und jenseits der innerdeutschen Grenze waren die Menschen, die in Zeiten der Trennung den Kontakt zu ihren Lieben aufrechterhalten wollten.

So mancher deutsche Philatelist hat die „Waffen" aus dem Postkrieg zwischen der Bundespost und der Deutschen Post der DDR gesammelt. Man schickte oft ganz bewusst dieses oder jenes Einschreiben „nach drüben", von dem man schon vorher wusste, dass es in wenigen Tagen im eigenen Briefkasten landen wird. Eine Vielzahl solcher seltenen Belege mit umstrittenen Marken oder Aufdrucken wie „Ungültig", „Zurück Marken Unzulässig" schmückt heute so manche Sammlung. Natürlich nur bei sauberer Erhaltung, wie der Experte sagt. So etwas kostet schon mal bei einer Auktion 25,00 Euro und mehr.

Diese Karten und Briefe sollten uns, erst recht künftige Generationen, daran erinnern, wie tief im Kalten Krieg selbst die postalischen

Schützengräben bis zur Einheit Deutschlands waren. Das wussten nicht nur die Soldaten von der jeweils anderen Feldpostnummer.

4 West-Sektoren

Amerikaner spendeten Freiheitsglocke

Zu einem unüberhörbaren Symbol West-Berlins wurde während des Kalten Krieges die Freiheitsglocke im Rathaus Schöneberg. Nach einem „Kreuzzug für die Freiheit“ durch mehrere Bundesstaaten der USA traf sie im Oktober hier ein. In Anwesenheit von etwa 500 000 Berlinern erklang die Nachbildung der legendären „Liberty Bell“ aus Philadelphia am 24. Oktober 1950 zum ersten Mal. Seither läutete sie täglich um 12 Uhr für zwei Minuten. Sie ist auch im Radio zu hören.

Bei der Übergabe der Freiheitsglocke in Berlin verlas General Lucius D. Clay, früherer amerikanischer Militärgouverneur in Deutschland, den Schwur, der von 16 Millionen Amerikanern unterschrieben worden war. Sie hatten auch für deren Herstellung gespendet. „Ich glaube an die Unantastbarkeit und an die Würde jedes einzelnen Menschen. Ich glaube, dass allen Menschen von Gott das gleiche Recht auf Freiheit gegeben wurde. Ich schwöre, der Aggression und der Tyrannei Widerstand zu leisten, wo immer sie auf Erden auftreten werden.“

Vom Horchposten bis zum geschützten Hilfskrankenhaus

Für einen Zeitungsleser im Osten bedeutete West-Berlin im Nachkriegs-Deutschland eine Inselstadt. Auch militärisch gesehen. Sie lag laut DDR-Argumentation auf dem Gebiet der Deutschen Demokratischen Republik. Deshalb hörte man intern von den Oberen im Osten, West-Berlin könnte im Ernstfall im Handstreich genommen werden. Das würden dann Verbände der Gruppe der sowjetischen Streitkräfte im engen Zusammenwirken mit NVA-Regimentern und anderen Kräften (Truppen vom Grenzkommando Mitte, Volkspolizei-Bereitschaften, Stasi-Einheiten, Kampfgruppen) aus dem Umland „erledigen“. Als Ziel wurde die Umwandlung dieses Teils von Berlin in eine „selbständige politische Einheit“ mit dem Status einer „entmilitarisierten freien Stadt“ deklariert. Diese Forderung der Sowjetunion vom November 1958 war zudem der Anlass zur zweiten Berlin-Krise.

Eine solche Betrachtung entsprach der offiziellen SED-Propaganda. Die Parolen, die zur Eindämmung dieses militärstrategischen Faktors mit dem Charakter eines Krisenherdes dienen sollten, oft auch als „Pulverfass West-Berlin" bezeichnet, wurden je nach politischer Großwetterlage (auch während der internationalen Abrüstungsverhandlungen) immer wieder in die Öffentlichkeit lanciert. Der Tenor: Die auf etwa 140 km eingemauerte Frontstadt des Westens würde dabei niemals dem Druck von etwa 40 - 60 000 Soldaten des Warschauer Pakts standhalten. Kampfstarke Artillerie- und Panzerverbände, unterstützt von zahlreichen Motorisierten Schützeneinheiten, könnten ein solches Szenario in kürzester Zeit realisieren.

Es ging also, folgt man dieser Argumentation, um eine blitzartige Eroberung. „...bis Tagesende sollte West-Berlin geteilt und besetzt sein", schreibt Helmut Göpel über die geplante „Berlin-Operation" (in: Klaus Naumann: NVA – Anspruch und Wirklichkeit nach ausgewählten Dokumenten, Berlin/Bonn/Herford, 1993, S. 293). Die Stadt sollte also in 24 Stunden fallen.

Die operativen Einsatzpläne lagen vor. Sie waren vom Vorsitzenden des Nationalen Verteidigungsrates, Erich Honecker, bestätigt worden. An 60 Stellen (bei den NVA-Planern „Gassen" genannt) sollten Pioniere der Armee die Mauer durchbrechen, die Westmächte in West-Berlin mit einer Dreiteilung als „Gefechtsstreifen" (auch Militärsprache) voneinander trennen. Jagdbomber sollten den ersten Schlag führen, gefolgt vom Artilleriebeschuss.

All das ist heute bekannt. Dieser „Besonderen Gruppierung" unterstand die 1. Mot. Schützendivision der NVA, in der für diese „Operative Aufgabe" das Panzerregiment von Burg bei Magdeburg, die Panzerjägerabteilung und die Geschosswerferabteilung von Klietz nach Beelitz sowie das Bataillon Chemische Abwehr und die Flammenwerferkompanie nach Lehnitz verlegt wurden. Die neuen Standorte liegen am Stadtrand von Berlin. Das berichtete der ehemalige Divisionskommandeur Generalmajor Hans-Georg Löffler in seinem Buch „Soldat der NVA von Anfang bis Ende" (Berlin, 2006, S. 205).

„Nach einer allgemeinen Einweisung in den Kellerräumen des Hauptstabes begaben wir uns in ein kleines Gebäude, das sogenannte Kleine Weiße Haus, und erhielten an einem etwa 12 mal 12 Meter großen Modell mit dem Westteil Berlins eine spezielle Einweisung. Ausgerüstet mit einem Stadtplan von Berlin und einem Handbuch mit den ‚Angaben über die bewaffneten Kräfte in Westberlin' fuhren wir in unsere Standorte zurück. Dieser Einweisung folgten Erkundungsfahrten (Rekognoszierung) entlang der Grenze zu Westberlin. Kommandeure der einzelnen Grenzregimenter machten uns mit den Besonderheiten diesseits und jenseits der Grenze bekannt." Ironisch merkt der Divisionskommandeur an: „Das Verhalten und die Ausrüstung der uns begleitenden Sicherungsgruppe der Grenztruppen ließen vermuten, dass sie zu uns nur begrenztes Vertrauen besaßen." (S. 211)

Weiterhin umfasste diese Gruppierung laut Plan die 6. selbständige Mot. Schützenbrigade der GSSD, ein Regiment des Grenzkommandos Nord der Grenztruppen der DDR, acht Regimenter des Grenzkommandos Mitte, zwei Volkspolizei-Bereitschaften, acht motorisierte Kampfgruppenbataillone sowie weitere Einheiten. (Otto Wenzel: Kriegsbereit – Der Nationale Verteidigungsrat der DDR 1960 bis 1989, Köln, 1995, S. 72)

Durchgeführt wurde von 1985 bis 1988 alljährlich unter der Tarnbezeichnung „Bordkante" eine Kommandostabsübung beziehungsweise ein Kriegsspiel. „Bei BORDKANTE-85 und -86 handelte es sich dabei um Magdeburg, aber diese Stadt hatte einen Regierenden Bürgermeister, ein Abgeordnetenhaus, Parteizentralen von SPD und FDP, eine Alliierte Kommandantur sowie Grenzübergangsstellen und wurde von einer amerikanischen, einer britischen und einer französischen Brigade verteidigt. Wir haben es mit Westberlin zu tun." (ebd. S. 71)

Selbst das Ministerium für Staatssicherheit wäre gemäß dieser Einsatzpläne am Überfall auf West-Berlin beteiligt gewesen. Immerhin hatte das Stasi-Wachregiment mit seinen 12 000 Waffenträgern, nur Berufs- und Zeitsoldaten, die Stärke und Ausrüstung einer Armee-Division. Die Mielke direkt unterstellte Wach- und Schließgesellschaft für gehobene Partei- und Regierungseinrichtungen hätte mit diesem Einsatzbefehl in ihrer geheimen Doppelfunktion an der Seite regulärer Armee-Verbände kämpfen sollen.

Vorgesehen war nach der Besetzung der West-Sektoren, die im Stasi-Jargon selbst in Friedenszeiten als „Operationsgebiet" bezeichnet wurden, die Bildung von 12 MfS-Kreisdienststellen mit etwa 600 hauptamtlichen Stasi-Leuten. So siegessicher wähnten sich Honecker und Co. bei den Entwürfen ihrer Kriegspläne.

Für das Magazin „Der Spiegel" (9/69) verfügte die DDR mit Blick allein auf die Zufahrtswege „über mannigfache Mittel, West-Berliner, Westdeutsche und Alliierte zu zwicken und zu zwacken – zu Lande, zu Wasser und in der Luft". Im Strausberger Ministerium für Nationale Verteidigung wurden „zur weiteren Erhöhung des Vorbereitungsgrade der Hauptführungsstelle des MfNV" Ende 1987 eine neue „Karte militärischer und ziviler Objekte in Westberlin“ und eine „Karte des Einsatzes der bewaffneten Kräfte in Westberlin“ neben anderen Aufmarschplänen bereitgestellt. Natürlich, alles „Geheime Verschlusssache“.

Das im Sinne der Vorbereitung und einer erfolgreichen Besetzung dieses “Unruheherdes“, sollten im Osten die Bürger denken. Sogar von einem „Krebsgeschwür“ war hin und wieder die Rede. Ein besser informierter Mensch, also mit Informationsquellen wie Radio und Fernsehen West, wusste natürlich, dass jeder noch so kleine militärische Übergriff auf einen der drei West-Sektoren einen Krieg ausgelöst hätte. Ganz sicher sogar den 3. Weltkrieg. Und der wäre dann in Europa von beiden Seiten mit dem ganzen Arsenal vorhandener konventioneller und nuklearer Waffen geführt worden. Das bestätigen heute Politiker und Militärs, die damals Verantwortung trugen.

Gerade die Situation nach dem 13. August 1961, als sich am Kontrollpunkt Checkpoint Charlie russische und amerikanische Panzerkommandanten in ihren Gefechtsfahrzeugen Auge in Auge gegenüberstanden, sei für den Weltfrieden gefährlicher gewesen als die Kuba-Krise 1962. Dort ging es nach der heimlichen Aufrüstung des Castro-Regimes mit Nuklearraketen gegen mögliche Ziele in den USA um deren kurzfristigen Abbau. Daran erinnerten sich 50 Jahre später direkt beteiligte Personen sehr genau.

Schließlich waren der Schutz und die Verteidigung West-Berlins auch eine stillschweigend geduldete Verpflichtung innerhalb der Nato. Das hatten in der Vergangenheit vornehmlich die US-Verteidigungsminister mehrfach bekräftigt.

Doch was jahrelang auf dem NVA-Truppenübungsplatz Lehnin unweit von Potsdam trainiert wurde oder Sowjetsoldaten im riesigen Militärgelände von Jüterbog probten, wo sich schon 1940 eine Sturmartillerie-Abteilung der Wehrmacht auf ihren Einsatz vorbereitete, hätte in der Tat nicht so ohne weiteres durchgesetzt werden können, wie das von der Generalität in Wünsdorf und Strausberg mit ihrer „Berlin-Operation“ geplant war: Trotz Bombardements auf die großflächigen Liegenschaften Quartier Napoleon, McNair und Andrews Barracks sowie die Gefechtsstände der Alliierten Brigaden; trotz Landung eines Luftsturmregiments auf den Flughäfen Tegel, Tempelhof und Gatow; trotz der Besetzung des amerikanischen Horchpostens auf dem Teufelsberg.

Dessen moderne Funk- und Radaranlagen konnten nämlich bis zu 250 km weit das Aufmarschgebiet des Warschauer Pakts ausspähen. Die Daten aus dieser Aufklärung rund um die Uhr landeten direkt in den westdeutschen Hauptquartieren der US-Streitkräfte. Von hier aus wurden sie den Nato-Verbündeten zur Auswertung überlassen. Darunter auch der Bundeswehr-Führung.

Der wehrhafte Westen Berlins glich zwar während des Kalten Krieges keiner Festung, ähnlich wie die Befestigungen hunderte Jahre zuvor. Aber vor allem nach der ersten Berlin-Blockade und weiteren Schikanen, erinnert sei auch an den 7. April 1965, als russische MiG's im Tiefflug über der Kongresshalle die Schallmauer durchbrachen, um eine Sitzung des Bundestages zu stören, sowie manch anderem Nervenkrieg hatten die befreundeten Alliierten gemeinsam mit der Stadtregierung vorgesorgt. Es gab eine ganze Reihe von Notfallplänen. Man wollte West-Berlin in der ersten Phase zumindest zehn Tage verteidigen.

So entstand, meinten Außenstehende, eine „überdimensionierte unterirdische Infrastruktur". Darunter zahlreiche Bunker- und andere Zivilschutzanlagen wie Tiefgaragen am Kurfürstendamm oder in der Anhalter Straße für insgesamt etwa 25 000 Bewohner der Stadt. Auch geschützte Hilfskrankenhäuser, so eine 450-Betten-Anlage mit Röntgenabteilung und Operationssälen am Wannsee, wurden neben den vorhandenen Krankenhauskapazitäten mit mehr als 30 000 Betten eingerichtet.

Die U-Bahnhöfe Pankstraße im Wedding und Siemensdamm in Siemensstadt hätten direkt als Schutzbauten, zusätzlich zu den mehr als 100 U-Bahn-Stationen, genutzt werden können. Vorhanden waren über 100 km unterirdische Verkehrswege und ein verzweigtes Tunnel- beziehungsweise Kanalsystem von 5 000 km Länge. Ganz sicher wäre auch die Fernwärme-Versorgung der BEWAG mit der Netzpumpstation am Mierendorffplatz in Charlottenburg, 23 Meter unter der Erde und mit ihren fünf Pumpen eine der größten ihrer Art in Europa, aufrechterhalten worden. Ferner gab es 1978 über 770 Warenlager und andere verdeckte Einrichtungen und Depots mit Lebens- und Arzneimitteln, Bekleidung und Kohle, über die die Gesellschaft für Zivilschutz und 120 städtische Bedienstete wachten. Es existierten 1 370 Berliner Straßenbrunnen mit Handschwengelpumpen für die Notwasserversorgung der 2,8 Millionen Einwohner. Diese und weitere Einzelheiten finden sich in der 1988 veröffentlichten Broschüre „Fighting City – Struktur und Funktion von Militär in Berlin (West)" von Erich Schmidt-Eenboom.

Man hatte sich hier also für solche Kriegs- und Spannungsfälle gut gerüstet. Auch wenn die Bevölkerung, so damals kritische Stimmen aus der Alternativen Liste für Demokratie und Umweltschutz, „eine militärische Verteidigung der Stadt nicht überleben würde". „Aus der Einsicht, dass Berlin (West) militärisch nicht zu verteidigen ist, müssen Konsequenzen gezogen werden", forderte deshalb die AL-Fraktion im Abgeordnetenhaus in dieser Schrift. Darunter eine Verminderung der Truppenstärke und politische Alternativen für das militärische Vakuum. Das Konzept der Offenen Stadt sei dazu ein diskussionswerter Ansatz.

Die Gesamtverteidigung West-Berlins lag aber in den Händen der Alliierten Truppen. Sie garantierten den militärischen Schutz. Allen voran die US-Streitkräfte mit etwa 6 000 Mann in ihren 47 Liegenschaften. Bis zur Wiedervereinigung dienten hier in all den Jahren seit 1945 insgesamt etwa 100 000 Soldatinnen und Soldaten. So in den drei Kampfverbänden mit den jeweiligen Unterstützungs-, Versorgungs- und Instandsetzungskompanien. Das Hauptquartier lag in der Clayallee in Zehlendorf.

Die britischen Streitkräfte, ebenso wie die Amerikaner mit drei Infanteriebataillonen ausgerüstet und mit Chieftain-Panzern in ihren Reihen, unterhielten in Berlin 3 600 und die französischen Truppen 2 800 Soldaten. Als gemeinsame Einsatzzentrale der drei Westmächte wäre das Hauptquartier der Briten am Olympiastadion in Betracht gezogen worden. In der Stadt fanden der übliche militärische Betrieb sowie Übungen und Manöver von Infanterie und Luftwaffe statt. Wie die Bilder über den harten Ausbildungsalltag noch heute zeigen, nahmen die ausländischen Streitkräfte ihren Verteidigungs- und Schutzauftrag sehr ernst.

Mehrere Tausend Mann West-Berliner Polizeikräfte mit der Einsatzstärke von sieben Jägerbataillonen (ebd. S. 44) waren auch auf einen Stadtkrieg vorbereitet. Berliner Polizisten seien „kriegstauglicher als zwei Drittel der Soldaten der Bundeswehr in ihrer Kriegsstärke“ (1,5 Millionen Soldaten), schon wegen ihres „häufigen Umgangs mit Handfeuerwaffen“ und der „Ortskenntnis ihres Gefechtsraumes“, heißt es in der Schrift.

Unterstützt worden wäre die Polizei seit 1961 beim Schutz der für die Stadt lebenswichtigen Einrichtungen von den 3 500 Angehörigen der Freiwilligen Polizei-Reserve. In ihren Reihen dienten Beamte des Höheren Dienstes, Mitglieder des Berliner Abgeordnetenhauses und Funktionsträger der Parlamentarischen Parteien, darunter die CDU-Politiker Eberhard Diepgen, Jürgen Wohlrabe und Heinrich Lummer. Alle freiwilligen Kräfte wurden am Nato-Sturmgewehr G3 ausgebildet. Sie übten im Grunewald. Sehr aktiv war man vor allem beim mobilen Objektschutz.

Weiterhin existierten hier 142 Katastrophenschutzeinheiten und Einrichtungen mit insgesamt 3 985 Führern, Unterführern und Helfern. Bis 1990 sollten alle Einheiten und Einrichtungen, auch mit Fahrzeugen und Gerät, voll ausgestattet sein. Als weitere Verbände des Katastrophenschutzes wären „im Falle eines Krieges die 38 West-Berliner Feuerwehren (24 Berufs-, 9 Freiwillige und fünf Werksfeuerwehren) mit insgesamt 3 557 Feuerwehrleuten eingesetzt“ worden, heißt es in der Studie.

Glücklicherweise blieben die Dokumente der vom Osten geplanten „Berlin-Operation“ mit der Besetzung West-Berlins während des Kalten Krieges in den Panzerschränken. Diese Akten, heute archivarisch erschlossen, belegen auch am Beispiel West-Berlin, wie sehr die DDR und ihre bewaffneten Kräfte von der militärisch offensiven sowjetischen Denkweise bestimmt wurden.

Andererseits sollte aber nicht vergessen werden: Die Nato-Abschreckung und ganz sicher auch die vielfältigen Vorbereitungen der Alliierten Streitkräfte und der Stadtregierung zum Schutz der 2,8 Millionen Einwohner haben die Hitzköpfe in Moskau und Ost-Berlin vor möglichen Fehlentscheidungen bewahrt. Die Ost-Berliner Bevölkerung hat dann mit der erzwungenen Öffnung der Mauer, die in Europa das Ende der Konfrontation zwischen beiden Weltsystemen einleitete, auch diesen Kriegsplänen ihre Abfuhr erteilt.

Einstiger US-Stützpunkt als Ausflugsziel?

In Zeiten der Ost-West-Konfrontation galt der ehemalige Stützpunkt der US-Army auf dem Teufelsberg im Berliner Grunewald als "Top Secret". Seine Silhouette mit Riesenantenne und weit sichtbaren, von Plaste verkleideten fünf Radarkuppeln auf hohen Betontürmen ließen ferne Beobachter nur ahnen, dass sich hier einer der wichtigsten "Horchposten" der westlichen Welt, noch dazu in unmittelbarer Nähe zur 1. Staffel der Warschauer-Pakt-Truppen, befand. Zugleich ein wichtiger Punkt zur Elektronischen Kriegführung. Später sollten die von den GI's "besenrein" übergebenen Anlagen zu einem neuen Ausflugsziel der Berliner werden, hörte man 1991.

Bei dem mehr als 100 Meter hohen Anwesen handelte es sich um nichts anderes als einen Trümmerberg, ähnlich wie der Trümmerberg über zwei Flak-Bunkern im Volkspark Friedrichshain. Dieser war nach dem 2. Weltkrieg von den West-Berlinern beim Wiederaufbau ihrer zerstörten Stadt aufgeschüttet worden. Gab es in den ersten Nachkriegsjahren noch mehrere Versuche von geschäftstüchtigen Menschen, hier "Gastronomie mit Ausblick" anzusiedeln, so scheiterte das jedes Mal an den Besatzungstruppen. Diese hatten sehr bald die strategische Bedeutung ihres "Ausgucks" mitten in der DDR erkannt.

Auf einer Fläche von etwa sechs Hektar errichteten die Amerikaner zudem mehr als 20 Gebäude: Depots, Versorgungs-, Sozial- und Wacheinrichtungen. Doch das eigentliche Geheimnis dieses Stützpunktes militärischer Aufklärung war das Überwachungssystem des Luftraumes mit weit reichenden Radaranlagen, Datenverarbeitungseinrichtungen und Fernmeldesystemen.

All die Boden gebundenen Komponenten sollten ähnlich wie heute das fliegende Frühwarnsystem in den AWACS-Maschinen der Nato Absichten und Fähigkeiten des Gegners im Frieden oder in Krisenzeiten ermitteln. Denn zu dieser Zeit gewährleisteten amerikanische, britische und französische Soldaten in West-Berlin Freiheit und Sicherheit der Bevölkerung gegenüber den russischen Soldaten und der 1. NVA-Mot. Schützendivision mit etwa 10 000 Mann im umliegenden Bezirk Potsdam.

Kein Wunder, wenn diese sensitiven Einrichtungen mit einem doppelten Sicherheitszaun geschützt werden mussten. Zivile Wachen standen später am Eingang. All das kostete monatlich über 50 000 DM. Deshalb sollte der einstige "Horchposten" nach den Vorstellungen des Berliner Senats schon bald Gewerbetreibenden angeboten werden, damit noch 1994 die ersten Investitionen für ein Hotel, eine Gaststätte, vielfältige Verkaufseinrichtungen sowie Büros und Labors getätigt werden konnten. Ging es vorher um gutes Hören von hier oben aus, so dominierte nun gutes Sehen mit einem wunderbaren Weitblick.

Überlegungen gab es von Anfang an, ob künftig der Begriff "Teufelsberg" im Verzeichnis historischer Stätten Berlins aufgenommen werden sollte. Wie die Alliierte Kommandantur in der Kaiserwerther Straße und viele andere Orte sollte auch diese Stelle an die Schutzmächte erinnern, die West-Berlin nach der Besatzungszeit verteidigt haben.

Nachdem die elektronischen Einrichtungen mit dem Ende des Kalten Krieges entfernt wurden, können heute Touristen bei offiziellen Führungen diese demilitarisierte Anlage besichtigen. Wanderer und Sportler, auch Wintersportler, nutzen das Gelände auf dem Teufelsberg für ihre Zwecke. Hier waren nach dem 2. Weltkrieg etwa 25 Millionen Kubikmeter Trümmerschutt abgeladen worden.

"Blockadesender" erinnert an Kalten Krieg

Für viele Menschen in der DDR war er eine „Freie Stimme der freien Welt". Und Generationen von Berlinern in West und Ost sahen in ihm eine Quelle aktueller Information und guter Unterhaltung. Die Rede ist vom Rundfunk im amerikanischen Sektor (RIAS), der in der Kufsteiner Straße im Bezirk Schöneberg seinen Sitz hatte.

Zu Sendebeginn am 7. Februar 1946 konnte man ihn nur als Drahtfunk im Berliner Telefonnetz empfangen. Gewissermaßen ein Sender für Lokales. Erst ab Mai 1947 bediente sich die westliche Rundfunkstimme aus der späteren Frontstadt zwischen zwei verschiedenen Weltsystemen eines fahrbaren Mittelwellensenders. Er stammte noch aus Beständen der Wehrmacht. Das geschah übrigens genau zwei Jahre nach Sendebeginn im Haus des Rundfunks in der Charlottenburger Masurenallee. Hier hatten deutsche Techniker und Journalisten unter Aufsicht russischer Offiziere schon unmittelbar nach Kriegsende ein pro-sowjetisches Programm ausgestrahlt.

Bekannt wurde der RIAS als ein amerikanisch verwalteter Sender erst richtig als "Blockadesender". In dieser Zeit der totalen russischen Sperre der Landwege nach West-Berlin nahm er im Juli 1949 mit einer Leistung von 100 Kilowatt den Betrieb auf. Auf der Mittelwelle konnte man ihn zwischen Kap Arkona und Fichtelberg in Ostdeutschland gut empfangen. Gelegentlich war ich auch einer seiner Hörer.

Ob die wöchentlichen „Schlager der Woche“ oder die Unterhaltungssendung „Allein gegen alle“, die „Stimme der Kritik“ oder die „Geschichten aus dem alten Berlin“ – man wusste im Osten sehr genau, wann welche RIAS-Sendung im Radio zu hören war. So gab es auch eine feste Hörerschaft quer durch die DDR. Berliner Hörer interessierte besonders die Sendung „Wo uns der Schuh drückt“, in der sich der Regierende Bürgermeister zu aktuellen Problemen der Stadt äußerte.

Über die Witze des Kabaretts „Die Insulaner“, deren Sendung am 5. Januar 1949 begann, weihte man als ostdeutscher Hörer lieber keine Mitwisser außerhalb der eigenen Familie ein. Denn als eines Tages Günter Neumann „auf einer einsamen Insel“ als Hilferuf für ein vorbeikommendes Schiff mit dem SED-Zentralorgan „Neues Deutschland“ Feuer anzünden und so auf sich aufmerksam machen wollte, sagte lakonisch ein weiterer Insulaner im RIAS: „Diese Zeitung brennt ja nicht. Sie kohlt doch nur.“ Solch ein Witz, wenn man ihn denn in der jungen DDR weitererzählt hat, galt strammen SED-Mitgliedern schon als Staatsverleumdung.

Dagegen konnten auch bis 1978 die etwa 80 Störsender der DDR-Behörden mit ihren Jaul- und Brummgeräuschen nicht viel ausrichten. Auf dem Erfurter Steiger stand eine solche Anlage, an der ich oft mit meinem Rennrad vorbeigefahren bin. Merkwürdigerweise musste sie wie die anderen Störsender in der ganzen DDR mit hohen Drahtzäunen und Stacheldraht vor Zugriffen aus der Bevölkerung gesichert werden. Der nach SED-Diktion als "Feindsender" eingestufte RIAS wich bei solchen Störungen innerhalb einer Minute auf eine andere Frequenz aus.

Auf 855 und 990 Kilohertz war er besonders beim Volksaufstand vom 17. Juni 1953 und am 13. August 1961, als die Grenzen zwischen Ost- und West-Berlin geschlossen wurden, sowie bei vielen anderen politischen

Ereignissen im Osten bis zur Wende ein von den Propagandisten des Ostens gehasster Sender. Plakate wie "Vorsicht, RIAS-Gift" und Schauprozesse gegen Hörer des Rundfunks sollten die DDR-Bürger einschüchtern. Diesen Personen wurde angebliche Agententätigkeit vorgeworfen, weil sie Briefe und Karten mit Musikwünschen oder Kommentaren zu politischen Sendungen nach West-Berlin geschickt hatten. Wie man heute weiß, waren die Stasi-Kontrolleure fast immer Mitleser einer solchen Post.

Was in all den Jahrzehnten technisch hinter dem weitreichenden "Blockadesender" stand und gut gehütet wurde, da von Anfang an Objekt der Begierde im Ministerium für Staatssicherheit, konnte jeder Besucher nach der Deutschen Einheit im Berliner Museum für Technik und Verkehr betrachten. In der Ausstellung "Vom Telegramm zum Fernsehbild 130 Jahre Nachrichtentechnik" bildete er das größte Exponat.

Kupferleitungen wie in einer Brauanlage

Der erste Eindruck: Die Handräder zur Feinabstimmung, die Isolationsstrecke und die Wasserzufuhr für die Röhrenkühlung sowie die Hochfrequenz-Endstufe ließen hier eher das Kraftwerk einer Kleinstadt vermuten. So riesig war das alles. Einer der Besucher verglich die vielen Kupferleitungen sogar mit einer Brauanlage.

Der Sender sei voll funktionsfähig, berichtete mir Professor Joseph Hoppe von der Abteilung Nachrichtentechnik. "Wir wollen aber hier nicht irgendeinen Sender zeigen, sondern einen, der mit der Geschichte Berlins und den Ost-West-Beziehungen eng verbunden ist. Mit ihm wurde Politik gemacht." Er werde aber wegen des Publikumsverkehrs und des hohen Energieverbrauchs nicht mehr betrieben.

Jedenfalls fand hier der interessierte Besucher rund 500 "Meilensteine" aus der Geschichte von Telefon, Radio und Fernsehen. Darunter so manche Kapitel bis zur Wiedervereinigung Deutschlands nach Jahrzehnten der militärischen Konfrontation in der geteilten Stadt. Als Rundfunkanstalt wurde der RIAS 1994 im Zuge der Wiedervereinigung aufgelöst. Danach erinnerte die RIAS Big Band Berlin als Nachfolger vom RIAS Tanzorchester als gemeinnützige GmbH an diesen traditionsreichen Namen aus dem ehemals geteilten Schauplatz Berlin.

Abschied der Alliierten aus Berlin

Im vereinten Berlin herrschte 1994 unter den alliierten Truppen Abschiedsstimmung. Nachdem Amerikaner, Briten und Franzosen fast 50 Jahre, besonders in Zeiten des Kalten Krieges mit den oft hochbrisanten

Ost-West-Konfrontationen, ein sicherer Freiheitsgarant für den Westteil dieser Stadt waren und dabei auch mit ihrer Anwesenheit den Menschen in der ehemaligen Sowjetischen Besatzungszone und späteren DDR Beistand vermittelt hatten, häuften sich die historischen Augenblicke der Wachablösung. 1994 verließen die drei westlichen Verbündeten wie auch die in Karlshorst stationierte Brigade der Westgruppe der russischen Truppen Berlin für immer.

Wie beim Flaggeneinholen der US Air Force auf dem Flughafen Tempelhof oder beim Gatow-Fest der Royal Air Force galt den einstigen Schutzmächten in diesen Tagen ein großes "Danke schön!" der Berliner. Zu ihrem Nationalfeiertag am 14. Juli konnten das 46. Französische Infanterie-Regiment und das 11. Regiment de chasseurs die letzte Parade im Norden Berlins abhalten. Dieser feierlichen Verabschiedung wohnten viele Tausende Berliner und andere Bundesbürger aus den alten und neuen Ländern bei.

Die zu dieser Zeit noch in Berlin weilenden 2 300 französischen Soldaten nahmen dann von ihren Kasernen im Quartier Napoleon Abschied. Eine Gendarmarie-Einheit verlegte als Erste mit dem "Train militaire de Berlin" in die Heimat. Dieser Zug verkehrte seit 1945. Er beförderte dreimal wöchentlich zwischen Strasbourg und Tegel Militärs mit ihren Familienangehörigen. Wie mir ein französischer Offizier berichtete, musste der Militärzug in all diesen Jahren nur ganz selten seine Fahrt durch Ostdeutschland unterbrechen. Das war während der Berlin-Blockade 1948/49 und bei einem späteren Reichsbahner-Streik in West-Berlin.

Mit den guten Erinnerungen an die freundschaftlichen Bande zu den einstigen Schutzmächten fand nur wenige Jahre später in Berlin ein Sporttreffen in Charlottenburg statt: Die besten Basketballmannschaften der Luftwaffen aus Belgien, England, Dänemark, den Niederlanden, den Vereinigten Staaten und Deutschland wetteiferten 1997 um den Meistertitel der ATAF (Allied Tactical Air Forces). Die musikalische Umrahmung lag in den Händen des Berliner Luftwaffenmusikkorps 4. Sehr zur Freude der gastgebenden 3. Luftwaffendivision stellte Berlins Landessportbund für das kleine Militärsportfest, das bei der Bevölkerung regen Anklang fand, die Sömmeringhalle zur Verfügung.

US-Streitkräfte

Amerikanische Flagge auf Flughafen Tempelhof eingeholt

Am 23. Juni 1994 holten die Sergeanten Benni Williams und Benny St. John in Tempelhof unter den Klängen der amerikanischen Hymne die US-

Flagge ein und überreichten sie dem Kommandanten des Flugplatzes, Oberst Gary L. Lindner. Damit endete ein bedeutsames Kapitel deutsch-amerikanischer Geschichte inmitten von Europa. Am 30. Juni wurde die Air Base geschlossen.

Generationen von US-Soldaten hatten hier mit militärischem Pflichtbewusstsein Zeichen gesetzt. Viele Anwesende erinnerten sich in dieser denkwürdigen Stunde auch an die Luftbrücke der Alliierten vor 45 Jahren, bei der, trotz sowjetischer Landblockade, mit fast 280 000 Flügen die notwendigen Versorgungsgüter in den Westteil der geteilten Stadt befördert worden waren. "Unsere Arbeit ist vollbracht", erklärte Oberst Lindner. Dann übergab er den symbolischen Flughafenschlüssel den deutschen Behörden.

Zu den bekannten militärischen Einrichtungen der Amerikaner in Berlin zählte auch der Checkpoint Charlie in der Friedrichstraße. Hier war zwischen 1961 und 1990 der Grenzübergang zum sowjetischen Sektor, genauer in den Bezirk Mitte in der DDR-Hauptstadt. Passieren konnten diesen Kontrollpunkt nur alliierte Militär- und Botschaftsangehörige, Ausländer und Mitarbeiter der Ständigen Vertretung der Bundesrepublik in der DDR.

Schlagzeilen von hier gingen nach dem 13. August 1961, als die DDR alle Zugänge nach West-Berlin abgeriegelt hatte, um die Welt: Es kam, wie schon erwähnt, am 27. Oktober 1961 zu einer direkten Konfrontation zwischen sowjetischen und amerikanischen Panzern. Diese Gefechtsfahrzeuge, das wurde später von hohen Politikern und führenden Militärs beider Seiten bestätigt, waren voll aufmunitioniert. Bei einem Einsatzbefehl hätte dieses Scharmützel die Schwelle eines lokalen Konflikts überschritten und wäre der Auslöser für einen neuen Weltkrieg geworden. Diesmal unter Einsatz nuklearer Gefechtsfeld- und strategischer Waffen von beiden Seiten.. Nur einen Monat später, bei einer weiteren Berlin-Krise, verlegten die USA kurzfristig mehr als 200 Kampfflugzeuge als Einsatzreserve nach Frankreich.

Bei all diesen Aktionen waren Versuche der DDR und der Sowjetunion Anlass, alliierte Rechte an dieser Nahtstelle zwischen beiden Weltsystemen einzuschränken. Mehrere Male unternahmen in direkter Nähe dieses Übergangs Ost-Berliner mit und ohne Fahrzeug einen Fluchtversuch. Umso größer war ab 9. November 1989 für die Bewohner von Ost und West die Freude, als sie nach dem Fall der Mauer ungehindert diesen Kontrollpunkt, im Sprachgebrauch der DDR-Offiziellen „Grenzübergangsstelle“, passieren durften. Heute ist der ehemalige Checkpoint Charlie für Besucher aus aller Welt einer der meistbesuchten Orte in der deutschen Hauptstadt.

Bis zum Abzug der alliierten Truppen dienten mehr als 100 000 amerikanische Soldaten und Soldatinnen in der Berlin Brigade. Im Durchschnitt betrug deren Mannschaftsstärke etwa 6 000 GIs. Sie verfügten über Panzer und Artillerie sowie über Hubschrauber, Aufklärungsflugzeuge und Transportmaschinen. Ihre Kasernen trugen Namen wie McNair, Andrews, Rossevelt und Turner Barracks.

Eine gleichnamige Stiftung, 1994 vom Land Berlin gegründet, widmet sich heute der Pflege der deutsch-amerikanischen Beziehungen unter besonderer Berücksichtigung der Hilfe und Unterstützung der USA für die Stadt. So fanden mit ihrer Initiative seither weit über 300 deutsch-amerikanische Projekte statt.

Dahlemer AlliiertenMuseum: Aus Feinden wurden Freunde

An die fast 50-jährige Präsenz der Schutzmächte in Berlin erinnert in Dahlem das AlliiertenMuseum. Unter dem Motto „Aus Feinden wurden Freunde" zeigt es im früheren US-Soldatenkino „Outpost" und im angrenzenden Freigelände an der Clayallee viele Sachzeugen sowie Wort- und Bilddokumente über wichtige politische und militärische Ereignisse in der geteilten Stadt. So über die Berliner Luftbrücke 1948/49, zu der im Jubiläumsjahr 2009 etwa 72 000 Besucher hierher kamen, und andere Berlin-Krisen in den Zeiten des Kalten Krieges. Weiterhin befinden sich auch einige Großprojekte wie der letzte der einst 39 in Berlin stationierten AMX 30-Panzer der Franzosen unter den Exponaten.

Vor allem spiegelt sich hier das enge Verhältnis der Berliner zu ihren Schutzmächten vor dem Hintergrund der besonderen Situation ihrer Stadt im Zusammenhang mit dem Ost-West-Konflikt und seinen Auswirkungen wider. Wo bis 1994 die neuesten Filme aus Hollywood gezeigt wurden, lange vor ihrer Deutschland-Premiere, begegnet heute der Besucher in interessanten Ausstellungen wertvolle Sammlungsstücke West-Berliner Geschichte mit Originalobjekten aus dem Bereich Militaria. Sie stammen von den amerikanischen, britischen und französischen Streitkräften. Darunter Kampfanzüge, Helme, Mützen, Ordensspangen und mehr als 200 Uniformjacken.

Im Bildarchiv findet man viele Tausende Fotos über den militärischen Alltag und das Leben in den Garnisonen. Hier erinnern etwa 1 000 Fotografien an die „Arbeit" der Militärverbindungsmissionen, die in der sowjetischen Besatzungszone beziehungsweise DDR gemacht wurden.

Viele Schilder wie das bekannte „You are leaving the American sector" an den Sektorengrenzen oder aus den Hauptquartieren, Schulen und Supermärkten erzählen ebenso wie die Wappenschilder militärischer Einheiten und Orientierungsschilder aus den Kasernen von den früheren Schutzmächten.

Unter den großen Exponaten des Museums, das mit Unterstützung des Deutschen Historischen Museums aufgebaut wurde, befinden sich ein Stück der Berliner Mauer samt Wachturm, der britische „Rosinenbomber" Hastings TG 503 und der Speisewagen des französischen Militärzuges. Von den Briten kamen ein gepanzerter Mannschaftswagen und ein Aufklärungsfahrzeug „Ferret Scout Car". Die Amerikaner überließen dem Museum einen Hubschrauber mit dem Namen „Spirit of Steinbrücken". Einen weiteren Hingucker bildet hier die Kontrollbracke der alliierten Militärpolizei vom Übergang „Checkpoint Charlie" in der Friedrichstraße.

Großes Besucherinteresse an dieser Einrichtung, die sich unter Gründungsdirektor Dr. Helmut Trotnow mit ihrer einzigartigen Sammlung von Erinnerungsstücken an die Alliierten in der Berliner Museumslandschaft etabliert hat, finden gleichfalls die regelmäßigen Sonderausstellungen. So in der Vergangenheit „Wie ein Pulverfass! Berlin-Krise und Mauerbau", „Revisited: Standorte der Alliierten in Berlin", bei der 15 Gebäude und Orte im Mittelpunkt standen, die einst von den Alliierten genutzt und mit Bustouren erkundet wurden, „Wall Patrol Die Westmächte und die Berliner Mauer 1961-1990" oder „Fair Play. Die Alliierten und der Sport".

Die jüngste steht unter dem Motto „Sieger, Befreier, Besatzer: Deutsche Juden im Dienst der Alliierten". Diese Sonderschau würdigt die vielen deutsch-jüdischen Flüchtlinge, die im 2. Weltkrieg auf der Seite der Anti-Hitler-Koalition gekämpft haben. Der bekannte Schriftsteller Stefan Heym (1913-2001), nach seiner Emigration amerikanischer Staatsbürger, diente damals in einer Einheit der Psychologischen Kriegführung und nahm an der Invasion in der Normandie teil. Auch er war im Nazi-Deutschland verfolgt worden und kehrte als Befreier zurück. Neben unbekannten Schicksalen stehen weiterhin Biographien von Prominenten wie des Friedensnobelpreisträgers Henry Kissinger im Fokus der Ausstellung.

Zum 20. Jahrestag der Deutschen Einheit kamen auf Einladung die drei Stadtkommandanten der Westmächte mit ihren Ehefrauen noch einmal nach Berlin zurück. Generalmajor Raymond E. Haddock (USA), Generalmajor Sir Robert Corbett (Großbritannien) und Generalleutnant Francois Cann (Frankreich) hatten im Oktober 1990 die Alliierte Kommandantur aufgelöst und so formell den völkerrechtlichen Sonderstatus von West-Berlin beendet, berichtete Direktorin Dr. Gundula Bavendamm.

„Es war bewegend zu erleben, wie sehr sich diese Menschen Berlin und Deutschland bis heute verbunden fühlen." Eine der künftigen Herausforderungen des AlliiertenMuseums müsse nun sein, „wie wir die nach 1989 Geborenen erreichen, für die der Kalte Krieg nicht erlebte Zeitgeschichte ist, sondern in ferner Vergangenheit liegt".

Britische Streitkräfte

Pauken und Trompeten für Royal Air Force

Für die Royal Air Force, 1918 als eine der ersten von Heer und Marine unabhängigen Teilstreitkräfte der Welt gegründet und mit 450 Kampfflugzeugen in 61 Staffeln eine der Nato-Stützen in Mitteleuropa, ging hier ein wichtiges Kapitel der Nachkriegsgeschichte zu Ende: Nach fast 49 Jahren Aufenthalt in Berlin verabschiedete sie sich bei einer Parade auf dem Flughafen Gatow mit Pauken und Trompeten offiziell aus der deutschen Hauptstadt.

Unter dem Motto "Salute to Berlin" hatte die britische Royal Air Force zum letzten Mal auf den Militärflughafen Gatow eingeladen. 80 000 Besucher kamen. Von den 70 ausgestellten Maschinen beeindruckten bei Jung und Alt besonders die Oldtimer wie der "Rosinenbomber" Douglas DC-3. Dieser Kriegsveteran hatte bereits 1936 als Typ seinen Jungfernflug. Auch die Junkers Ju 52, im Volksmund liebevoll "Tante Ju" genannt, erlebte schon 1930 ihren Erstflug. In diesen Transportmaschinen unternahmen zu diesem feierlichen Anlass viele Flugzeugfans eine "Kurzreise" über Berlin.

Ebenso konnten der einsitzige Senkrechtstarter Harrier GR 7, das zweistrahlige Schwenkflügel-Kampfflugzeug Tornado und das Tankflugzeug Squadron mit einer 85 000-Liter-Kapazität während der Schau bewundert werden. Die Militärmaschinen der Amerikaner, Franzosen und Deutschen, darunter eine orangefarbene Canberra aus dem Luftwaffenmuseum, fanden jedenfalls reges Interesse beim zivilen Publikum. Die russische Luftwaffe präsentierte den größten Hubschrauber der Welt. Nachdem die Briten Ende 1994 aus Gatow abgezogen waren, verlegten der Stab der Luftwaffendivision aus Strausberg, das Luftwaffenmuseum aus Uetersen bei Hamburg und weitere Bundeswehreinheiten, unter ihnen das Berliner Luftwaffenmusikorps, hierher.

Damals erhielt die Königliche Luftwaffe für ihre treue Pflichterfüllung beim Schutz der Menschen im einst geteilten Berlin vor hunderten Ehrengästen und vielen Berlinern das Fahnenband der Stadt. Es war ihr vom Regierenden Bürgermeister, Eberhard Diepgen, verliehen worden.

Obwohl als Jahrgang 1941 „ungedient", fungierte er an diesem Tag als "inspizierender Offizier" in einer militärischen Funktion - eigentlich eine hohe Wertschätzung für den Regierenden. Zugegen war der Oberbefehlshaber des Royal Air Force Strike Command, Air Chief Marshall Sir John Thomson.

Auch der Hintergrund dieses Zeremoniells wurde diesem historischen Augenblick gerecht: drei Transportflugzeuge, ein VC-10-Tankerflugzeug, eine Dominie und eine Jet-stream, alle bisher in Gatow zu Hause, hatten laut militärischem Protokoll "Aufstellung genommen". Hubschrauber vom Typ Gazelle aus dem Army Air Corps überflogen das Gelände.

Mit dieser Feierlichkeit erlebte der Fliegerhorst im Berliner Südwesten einen weiteren Höhepunkt deutsch-britischer Zusammenarbeit und Freundschaft. Sie begann in der Besatzungszeit. Nachdem zu Kriegsende die Sowjetarmee das 1934 errichtete Luftwaffengelände mit einer Pilotenschule der Wehrmacht besetzt hatte, übernahmen es die britischen Alliierten am 2. Juli 1945. Vormittags landete die erste Maschine der RAF in Gatow.

Aus der einstigen Graspiste wurde ab März 1947 eine Start- und Landebahn aus Beton. Auf ihr starteten und landeten während der Blockade West-Berlins durch die Sowjets zwischen dem 26. April 1948 und dem 12. Mai 1949 zehntausende Maschinen. Von hier sowie von den Flughäfen Tempelhof und Tegel flogen in dieser Zeit amerikanische, britische und französische Piloten insgesamt 2,3 Millionen Tonnen lebenswichtige Güter in die Stadt. In die Schlagzeilen geriet Gatow erneut am 18. Mai 1965 beim ersten Besuch der Queen gemeinsam mit ihrem Gemahl Philip in Berlin. Einer der Höhepunkte: Ein britisches Militärorchester paradierte vor der Königin.

Die Zukunft dieses traditionsreichen Geländes war nach Auskunft des stellvertretenden Luftwaffeninspekteurs Generalleutnant Bernhard Mende "nicht die eines Flugplatzes. Wir werden bis auf gelegentliche Hubschrauberlandungen und ganz normale Transporte den Flugplatz nicht mehr als solchen nutzen." Eine Botschaft, die die Anwohner mit Freude aufgenommen haben.

Die Rollbahn wurde nun zur Ausstellungsfläche für das Luftwaffenmuseum, das von Appen in Schleswig-Holstein hierher verlegte. Dann erhielt der legendäre „Rosinenbomber" DC 3 aus der britischen "Operation Plainfare" (Unternehmen Hausmannskost) weitere berühmte Gesellschaft. Darunter befanden sich Flugapparate wie ein Gleiter des Berliner Pioniers der Luftfahrt Otto Lilienthal, der als erster Mensch Strecken bis zu 25 m schaffte, ein Starfighter als „Erinnerungsstück" an die zwischen 1960 und 1991 in der Bundeswehr eingesetzten Loockheed-Kampfflugzeuge F-104 und viele andere Oldtimer.

Außerdem zog noch das Kommando der 3. Luftwaffendivision unter Generalmajor Jürgen Höche auf das 202 Hektar große Areal zwischen den Stadtteilen Kladow und Gatow. Hier fanden dann auch ein Musikkorps der Luftwaffe und weitere Bundeswehreinheiten ein neues Zuhause. Heute ist ein Teil des früher 440 Hektar großen Geländes ein sehr beliebtes Wohngebiet. Auch ein Zeichen der Konversion, wenn Militärgelände wieder friedlichen Zwecken dient.

Auch das britische Regiment "The Gordon Highlanders" pflegte freundschaftliche Bande zu den Berlinern. Deshalb ehrte es der gastgebende Bezirk Charlottenburg mit der Auszeichnung "Freedom of Charlottenburg". Der Truppenteil, 1949 erstmalig in der Stadt stationiert, paradierte am 5. März zum Abschied mit fliegenden Fahnen und aufgepflanztem Bajonett durch Charlottenburg. Ein Videoband mit dieser Zeremonie, von Berlinern gefilmt, erhielt Oberst Ian Chant-Sempill von Bezirksbürgermeisterin Monika Wiesel vor der Rückverlegung am 7. April 1994. Dazu hatte sie den Kommandeur dieser Truppe, die im Juni in Edinburgh ihr großes Jubiläum beging, ins Rathaus eingeladen und „die Freundschaft zu den Soldaten im Schottenrock" gewürdigt.

Das Regiment mit 200-jähriger Geschichte (1794 hat es Herzog von Gordon aufgestellt) war von der Teilnahme an zahlreichen Schlachten wie in Ägypten oder Indien geprägt. In ihren Reihen dienten die "besten Soldaten der Welt", hieß es in einer Erklärung der Alliierten. "Dies spiegelt die Eigenschaften von Mut, Fertigkeit und Entschlossenheit wider, die die Merkmale der schottischen Soldaten sind." Während des 1. Weltkrieges umfasste das Regiment 50 000 Soldaten, von denen 29 000 ihr Leben verloren oder verwundet wurden. Im 2. Weltkrieg kämpfte es in der Sahara-Wüste bei El Alamein, auf Sizilien und war an der Invasion in Europa beteiligt. 1948 wurde das Regiment auf ein Bataillon reduziert und Bestandteil der Britischen Rheinarmee in Deutschland. Ein Jahr später, gleich nach der Berlin-Blockade, gehörten die "Highlanders" zur Berliner Garnison.

Für ihren "Einsatz für Frieden und Freiheit" verlieh ihnen der Bundesminister der Verteidigung anlässlich des Abzugs der ausländischen Truppen aus Deutschland auf der Grundlage des Zwei-plus-Vier-Vertrages ein Fahnenband als hohe Auszeichnung. Sie nahm Generalinspekteur General Klaus Naumann am 23. Februar 1994 während eines feierlichen militärischen Zeremoniells im Hauptquartier der britischen Berlin-Brigade in den Kasernen am Olympiastadion in Berlin-Charlottenburg vor. Der ranghöchste Soldat der Bundeswehr dankte ihnen und allen 150 000 britischen Militärangehörigen, die in Berlin ihren Dienst versehen hatten, für ihren Beitrag zur "Freiheit für diese Stadt und die Glaubwürdigkeit der Allianz".

Gleichfalls wurde diese Ehrung dem Hauptquartier der Berliner Infanteriebrigade mit dem Signal Squadron, dem 1. Bataillon des königlichen Lancashire Regiments und den administrativen Diensten zuteil. Das sei zugleich eine "hohe Anerkennung" für den Dienst all der 80 Regimenter, Bataillone und Einheiten in dieser Stadt, versicherte der Kommandeur der Berlin-Brigade, Brigadegeneral David Bromhead. Er bezeichnete die Fahnenbänder auch als ein "Symbol unserer ständigen engen Freundschaft und Verbundenheit mit der Bundeswehr".

"Rote Mützen" verabschiedeten sich aus Berlin

Die "Roten Mützen" der Royal Military Police, der britischen Militärpolizei, verkörperten in Berlin nahezu fünf Jahrzehnte die Symbole von Besatzungs- und späterer Schutzmacht. Vor allem während der Luftbrücke der befreundeten Alliierten 1948/49 und nach dem Mauerbau 1961 bis zum Fall 1989 leisteten die "MP" der Briten in der Berlin Infantry Brigade wirksam ihren Beitrag zur Freiheit der einst geteilten Stadt. Gemeinsam mit Amerikanern und Franzosen sicherten sie den Checkpoint Charlie, patrouillierten ständig entlang der DDR-Grenzanlagen.

Die 247. Kompanie der britischen Truppen, die mit diesen wichtigen Aufgaben auch zum Schutz der eigenen Kasernen gemeinsam mit einer deutschen Sicherheitseinheit in den Uniformen der Briten bedacht war, gehörte dann nicht mehr zum Berliner Stadtbild. Sie nahm mit einer Parade im eigenen Hauptquartier am Olympia-Stadion am 7. April 1994 Abschied von ihrem Standort an der Spree. Zugegen waren Veteranen beider Einheiten.

Brigadegeneral Iain Cameron ging dabei noch einmal "auf die Probleme mit der anderen Seite in den vergangenen Jahren" ein. Was ihn und seine Soldaten auch künftig an die Stadt erinnern werde, sagte er, "sind aber die Menschen, die Freundschaft der Berliner und die Hilfe der Berliner Polizei. Was bleibt, ist eine gute Erinnerung an Berlin."

Vertreter der deutschen Hauptstadt dankten in dieser Stunde den Militärpolizisten in den Reihen der einst 3 600 Mann starken britischen Berlin-Brigade für ihren Dienst. Dieser hatte im Juli 1945 begonnen, als der Kommandierende General der 7. Panzerdivision ("The Desert Rats"), Generalmajor Lewis D. Lyne, mit einem Vorkommando von Braunschweig kommend hier eintraf. Der erste Befehl für die damaligen Militärpolizisten lautete: Innerhalb von 48 Stunden sollten die Marschrouten zu allen Kasernen und Anlagen im britischen Sektor markiert sein. Viel Arbeit gab es auch beim Eintreffen der britischen Hauptkräfte. Ab 1956 gehörte die Autobahnkontrolle in Helmstedt zur 247. MP-Kompanie.

Die Roten Mützen werden "für immer mit der Berliner Mauer in Verbindung gebracht", erklärte aus diesem Anlass die Führung der britischen Streitkräfte in Berlin in einer Pressemitteilung. "Vom Tage der Entstehung bis zu deren Fall sind Mitglieder der Einheit Patrouillen entlang der Mauer gefahren. Sie standen am Checkpoint Charlie Wache und waren die verantwortliche Militärpolizei im britischen Sektor. Für viele Berliner waren die Roten Mützen der Royal Military Police lange Zeit ein Wahrzeichen für die Präsenz der britischen Armee in Berlin."

Militärpolizisten hatten Frieden in Europa "in der Hand"

Was dieser Dienst, vor allem in der Zeit des Kalten Krieges, bedeutete, beschrieb der bekannte britische Nachrichtensprecher Richard Dimbleby 1952 nach seinem Berlin-Besuch über einen namenlosen Militärpolizisten. Dieser hatte einen feindlichen Übergriff an der Demarkationslinie in West-Berlin verhindert. "Die Begebenheit hat für ihn natürlich keine Bedeutung. Er hat nur allzu oft mit den Russen zu tun und hat zu viele explosive Vorfälle geregelt, um über Feldstecher, Stabswagen und Beobachtungsflugzeuge besorgt zu sein. Ich glaube, es ist nicht übertrieben zu sagen: Dieser entschlossene und couragierte Mann hat mehr als einmal den Frieden in Europa, ja in der gesamten Welt, in seinen Händen gehalten."

Nachfolger der britischen und anderen alliierten Militärpolizei in Berlin wurden die Feldjäger der Bundeswehr. Ihr erster Kompaniechef, Hauptmann Andreas Schummert, kehrte mit der Bundeswehr nach der Wiedervereinigung wieder in seine Heimatstadt zurück und nahm an diesem Zeremoniell teil. "Als 'alter' Berliner sehe ich den Abzug mehr mit einem 'weinenden' Auge, zumal doch gewissermaßen ein Verlust in der Farbe der Stadt eintritt." Der 31-jährige Offizier und Diplom-Pädagoge stammt aus Steglitz. Ihn hatte es wie nicht wenige Berliner aus dem Westteil der Stadt in den vergangenen Jahrzehnten zum Bund nach Westdeutschland gezogen.

Ex-NVA-Soldaten lernten westliche Militärpolizisten kennen

Was aber das Dienstliche betreffe, "so hatten wir von Anfang an einen sehr engen Kontakt zu den britischen 'MP'. Sie haben uns vielfältig unterstützt, beispielsweise mit Sportstätten", sagte er mir zur engen Zusammenarbeit. "Uns, die aus dem Westen gekommen waren, lag auch viel daran, gerade unsere Bundeswehr-Kameraden aus der ehemaligen Nationalen Volksarmee mit britischen, amerikanischen und französischen Militärpolizisten ins Gespräch zu bringen."

Auf die künftigen Aufgaben der Feldjäger angesprochen, meinte der Offizier, da die Bundeswehr "nun sehr viel weniger Truppen als die Alliierten in Berlin hat, ist auch unser Aufgabenbereich geringer. Aber dennoch wichtig und interessant."

Die 120 Feldjäger unter Hauptmann Schummert kontrollierten Fahrzeuge der Bundeswehr, die nun wie selbstverständlich zum Straßenbild der Hauptstadt gehörten, oder begleiteten Märsche von Einheiten. Ebenso waren sie im Streifendienst unterwegs.

Französische Streitkräfte

Französische Alliierte sagen „Adieu" und „Merci, Berlin"

Nach fast 50-jährigem Beistand für die Berliner, zuerst als Besatzungs- und dann die meisten Jahre als befreundete Schutzmacht, sagten 1994 die französischen Truppen „Adieu" und „Merci, Berlin". Was am 3. Juli 1945 mit der Vorausabteilung der 1. Panzerdivision unter Generalmajor Geoffroi-Marie-Otton du Bois de Beauchesne in Wittenau noch unter dem Eindruck des soeben beendeten 2. Weltkrieges begonnen hatte, endete am 27. März 1994 mit einer großen Abschlussparade. Beteiligt waren etwa 700 Soldaten. Für Brigadegeneral Jean Brullard als Befehlshaber der Französischen Streitkräfte in Berlin Anlass, offiziell "das Ende unserer Kampfbereitschaft" zu verkünden. „Meine Soldaten sind stolz. Ihre Mission ist beendet."

Dann feierten die Soldaten und ihre Familien im Reinickendorfer Ortsteil Tegel in der Berliner Straße in einem Volksfest mit französischem Flair rund um einen zehn Meter hohen Mini-Eifelturm aus Holz gemeinsam mit den Berlinern das Ende einer erfolgreichen Mission und den Abschied. Mehr als 150 000 Besucher erfreuten sich in diesem Festgewimmel bei französischen Speisen und Trank und begeisternder Musik. Blaue, weiße und rote Luftballons symbolisierten an den Straßen die Verbundenheit mit den ehemaligen französischen Schutzmächten. Am Abend wurde die deutsch-französische Abschiedsfeier mit einem Feuerwerk über den Tegeler Hafen gekrönt.

Mehr als 120 000 meist junge Franzosen hatten in all den Jahren ihren Militärdienst in Berlin geleistet. Die ersten zogen am 12. August 1945 im Quartier Napoleon ein, der ehemaligen Göring-Kaserne. Am 1. Juli 1946 wurde die erste Gendarmerie-Abteilung formiert. Am 4. November 1947 verlegte das 46. Infanterieregiment nach Berlin, wo es sich schon 1808 mit Napoleons Grande Armee aufgehalten hatte.

Im Jahr der Blockade Berlins durch die Sowjetarmee bauten französische Soldaten mit Tausenden West-Berlinern in nur 92 Tagen auf dem Flughafen Tegel eine 2 400 Meter lange Start- und Landebahn. Dadurch konnten täglich bis zu 360 Flugzeuge lebenswichtige Güter aus den Westzonen hierher bringen. Unvergessen bleibt den Berlinern in diesem Zusammenhang General Jean Ganeval, damals Stadtkommandant im Französischen Sektor.

Ab 1968 bildeten die Franzosen eine Kampftruppe in Berlin

Das waren weitere militärische Eckdaten der Franzosen in Berlin: Im August 1949 wurde die 11. Panzerspähwagengruppe zusammengestellt, aus der später das 11. Jägerregiment hervorging. Mit der neuen militärischen Gliederung der Französischen Streitkräfte ab 1968 gab es hier auch eine Kampftruppe. Sie unterstand direkt dem Befehlshaber. Bis zum Tag der Deutschen Einheit verfügte Frankreich im Jägerregiment AMX-Panzer, im Infanterieregiment VAB-Schützenpanzer und mehrere Iltis-Geländewagen sowie das 110. Pionierbataillon, Gendarmerie und Stab. Außerdem die 165. Luftwaffenbasis in Berlin - zusammen etwa 2 800 Soldaten.

Den direkten Kontakt zu ihrer Heimat pflegten die französischen Alliierten auch mit ihrem Militärzug. Er fuhr dreimal in der Woche von Berlin nach Strasbourg. Dieser Zug verkehrte regelmäßig seit 1945 bis zum Sommer 1994 mit jährlich etwa 100 000 Passagieren. Die Fahrt durch die DDR verlief laut Zugbegleiter reibungslos, nur am Grenzübergang Marienborn zog man an den Fenstern der Waggons die Rollos herunter.

Gab es unmittelbar nach der Zerschlagung der nationalsozialistischen Gewaltherrschaft noch vielerorts Vorurteile in Berlin zwischen französischen Besatzern und Bevölkerung, einstigen Kriegsgegnern, so wurden diese im Laufe der Jahre abgebaut und wandelten sich in vielfältige Freundschaftsbande. Es gab auch Patenschaften mit den Gastgebern. Wenn neue Rekruten zu ihrem zehnmonatigen Dienst nach Berlin einberufen wurden, waren sie stets Gäste der Bezirksbürgermeister.

Die letzten 102 Neuen des 11. Jägerregiments trugen sich bei einem solchen Treffen im Rathaus Reinickendorf am Eichborndamm ins Gästebuch ein, in dem sich auch Frankreichs Staatspräsident Francois Mitterrand verewigt hatte. Anwesend waren beim Empfang durch Bürgermeister Detlef Dzembritzki (SPD) auch der Oberkommandierende der französischen Streitkräfte, General Jean Brullard, und Regimentskommandeur Colonel Patrick Chanoine.

Vielen Berlinern gut bekannt war die Musikkapelle des 46. Infanterieregiments. Ob am Tag der Offenen Tür, bei deutsch-französischen Festen oder bei Zeremoniellen hat sie mit einem Repertoire von klassischer Militärmusik bis hin zur Folklore in all den Jahren ihr Publikum begeistert. Nie haben sich die französischen Militärs hinter den Kasernenmauern „versteckt"; sie waren immer Teil dieser Stadt, schätzte der Bürgermeister von Wedding, Jörg-Otto Spiller (SPD), ein. Er hatte 1961 sein Abitur am Französischen Gymnasium in Berlin gemacht. Im Rathaus-Foyer von Wedding hängt heute das Wappen des 46. Infanterieregiments mit den Worten: „Wir danken dem Regiment für den Schutz unserer Freiheit und seine Verbundenheit zu unserem Bezirk.". Nach dem Abzug aus Berlin wurde es im Rahmen der internationalen Abrüstung aufgelöst.

Neben offiziellen Kontakten gab es viele private Beziehungen der Soldaten zu den Bürgern der Stadt. Man traf sich bei Sport und Spiel, pflegte gemeinsam die Kultur beider Länder. All das trug dazu bei, wie Berlins Regierender Bürgermeister Eberhard Diepgen bei der Abschiedsparade betonte, dass aus Besatzern und Beschützern in dieser Zeit Freunde und "Botschafter Berlins in ihrer Heimat" geworden sind. Dafür „ein ganz dickes, herzliches Dankeschön". „Hier wurde nicht nur die Freiheit des westlichen Teils von Berlin, sondern die Freiheit Europas und das Selbstbestimmungsrecht der Menschen an vorderster Front verteidigt." Diepgen: „Die Soldaten gehen, aber unsere Freundschaften bleiben."

Ein begehbares Denkmal „Berlin dankt Frankreich" vom Schweizer Bildhauer Max Bill an der ehemaligen französischen Kaserne „ Quartier Napoleon" erinnert seit 1994 an die einst in Reinickendorf und Wedding stationierten Französischen Streitkräfte. Die eckigen Granitsäulen vereinen die deutsche Flagge und die Trikolore in Verbundenheit beider Länder.

Generalinspekteur: Wachsamkeit bleibt der Preis der Freiheit

Das Bundesverteidigungsministerium nahm den Abzug der französischen Truppen aus Berlin zum Anlass, dem 46. und dem 11. Regiment sowie der Luftwaffenbasis 165 das Fahnenband der Bundesrepublik Deutschland zu verleihen. Darin hieß es zur Begründung: "In Anerkennung der in Deutschland zur Erhaltung von Frieden und Freiheit geleisteten Dienste".

Die Auszeichnung nahm am 26. März 1994 der Generalinspekteur der Bundeswehr, General Klaus Naumann, bei Abschiedsfeierlichkeiten im Quartier Napoleon am Kurt-Schumacher-Damm vor. Anwesend war auch der Generalstabschef der Französischen Armee, Admiral Jaques Lanxade, der im Hauptquartier eine interne Militärparade mit 30 Panzern und 80 leichten Schützenpanzern abnahm. Unter den Ehrengästen: der Berliner Standortkommandant der Bundeswehr, Brigadegeneral Hasso Freiherr von Uslar-Gleichen, sowie Generale der westlichen Alliierten und der russischen Westgruppe.

Naumann: .„Diese Übergabe ist für uns Deutsche, insbesondere für die Berliner, Ausdruck unserer aufrichtigen Dankbarkeit für den nahezu 50-jährigen Beistand durch französische Soldaten. Sie haben seit 1945 einen sehr wichtigen Beitrag für die Freiheit dieser Stadt und damit für ganz Deutschland geleistet." Deutsche und Franzosen würden auch künftig „Schulter an Schulter zusammenstehen in einem Europa voller Ungewissheiten, aber auch voller Hoffnungen. Dabei bleibt das Motto 'Wachsamkeit ist der Preis der Freiheit' gültig."

Bundeswehr übernahm französische Kasernen

Mit einigen militärischen Zeremoniellen übernahm in Berlin die Bundeswehr Kasernen der französischen Streitkräfte. In Tegel, wo Franzosen und West-Berliner während der Blockade 1948/49 eine neue Start- und Landebahn errichtet hatten und der Fliegerhorst Base Aerienne 165 stationiert war, begann die 3. Lufttransportstaffel der Flugbereitschaft des Bundesverteidigungsministeriums ihren Dienst. Mit Luftfahrzeugtypen wie Boeing 707, Airbus A 310, VFW 614 und Hubschrauber Mi-8 sicherte der Verband den Lufttransport für die Bundesregierung und die Mitglieder des Deutschen Bundestages.

Die Bundesdienstflagge wehte nun ebenfalls über dem Quartier Napoleon in Wedding. Neuer Hausherr wurde das Verteidigungsbezirkskommando 100 / Standortkommandantur Berlin der Bundeswehr. Zuvor war die Trikolore von Oberst Jean Rousselet eingeholt worden.

Anfang 1995 erhielt die riesige Kasernenanlage auf einem feierlichen Akt mit Altbundeskanzler Helmut Schmidt (SPD) den Namen des von den Nazis ermordeten Sozialdemokraten Julius Leber.

Postalische Erinnerungen an Alliierte

Für die deutschen Philatelisten, besonders in Berlin, war der Abschied von den Alliierten Truppen in gewisser Weise mit Wehmut verbunden. In all den vergangenen Jahren bestanden freundschaftliche Bande zwischen Sammlern und den Poststellen dieser Streitkräfte in West-Berlin. Bei vielfältigen Gelegenheiten wie Straßenfesten und Flugvorführungen gab es wunderschön gestaltete Ganzsachen oder andere Drucke zu kaufen. Diese zeugten mit militärischen und historischen Motiven aus jüngster oder älterer Vergangenheit von den guten Beziehungen zu den Schutzmächten. Manche dieser Sondersachen sind heute begehrte Sammlerstücke.

So präsentierte sich die Direktion Postdienst Berlin auf dem Flugplatz Berlin-Gatow zum 45. Jahrestag der Beendigung der Luftbrücke während der Tage der Offenen Tür im Juni 1993 mit ihrem Sammler-Service. „Ich danke der Royal Air Force für die gute Partnerschaft und den Schutz der Berliner Bevölkerung in Krisenzeiten“, erklärte Präsident Dieter Wöhlert auf einem Faltblatt mit einer Sondermarke des Luftschiffkonstrukteurs Ferdinand von Zeppelin (1838-1917) und einem Sonderstempel zu diesem Ereignis.

Das British Forces Post Office in Berlin hatte in Erinnerung an das Ende der Luftbrücke am 12. Mai 1949 im Jahr 1982 eine Ganzsache mit abgestempelten britischen Marken und dem Sonderstempel „Flown by at the Luftbrücke Parade“ herausgegeben. Das in einer Auflage von 2 000 Stück. Jedes Exemplar trug auf der Rückseite eine Zertifizierung, bestätigt vom Sekretär der Sammlergemeinschaft der RAF Gatow. Ich besitze die Nummer 257.

An den Besuch des französischen Staatspräsidenten am 10. Oktober 1985 in Berlin und im „Quartier Napoleon“ erinnert eine Ganzsache mit einem Porträt von Francois Mitterand, die von der dortigen Sektion „Liphi“ der Militärs herausgegeben wurde. Abgestempelt und befördert wurde sie vom Bureau Postal Militaire. In Berlin war es das BPM 600 in Reinickendorf. Seit dem 3. September 1945 nutzten mehr als 120 000 französische Soldaten dieses kleine Postamt als das wohl bekannteste der insgesamt 16 der Franzosen in Deutschland. Das erste nahm am 29. März 1945 hier seine Tätigkeit auf.

Eine herzliche Begegnung hatte ich damals mit dem „Chef de Bureau“, Hauptmann Christian Dhers. In seinen 14 Dienstjahren als Militärpostler führten ihn viele Einsätze ins Ausland, so in den Libanon, während des ersten Golf-Krieges nach Kuwait und zuletzt nach Jugoslawien. „Man muss bei solchen Einsätzen viel improvisieren, manchmal unter Gefahr“, berichtete er.

Auch ihm fiel der Abschied aus der deutschen Hauptstadt schwer, wie er mir versicherte. Nicht nur wegen seiner verantwortungsvollen Tätigkeit, sondern auch „wegen der vielen guten Kontakte". So zu den Sammlern Spandaus und zu den Jung-Philatelisten aus der Victor-Hugo-Schule, die hin und wieder mit Unterstützung des BPM Französisch-Deutsche Briefmarkenausstellungen organisierten. Gewissermaßen als kleines Dankeschön für meinen Bericht über „sein" Büro schickte er mir später die Kopie einer umfassenden Dokumentation über den Postdienst in den Französischen Streitkräften mit seiner Geschichte und den aktuellen Strukturen.

Getreu dem Vier-Mächte-Status gab es auch Truppen der Sowjetischen Streitkräfte (GSSD), später der russischen Westgruppe WGT in Berlin. Im ehemaligen sowjetischen Sektor, später DDR-Hauptstadt, stand das militärische Postwesen natürlich unter einem ganz anderen Stern, dem Roten Stern. Hier scheute das Militär die Öffentlichkeitsarbeit dieser Truppen und pflegte auch nicht wie in den West-Sektoren solche engen Kontakte zu den Berlinern. Sicher gab es einzelne Freundschaften von deutschen Familien mit Offiziersfamilien, vielleicht da und dort bei Philatelisten auch den Austausch von echt gelaufenen Briefen. Aber das war die große Ausnahme.

Wenn ich gelegentlich eine Begegnung mit einem russischen Presseoffizier hatte, fragte ich auch mal nach einem solchen Militaria-Brief. Natürlich immer mit der Versicherung, dass dieser nur für meine private Sammlung bestimmt sei und nicht zum Tauschen. Und so kam ich in den Besitz mancher Ganzsache aus der GSSD beziehungsweise von der WGT. Auch diese Briefe kann man heute durchaus als „Zeitzeugen" der Militärgeschichte betrachten.

5 Tag der Deutschen Einheit

Stoltenberg: Trennendes im Denken beseitigen

Zur deutschen Vereinigung am 3. Oktober 1990 erließ der Bundesminister der Verteidigung, Gerhard Stoltenberg (CDU), einen damals schon historischen Tagesbefehl. Nach Überwindung der Teilung Deutschlands müsse jetzt auch „das Trennende im Denken und Empfinden" beseitigt werden, forderte er von den Angehörigen der nunmehr gesamtdeutschen Bundeswehr. „Die Soldaten stehen dabei vor einer besonderen Herausforderung, sie müssen vom Gegeneinander zum Miteinander finden."

Wichtige Voraussetzungen und Rahmenbedingungen für die Übernahme von Soldaten und zivilen Mitarbeitern der bisherigen NVA in die Bundeswehr seien im Einigungsvertrag vorgegeben. „Viele werden diese Chance erhalten und nutzen. Andere müssen in den kommenden Monaten nach den im Staatsvertrag festgelegten Regelungen entlassen werden. Ich hoffe, dass sie nicht resignieren, sondern einen neuen Anfang machen, um am Aufbau der Wirtschaft in den neuen Bundesländern aktiv mitzuwirken. Soweit wir können, wollen wir diese tiefgreifende Umstellung durch Qualifizierung unterstützen."

Der Minister, der an diesem Tag die Befehls- und Kommandogewalt für alle Streitkräfte des vereinten Deutschlands übernahm, erwartete von denjenigen, die sich für den Dienst in der Bundeswehr bewerben, „Lernbereitschaft, bereitwillige Übernahme von Verantwortung und das offene Herangehen an neue Aufgabenstellungen. Die Soldaten der Bundeswehr fordere ich auf, die neuen Soldaten unvoreingenommen aufzunehmen, ihnen kameradschaftliche Hilfestellung zu geben und die schnelle Integration zu fördern."

Das vereinte Deutschland sei „fest in die westliche Wertegemeinschaft integriert", stellte Stoltenberg fest. Daraus ergäben sich Orientierung und Verpflichtungen auch für die Streitkräfte. Für Deutschland einzutreten heiße heute, für Freiheit, Demokratie, Rechtsstaatlichkeit und die Zusammenarbeit mit den Verbündeten einzutreten. Das bedeute auch, „auf der Grundlage der jetzt beschlossenen Verträge die Zusammenarbeit mit der Sowjetunion wie den jungen Demokratien in Mittel- und Osteuropa zu vertiefen".

Der Abbau von Spannungen erlaube es, Abrüstungsvereinbarungen abzuschließen und den Umfang der Bundeswehr zu verringern. Stoltenberg: „Wir werden in wenigen Jahren 370 000 Soldaten im vereinten Deutschland haben. Dies führt zu einer Reduzierung im Westen wie im Osten Deutschlands."

Heute umfasst die Bundeswehr noch nicht einmal 200 000 aktive Soldaten und Soldatinnen. In Deutschland wird weiter über eine neue Höchstgrenze darunter beraten. Man redet schon von 175 000 Aktiven. Gegenüber früher kommen zur Landesverteidigung noch die Auslandseinsätze im Rahmen der UNO hinzu. Soll heißen: Allein am Personalbestand gibt es seit der Wiedervereinigung eine Friedensdividende von gut einem Drittel.

Wer hätte das zum Ende der Ost-West-Konfrontation, als manchmal die Lunte zum heißen Krieg schon glimmte, auch nur zu träumen gewagt? Auf deutschem Boden standen damals noch etwa 1,35 Millionen Soldaten unter Waffen. Darunter befanden sich rund 490 000 in der Bundeswehr und etwa 175 000 in der NVA. Am Tag der Deutschen Einheit zählte die Bundeswehr in den alten und neuen Bundesländern 585 000 Soldaten und 215 000 zivile Mitarbeiter.

Entwicklung im Osten „bemerkenswert reibungslos"

Die Entwicklung der Bundeswehr unmittelbar nach der Deutschen Einheit im Osten Deutschlands, so auch in Berlin, wo man schon in den ersten Oktober-Tagen 1990 das gute Einvernehmen der Hauptstädter mit ihren Bundeswehrsoldaten spüren konnte, verlief „bemerkenswert reibungslos. Sie hat die getroffenen Organisationsentscheidungen wie Bundeswehrkommando Ost, Außenstelle des Bundesministeriums und Bundeswehrverwaltung grundsätzlich bestätigt."

Das schätzte Bundesverteidigungsminister Gerhard Stoltenberg Ende Oktober, gut drei Wochen nach der Aufstellung der Bundeswehr Ost im Beitrittsgebiet, ein. Die Gestaltung gesamtdeutscher Streitkräfte stellte seiner Meinung nach „die deutsche Verteidigungspolitik vor die größte Herausforderung seit Gründung der Bundesrepublik".

Er kündigte an, dass die erforderliche Personalreduzierung „strukturiert und vor allem sozialverträglich abgewickelt werde", im Osten sei sie „schrittweise vorzunehmen. Dies ermöglicht es, die Ausbildung der Grundwehrleistenden dort nach unseren anspruchsvollen Grundsätzen der Inneren Führung durchzuführen und die erforderlichen Bewachungsaufgaben für die gewaltigen Bestände an Gerät, Waffensystemen und Munition, die wir dort vorgefunden haben, zu gewährleisten."

Was Waffen und Gerät der ehemaligen NVA betreffe, so sei „eine erste Bestandsaufnahme" abgeschlossen. Die Truppenteile im beigetretenen Teil Deutschlands würden nun schrittweise auf Bundeswehrmaterial mit dem Ziel einer langfristigen einheitlichen Materialausstattung der deutschen Streitkräfte umgerüstet. „Leistungsfähiges und versorgbares Material der ehemaligen NVA, für dessen Nutzung Bedarf besteht, wird nach Prüfung im Einzelfall weiter genutzt, besonders für Ausbildungsaufgaben."

Weiterhin seien schon bald wichtige Strukturentscheidungen zu treffen, die Zahlenrelationen von Heer, Luftwaffe und Heer neu zu bestimmen. Stoltenberg: „Wenn wir jetzt für eine kleinere Bundeswehr planen, müssen wir zugleich auch für eine moderne und in unserem Volk fest verankerte Bundeswehr eintreten." So seien in den neuen Bundesländern, wo die Bundeswehr mit etwa 50 000 Soldaten in 142 Standorten vertreten ist, beträchtliche Investitionen in die dauerhaft zu nutzenden

Standorte und Kasernen erforderlich, „deren Zustand nach unseren westlichen Maßstäben für die Soldaten und zivilen Mitarbeiter in der Regel unzumutbar ist“.

Zu diesem Zeitpunkt entschied Stoltenberg, rund 100 bisher militärisch genutzte Liegenschaften in den neuen Bundesländern und Berlin mit insgesamt 8 500 ha freizugeben. Die Bundeswehr verzichtete auf die Nachnutzung der Einrichtungen, Gebäude und Grundstücke, die dann auch schnell geräumt wurden. Die Freigabe der Liegenschaften erfolgte vor dem großen Gebäude- und Geländebedarf der neuen Stellen der Bundes-, Länder- und Kommunalverwaltungen. „Die Entscheidung stellt einen umfassenden Beitrag der Bundeswehr zur wirtschaftlichen und gesellschaftlichen Erneuerung innerhalb des Gebietes der neuen Bundesländer dar“, teilte das Ministerium mit.

Bundeswehr zeigt Flagge

Das "Flagge zeigen" ist nicht nur eine Redensart. Es gehört in der Bundeswehr zum militärischen Zeremoniell. In den alten Bundesländern eine bewährte Tradition, seit 1955 die westdeutschen Streitkräfte formiert wurden.

In Berlin, wo am 3. Oktober 1990 der seit 1945 geltende Sonderstatus einer entmilitarisierten deutschen Stadt unter Vier-Mächte-Verwaltung beendet wurde und die Wehrverfassung der Bundesrepublik Deutschland gilt, war das in den ersten Jahren nach der Wiedervereinigung noch immer ein ungewöhnliches Ereignis. Besonders spektakulär, wenn das Symbol des Bundesverteidigungsministers in der Hauptstadt und beim Regierungssitz Deutschlands präsentiert wurde.

Zu dieser Zeit existierte schon ein eigenständiger Verteidigungsbezirk, etwa vergleichbar mit den Stadtstaaten Bremen und Hamburg. Aus dem anfänglichen Verteidigungsbezirk 100/Standortkommando Berlin mit Brigadegeneral Hasso Freiherr von Uslar-Gleichen als Standortkommandanten ging 1997 das Standortkommando Berlin hervor.

Trotzdem galten schon bald „unsere eigenen Soldaten“, so Pressesprecher Oberst Konrad Freytag, nicht mehr als „Exoten“. Allein 1992 gab es 150 Vorträge von Offizieren vor Parteien, Verbänden und anderen gesellschaftlichen Gruppen, 30 Podiumsdiskussionen und fünf größere Militärkonzerte, bei denen auch das hauptstädtische Luftwaffenmusikkorps sein Können darbot. Jugendoffiziere waren regelmäßig Gesprächspartner junger Leute über Grundzüge deutscher Sicherheitspolitik, die Wehrpflicht oder die Kriegsdienstverweigerung.

Im März 1993 zählte Berlin schon 1 200 Angehörige der Bundeswehr in 16 Dienststellen. Von den 61 "geerbten" Liegenschaften der Nationalen Volksarmee im früheren Ostsektor behielt die Bundeswehr nur 13. Dazu kamen noch drei der Alliierten im Westen Berlins. Durch das Brandenburger Tor, wie einst Franz Josef Strauß angekündigt haben soll, war bis zu diesem Zeitpunkt die Bundeswehr nicht marschiert. Eine solche Demonstration von Siegermentalität fand auch in den Folgejahren nicht statt. Aber Fahrzeuge mit dem Y-Kennzeichen haben das bekannteste Wahrzeichen der Hauptstadt natürlich schon oft umfahren.

Mit einer "Kopfstelle" wollte das Bundesverteidigungsministerium in Berlin repräsentativ vertreten sein. Minister Volker Rühe setzte deshalb am 2. September 1993 ein weithin sichtbares Zeichen, als er hier seinen zweiten Dienstsitz bezog. Als eines der ersten Ressorts der Bundesregierung mit Ministerpräsenz stellte die Leitung des Bundesministeriums der Verteidigung in Berlin ihre Arbeitsbereitschaft her. Vor Gratulanten machte er deutlich, "dass wir den Beschluss des Deutschen Bundestages vom 20. Juni 1991 für Berlin als Regierungssitz zielstrebig und konsequent umsetzen". Der Umzug an die Spree bedeutete für den Berlin-Fan auch die Hinwendung zu den neuen Bundesländern. „Das habe ich bei vielen Ministerterminen von Sanitz/Prangendorf in Mecklenburg-Vorpommern bis ins thüringische Bad Salzungen erlebt."

Trotz gebotener Sparsamkeit beim Bund durfte dieser Umzug aber nicht allein eine Frage des Geldes sein, war bei dieser Gelegenheit zu hören. Von eigenen Mitarbeitern hergerichtet, kosteten die zehn Räume samt Mobilar einige Hunderttausend Mark. Und nicht wenige Stimmen meinten nach einem ersten Rundgang, dass es hier, auch mit dem Blick auf die Umgebung im Bezirk Tiergarten, eigentlich schöner sei als auf der Hardthöhe.

Mit der Entscheidung für den Bendlerblock, der im besonderen Maße Licht und Schatten deutscher Geschichte symbolisiert, wollte die Bundeswehr sichtbar machen, dass sie sich als Armee des demokratischen und vereinigten Deutschlands der ganzen Geschichte stellt. Denn nur mit der Last der ganzen Wahrheit aus der Vergangenheit konnte die Zukunft gestaltet werden.

Zur Erinnerung: Hier war der Sitz des kaiserlichen Marineamtes, der Weimarer Reichswehrleitung und von Heeresdienststellen der Wehrmacht. Hier war aber auch die Kommandozentrale des Umsturzversuches vom 20. Juli 1944 mit Oberst Klaus Graf Schenk von Stauffenberg und einer Reihe seiner Mitverschwörer. Mehrere von ihnen wurden nach dem gescheiterten Attentat auf Hitler an diesem Ort erschossen. Heute ist das der Ehrenhof des Gebäudes. Seit langem befindet sich in diesem Block die Gedenkstätte "Deutscher Widerstand".

Eigentlich war der Umzug nur ein Ereignis von nationaler Bedeutung, möchte man heute noch meinen, wenn Regierungsinstanzen umziehen oder zweite Dienstsitze eingerichtet werden. Doch Rühe nutzte die neue Situation, um auch auf die internationalen Verflechtungen und Verpflichtungen Deutschlands hinzuweisen. Als demokratische und wohlhabende Nation sowie als Mitglied eines Bündnisses mit demokratischen Staaten gebe es die Pflicht zur Solidarität, "so wie wir selbst jahrzehntelang die Solidarität anderer genossen haben".

Bundeswehr Ost nun mit neuem „Gesicht“

Die Bundeswehr Ost, die am Tag der Deutschen Einheit am 3. Oktober 1990 in den neuen Bundesländern und Ost-Berlin 1 460 Truppenteile, Dienststellen und Einrichtungen der NVA übernahm, hat seit April 1991 ein neues „Gesicht“. Beim Heer, bei der Luftwaffe und der Marine wurden die militärischen Strukturen denen der „alten“ Bundeswehr angepasst. Das vergangene halbe Jahr war deshalb von der Führung der Streitkräfte auf der Bonner Hardthöhe sowie im Bundeswehrkommando Ost in Strausberg intensiv genutzt worden, um zwischen Kap Arkona und Fichtelberg zu reduzieren, zu reformieren und neue Verbände und Einheiten aufzustellen. Denn bis Ende dieses Jahres wollte man im Osten Deutschlands über einsatzbereite Kompanien verfügen. Ende 1992 sollten dann die neuen Bundeswehrbrigaden einsatzbereit sein.

Aus den Kommandos der ehemaligen drei Teilstreitkräfte der Nationalen Volksarmee gingen das Heereskommando Ost in Potsdam, die 5. Luftwaffendivision in Eggersdorf und das Marineabschnittskommando in Rostock hervor. Strausberg mit dem Bundeswehrkommando Ost, dessen Aufgaben immer mehr von der Führung des Heeres wahrgenommen wurden, bildete weiterhin den Sitz der Außenstelle des Bundesministers der Verteidigung und der Wehrbereichsverwaltung VII. Bis zum endgültigen Abzug der Westgruppe aus der Ex-DDR 1994 wurden die neuen Verbände und Truppenteile entsprechend dem Zwei-plus-Vier-Vertrag nicht in die Nato-Strukturen integriert.

Unter Führung von Generalmajor Werner von Scheven, bisher Stellvertreter des Befehlshabers vom Bundeswehrkommando-Ost, stand nunmehr das Heer im Osten Deutschlands. Ehemalige NVA-Panzer- und Mot.Schützendivisionen wurden für die neuen Verteidigungsaufgaben in Brigaden umgebildet und Heimatschutzregimenter formiert. Aus der 9. Panzerdivision, die einst den Namen des DDR-Verteidigungsministers

Hoffman trug, ging im Raum Ueckermünde/Pasewalk die Heimatschutzbrigade 41 hervor.

Die Luftwaffe in den neuen Bundesländern hatte nur noch 23 Truppenteile und Dienststellen mit etwa 8 500 Soldaten. Zu DDR-Zeiten waren es 270 mit mehr als 20 000 Armeeangehörigen. Chef der 5. Luftwaffendivision: Generalmajor Bernhard Mende. Mit der Erlangung der Souveränität wurden über dem Gebiet der ehemaligen DDR von der Luftwaffe lufthoheitliche Aufgaben wie Air Policing in nationaler Verantwortung übernommen. Neben Transportmaschinen und Hubschraubern ging aus der NVA nur die MiG-29 FULCRUM als Jagdflugzeuge in die Bewaffnung der Bundesluftwaffe über. Vorher wurde alles einem Test für die künftige Verwendung unterzogen.

Kommandeur des Marinekommandos Rostock wurde Kapitän zur See Otto H. Ciliax, der zuletzt im Bundesverteidigungsministerium gearbeitet hatte. Das Zusammenwachsen der Marinekräfte aus Ost und West zeigte sich anschaulich in Warnemünde und Peenemünde, wo Kampfschiffe der Marine stationiert blieben. In Stralsund wurden zwar die Flottenschule, die Offiziershochschule und die Schiffsstammabteilung der Volksmarine aufgelöst. Dennoch sollte die Hansestadt mit dem nördlich von ihr gelegenen Militärstützpunkt Parow Ausbildungsstandort der Bundesmarine bleiben.

Wie Befehlshaber Generalleutnant Jörg Schönbom vor Journalisten einschätzte, habe die Bundeswehr in den neuen Ländern „große Zustimmung“ gefunden. Die Mehrzahl der Soldaten sei gewillt, schätzte der 1937 in der Mark Brandenburg Geborene weiter ein, „mit uns eine gemeinsame Identität zu entwickeln“. Für ihn sei wichtig, dass die Wehrpflichtigen aus Ost und West wissen, „sie dienen demselben Staat“.

Attraktive Garnisonsstadt für gesamtdeutsche Streitkräfte

Inzwischen wurde die Hauptstadt Berlin zu einer attraktiven, heute sogar größten Garnisonsstadt der Bundeswehr. Wo noch Monate zuvor Soldaten der Alliierten Truppen aus den USA, Frankreich, Großbritannien und Russland dominierten, sah man schon bald Angehörige der deutschen Streitkräfte wie selbstverständlich im Straßenbild. Ob Soldaten oder Offiziere: Man begegnete ihnen sowohl in den West- als auch in den Ostbezirken achtungsvoll. Ältere Berliner, so war zu hören, erkundigten sich oft nach dem Dienstgrad ihrer neuen Nachbarn.

Als erste Dienststellen nahmen das Jägerbataillon 581, das Verteidigungsbezirkskommando 100 / Standortkommandantur Berlin, das Bundeswehrkrankenhaus, die Freiwilligenannahmestelle Ost, die Feldjägerkompanie sowie weitere Einheiten und Einrichtungen vor Ort ihre Arbeit auf. Nach Abschluss dieser militärischen Dislozierung folgten noch zwei Kompanien des Wachbataillons und eine Lufttransport-Staffel.

So dienten in der Stadt 1 200 (1993), 2 850 (1995) und in den Folgjahren nach dem Regierungsumzug mehr als 5 000 Soldaten und zivile Bundeswehrmitarbeiter, darunter das Wachbataillon des Verteidigungsministeriums und das Stabsmusikkorps der Bundeswehr. Statt auf auffällige Militärpräsenz setzte die Bundeswehr noch 1994 im Jahr des Abzugs der Alliierten, nun alleinige Militärs an der Spree, „lieber auf Behutsamkeit", erklärte Standortkommandant Brigadegeneral Hasso Freiherr von Uslar-Gleichen.

Er war hier der militärische Vertreter des Bundesministers der Verteidigung beim Land Berlin. Seine Dienststelle erfüllte die üblichen Aufgaben der nationalen militärischen Landesverteidigung, darunter Landesschutzaufgaben, Mittlerfunktionen in der zivil-militärischen Zusammenarbeit mit dem Senat und den Bezirksämtern sowie die Anforderungen des Territorialheeres. Darunter auch Hilfeleistungen bei Katastrophen, die Nutzung von Kasernenanlagen, der Klimaschutz und die Reservistenarbeit.

Das Verbandsabzeichen zeigt das Eiserne Kreuz auf weißem beziehungsweise silbergrauem Grund. Es war vom Preußenkönig Friedrich-Wilhelm III. im Jahr 1813 als Orden für die in den Befreiungskriegen von 1812/1813 siegreiche deutsche Wehrpflichtarmee gestiftet worden. In der Mitte erhebt sich darüber der Berliner Bär, umschlossen von einem roten, siegelförmigen Rand. Es wird von den Soldaten an der rechten Brustseite der Uniform auf einem Lederanhänger getragen. Auf Antrag erhalten auch die Berliner Reservisten die Trageerlaubnis. Kommandeur von Uslar-Gleichen führte das Abzeichen als Stander an seinem Dienstwagen.

In Spandau, dem größten Industriestandort Berlins mit idealen landschaftlichen Gegebenheiten, bezogen zuerst Infanteristen der Heimatschutzbrigade "Brandenburg" ihr neues Quartier in der Blücher-Kaserne. Sie trug zuvor den Namen des britischen Feldmarschalls Montgomery, 1945/46 Oberbefehlshaber der britischen Besatzungstruppen in Deutschland und Mitglied des Alliierte Kontrollrates in Berlin. Seit Kriegsende nutzte eine Infanteriebrigade diese Unterkunft.

Nebenan auf dem Flugplatz Gatow, wo die Royal Air Force während der Berlin-Blockade zu Zehntausenden Einsätzen gestartet und gelandet war, wurde nun die 3. Luftwaffendivision in Dienst gestellt. Sie ging aus der alten Dritten in Kalkar (Nordrhein-Westfalen) und der ehemaligen Fünften in Strausberg (Brandenburg) hervor. Nach der Wiedervereinigung und der Übernahme der NVA-Luftstreitkräfte überwachte nun die "5." den Luftraum der neuen Länder. Ihr Kommandeur: Generalmajor Jürgen Höche.

General Mende: Steinhoff ist Vorbild für Soldatengeneration

Der Einzug der Luftwaffe in Berlin bildete für das Bundesverteidigungsministerium einen würdigen Anlass, die Kaserne im Südwesten der Stadt nach General Johannes Steinhoff zu benennen. Als dritter Inspekteur der Luftwaffe und Vorsitzender vom Nato-Militärausschuss hatte er wesentlich zur Entwicklung von Luftwaffe und Bundeswehr sowie zu ihrer Integration im Bündnis beigetragen. Das betonte Luftwaffen-Inspekteur Generalleutnant Bernhard Mende. Nach dem Tag der Deutschen Einheit 1990 war er zum Chef des Kommandos Luftstreitkäfte/Luftverteidigung in Eggersdorf ernannt worden. Steinhoffs Vermächtnis sei der heutigen Soldatengeneration ein Vorbild.

Ursula Steinhoff, Witwe des im Februar 1994 im Alter von 80 Jahren verstorbenen Generals a. D., der kurz vor dem Ende des 2. Weltkriegs mit der ME 262 den ersten Düsenjäger der Welt geflogen hatte und abgestürzt war, zeigte sich "tief beeindruckt von der Namensgebung". Sie sei sehr glücklich, "dass der Name meines Mannes sowohl von der politischen Seite als auch von der Luftwaffe noch immer sehr geschätzt wird, dass sein Vermächtnis hier in guten Händen ist".

Bundesverteidigungsminister Rühe, der mit Ursula Steinhoff die Enthüllung eines Gedenksteines mit der Aufschrift "General-Steinhoff-Kaserne" vornahm, dankte den Berlinern für die herzliche Verabschiedung der Alliierten und die Verbundenheit mit ihren neuen Soldaten. "Sie haben ein Herz für die Soldaten. Die Bundeswehr kommt auch deshalb gern nach Berlin." Mit der 3. Luftwaffendivision, "mit der sich der Aufbau der Bundeswehr im Osten Deutschlands seinem Abschluss nähert", dem Fernmeldesektor D, dem Fernmeldeverbindungsbataillon, dem Luftwaffenmusikkorps 4, dem Luftwaffenmuseum und anderen Bundeswehrdienststellen in Gatow werde "die Stafette der Royal Air Force" übernommen.

Für Berlins Regierenden Bürgermeister, Eberhard Diepgen, bedeutete die Bundeswehr nach dem Abzug der Alliierten "einen Grundpfeiler und Garant unserer Freiheit. Gerade wir Berliner wissen, dass ohne militärischen Schutz die Freiheit nicht aufrechtzuerhalten ist. So wie Berlin den Alliierten ein guter Gastgeber war, so wird es auch die Bundeswehr in ihren neuen Quartieren unterstützen."

Ein neuer Nachbar stellte sich vor und viele kamen

Von dieser engen Verbundenheit 1994 zwischen Bevölkerung und Soldaten zeugte am folgenden Tag ein buntes Programm auf dem Gelände der Steinhoff-Kaserne. Unter dem Motto "Ein Nachbar stellt sich vor. Offene Türen zum Flugplatz Gatow" kamen viele Besucher. Man konnte sich über die Geschichte des Flugplatzes informieren, der 1935 eingeweiht worden war, mit Kommandeur Generalmajor Jürgen Höche einem gebürtigen Berliner, sprechen und das Fußballspiel Bezirksverwaltung Spandau - Kommando Luftwaffendivision erleben.

Etwa 20 Jahre später schätzte der Kommandeur des Standortkommandos Berlin, Brigadegeneral Christian Westphal, ein: „Heute haben die Soldaten und zivilen Mitarbeiter in Berlin feste Wurzeln geschlagen und präsentieren sich als moderne, leistungsfähige, zukunftsorientierte Streitkräfte und als attraktiver Arbeitgeber. Auch künftig wird Berlin mit weit über 7 000 Angehörigen in mehr als 50 verschiedenen Dienststellen der Bundeswehr zu den größten Standorten der Bundesrepublik Deutschland gehören.“

Das Aufgabenspektrum der Streitkräfte sei im Wandel, sagte er. „Die Bundeswehr ist als Bündnisarmee am Kampf gegen den internationalen Terrorismus beteiligt und auf mehreren Kontinenten im Auslandseinsatz. Sie trägt weltweit zur Konfliktvorsorge und Krisenbewältigung bei und leistet weiterhin, wie bei ihrer Gründung, konkrete humanitäre Hilfe. Auch Berlinerinnen und Berliner leisten als Angehörige der Bundeswehr, unterstützt von Familien und Freunden, ihren Beitrag zum Gelingen dieser fordernden Einsätze.“ (Unsere Bundeswehr in der Hauptstadt Berlin, München, 2009, S. 4)

Zur Garnison Berlin mit dem 2. Dienstsitz des Bundesverteidigungsministers im Bendlerblock gehörten 2009 folgende Dienststellen: Julius-Leber-Kaserne, Bundeswehrkrankenhaus, Wachbataillon beim Bundesministerium, Feldjägerbataillon 350, Stabsmusikkorps der Bundeswehr, Sanitätszentrum Berlin, Marineamt, Sportfördergruppe Berlin, Familienbetreuungszentrum Berlin, Jugendoffiziere Berlin, Bundeswehr-Dienstleistungszentrum, Reservistenverband Berlin, Lazarettregiment 31, Kreiswehrersatzamt Berlin, Flugbereitschaft/Lufttransportstaffel, Zentrum für Nachwuchsgewinnung Ost, Luftwaffenmusikkorps 4, Bundeswehrfachschule, Bundeswehrverwaltungsschule II, Luftwaffenmuseum der Bundeswehr, Bundesakademie für Sicherheitspolitik.

Teilung durch Teilen überwinden

Die Bundeswehr stand 1993 vor der größten Herausforderung ihrer Geschichte. Sie sollte um fast die Hälfte reduziert, auf dem gesamten Territorium des vereinten Deutschlands neu verteilt, völlig umstrukturiert und schließlich auf die neuen Aufgaben in der Völkergemeinschaft vorbereitet werden. Das betonte Bundesverteidigungsminister Volker Rühe auf einer Veranstaltung der Berliner CDU. „Das alles gleichzeitig, in kurzer Zeit und unter dem eisernen Zwang zum Sparen."

Für ihre Einsatzfähigkeit und ihre Leistungsfähigkeit, aber auch für den Mut und die Disziplin, mit denen sich die deutschen Streitkräfte diesen Herausforderungen stellen, verdienen sie großen Respekt, erklärte er. Zudem sei die Bundeswehr „Schrittmacher der inneren Einheit. Die Soldaten und die zivilen Mitarbeiter reden nicht nur darüber, sie praktizieren sie täglich."

Bei den Besuchen in Ostdeutschland, das habe ich auf meinen Dienstreisen in vielen Standorten auch so erlebt, sah er nach seinen Worten „die Fortschritte regelrecht wachsen. Die große, herzliche Anteilnahme der Bevölkerung an den Feierlichen Gelöbnissen ist für mich immer wieder eine Erfahrung, die Mut und Zuversicht gibt. In den Garnisonen herrscht Aufbruchstimmung. Der Wille, gemeinsam eine große Aufgabe zu meistern, ist deutlich spürbar."

Rühe: „Wir machen ernst damit, die Teilung durch Teilen zu überwinden." Obwohl man eisern sparen müsse, werde viel Geld eingesetzt, um die Lebensumstände der Soldaten und ihrer Familien in den neuen Bundesländern zu verbessern. „Wir schließen Kasernen, Flugplätze und zentrale Einrichtungen im Westen und gehen in den Osten. Wir schließen die Heeresoffiziersschulen in Hannover und München und gehen nach Dresden. Jeder junge Offizieranwärter wird dann dort einige Monate dienen und leben."

Dieses Vorgehen der Bundeswehr sollte Modellcharakter haben: „Nur so lernen alle das ganze Deutschland kennen; nur so kann die Einheit in den Köpfen und Herzen weiter wachsen." Deutschland müsse aber auch Mitverantwortung für Frieden, Freiheit und Gerechtigkeit in der Welt übernehmen. Es werde nicht abseits stehen, „wenn Bündnispartner oder die Völkergemeinschaft unsere Hilfe und Unterstützung brauchen".

In Berlin als deutscher Hauptstadt habe die Bundeswehr im Bendlerblock mit seinem zweiten Dienstsitz ein Zeichen gesetzt. Auf Dauer werde das traditionsreiche Gebäude die politische Leitung und die oberste militärische Führung aufnehmen. Für ihn sei das mehr als ein Symbol.

Diepgen: Verteidigungspolitik hat „neue Inhalte"

Berlin sei stolz auf die Soldaten der Bundeswehr, entgegnete der CDU-Landesvorsitzende und Regierende Bürgermeister, Eberhard Diepgen. Er verwies darauf, dass die Verteidigungspolitik der Bundesrepublik nach den politischen Umwandlungen in Europa und der Wiedervereinigung Deutschlands „neue Inhalte" erhielt. Dabei habe sich die Bundeswehr „neuen Aufgaben zu stellen, die eng mit der neuen Rolle Deutschlands in der internationalen Politik im Zusammenhang stehen".

„Meet United Germany" mit US-Delegation

Eine hochrangige US-Delegation mit Offizieren und Beamten machte sich in jener Zeit auf einer Informationsreise mit der politischen, wirtschaftlichen und kulturellen Entwicklung in den neuen Bundesländern vertraut. Unter dem Motto "Meet United Germany" besichtigten die Gäste in Berlin, Potsdam, Weimar und Erfurt vielfältige Einrichtungen und Sehenswürdigkeiten, führten dort Gespräche. Im Korps und Territorialkommando Ost mit Sitz in der brandenburgischen Landeshauptstadt erfuhren sie Einzelheiten von der Auflösung der Nationalen Volksarmee und vom Aufbau gesamtdeutscher Streitkräfte, in die etwa 10.000 Unteroffiziere und Offiziere aus der DDR übernommen wurden.

Zur Abordnung, die einer Einladung des Generalinspekteurs der Bundeswehr gefolgt war, gehörten Staatssekretär Edward L. Warner III., der Vier-Sterne-General Walter E. Boomer, stellvertretender Kommandeur des US-Marine-Korps, und Generalleutnant Robert B. Johnston, der das erste US-Kontingent in Somalia kommandiert hatte. "Wir wollten deutlich machen, wo wir im Prozess der Vereinigung stehen", erklärte mir General Naumann vor dem Brandenburger Tor in Berlin zum Anliegen der Begegnungen.

Dabei sei es nicht nur um militärische Fragen gegangen, sondern auch um den Prozess der Umwandlung in eine soziale Marktwirtschaft. "Damit unsere Gäste auch den Stand des Zusammenwachsens beider Teile Deutschlands kennen lernen konnten, trafen sie mit Menschen aus den neuen Bundesländern zusammen. Hier konnten sie aus erster Hand erfahren, was diese drei Jahre nach der Vereinigung Deutschlands empfinden."

Kommandierende Generale tagten in der Hauptstadt

Jetzt zeigten auch die Kommandierenden Generale der Bundeswehr Flagge in Berlin. Erstmals kamen die höchsten militärischen Verantwortlichen 1994 zu einer Arbeitsberatung in die Hauptstadt, um Auswirkungen und

Konsequenzen aus dem neuen Auftrag der Bundeswehr nach dem Ende des Ost-West-Konflikts sowie internationale Verpflichtungen zu erörtern.

In einer Zeit wichtiger politischer Entscheidungen befassten sich die Generale und Admirale mit der Umorientierung bei Heer, Luftwaffe und Marine. Im Bendlerblock ging es um Einzelheiten des tiefgreifenden Umbaus der Bundeswehr, der nach Auffassung von Generalinspekteur Klaus Naumann "einem Neuaufbau gleicht".

Bei diesem wichtigen Treffen, resümierte Naumann nach der Zusammenkunft in seiner bekannten Sachlichkeit, standen die "allgemeine Situation, die Weiterentwicklung der Allianz und der Westeuropäischen Union sowie der aktuelle Sachstand der Weiterentwicklung der Bundeswehr" im Mittelpunkt. Es habe sich "um eine Sachstandsunterrichtung über Dinge gehandelt, die im laufenden politischen Prozess sind". Denn die Kommandierenden Generale müssten wissen, "wo wir im Diskussionsprozess gegenwärtig stehen, damit sie die Entscheidungen, von denen ich erhoffe, dass sie zu konzeptionellen Leitlinien führen, auch richtig einordnen können; damit sie auch wissen, wie es dann weitergeht."

Auf das breite Aufgabenspektrum der Bundeswehr angesprochen, nannte er als Beispiel der konzeptionellen Überlegungen die Krisenreaktionskräfte. Diese sollten laut Naumann so gestaltet werden, "dass die ersten Kräfte zwischen zwei und sieben Tagen nach einer politischen Entscheidung verlegebereit sind und die Masse der Soldaten zwischen 15 und 30 Tagen. Das ist eine völlig neue Dimension für die Streitkräfte." Dies bedeute nicht nur "eine neue Logistik, sondern auch eine neue Ausbildung in der Bundeswehr", kündigte er an.

Dieses Treffen sollte aber auch zeigen, "dass wir im Verteidigungsministerium die Funktion der Hauptstadt Berlin ernst nehmen und auch in die Tat umsetzen. Denn bisher sind all diese Besprechungen in Bonn gewesen." Auch wenn die Berliner Zusammenkunft mit einem nicht unerheblichen Aufwand verbunden war, so müsse doch klar sein: "Berlin ist die Hauptstadt Deutschlands."

Der Abschluss der Beratung in diesem historischen Gebäude, wo einst Hitler seine unsägliche Lebensraum-Rede hielt und der Widerstand gegen den Diktator und das nationalsozialistische Regime organisiert wurde, war ergreifend: Im Ehrenhof würdigten die hohen Bundeswehr-Soldaten Oberst Claus Graf Schenk von Stauffenberg und seine Weggefährten, die hier erschossen worden waren. "Wir gedenken der Kameraden, die hier vor fast 50 Jahren für Deutschland gestorben sind", sagte General Naumann.

Die Bronzefigur eines jungen Mannes mit gebundenen Händen sowie Inschriften im Ehrenhof erinnern an jenen militärischen Widerstand, dem sich die Bundeswehr als Armee des demokratischen und vereinigten Deutschlands zutiefst verpflichtet fühlt.

Generalinspekteur: Erstmalig keine greifbare Bedrohung

Zu den vielen Aktivitäten der Bundeswehr in der Berliner Öffentlichkeit gehörte 1994 auch ein Treffen des Generalinspekteurs mit Ost- und Westberliner Schülern. Klaus Naumann betonte, dass nun Deutschland zum ersten Mal nach dem 2. Weltkrieg in einer Situation sei, "wo Streitkräfte nicht die direkte Antwort auf eine manifeste, greifbare Bedrohung sind".

Der Umfang des Verteidigungsetats sei deshalb "in den letzten Jahren dramatisch gekürzt worden. Was man allgemein als Friedensdividende bezeichnet, wurde in Deutschland in erheblicher Weise erbracht." Davon zeuge der Abbau der Streitkräfte "auf jetzt noch 370 000 Mann". Er glaube, damit wurde "ein sehr deutliches Signal gesetzt".

Der Auftrag für die Bundeswehr sei eindeutig: Sich jetzt darauf einzustellen, "unser Land zu verteidigen im Falle eines Krieges, im Rahmen internationaler Organisationen an Missionen der Krisenbewältigung teilzunehmen sowie durch Kooperation Stabilität nach Osten zu projizieren". Aber auch für Rückschläge bei internationalen Entwicklungen "Vorsorge zu treffen, sei Verpflichtung des Staates".

Generale, Offiziere und Politiker zur Armee der Einheit

Zur nunmehr **gesamtdeutschen Bundeswehr, der Armee der Einheit,** äußerten sich Politiker und hohe Offiziere vor der Truppe und in der Öffentlichkeit. Hier einige Beispiele:

Generalleutnant Jörg Schönbohm, Kommandeur Bundeswehr Ost (1990-1991): „Ich hatte keine klare Vorstellung von der Leistungsbereitschaft der Angehörigen der ehemaligen NVA. Ich muss heute feststellen, diese Leistungsbereitschaft war vom ersten Tag an vorhanden." (WELT-Interview, Juni 1991)

Bundesverteidigungsminister Gerhard Stoltenberg (1989-1992): „Dass wir heute einen Erfolg verzeichnen können, ist nicht selbstverständlich. Als in der ersten Hälfte des vergangenen Jahres die Vereinigung Deutschlands absehbar war, war die Diskussion um den sicherheitspolitischen Status des vereinten Deutschlands und die Zukunft der Soldaten der ehemaligen NVA eines der schwierigsten Kapitel im Einigungsprozess. Der Warschauer Vertrag war noch nicht aufgelöst. Viele hielten es noch vor zwölf Monaten für unvorstellbar, dass wir kurzfristig zu einer einheitlichen Bundeswehr in ganz Deutschland kommen würden." (Ansprache am 1.7.1991 in Strausberg zur Außerdienststellung der Bundeswehr Ost)

Generalleutnant Helge Hansen, Inspekteur des Heeres (1992-1994): „Es wird eine vorrangige Aufgabe für uns alle bleiben, das ‚*Heer der Einheit*' als Teil unserer nationalen Einheit zu vollenden. Ein '*einheitliches Heer*' wird es jedoch aufgrund des künftigen Aufgabenspektrum, der unterschiedlichen Kriterien für Verfügbarkeit und Einsatzfähigkeit in Frieden, Krise und Krieg und der begrenzten personellen und materiellen Ressourcen nicht mehr geben können." (Truppenpraxis 4/1992)

Brigadegeneral Hans Peter von Kirchbach, Kommandeur der Heimatschutzbrigade 41 in Eggesin, später Generalinspekteur der Bundeswehr (1998-2000), zum „Offizier im Heer der Einheit": „Kameradschaft umschließt alle Dienstgradgruppen. Sie ist begründet auf unserem Menschenbild, der Achtung vor der unverwechselbaren Persönlichkeit des anderen, dem gemeinsamen Auftrag mit unterschiedlichen Verantwortungsbereichen, aber auf der Basis menschlicher Gleichwertigkeit. Wenn sie kein leeres Wort bleiben soll, muss sie im täglichen Dienst sichtbar werden. Sie wird gerade in der Fürsorge, im vorbildlichen Verhalten, in der gegenseitigen Hilfsbereitschaft deutlich." (Truppenpraxis 4/1992)

Flottillenadmiral Ulrich A. Hundt, Kommandeur Zentrum Innere Führung: „Ich weiß nicht, wie viele Offiziere und Unteroffiziere der NVA die Bundeswehr struktur- und auftragsgerecht in eine 370 000-Mann-Armee übernehmen kann. Aber jeder, der sich bewirbt, sollte eine faire Chance bekommen nach den Prüfkriterien demokratisch legitimierter Streitkräfte, die sich dem Recht des Individuums verpflichtet wissen.

Wir im Westen irren uns, wenn wir dann glauben,

- alle Offiziere der NVA befreiten sich mit Primitiv-Argumenten von ihrer Vergangenheit
- die Mehrzahl der NVA-Angehörigen wechselten unbeschwert in die Bundeswehr-Uniform
- die Bevölkerung der Noch-DDR akzeptierte leichten Herzens die Bundeswehr
- wir als Bundeswehrsoldaten seien die legitimierten Exekutoren einer bedingungslosen Kapitulation der NVA." (Leserbrief in der FAZ vom 13.8.1990 zum Artikel „Auflösen ohne Rest" in dieser Zeitung vom 25.7.1990)

Generalleutnant Werner von Scheven, Kommandeur IV. Korps: „Insgesamt scheint mir der Integrationsprozess in der Bundeswehr weiter vorangekommen zu sein, als wir uns das am Anfang vorgestellt haben. Das deutsch-deutsche Fremdsein im Ost-West-Verhältnis ist in der Truppe schneller überwunden worden als im Zivilleben. Organisation, Ausbildung und Ausrüstung sind bei den aktiven Truppenteilen schon fast auf Normalstand." (Vortrag 1993 in Bad Godesberg vor der Gesellschaft für Wehrtechnik e.V.)

Admiral Dieter Wellershof, Generalinspekteur der Bundeswehr (1986-1991): „Unser Menschenbild und unsere Werte verpflichten uns jedoch gerade in diesen Tagen in besonderer Weise zu Toleranz, Geduld und Verständnis. Siegergefühle und Überheblichkeit sind fehl am Platze." (Generalinspekteurbrief 2/1990)

Walter Kolbow, Verteidigungspolitischer Sprecher der SPD-Bundestagsfraktion, Parlamentarischer Staatssekretär beim Bundesverteidigungsminister (1998 bis 2005):

„Die Bundeswehr hat in den wenigen Jahren seit der Wende eine beispiellose Aufbauleistung vollbracht. Sie hat Maßstäbe gesetzt für das innere Zusammenwachsen der Deutschen. Es war eine gewaltige organisatorische Leistung in zeitgleich ablaufenden Prozessen, ab Herbst 1990 die NVA aufzulösen, die Bundeswehr in den neuen Ländern aufzubauen, die Streitkräfte insgesamt drastisch zu reduzieren, bundesweit eine große Anzahl von Einheiten und Dienststellen aufzulösen und Standorte zu schließen." (Information für die Truppe 5/1998)

Volker Rühe, Bundesminister der Verteidigung (1992 – 1998): „Auch fast acht Jahre nach der Wiedervereinigung bleibt die Bundeswehr ein Schrittmacher der inneren Einheit in Deutschland. Rund 11 000 ehemalige Soldaten der NVA konnten in die Streitkräfte integriert werden und wurden zu Soldaten der Bundeswehr ausgebildet – eine Leistung, die historisch ohne Beispiel ist." (Information für die Truppe 5/1989)

Paul Breuer, Verteidigungspolitischer Sprecher der CDU/CSU-Bundestagsfraktion (1992 bis 2003): „Mit der deutschen Einheit begann das wohl ungewöhnlichste Kapitel in der Geschichte der Bundeswehr. Nirgendwo sonst war die Ost-West-Konfrontation so allgegenwärtig und so prägnant wie im Bereich der Streitkräfte. Die Aufgabe, Mauern in ‚Herzen und Köpfen' zu überwinden, hat die Bundeswehr bravourös gelöst." (Information für die Truppe 5/1998)

Ekkehard Lippert, Direktor, und Georg-Maria Meyer, Wissenschaftlicher Mitarbeiter am Sozialwissenschaftlichen Institut der Bundeswehr: „Dem jungen Soldaten (Ost) erscheint das Ableisten des

Wehrdienstes ‚normgerechter' als seinem westdeutschen Kameraden. Diese Bewertung stützt sich auf überkommene und bis heute weitgehend ungebrochene gesellschaftliche Orientierungsmuster. Danach ist für die Grundwehrdienstleistenden in den neuen Bundesländern der Militärdienst noch wesentlicher Bestandteil des männlichen Lebenslaufes: ‚Nur der ist ein richtiger Mann, der beim Militär war.' In den alten Ländern dagegen ist mit der Ableistung des Wehrdienstes die Erwartung, danach als erwachsener Mann anerkannt zu werden, kaum mehr verbunden." (Artikel „Ist die deutsche Einheit in den Streitkräften vollzogen?" in Truppenpraxis 6/1994)

Bundesaußenminister Klaus Kinkel (1992-1998): „Mit dem heutigen Tag erfüllt Deutschland seine Reduzierungsverpflichtungen aus dem KSE-Vertrag. Sechs Monate vor Ablauf der gesetzten Frist können wir eine beeindruckende Bilanz ziehen: Über 8 600 zerstörte Kampfpanzer, gepanzerte Kampffahrzeuge, Artilleriewaffen und Kampfflugzeuge. Eine Erblast des Kalten Krieges ist damit beseitigt. Besonders freue ich mich über die große Beteiligung von Betrieben aus den neuen Bundesländern. Mit der Entwicklung der Schrottschere haben sie ihre Innovationsfähigkeit unter Beweis gestellt. Nicht nur das hat Anerkennung durch alle Vertragsstaaten gefunden." (Rede am 23.5.1995 in Charlottenhof bei Görlitz)

Manfred Wörner, Nato-Generalsekretär (1988-1994) und ehemaliger Bundesverteidigungsminister (1982-1988): „Dass heute, 42 Jahre nach der Gründung der Nordatlantischen Verteidigungsallianz, der Generalsekretär der Nato zum ersten Mal in einem der fünf neuen Bundesländer spricht, macht diesen Tag zu einem denkwürdigen in der Geschichte der westlichen Allianz. Und ich bekenne gerne, dass ich als Deutscher bewegt bin. Dass ich gerade in Potsdam zu Ihnen spreche, ist vielleicht nicht ohne tiefere Bedeutung." (Ansprache „Die Atlantische Allianz in den 90er Jahren" am 22.4.1991 vor der Deutschen Atlantischen Gesellschaft in Potsdam)

Brigadegeneral Ekkehard Richter, Befehlshaber Wehrbereichskommando VII Leipzig: „Der Dienst im Osten ist besonders fordernd, aber auch gerade wegen der Mitwirkung am Vereinigungsprozess besonders erfüllend und interessant." (Ausführungen am 25.1.1994 gegenüber dem französischen General Bresson)

Peter Struck, Bundesminister der Verteidigung (2002-2005): „Auch die Soldaten aus der ehemaligen NVA haben eine einmalige Leistung vollbracht. Trotz großer persönlicher Unsicherheiten haben sie mit Zuversicht und Entschlossenheit ihre Erfahrungen und Kenntnisse eingebracht und ihren Teil zum professionellen und letztlich erfolgreichen Aufbau in den neuen Ländern beigetragen. Auf ihre Weise hat so die Bundeswehr einen wichtigen Dienst zum Zusammenwachsen nicht nur innerhalb der ‚Armee der Einheit', sondern in ganz Deutschland geleistet." (Rede beim Festakt „50 Jahre Bundeswehr 15 Jahre Armee der Einheit" am 4.10.2005 in Erfurt)

General Wolfgang Schneiderhan, Generalinspekteur der Bundeswehr (2002-2009): „Die Schaffung gesamtdeutscher Streitkräfte stellt nach der Aufstellung der Bundeswehr im Jahr 1955 die größte Aufbauleistung dar, das kann man heute, zum 50. Geburtstag der Bundeswehr, mit Recht sagen." (Rede beim Festakt „50 Jahre Bundeswehr 15 Jahre Armee der Einheit" am 4.10.2005 in Erfurt)

Norbert Lammert, Präsident des Deutschen Bundestages: „Die Aufgabe, Menschen zusammenzuführen, die über Jahrzehnte in gegnerischen Bündnissen bis an die Zähne bewaffnet gegeneinander aufgestellt waren, war von eigener Art und hat sich so an keiner anderen Stelle unserer Gesellschaft in genau der gleichen oder einer sehr ähnlichen Weise gestellt. Wenn der Prozess der Herstellung nicht nur der äußeren, sondern auch der inneren Einheit Deutschlands an jeder Stelle so offensichtlich gut gelungen ist, dann würden die Festreden zum Tag der Deutschen Einheit anders ausfallen, als das häufig der Fall ist." (Rede beim Empfang zum 50. Jahrestag der Bundeswehr am 26.10.2005 in Berlin)

Bundeskanzler Helmut Kohl (1982-1998): „Der Tag, an dem wir heute zusammenkommen, ragt unter den denkwürdigen Ereignissen als ein Schlusspunkt der Nachkriegsgeschichte Europas heraus. Fast fünfzig Jahre, nachdem die sowjetische Armee das Gebiet des damaligen Deutschen Reiches erreichte, verlassen russische Soldaten heute unser Land. Sie gehen nicht als Besatzer, sie gehen als Partner, sie gehen als Freunde." (Rede auf dem Festakt zur Verabschiedung der russischen Truppen am 31.8.1994 im Schauspielhaus Berlin)

Bundespräsident Roman Herzog (1994-1999): „Nirgends ist Trennendes in Europa stärker sichtbar geworden und stärker empfunden worden als im Angesicht der Berliner Mauer. Heute haben wir gemeinsam gewissermaßen die letzten Steine dieser Mauer abgetragen." (Ansprache bei einem Mittagessen zu Ehren des russischen Präsidenten Boris Jelzin im Schloss Belevue am 31.8.1994)

Oberst i.G. Wulf Splittgerber, Pressechef im Bundeswehrkommando Ost: „Wer im Westen vermag überhaupt die Zweifel und Brüche in den Monaten vor der Wende nachzuvollziehen, wenn Offiziere und Unteroffiziere der NVA erlebten, dass ihre eigenen Verwandten und

Kinder schließlich an den Demonstrationen teilnahmen? Wir erfahren dies auch erst in den vielen, zumeist abendlichen Gesprächen mit unseren neuen Mitarbeitern."

Generalleutnant Jörg Schönbohm, Befehlshaber Bundeswehrkommando Ost (1990-1991): „Ich sage heute unmissverständlich: Auch Soldaten der ehemaligen NVA begreifen die prinzipiellen und anerkennen die grundlegenden Unterschiede und sind bereit, unserem vereinten Deutschland zu dienen. Sie haben seit dem 3. Oktober hierzu den Anfang gemacht und sie werden es in der Zukunft beweisen. Maßgebend dafür ist, dass Sie sich redlich mit Ihrer persönlichen Vergangenheit auseinandersetzen und sich aus innerer Überzeugung zu unserem demokratischen Rechtsstaat bekennen. Dieser individuelle Prozess braucht Zeit, Hilfe und Ermutigung. Wir müssen erkennen, dass hier eine Aufgabe aller Soldaten liegt und dass wir nur so den Weg der Gemeinsamkeit in einer Bundeswehr finden." (Rede anlässlich der Außerdienststellung des Bundeswehrkommandos Ost am 1. Juli 1991 in Strausberg)

Schriftsteller Peter Schneider in „Spiegel" Nr. 24/1994: „Die neuen Kameraden. Eine Meisterleistung der Vereinigung." (Erschienen unter dem Titel: „Wie die NVA aufgelöst wurde")

Bundeskanzler Helmut Kohl (1982-1998): „In solcher Weise leistet die Bundeswehr einen wichtigen Dienst zum Zusammenwachsen der beiden Teile unseres Vaterlandes. Und ich bin sicher, dass die Leistungen der Streitkräfte auch im Rückblick später als eines der erfolgreichsten Kapitel, vielleicht sogar als das erfolgreichste Kapitel des deutschen Einigungsprozesses dastehen wird." (Ansprache beim Besuch des Korps und Territorialkommandos Ost am 21.7.1993 in Potsdam)

Präsenz an historischer Stätte im Bendlerblock

Die Präsenz des Bundesverteidigungsministers an historischer Stätte im Berliner Bendlerblock besaß nicht nur für das weitere Zusammenwachsen zwischen dem Osten und Westen Deutschlands eine große symbolische Bedeutung. Der zweite Dienstsitz des Ministers fand auch im Ausland starke Beachtung, besonders bei Amtskollegen und Verbündeten.

Allein die Besuche ausländischer Verteidigungsminister zeugten davon, wie aufmerksam in aller Welt die Anwesenheit eines Mitglieds der Bundesregierung in dem Haus registriert wurde, das mit dem deutschen Widerstand gegen das nationalsozialistische Unrechtsregime so eng verbunden ist. Vor den politischen Gesprächen verweilten die Gäste jeweils im Innenhof der Gedenkstätte, um den hier Ermordeten ihre Ehre zu erweisen. Sie erfuhren dabei von der Verschwörung des 20. Juli 1944 und dem gescheiterten Attentat auf Hitler. Symbolisch auch, dass Bundeswehrsoldaten die Kränze trugen und Ehrenposten standen.

Als Erster besuchte Frankreichs Verteidigungsminister Francois Leotard diese Stätte. Er war "von einer großen Emotion ergriffen“, sagte er mir, weil dies „ein wichtiger Ort für die deutsche Geschichte ist". Dies "erinnert uns Franzosen daran, dass die ersten Opfer der Nazis eigentlich die Deutschen selbst waren". Er sei sehr froh, gemeinsam mit Volker Rühe hier zu sein, um zu zeigen, "dass wir zusammen mit derselben Entschiedenheit eine Vergangenheit zurückweisen, die ganz Europa entehrt hat". Der überzeugte Europäer, in seiner Freizeit ein Marathonläufer und leidenschaftlicher Bücherfreund, wie ich erfuhr, leitete vor seiner Amtszeit als Verteidigungsminister (1993 bis 1995) das Kulturministerium (1986 bis 1988).

Nur wenige Wochen später trafen sich beide Minister im Dresdner Militärhistorischen Museum der Bundeswehr, um gemeinsam die Ausstellung „Wege zur Freundschaft 30 Jahre deutsch-französische Zusammenarbeit für Verteidigung und Sicherheit“ zu eröffnen. Anlass war das Jubiläum der Unterzeichnung des Elysee-Vertrages. Dessen deutsches Original gehörte zu den Attraktionen unter den etwa 600 Exponaten. Die mehrwöchige Ausstellung, die zeitgleich im Musée de l´Armée in Paris gezeigt wurde, war von Bundeskanzler Helmut Kohl und Staatspräsident Francois Mitterand initiiert worden.

Besonders zeigte die Exposition, dass nach konfliktreichen Beziehungen seit den Befreiungs- und Weltkriegen eine Versöhnung von geschichtlicher Bedeutung herangewachsen ist. Der symbolische Händedruck bei der historischen Vertragsunterzeichnung am 22. Januar 1963 in Paris zwischen Konrad Adenauer und Charles de Gaulle führte, so belegten es zum Teil seltene Wort- und Bilddokumente, zum engen solidarischen Miteinander.

Eine Chronik verdeutlichte die Umsetzung des Vertrages auf dem Gebiet der Verteidigung und der Sicherheit. Dabei standen gemeinsame Rüstungsprojekte wie das Transportflugzeug TRANSALL, der leichte Jagdbomber ALPHA JET und die Panzerabwehrlenkraketensysteme MILAN, HOT und ROLAND im Mittelpunkt. Aber auch der deutsch-französische Soldatenalltag, so bei Übungen und Manövern wie „Kecker Spatz“ und „Colibri“ oder in der gleichnamigen Brigade, die dann in das EUROKORPS eingefügt wurde, gaben gerade den ostdeutschen Besuchern erstmalig Einblick in das militärische Bündnis. Uniformen, Waffen, Grafiken und Gemälde fanden ebenso aufmerksame Betrachter wie Auszeichnungen, Medaillen, Karten, Modelle und Fotos über die bilaterale Zusammenarbeit mit der Vision eines vereinigten Europas.

Bei dieser Gelegenheit bezeichnete der Bundesverteidigungsminister die deutsch-französische Zusammenarbeit als „Kern und Motor der europäischen Einigung". Ziel sei eine gemeinsame europäische Sicherheits- und Verteidigungspolitik „unter Einschluss aller unserer europäischen Nachbarn und in vertrauensvoller Partnerschaft mit Nordamerika". Amtskollege Leotard würdigte besonders die Tatsache, dass das Vertragsjubiläum erstmalig im vereinten Deutschland begangen werden konnte, einem Land „mit großen geschichtlichen und kulturellen Traditionen".

Die Ausstellung war Höhepunkt und Abschluss eine Reihe gemeinsamer deutsch-französischer Veranstaltungen im Jahr 1993. Dazu zählten ein gemeinsamer Tagesbefehl beider Minister am 21. Januar, gemeinsame Truppenbesuche bei der Deutsch-Französischen Brigade und beim Aufstellungsstab des Europäischen Korps in Strasbourg sowie ein gemeinsames Militärmusikfest in Bremen.

Der Berliner Bendlerblock als ein Ort des Gedenkens hat danach Norwegens Verteidigungsminister Jorgen Kosmo ebenfalls sehr beeindruckt. "Der Widerstand gegen den Terrorismus verdient unseren Respekt, wir sollten uns stets daran erinnern." Dies sei der einzige Weg, "dass auch den künftigen Generationen die Freiheit bewahrt bleibt".

Südkoreas Verteidigungsminister Byoung Tae Rhee, der sich während eines mehrtägigen Aufenthalts im Mai 1994 über die Aufstellung der Bundeswehr in den neuen Ländern informiert hatte, legte in Anwesenheit des Kommandierenden Generals und Befehlshabers im Korps- und Territorialkommando Ost, Generalleutnant Werner von Scheven, einen Kranz nieder. Auf meine Frage nach seinen Empfindungen an dieser Stätte und gegenüber den Opfern, erklärte er: "In einem System wie diesem von Hitler war es schon tapfer, aufzubegehren. Was dann geschah, war einfach tragisch. Ich bewundere die Attentäter im Geiste sehr."

Woche für Woche kamen seither offizielle Gäste, so der amerikanische Verteidigungsminister William Perry oder Rühes portugiesischer Amtskollege Antonio Jorge des Figueiredo Lopes, hierher.

Auch Touristengruppen, Schulklassen und einzelne Besucher weilten im Bendlerblock, der nach einem früheren Berliner Ratsmaurermeister benannt worden war.

„Blauer Salon" im Dienstsitz des Verteidigungsministers

Der Berliner Tiergarten, in dem sich der zweite Dienstsitz des Bundesministers der Verteidigung befindet, ist nicht nur mit den besten militärischen Traditionen Deutschlands verknüpft, wovon die mutige Tat der Männer des 20. Juli 1944 zeugt. Die Gegend um den Bendlerblock hatte ebenso für die Kunstentwicklung der deutschen Hauptstadt besondere Bedeutung. Hier traten Künstler unterschiedlicher Stilrichtungen mit ihren Werken ganz persönlich gegen Krieg, für Toleranz und Verständigung ein.

Auch an diese vielfältigen kulturellen Traditionen hat die Bundeswehr direkt angeknüpft, als ihr Chef am 2. September 1993 seine Büroräume bezog. Im Großen Saal, wo die Bundeswehr-Verantwortlichen seither nahezu regelmäßig über den Auftrag der Streitkräfte und Deutschlands Beitrag zur „Partnerschaft für den Frieden" beraten haben, aber auch bilaterale Verhandlungen auf Ministerebene stattfanden, waren die Besucher immer wieder von den abstrakten, großformatigen Bildern an den Wänden beeindruckt. Es waren Leihgaben der Nationalgalerie. Größe und Höhe des Raumes, vor allem sein Licht, trugen das Ihre zur gelungenen Präsentation bei.

Danach boten hier die Streitkräfte eine weitere zeitweilige „Ausstellung", die den hellen Dienstraum in einen „Blauen Salon" zu verwandeln schien. Die junge Malerin Maria Zerres präsentierte einige ihrer schönsten Arbeiten. Nach einer erfolgreichen Schau in Bonn nun auch eine „gelungene Berlin-Premiere". So die nahezu einhellige Meinung der ersten Betrachter aus Politik und Wirtschaft, Kunst und Kultur sowie aus befreundeten Armeen.

Die Bilder mit Farblandschaften trugen Titel wie „Gescheite Hoffnung", eine Anlehnung an Caspar David Friedrichs „Gescheiterte Hoffnung" vom Schiffsunglück, „Himmel und Erde", „Landschaft" und „Lichtmeß". Von dieser blaugefügten Bilderordnung waren auch weitere Bilder geprägt.

Rühe sagte: „Die Bundeswehr ist die erste deutsche Armee, in der die Prinzipien von Freiheit, Demokratie und Rechtsstaatlichkeit das soldatische Selbstverständnis prägen. Sie schließt sich nicht hinter Kasernenmauern ab, sondern ist ein fester Teil der Gesellschaft mit allen ihren Lebens- und Ausdrucksformen." Hier würden keine „militärischen Schinken" oder „Abbildungen der Lebenswelt des Soldatenberufs" gezeigt. Vielmehr werde nur die Richtigkeit der Feststellung unterstrichen, dass von Beginn an „Offenheit, Dialogbereitschaft und das vielseitige Interesse über den eigenen Bereich hinaus ein Markenzeichen der Bundeswehr" sind.

Leitmotiv der künftigen Arbeit in diesem Haus sei „die Erhaltung von Frieden und Freiheit, Stabilität und Wohlstand. Dieser Aufgabe müssen wir uns alle mit schöpferischer Kraft und ausdauerndem Engagement stellen, jeder mit seinen Mitteln und Möglichkeiten." Er erinnerte daran, dass der Bendlerblock als ein bedeutender Schauplatz deutscher Geschichte einst mit „dunklen und schlimmen Ereignissen" verbunden war.

Während es die junge Künstlerin, die ihre Laufbahn in Darmstadt begann, ganz toll fand, „erstmalig in Berlin und in diesen schönen Räumen einige Werke zeigen zu können", freute sich der Direktor der Alten Nationalgalerie Berlin, Prof. Dr. Peter-Klaus Schuster, besonders über deren „frische und wohlabgewogene Malerei". Diese könne durchaus lehrreich sein, „auch für einen in der Kunst der Verteidigung geschulten Betrachter". Es handele sich „um eine Ordnung der Welt durch Farbe, das Herstellen eines Gleichgewichts, eine Einheit durch Vielheit", immer mit „optimistischem Grundton", erläuterte er.

Ausstellung über Widerstand gegen Hitler

Zum 50. Jahrestag des Attentats und Umsturzversuches vom 20. Juli 1944 leistete die Bundeswehr einen überaus würdigen Beitrag. Diese Meinung vertraten einhellig die ersten Gäste der neu gestalteten Wanderausstellung "Aufstand des Gewissens. Militärischer Widerstand gegen Hitler und das NS-Regime 1933 - 1945". Sie wurde aus diesem Anlass vom Bundesminister der Verteidigung 1994 im Bendlerblock eröffnet. Hier waren Stauffenberg und weitere Verschwörer gegen das Hitler-Regime ermordet worden.

Zu den vielen Persönlichkeiten, die an diesem Tag der bedeutenden politischen Präsentation der deutschen Streitkräfte im wiedervereinigten Berlin Respekt und Anerkennung zollten, gehörten der Vorsitzende des Zentralrates der Juden in Deutschland, Ignatz Bubis, und Berlins Parlamentspräsidentin Hanna-Renate Laurien.

Dieser Jahrestag des Hitler-Attentats durch Oberst i. G. Claus Graf Schenk von Stauffenberg war nach Ansicht von Minister Rühe "in besonderer Weise geeignet, auf die Bedeutung des militärischen Widerstandes gegen den nationalsozialistischen Unrechtsstaat hinzuweisen". Denn damit sollte „diesem Regime ein Ende gesetzt und die Herrschaft des Rechts wiederhergestellt werden".

Für die deutschen Streitkräfte sei dieser militärische Widerstand "Vermächtnis und Verpflichtung zugleich", stellte er fest. Deshalb wurde das Gebäude zu seinem zweiten Dienstsitz gewählt. "Wir beherzigen die Lehre aus unserer Geschichte und das Vermächtnis der Frauen und Männer des deutschen Widerstandes, die für Frieden und Freiheit ihr Leben gaben: Wir leben, wofür sie gestorben sind, für ein freies, ein solidarisches Deutschland in einem geeinten Europa und für den Frieden in der Welt."

Der Öffentlichkeit zugängig gemacht wurden hier eindrucksvolle Dokumente und zeitgenössisches Bildmaterial. Die Themen: "Verantwortung des Truppenführers", "Gegen verbrecherische Befehle", "Zersetzung der Wehrkraft als Tatbestand von Widerstandshandlungen" und "Widerstandszentrum im Stab Heeresgruppe Mitte".

Auch Motive der zivilen bürgerlichen Widerstandsgruppe „Kreisauer Kreis“ sowie der Widerstandsgruppen "Weiße Rose" um die Geschwister Hans und Sophie Scholl und "Rote Kapelle" mit dem Luftwaffenoffizier Harro Schulze-Boysen, dem Schriftsteller Adam Kuckhoff, dem Ökonomen Arvid Harnack und weiteren Personen wurden dokumentiert.

Darüber hinaus konnte man sich über das Nationalkomitee Freies Deutschland (NKFD), einem Zusammenschluss von deutschen Soldaten und Offizieren in russischer Kriegsgefangenschaft und deutschen Emigranten, sowie den Bund Deutscher Offiziere, der 1943 ebenfalls in der Sowjetunion gegründet worden war und sich nach der Schlacht um Stalingrad für die Erhaltung des Deutschen Reiches nach der zu erwartenden militärischen Niederlage eingesetzt hatte, informieren.

Die auf 91 Schautafeln vorgelegte wissenschaftliche Dokumentation zeigte in einer Überarbeitung der Ursprungsfassung von 1984 zudem das breite Spektrum verschiedenartiger Widerstandshandlungen von Soldaten der Wehrmacht ohne Ausgrenzungen. Sie bot laut Minister "damit die Möglichkeit zu vergleichender Betrachtung und abgewogener Bewertung". Für ihn bedeutete der 20. Juli zugleich einen "wesentlichen Bestandteil der Tradition der deutschen Streitkräfte. Den Einsatz für Frieden, Freiheit und Humanität sind wir auch den Frauen und Männern des Deutschen Widerstandes schuldig, die für diese Werte ihr Leben gaben."

Diese Auffassung teilte auch der Kommandierende General des Korps und Territorialkommandos Ost in Potsdam, Generalleutnant Werner von Scheven. "Ich habe mich in der Bundeswehr jahrzehntelang mit politischer, aber auch mit historischer Bildung beschäftigt und bin heute beeindruckt, denn die Ausstellung ist stark erweitert und dem neuen Forschungsstand angepasst worden. Das gefällt mir gut. Ich hoffe, dass sie viele Interessenten findet, weil ja das Wissen über diese Dinge in der DDR sehr einseitig vermittelt wurde. Für uns in der Bundeswehr ist sie ein wichtiger Traditionsbestand, denn die Gewissensfreiheit ist ein Grundrecht, das wir mitverteidigen."

Generalmajor von Stauffenberg: Leider überlebten nicht alle

Von dieser Bundeswehr-Ausstellung zum 20. Juli zeigten sich Teilnehmer des militärischen Widerstandes und deren Familienangehörige ebenso tief beeindruckt. Unter ihnen der Befehlshaber im Wehrbereich V in Stuttgart, Generalmajor Berthold Graf von Stauffenberg, einer der Söhne des 1944 von den Nazis ermordeten Hitlerattentäters. "Es kommen schon Erinnerungen, denn wir haben einiges durchgemacht. Wir sind unendlich dankbar, dass wir fast alle, leider aber nicht alle, diese Zeit überlebt haben. Und das war durchaus nicht vorauszusehen", sagte er.

Inhalt und Konzeption stammten aus der Feder von Mitarbeitern des Militärgeschichtlichen Forschungsamtes, das zu dieser Zeit seinen Sitz von Freiburg nach Potsdam verlegt hat.

Wie in der deutschen Hauptstadt erwartete Rühe vor allem in den neuen Bundesländern ein "breites Interesse" unter den Soldaten und der Bevölkerung an dieser Darstellung des militärischen Widerstandes.

Etwa 2 Millionen sahen nach 1984 die Wanderausstellung

1984 war die gleichnamige Exposition in den Räumen des Deutschen Bundestages in Bonn in Anwesenheit des früheren Präsidenten Eugen Gerstenmaier, einem Augenzeugen des Umsturzversuches im Bendlerblock, eröffnet und dann in 60 Standorten der Bundeswehr gezeigt worden. Etwa zwei Millionen Besucher sahen die Schau. Mehr als 60 000 davon erwarben den Ausstellungskatalog. Dieser war zugleich ein Handbuch zur Geschichte des militärischen Widerstands und eine faktenreiche Hilfe für den Schulunterricht.

Mit der neu gestalteten Ausstellung im Bendlerblock lag nun diese Publikation in einer Neuauflage als erste gesamtdeutsche Veröffentlichung des Militärgeschichtlichen Forschungsamtes vor. Darin hat man die Breite und Vielfalt des militärischen Widerstandes von der Kritik an der Kriegführung bis zur Konspiration unter Soldaten angeknüpft. Dargestellt wurde der "militärischer Widerstand" als ein breites Spektrum von Aktivitäten gegen das NS-Regime, an dem sich 1933 bis 1945 neben Soldaten "Deutsche unterschiedlichster Herkunft gegen das Unrecht des Nationalsozialismus und seiner Machthaber zur Wehr gesetzt haben". So Amtschef Brigadegeneral Günter Roth.

Nach der Präsentation in Berlin ging "Aufstand des Gewissens" wieder auf Reisen. Zuerst nach Leipzig, wo der Stab Division und Wehrbereichskommando VII in Zusammenarbeit mit der Ökumenischen Stadtakademie und der Friedenskirchgemeinde schon mehrere Veranstaltungen dem 20. Juli 1944 gewidmet hatten, dann nach Erfurt, Bremen und Kaiserslautern. Die englischsprachige Ausstellung stellte Generalinspekteur Klaus Naumann zum Attentats-Jahrestag in den USA vor.

Ein Soldat des Vertrauens: Generalleutnant Schönbohm

Wohl kaum ein anderer Militär hat sich nach der Deutschen Einheit innerhalb und außerhalb der Kasernen auf dem Gebiet der ehemaligen DDR, nun Beitrittsgebiet zur Bundesrepublik, eine solche Popularität erworben wie der Befehlshaber vom Bundeswehrkommandos Ost. Zwischen Puttgarten und Plauen war der 53-jährige Generalleutnant Jörg Schönbohm (damals noch kein Parteisoldat, heute CDU-Mitglied) ständig in einer der früheren NVA-Kasernen zu finden. Wie ich es oft erlebt habe, stellte er sich allen, auch unbequemen Fragen seiner Soldaten.

Und davon gab es nach der deutschen Wiedervereinigung, gerade in dieser Branche, mehr als genug. Obwohl doch hier unter den Uniformträgern nach den Jahrzehnten in den hochgerüsteten Streitkräften des Warschauer Pakts sehr harte Auseinandersetzungen unter dem Personal erwartet wurden.

Er sprach mit Offizieren über ihre berufliche und persönliche Zukunft, ließ kurzfristig wegen der Gefahren für Mensch und Umwelt die in den Kasernen wie in einem Pulverfass gelagerte Munition tonnenweise abtransportieren, setzte sich von Anfang an für bessere soziale Bedingungen der Wehrpflichtigen ein, so beim Essen und beim Sold. Auch sorgte er mit der Aktion „Stühle statt Schemel in den Soldatenstuben“ und mit der täglichen Möglichkeit zum Duschen für ein erträgliches Umfeld. Das Duschen stand in der Vorgängerarmee aus Sparsamkeitsgründen nur einmal in der Woche auf dem Dienstplan.

All das geschah nach Sachgesprächen vor Ort und im kameradschaftlichen Ton mit den Vorgesetzten der Rekruten. Ein solches respektvolles Auftreten eines Generals mit dieser Machtbefugnis hatten die Offiziere, Unteroffiziere und Soldaten zuvor noch nicht erlebt. Ich auch nicht!

Trotz „Armee des Volkes“ war das ganze Befehls- und Unterstellungssystem, auch nach schikanösen russischen Methoden aufgebaut, sehr oft eine Entwürdigung der betroffenen Personen. Sie waren hier zu allen Tages- und Nachtzeiten dem militärischen Zwang, was aber in einer Armee eigentlich normal ist, und den Launen ihrer Vorgesetzten ausgesetzt. Und da war der Spielraum für manchen dieser machtbewussten NVA-Militärs unendlich. Beispiel: „Kommen Sie noch mal zurück!“ Das war die

Lieblingsvokabel eines Vorgesetzten bei Verweigerung des militärischen Grußes in und außerhalb der Kaserne.

Von guten preußischen Traditionen war nur selten etwas zu spüren. Von einer parlamentarischen Kontrolle des Militärwesens überhaupt nichts. Jede offizielle Beschwerde des Wehrpflichtigen musste beim eigenen Vorgesetzten eingereicht werden. Ansonsten galt jedes Schreiben an eine staatliche Behörde oder an das Parlament als Verrat von Dienstgeheimnissen.

Befehlshaber: „Radikal andere Armee als die NVA"

Als der gebürtige Mark-Brandenburger einen Tag nach der Wiedervereinigung in Strausberg zum ersten Mal vor seine Unterstellten trat, offenbarte er schon sein Credo für diese keinesfalls einfache Mission: „Wir kommen nicht als Sieger zu Besiegten. Wir kommen als Deutsche zu Deutschen." Das kam an!

Bereits in den ersten Wochen und Monaten beeindruckten ihn mühsame Umdenkungsprozesse im Offizierskorps, das früher mit einem klaren Feindbild ausgerüstet war, mehr als die flinke Beflissenheit von Wendehälsen. Jedem, der es wollte, reichte er die Hand – zeigend, dass die Bundeswehr in ihrer demokratischen Legitimation, mit ihren verfassungsmäßigen Grundlagen und in ihrer inneren Ordnung eine „radikal andere Armee ist als die NVA". Das hat er oft so formuliert.

„Ich weiß, dass wir genug Schwierigkeiten haben. Aber als Soldat sage ich immer: Wäre es einfacher, könnte es auch ein anderer machen", meinte der Drei-Sterne-General wiederholt und wies seinen neuen Kameraden, ob Rekrut oder Oberstleutnant, immer wieder den Blick in die „die Zukunft, ohne die Vergangenheit zu vergessen".

Der Weg des Artilleristen, so konnte man seinen Personalien entnehmen, führte vom Feuerleitoffizier über mehrere Kommandeursfunktionen auf den Ebenen Bataillon, Brigade und Division bis zum Planungschef des Bundesverteidigungsministers. Wie oft musste er an die Worte seines Vaters denken, als es damals um die Frage: „Offizierslaufbahn - ja oder nein?" ging und er ihm sagte: „Junge, lerne einen anständigen Beruf. Du weißt, was aus Offizieren geworden ist."

Nach Auflösung der Bundeswehr Ost wurde der General Inspekteur des Heeres. Später sogar Staatssekretär auf der Hardthöhe sowie Senator in Berlin und Minister in Potsdam. Und trotzdem blieb er, so seine Meinung, ostdeutschen Bundeswehreinheiten „eng verbunden".

In Strausberg, dem einstigen Sitz des DDR-Verteidigungsministeriums, wirkte Schönbohm ganz vorne mit an der Pilot-Aufgabe der gesamtdeutschen Bundeswehr. Er hat sie mit Bravour erfüllt. Das bestätigte ihm Minister Gerhard Stoltenberg namens der Bundesregierung bei der Außerdienststellung des Bundeswehrkommandos Ost am 1. Juli 1991. Man wird den Generalleutnant in den neuen Bundesländern, das sagte mir damals ein Unteroffizier in einer mit Leopard-Panzern ausgerüsteten Schweriner Einheit, in guter Erinnerung behalten – als „Soldat unseres Vertrauens".

Nato-Generalsekretär in Berlin – ein historischer Moment

„Das ist wirklich ein historischer Moment." So Nato-Generalsekretär Manfred Wörner bei seinem ersten offiziellen Besuch im November 1991 im vereinten Berlin. Er war in diesem Moment bei seiner Begrüßung im Roten Rathaus, das 1885 die erste Magistratssitzung erlebt hat und seit Anfang Oktober 1991 nach vierzigjähriger Spaltung der Stadt wieder als Sitz der Stadtregierung diente, sichtlich bewegt. Denn wie oft mag der ehemalige Bundesminister der Verteidigung (1982 – 1988) in Bonn oder in seiner Funktion als oberster Repräsentant des westlichen Verteidigungsbündnisses (seit 1988) in Brüssel an einen solchen Aufenthalt in der traditionsreichen deutschen Hauptstadt gedacht haben?

Er freute sich jedenfalls sehr. Das konnte jeder der umstehenden Journalisten sehen. Und danach berichtete Wörner dem Regierenden Bürgermeister, Eberhard Diepgen, über den Beitrag der Allianz zu Frieden und Zusammenarbeit. Dabei erläuterte er die kürzlich in Rom beschlossene neue Strategie der Nato, die Freiheit und Sicherheit der Verbündeten durch politische und militärische Mittel zu garantieren sowie die Beziehungen zu den osteuropäischen Ländern zu normalisieren. Im Anschluss an das knapp einstündige Gespräch trug sich der Generalsekretär im Schloss Charlottenburg in das Goldene Buch der deutschen Hauptstadt ein.

Zuvor hatte ihn Diepgen über die Entwicklung der Hauptstadt, besonders seit dem Fall der Mauer 1989 und der Wiederherstellung der Einheit Deutschlands 1990, informiert. Bei dieser Gelegenheit wurde der Gast mit der Rolle Berlins als künftiger Sitz von Parlament und Regierung der Bundesrepublik vertraut gemacht. Es folgte eine Stadtrundfahrt. Vor der internationalen Presse erläuterte er das strategische Konzept des atlantischen Bündnisses nach dem Nato-Gipfel in Rom, für ihn die „Geburt einer neuen Atlantischen Allianz".

Am Abend hielt der Nato-Generalsekretär auf Einladung des Axel Springer Verlages und der Deutschen Atlantischen Gesellschaft einen Vortrag zum Thema: „Atlantisches Bündnis und Europäische Sicherheit“. Er verwies auf die erweitere politische Rolle der Nato mit ihrem neuen strategischen Rezept und kündigte noch engere kooperative Beziehungen zu den Ländern Mittel- und Osteuropas an. Überhaupt gehe es um einen stärkeren europäischen Pfeiler innerhalb des Bündnisses und eine neue Streitkräftestruktur mit deutlich reduziertem Umfang.

Wörner: „Damit hat das Bündnis auf die veränderte Lage reagiert und dadurch einmal mehr seine Vitalität unter Beweis gestellt.“ Nachdem die „Ordnung von Jalta“ tot sei, stellte er zum derzeitigen Umbruch in der Welt fest, würden auch in absehbarer Zukunft „Risiken und Gefahren Reisebegleiter bleiben“. Die gegenwärtige Zeit des Übergangs sei von „Ungewissheit, Unsicherheit, Unkalkulierbarkeit“ geprägt. Denn mit dem Ende des Kommunismus, mit der Auflösung des letzten Kolonialreiches der Welt, mit dem weltweiten Aufbruch zur Demokratie und Marktwirtschaft und der Überwindung der Teilung Deutschlands und Europas habe sich die „Topographie der Weltpolitik einschneidend verschoben“.

Mit der Auflösung der „bipolaren Ordnung“ verschwinde jene Struktur, die trotz all ihrer Defizite 40 Jahre Frieden ermöglichte. Nationalismus, ethnische Konflikte, Grenzstreitigkeiten und wirtschaftliche Probleme, durch die Konfrontationsstruktur des Kalten Kriegs eingefroren, würden wieder aufbrechen, betonte Wörner.

Ebenso beeindruckend war sein Besuch in dem an militärischen Traditionen so reichen Potsdam. Für mich der Auftakt zu einer neuen Epoche in seiner Nachkriegsgeschichte. Sie hatte im August 1945 mit der Unterzeichnung des Potsdamer Abkommens durch die Siegermächte begonnen. 42 Jahre nach der Gründung der Nordatlantischen Allianz war hier für den Nato-Generalsekretär der erstmalige Aufenthalt in einem der fünf neuen Bundesländer „ein denkwürdiger Tag. Und ich bekenne gerne, dass ich als Deutscher bewegt bin.“

Dafür erhielt der Redner auf einer Veranstaltung der Deutschen Atlantischen Gesellschaft viel Beifall. Zugegen war auch der Befehlshaber der Bundeswehr Ost, Generalleutnant Jörg Schönbohm, ehemaliger Adjutant von Bundesminister Wörner. „Dass ich gerade in Potsdam zu ihnen spreche, ist vielleicht nicht ohne tiefere Bedeutung. Der Name Potsdam ruft in uns vielfältige und sehr unterschiedliche Erinnerungen wach: Erinnerungen an Höhe- und Tiefpunkte deutscher und europäischer Geschichte. Erinnerungen auch an die Teilung Europas im eisigen Klima des Kalten Krieges.“

Wörner würdigte die Überwindung der Teilung Deutschlands als Teil eines umfassenden gesamteuropäischen Prozesses, der von der Atlantischen Allianz entschieden mitgestaltet wurde. „Es hat wahrscheinlich nie in der Geschichte Europas eine vergleichbare Chance gegeben, den Teufelskreis von Angst voneinander und Rüstung gegeneinander zu durchbrechen und stattdessen gemeinsam eine stabile und dauerhafte gesamteuropäische Friedensordnung aufzubauen." Zeiten des Umbruchs seien aber auch Zeiten erhöhter Risiken. „Wir werden alle unsere Kräfte, unsere ganze Phantasie und nicht zuletzt auch erhebliche finanzielle Mittel einzusetzen haben, damit überall in Europa politisch freie und wirtschaftlich stabile Staaten entstehen."

„Lasten vergangener Jahrzehnte aufarbeiten"

Er sei ganz sicher, führte der Nato-Generalsekretär weiter aus, dass dieser Teil Deutschlands in der Wirtschafts- und Technologielandschaft Europas wie in der Vergangenheit einen Platz ganz vorn einnehmen werde. „Und Ihr Erfolg wird in den mittel- und osteuropäischen Staaten, die vor wohl noch schwierigeren Aufgaben stehen als wir Deutschen, als Beweis dafür gesehen, dass es möglich ist, die Lasten der vergangenen Jahrzehnte aufzuarbeiten."

In der ehemaligen DDR sei man ja „mit einem ganz anderen Bild der Nato" groß geworden. Jahrzehnte hindurch wurde das Bündnis hier als „feindliche, revanchistische, kriegslüsternde Organisation" dargestellt. „Dieses Bild hat nie gestimmt." Für solche Lügen habe sich kürzlich CSFR-Präsident Vaclav Havel bei seinem Besuch im Nato-Hauptquartier in Brüssel entschuldigt. Die Atlantische Allianz sei ein Bündnis ausschließlich zum Schutz der territorialen Integrität ihrer Mitgliedsstaaten gegen jede Bedrohung von außen. „Wir haben unsere Waffen nie eingesetzt und werden sie nie einsetzen – außer zur Abwehr eines Angriffs. Wir bedrohen niemand."

Die gemeinsamen Werte der Atlantischen Allianz beruhten auf einem gemeinsamen Verständnis von Freiheit, Demokratie, Gerechtigkeit und Menschenwürde. Auf dieser Grundlage hätten die beiden großen Demokratien Nordamerikas und Westeuropas in der Allianz „ihr politisches Schicksal für immer verbunden".

Die Nato habe sich nie als nur ein militärisches Bündnis verstanden, sondern immer auch und vorwiegend als eine politische Allianz. Sie habe immer erkannt, dass die Erhaltung des Friedens mit militärischen Mitteln flankiert sein muss von dem Bemühen um die Gestaltung des Friedens mit den Mitteln der Politik. Deshalb habe die Nato, anders als der Warschauer Pakt, mit dem Ende der Teilung Europas und der Zeit der Konfrontation zwischen Ost und West auch nicht ihre Existenzberechtigung verloren. „Sie ist vielmehr auch in Zukunft die unverzichtbare Grundlage einer auf Dauer angelegten neuen gesamteuropäischen Sicherheitsstruktur.“ Zu ihren wesentliche Aufgaben gehöre, den Rahmen dafür zu bilden, dass die großen Demokratien auch weiterhin mit der Sicherheit Europas untrennbar verbunden bleiben.

Nato sichert militärisches Gleichgewicht

Die Nato garantiere das grundlegende militärische Gleichgewicht mit der Sowjetunion, begrenze damit die Gefahr, dass imperiale Ambitionen erneut wieder aufkommen könnten und schützt dagegen, dass mögliche interne Unruhen über die Grenzen nach außen greifen könnten. „Die Nato sichert uns gegen andere Risiken, von wo auch immer sie kommen mögen“, betonte er und verwies darauf, dass sie den „wichtigsten politischen Handlungsverbund der westlichen Welt“ bilde sowie dazu beitrage, „dem KSZE-Prozess und dem Aufbau einer kooperativen Sicherheitsordnung in Europa eine verlässliche Grundlage zu geben.“

Obwohl die Bedrohung Westeuropas durch eine raumgreifende Offensive der Streitkräfte des Warschauer Pakts unter Führung der Sowjetunion verschwunden sei, „bleiben einige ihrer gefährlichen Risiken“, sagte er und nannte beispielsweise das ungewisse Schicksal von Glasnost und Perestroika. „Innerhalb der Allianz verschiebt sich das Schwergewicht vom Militärischen zum Politischen hin, von der Konfrontation zur Kooperation, von der Friedenserhaltung mit militärischen Mitteln zur Friedensgestaltung mit den Mitteln der Politik, von der Bedrohungsabwehr zur Risikovorsorge, vom US-geführten Bündnis zu einer gleichwertigen Partnerschaft zwischen Nordamerika und Europa.“

Der Generalsekretär erneuerte an Präsident Michael Gorbatschow sowie die Staats- und Regierungschefs der anderen mittel- und osteuropäischen Staaten die Einladung des Bündnisses, die Nato zu besuchen und vor dem Nato-Rat als höchstem Gremium der Allianz zu sprechen. Für ihn sei die Sicherheit heute weit mehr als militärische Sicherheit. Sie habe politische, wirtschaftlicher und soziale Dimensionen, beinhalte Abrüstung und im wachsenden Maße auch Fragen der Verhinderung der Weiterverbreitung von Massenvernichtungswaffen und Fragen der Terrorismusbekämpfung.

Nachdrücklich sprach sich der Redner für eine Einbeziehung der Sowjetunion in das ganze Europa aus, da sie nur so Aussichten habe, den Prozess der Reformen ihrer inneren Strukturen erfolgreich voranzutreiben.

Kollektives Sicherheitssystem macht Allianz nicht überflüssig

Die künftige gesamteuropäische Architektur der Zusammenarbeit und Sicherheit beruhe auf einer europäischen Gemeinschaft, auf dem KSZE-Prozess, dem Europa-Rat und Atlantischer Allianz. Falsch sei zu folgern, dass das kollektive Sicherheitssystem der Allianz überflüssig werden könnte. Denn eine KSZE könne auch längerfristig keine „Versicherung gegen ernste militärische Zukunftsrisiken" sein. Eine politische Union Europas sei aber auf lange Sicht nicht denkbar ohne die Einbeziehung der Bereiche Sicherheit und Verteidigung.

Deutschland bleibe jedenfalls ein Angelpunkt sowohl Europas wie des Bündnisses, versicherte Wörner. Ohne die Schutzfunktion der Allianz wäre der Wiederaufbau der politischen Ordnung und Wirtschaftskraft in seinem westlichen Teil, eine wachsende Rolle in Europa und der Welt und letztlich die Wiederherstellung der deutschen Einheit nicht möglich gewesen.

Die Friedenssehnsucht des deutschen Volkes sei verständlich. „Sie darf aber nicht vergessen machen, dass Sicherheit auch in Zukunft ihren Preis hat, dass militärische Mittel zur Wahrung des Friedens und gegenüber gewalttätigen internationalen Rechtsbrechern bereitgehalten und im äußersten Fall auch eingesetzt werden müssen."

General Schnell: Militärische Führung künftig vielfältiger

Das erweiterte Aufgabenspektrum der deutschen Streitkräfte bedeutet in besonderer Weise die Entwicklung eines neuen Selbstverständnisses vom Dienst als Soldat. Das erklärte der Stellvertreter des Generalinspekteurs der Bundeswehr, Generalleutnant Jürgen Schnell.

Die vom Bundesverteidigungsminister auf der Kommandeurtagung 1993 in Mainz beschriebene Anforderung "vom Kriegsverhinderer zum aktiven Friedensförderer" mit all den neuen Aufgaben beinhalte aber "nicht nur einen Wandel des Leitbildes des Soldaten". Vielmehr bedinge dies auch "Herausforderungen an die militärische Erziehung, die politische Bildung und die Ausbildung in den Streitkräften".

Neben dem professionellen militärischen Können, dem Beherrschen seines Waffensystems und der Fähigkeit zur Standortbestimmung im Gesamtrahmen von Politik, Gesellschaft und Wirtschaft müsse sich der zukünftige militärische Führer mit den Grundlagen seines Dienstes und dem Verständnis für die erweiterten Aufgaben und den damit verbundenen Selbstverständnis seines Dienstes auseinandersetzen. "Führung wird künftig vielfältiger, Aufträge werden häufiger unter integrierter Führung und in internationaler Kooperation durchgeführt", stellte er fest. "Die Ausbildung zum Kämpfer und die Befähigung zum Helfer sind künftig sich ergänzende Ausbildungs- und Erziehungsziele."

So werden bei der Führungsakademie neben den Inhalten des neuen Rollenverständnisses auch die erweiterten Ausbildungsinhalte des Aufgabenspektrums und ihre stärkere Betonung bei multinationalen Aspekten gelehrt. Die Einführung eines neuen Lehrgangs speziell für Personal in UN-Stäben sei ein ganz konkreter Beitrag dafür.

Bundeswehrlehrgänge für Rechtsgrundlagen bei UNO-Militäraktionen

Das Zentrum Innere Führung leiste besonders in den Lehrgängen für militärische Führer seinen Beitrag zur Entwicklung und zu Inhalten des neuen beruflichen Selbstverständnisses. Zusätzlich würden Lehrgänge durchgeführt, die inhaltlich die erweiterten Aufgaben erfassen, wie die Sonderlehrgänge "Unterstützungsverband Somalia" und das Völkerrechtsseminar sowie "Rechtliche Grundlagen einer Beteiligung deutscher Streitkräfte an Militäraktionen der Vereinten Nationen".

Obwohl die Universitäten der Bundeswehr aufgrund der Zuständigkeit der Länder für die Hochschulausbildung zwar keinen speziellen Beitrag zu dieser Thematik leisten, würden die Offiziere und Offizieranwärter im Rahmen der militärischen Ausbildung und Förderung auf ihre künftigen Verwendungen als militärischer Führer vorbereitet. Auch dies sei "ein nicht zu unterschätzender Beitrag für das Bild des neuen Soldaten".

Auf konkrete Schlussfolgerungen seines Verantwortungsbereichs aus der Ministerforderung nach Öffnung gegenüber den jungen Demokratien im Osten angesprochen, verwies der Stellvertreter des Generalinspekteurs auf eine Reihe von Verträgen über die Zusammenarbeit im militärischen Bereich. Diese seien vom Bundesminister mit seinen Ressortkollegen aus Polen, der Tschechischen Republik, Ungarn, der Russischen Föderation und der Ukraine abgeschlossen worden. Weitere Verträge mit Bulgarien und der Slowakei würden bearbeitet.

Diese offiziellen Rahmenvereinbarungen umfassten Sicherheits- und Militärpolitik, Wehrverfassung und Wehrrecht, Wehrverwaltung, Gestaltung der Inneren Ordnung nach den Vorgaben demokratischer Prinzipien, Konzeption Innere Führung sowie die Sprachförderung in "Deutsch als Fremdsprache". "Konkret fordert dies von unseren Streitkräften eine Unterstützung und Hilfestellung durch Fach- und Expertengespräche mit den Kooperationspartnern in den Bereichen Wehrverfassung und militärische Rechtsfragen, Konzeption Innere Führung, Organisation der Streitkräfte, Personalauswahl und Personalführung sowie Militärgeschichte, Militärmedizin und Militärsport", erläuterte der General.

Weiterhin gehörten dazu die Zusammenarbeit in der Verifikation von Rüstungskontrollvereinbarungen, eine Intensivierung der Ausbildung ausländischer Lehrgangsteilnehmer an Führungs- und Verwendungslehrgängen, Seminaren beim Zentrum Innere Führung und in der Sprachausbildung. Aber auch Praktika für einzelne Offiziere oder Beamte am Dienstbetrieb von Truppe oder Stäben sowie die Intensivierung der Grenzkontakte zwischen deutschen und polnischen oder tschechischen Truppenteilen.

Gemeinsamer Auftrag für Bundeswehr in West und Ost

Generalleutnant Schnell, der für die Zentralen Militärischen Bundeswehrdienststellen verantwortlich war, informierte mich in diesem Zusammenhang über die künftigen Dienststellen seines Bereichs in den neuen Bundesländern. "Das Aufgabenspektrum ist unterschiedlich und reicht von der Freiwilligenwerbung über Innere Führung, Information und Kommunikation, Militärgeschichte, das Museums- und Bibliothekswesen sowie sozialwissenschaftliche Forschung bis hin zur militärischen Abschirmung und Sportförderung."

Er teilte aber nicht die Auffassung, dies als "ruhiges Militär" zu bezeichnen und es vielleicht vom "sonstigen Militär" in Heer, Luftwaffe und Marine trennen zu wollen. "Die Bundeswehr hat einen gemeinsamen Auftrag, der von allen Soldaten, gleichgültig ob sie in den alten oder neuen Bundesländern stationiert sind, gemeinsam erfüllt wird."

Bundestagsabgeordnete bei der Truppe in Berlin

Nachdem die Hauptstadt wieder eine richtige deutsche Garnisonstadt geworden war, wurde Berlin auch bei der Bundeswehr zu einer "ersten Adresse", wenn man sich über den Soldatenalltag informieren wollte. Vom Jägerbataillon 581 über das Kommando 3. Luftwaffendivision bis zum Bundeswehrkrankenhaus und zur Freiwilligenannahmestelle Ost reichte die "Stationierungsliste". Dazu kamen Kompanien des Wachbataillons, Fernmeldeverbände und das Verpflegungsamt Ost. In Berlin dienten 1994 etwa 2 900 Soldaten und 1 200 zivile Mitarbeiter.

Für Abgeordnete des Deutschen Bundestages aus den neuen Ländern war das Anlass genug, sich vor Ort über die Truppen im Osten allgemein und ganz speziell über die Berliner Einheiten und Dienststellen ein Bild zu machen. Obwohl 40 Jahre Bundeswehr und fünf Jahre gesamtdeutsche Streitkräfte erst im Herbst 1995 anstanden, nutzten Vertreter von CDU, SPD und FDP die Möglichkeit, den eigenen Kenntnisstand über die Bundeswehr von gestern und heute zu vertiefen. Rede und Antwort, auch zu Fragen der aktuellen Umstrukturierung der Streitkräfte, standen die Kommandeure Generalleutnant Joachim Spiering (IV. Korps), Generalmajor Jürgen Höche (3. Luftwaffendivision) und Kapitän zur See Dieter Leder (Marine-Abschnittskommando Ost) sowie der Präsident der Wehrbereichsverwaltung VII, Karl Johanny.

Großes Interesse an sicherheitspolitischer Information

Das Interesse an sicherheitspolitischer Information war groß. So erfuhren die Volksvertreter, dass künftig beim Heer diesseits und jenseits der Elbe Truppenteile unter einem Kommando stehen und auch in Ostdeutschland Fallschirmjäger und Gebirgsjäger dienen werden. Mit den Stationierungsschwerpunkten Rostock und Stralsund zog im Abschnittskommando Ost immer mehr "Marinenormalität" ein. Trotz aller Anstrengungen und hoher Motivation der am Aufbau Ost Beteiligten konnte die Neuausrichtung der Luftwaffe in den fünf neuen Ländern jedoch noch nicht abgeschlossen werden. Was allerdings das NVA-Erbe betraf, so wurden bisher für 40 000 Tonnen Altlastentsorgung etwa 170 Millionen Mark eingesetzt, erfuhren die Gäste.

Nachdem Berlins Jägertruppe unter Oberstleutnant Josef Blotz Elemente gefechtsnaher Ausbildung vorgeführt und sich die Gäste mit den Soldaten zu Gesprächen beim Biwak getroffen hatten, äußerten Mitglieder des Bundestages ihre Eindrücke. So Christine Kurzhals (SPD) aus Sachsen: "Es war heute ein sehr konstruktives Gespräch. Auf alle Fragen, die wir als Abgeordnete hatten, ist in einer guten Atmosphäre geantwortet worden. Ich war angenehm überrascht. Ich hoffe, dass die Kontakte weiter bestehen bleiben, auch wenn ich nicht dem Verteidigungsausschuss angehöre. Ich kannte bisher nur die NVA, weil man Sohn dort gezogen worden war, und möchte sagen: Ein himmelweiter Unterschied."

Für den Berliner Klaus Röhl (FDP) "gehört die Bundeswehr zu den Institutionen im neuen, gemeinsamen Deutschland, die für den Einigungsprozess am meisten geleistet haben. Es ist wirklich erstaunens- und bewundernswert, wie es gelang, zwei doch so unterschiedliche Truppen zusammenzuführen. Es gab ja nicht nur technische, logistische und militärische Probleme, sondern auch menschliche. Vor allem bei ehemaligen NVA-Offizieren. Sie hatten sich von einer vollkommen anderen Grundauffassung vom Staat und von seiner Ideologie zu einer demokratischen Wehrpflichtarmee umzuorientieren - mit einem Rechtssystem und allem, was damit zusammenhängt." Beeindruckend ebenso, "was von der Bundeswehr für die Territorien geleistet wurde".

Wilz: Armee der Einheit „schützt und hilft"

Der Parlamentarische Staatssekretär Bernd Wilz (CDU) vom Bundesverteidigungsministerium, der die vorgesehenen Reduzierungen bei der Bundeswehr erläutert hatte, sagte: "Gerade die Parlamentarier haben ein Anrecht darauf zu sehen, wie sich die Bundeswehr entwickelt hat. Deshalb ist es bedeutsam zu erleben, wo wir heute stehen. Die Menschen in den neuen Bundesländern, wo wir rund 50 000 Soldaten stationiert haben, wohin jährlich rund vier Milliarden Mark an Löhnen, Gehältern und Sachleistungen fließen, können volles Vertrauen in die Bundeswehr haben. Jeder kann erkennen, dass diese Armee etwas völlig anderes ist als die Nationale Volksarmee oder gar die russischen Streitkräfte. Die Bundeswehr ist die Armee der Einheit. Sie schützt und hilft."

Es war, das bestätigten auch andere Abgeordnete, ein "erlebnisreicher Tag" in der Julius-Leber-Kaserne. Noch vor einem halben Jahr war hier das "Quartier Napoleon" französischer alliierter Truppen. "Und so wie einst Amerikaner, Briten und Franzosen pflegen auch unsere Soldaten schon heute einen engen, offenen und sehr freundlichen Kontakt zur Bevölkerung und zu Institutionen in der wiedervereinigten Stadt", berichtete Berlins Bundeswehrsprecher, Oberst Konrad Freytag, den Parlamentariern.

Auf Du und Du beim Tag der offenen Tür

Was die befreundeten Alliierten in West-Berlin über Jahrzehnte mit ihren engen freundschaftlichen Kontakten zur Berliner Bevölkerung pflegten, setzten die Bundeswehr und das Bundesverteidigungsministerium nahezu nahtlos fort.. Ob die Berliner nun aus dem Westen oder dem Osten der Hauptstadt stammten, spielte bei solchen Treffen keine Rolle. Man war bei den vielen offiziellen und inoffiziellen Gelegenheiten wie Gelöbnisse oder Großer Zapfenstreich, so mein Eindruck, in herzlichen Gesprächen verbunden. Ein Berliner würde sagen: Einfach auf Du und Du.

Zu solch einer Gelegenheit lädt alljährlich das Verteidigungsministerium ein. Am Tag der offenen Tür der Bundesregierung, als „Einladung zum Staatsbesuch" bundesweit proklamiert, kommen dann Besucher aus nah und fern. Oft verbinden Familien ihren geplanten Wochenend-Trip nach Berlin nicht nur mit einer Visite im Kanzleramt, sondern auch mit einem Abstecher in die Stauffenbergstraße. Und dort erleben sie jedes Mal, wie ebenfalls angekündigt, „Politik zum Anfassen“ und eine „abwechslungsreiches Programm aus Information und Unterhaltung“.

Hier präsentieren sich dann an beiden Tagen die deutschen Streitkräfte und ihre Führung „en miniature“ der Öffentlichkeit. Auffällig, aber von den Gästen in der langen Warteschlange humorvoll zur Kenntnis genommen, sind die scharfen Eingangskontrollen. Etwa wie beim Einchecken auf dem Flughafen wachen hier Unteroffiziere darüber, dass Handys, Fotoapparate und andere Gegenstände mit den Besitzern nur unter ihren wachsamen Augen auf das Ministeriumsgelände gelangen.

Trotz scharfer Kontrollen – volles Haus

Wenn ich so an die vergangenen Jahre zurückdenke, hat sich diese Art von Kontrolle, bei der man nur den Personalausweis und noch nicht einmal meinen Presseausweis akzeptierte, auch der internationalen Gefahrenlage angepasst. Obwohl doch viele Besucher Soldaten in Zivil oder Reservisten waren, wie ich beim Plausch mit den ebenfalls wartenden Nachbarn entnehmen konnte. Gemeinsam mit Frau und Kindern wollten sie einmal eine andere Waffengattung als die aus ihrer Dienstzeit kennen lernen, wurde mir erklärt.

Auch wenn das vielleicht nicht so beabsichtigt ist: Als „Hauptdarsteller“ dieser Veranstaltung agiert alljährlich der Bundesminister der Verteidigung. Bei seinem Rundgang drückt er nicht nur vielen Soldaten, Beschäftigten und Gästen die Hand. Minister Thomas de Maizière (CDU) im hellen Sommeranzug war an diesem schönen Augusttag 2011 auch ein gefragter Gesprächspartner. Am Stand des Reservistenverbandes ließ er sich vom Präsidenten Gerd Höfer und Vizepräsidenten Jörg Furch über das Wirken der 117 000 Mitglieder informieren, die sich in ihrer Freizeit für die Streitkräfte und Sicherheitspolitik engagieren und sich mit den Angeboten des Verbandes militärisch, körperlich und geistig fit halten. Wofür ihnen der Minister „hohe Anerkennung“ zollte.

Dass dann ein Reporter von der Reservisten-Zeitschrift „loyal“ die Gelegenheit zu einem kurzen Interview über aktuelle Entwicklungen in der deutschen Sicherheits- und Verteidigungspolitik sowie vor allem über die neue Bundeswehrreform nutzte, zeigte doch, wie sehr die aktuelle Meinung des Chefs über alle Teilstreitkräfte und die Wehrverwaltung gefragt ist.

Selbstverständlich macht die Bundeswehr aus diesem Anlass die Gäste mit Teilen ihrer neuesten Technik vertraut. Dieses Mal waren es wieder ausgewählte militärische Fahrzeuge wie das geschützte Konvoi- und Patrouillenfahrzeug „Dingo“ und der Spähpanzer „Fennek“ als Hauptwaffensystem der Aufklärungstruppe des Heeres. Soldaten schilderten ihre Erfahrungen aus Afghanistan oder vom Balkan. Sie berichteten, dass sie sich trotz der überall lauernden Gefahren auf ihre Gefechtsfahrzeuge verlassen konnten.

Eine ebensolche Aufmerksamkeit fand ein kleiner Roboter mit Kettenlaufwerk als ein winziges ferngesteuertes Kriegsgerät. Er dient dem Aufspüren von Sprengstoffen und anderen militärischen Routineaufgaben, um so das Leben der Soldaten zu schützen. Nach den Drohnen, den unbemannten Fluggeräten, die zur Aufklärung oder mit Waffen an Bord in internationalen Kampffeinsätzen verstärkt Verwendung finden, werden jetzt im Heer immer mehr Roboter wie mit flexiblem Greifarm und schwenkbaren Kameraaugen eingesetzt, konnte man hier erfahren. Keine Frage: Natürlich ist es besser, einem solchen maschinellen Helfer irgendeiner Gefahr auszusetzen als auch nur einen Bundeswehr-Soldaten.

Nürnberger Junge erprobt Feldjäger-Motorrad

Diesen Tag der offenen Tür, bei dem man auch das Dienstzimmer des Ministers sowie das Ehrenmal der Bundeswehr besichtigen konnte, nutzten viele junge Leute, um mit dem „Arbeitgeber Bundeswehr“ einen ersten Kontakt aufzunehmen. Dazu standen ihnen für die Streitkräfte Wehrdienstberater und zivile Karriereberater für die Wehrverwaltung zur Verfügung. Es ging dabei nicht nur um die Verdienstmöglichkeiten beim Bund, konnte man beim Zuhören erfahren.

Auch der Familiennachwuchs kam hier auf seine Kosten. Der 11-jährige Nikolas Burkhardt zum Beispiel, dessen Eltern mit ihm aus Nürnberg extra zu dieser Veranstaltung angereist waren, strahlte über das ganze Gesicht, als er eines der zur Schau gestellten schweren Motorräder der Eskortenfahrer besteigen durfte. Umstehende klatschen Beifall oder zückten den Fotoapparat. „Das war toll“, berichtete er danach Mutti und Vati, die sich ebenso über die Gastfreundschaft der sonst so gestrengen Feldjäger freuten.

Andere und etwas ältere Fans von solch blitzenden und PS-starken BMW-Maschinen mit Einmann-Sitzbank, Blaulicht und Einsatzhorn, die hohen Gästen der Bundesrepublik als Eskorte dienen, erkundigten sich schon mal bei dieser günstigen Gelegenheit, unter welchen Vorraussetzungen man bei den Männern mit den „weißen Helmen“ in der Bundeswehr dienen kann. Nach vielen Ausbildungsstunden mit einer Fahrleistung von tausenden Kilometern vor dem Ehrengeleit besteht dann die Chance, zum Eskortenzug des Feldjägerbataillons zu gehören. Als Voraussetzung für Perfektion und Präzision in der kleinen militärischen Formation gelten jedoch Konzentrationsvermögen und Sicherheitsbewusstsein. Dennoch ist man aber ein Feldjäger.

An anderer Stelle gab das Wachbataillon, das ebenfalls in der Julius-Leber-Kaserne untergebracht ist, einen Einblick in seine Ausbildung. Dazu hatte man das Drillteam in den Bendlerblock abkommandiert. Auch wenn die vorgeführten Waffengriffe wie das Jonglieren mit dem Gewehr und die Würfe der Waffe in die Luft für den Dienstalltag bedeutungslos sind, eigentlich nur einen Showeffekt haben, beeindruckte die Einheit mit ihren verschiedenen Exerzierformen.

Beim abschließenden Vorbeimarsch klatschten die begeisterten Zuschauer Beifall. Und das Stabsmusikkorps setzte mit schmissigen Rhythmen die Unterhaltung der vielen Gäste fort. Beim Nachhausegehen sagte mir ein Gast aus Potsdam, dass ihm diese Präsentation „sehr gut gefallen“ und einen „prima Überblick über unsere Bundeswehr“ gegeben hat. Ganz nebenbei erwähnte er, „bei den Vorgängern hier im Osten“ gedient zu haben. Er meinte die NVA.

Gelöbnis und Zapfenstreich, aber keine Paraden

Erstes großes Feierliches Gelöbnis in Berlin

Das erste große Feierliche Gelöbnis in Berlin mit Bundesverteidigungsminister Volker Rühe bildete 1995 am Verfassungstag, dem 23. Mai, für etwa 1 200 Rekruten den Abschluss der Grundausbildung. Sie gaben das Versprechen, "der Bundesrepublik Deutschland treu zu dienen und das Recht und die Freiheit des deutschen Volkes tapfer zu verteidigen".

Zu diesem militärischem Zeremoniell in der Julius-Leber-Kaserne in Wedding waren Wehrpflichtige aus Berlin, Brandenburg, Sachsen-Anhalt und Nordrhein-Westfalen angetreten. Sie dienten in Panzer-, Panzergrenadier- oder Panzeraufklärungsbataillonen. Deren Standorte waren Brück, die Stadt Brandenburg, Beelitz, das Berliner Jägerbataillon, das Luftwaffenausbildungsbataillon Goslar, das Wachbataillon in Siegburg und Berlin beim Bundesministerium der Verteidigung sowie die Instandsetzungskompanien in Hennickendorf.

Vor mehr als 8 000 Familienangehörigen und Freunden der Rekruten sowie Berlin-Besuchern entbot im einstigen Quartier Napoleon der Regierende Bürgermeister, Eberhard Diepgen, den angetretenen Formationen ein "herzliches Willkommen in der Hauptstadt". Für die Zuschauer waren die jungen Leute in Uniform an ihren verschiedenfarbenen Baretten gut zu unterscheiden.

Landesverteidigung und Wehrpflicht gehören zusammen, betonte der Minister. Seit vier Jahrzehnten präge die Allgemeine Wehrpflicht „den Charakter der Bundeswehr als älteste deutsche Armee dieses Jahrhunderts. Acht Millionen Männer und Frauen haben bis heute in den Streitkräften gedient.“

Wehrpflicht sei gesetzliche Regel, Kriegsdienstverweigerung die Ausnahme. Ein "Tag der Kriegsdienstverweigerer" sei ein "Hohn für unsere Soldaten, die unter Gefahr für Gesundheit und Leben Hilfe nach Sarajevo bringen oder Hochwasserhilfe leisten. Wir müssen wieder deutlich machen, dass der Dienst in den Streitkräften politisch notwendig und moralisch wertvoll ist." Er kündigte an, dass "in Zukunft auch an anderen Orten Berlins" Feierliche Gelöbnisse stattfinden.

Großer Zapfenstreich

Zur Verabschiedung der Schutzmächte USA, Großbritannien und Frankreich fand am 8. September 1994 in der neuen Bundeshauptstadt vor dem Brandenburger Tor ein Großer Zapfenstreich statt. Diese Würdigung vor dem hell erleuchteten monumentalen Bauwerk mit einer 200-jährigen Geschichte war mit dem Dank des souveränen Deutschland für die Hilfe und Unterstützung der Verbündeten für Berlin in all den Jahrzehnten zuvor verbunden. Mit den Vereinbarungen des Zwei-plus-Vier-Vertrages vom 12. September 1990 hatte man auch den Abzug aller ausländischen Streitkräfte aus Berlin geregelt. Ohne ein solches Zeremoniell verabschiedete der Oberkommandierende der Westgruppe der russischen Truppen, Generaloberst Matwej Burlakow, seine Streitkräfte am 31. August 1994 mit einer Meldung an seinen Präsidenten, Boris Jelzin. Zugegen war Bundeskanzler Helmut Kohl.

Mit einem Großen Zapfenstreich galt eine weitere eindrucksvolle öffentliche Veranstaltung im Jahr darauf dem 50. Geburtstag der Bundeswehr. Dieses Ereignis fand am 26. Oktober 2005 zum ersten Mal vor dem Reichstag, dem Sitz des Deutschen Bundestages, statt.

Hierbei wurde an deren Geburtsstunde am 12. November 1955 erinnert. Damals erhielten die ersten 101 Freiwilligen anlässlich des 200. Geburtstages von Scharnhorst ihre Ernennungsurkunde ausgehändigt. Seit dem 1. April 1956 tragen die zuvor als Neue Streitkräfte bezeichneten westdeutschen Einheiten offiziell den Namen Bundeswehr. Schon drei Monate später wurde aus der Freiwilligen- eine Wehrpflichtarmee. In ihren Teilstreitkräften Heer, Luftwaffe und Marine leisteten sodann mehrere Millionen Männer ihren Beitrag zur Landesverteidigung und im Nato-

Bündnis zur Erhaltung des Friedens in Europa. Soldatinnen kamen ab 1975 hinzu, zuerst im Sanitätsdienst und heute in allen Bereichen.

Mit der feierlichen Abendmusik vor dem Parlament wollte die Bundeswehr deutlich machen, dass sie eine Parlamentsarmee ist und von den Abgeordneten des Deutschen Bundestages kontrolliert wird. An der Spitze der zahlreichen Ehrengäste zu diesem Zeremoniell standen Bundespräsident Horst Köhler und Bundeskanzler Gerhard Schröder.

Unter den Klängen des Yorckschen Marsches marschierten das Wachbataillon, das Musikkorps und das Stabsmusikkorps der Bundeswehr auf. Zum Großen Dienstanzug trugen die Soldaten den Gefechtshelm. Schon zuvor hatte eine Begleitformation aus Fackelträgern, die „Perlenkette“, auf der Westtreppe des Reichstages Aufstellung genommen und bildete im Hintergrund die Umrahmung des Großen Zapfenstreichs.

Sodann begannen das Stabsmusikkorps aus Berlin und das Musikkorps aus Siegburg unter Leitung von Oberst Michael Schramm das Spiel. Jedes Mal wird die Musik der Serenade neu ausgesucht. Üblicherweise sind das drei Musikstücke, erfuhren die Gäste. Dann folgten Musik von Ludwig van Beethoven und mit der "Berliner Luft" Klänge von Paul Linke. Intoniert wurde der "Marsch der Bundeswehr" als ein Geburtstagsgeschenk des Komponisten Christoph Reichelt zu diesem Jubiläum.

Danach erklang die Retraite. Ursprünglich waren das Trompetensignale der Kavallerie. Sie besteht aus vier Teilen, von Posaunen gestaltet. Dazwischen jedes Mal Pausen, bei denen völlige Ruhe herrscht. "Diese Stille ist ein wichtiger Bestandteil der Retraite", berichtete ein Militärmusiker den Journalisten am Rande der Veranstaltung. Auf ein entsprechendes Kommando von Oberstleutnant Michael Matz stellten sich die Soldaten zum Gebet auf und nahmen dabei ihren Helm ab. Nach dem Kommando „Achtung, präsentiert das Gewehr!“ erklang die Nationalhymne. Mit der Abmeldung des Großen Zapfenstreichs und dem Ausmarsch der Formationen unter weiteren militärischen Klängen endete eine eindrucksvolle Präsentation der Bundeswehr.

Ein eher schlichtes und doch sehr beeindruckendes Zeremoniell mit etwa 450 Soldaten ging nach etwa einer halben Stunde zu Ende. Ihm folgten seither weitere Große Zapfenstreiche in Berlin aus Anlass der Verabschiedung von Bundespräsidenten, Bundeskanzlern und Bundesverteidigungsministern. Mit der Übertragung im Fernsehen wurden zugleich Millionen Zuschauer mit den beiden großen Traditionslinien deutscher Militärmusik vertraut gemacht: dem Trommeln und Pfeifen, wie einst bei Landsknechten üblich, von denen der Zapfenstreich als Abendsignal stammt, und dem Trompeten und Pauken aus Zeiten der Reiterei.

Die jetzt übliche Zapfenstreich-Zeremonie geht auf die Befreiungskriege (1813 bis 1815) zurück. Aus den Bestandteilen Locken, Zapfenstreich und Gebet besteht der Große Zapfenstreich noch heute. Wie ich von Militärhistorikern der Bundeswehr weiter erfuhr, erfolgte seine erste Aufführung im Mai 1838 in Berlin zu Ehren des russischen Zaren Nikolaus I. Seit der Zeit der Weimarer Republik findet der Große Zapfenstreich in der Nationalhymne seinen feierlichen Abschluss. Traditionell sind an der Zeremonie neben Spielmannszug und Musikkorps zwei Züge Soldaten unter Gewehr sowie Fackelträger beteiligt.

Jedoch gleicht nicht ein Großer Zapfenstreich der Bundeswehr, musikalisch gesehen, dem anderen. Der zu Ehrende darf sich bei dem höchsten militärischen Zeremoniell für die Serenade bis zu drei Musiktitel aussuchen. Sie sollen dem Zeremoniell trotz der militärischen Geschlossenheit der beteiligten Formationen eine persönliche Note geben. So wünschte sich Bundeskanzler a.D. Gerhard Schröder bei seiner Verabschiedung aus dem Amt in seiner Heimatstadt Hannover zum Beispiel „My Way" von Frank Sinatra. Für den Bundesverteidigungsminister a.D. Karl-Theodor zu Guttenberg wurde im März 2011 das Lied „Smoke on the Water" der britischen Band Deep Purple gespielt.

Salutschiessen wie im 14. Jahrhundert

Mit der Bundeswehr kehrte auch eine alte militärische Tradition nach Berlin zurück – das Salutschiessen für hohe ausländische Staatsgäste. Was in den Jahren der geteilten Stadt nur in historischen Büchern nachzulesen war, weil die Alliierten als ehemalige Besatzungsmächte hier ein solches Brauchtum weder im Osten noch im Westen duldeten, wurde nun von den gesamtdeutschen Streitkräften wieder zu neuem Leben erweckt: In der deutschen Hauptstadt, wo Bundespräsident, Bundestag und Bundesregierung residieren, betreten nun regelmäßig Präsidenten und andere Staatsoberhäupter erstmalig deutschen Boden. Ihnen gilt zu diesem Anlass nach ihrer Ankunft aus allen Erdteilen diese besondere Form militärischer Ehrenbezeigung. Sie obliegt seither der Bundeswehr.

Allein für diese Aufgabe ist der Salutzug, ganz offiziell „Protokollunterstützungszug", des Wachbataillons der Bundeswehr zuständig. Die Beteiligten tragen aus diesem festlichen Anlass natürlich nicht wie sonst in der harten militärischen Ausbildung den Felddienstanzug, auch Nato-oliv genannt. Sie zeigen sich zu diesem Höhepunkt in ihrem Dienst in einer Uniform aus „feinem Zwirn", tragen weiße Handschuhe und weißes Koppelzeug. Alle Soldaten sind also, dem hohen Besuch angemessen, festlich gekleidet, obwohl sie doch keine direkte Berührung mit dem Gast haben und diesen bestenfalls aus der Ferne sehen.

Die Bedienung der über viele Jahre im aktiven Truppendienst eingesetzten Feldhaubitze FH 105 mm, die bei solchen Anlässen in Aktion tritt, besteht aus einer dreiköpfigen Besatzung: dem Geschützführer, dem Lade- und dem Entladekanonier. Dieses Team ist in diesen Augenblicken höchster Konzentration in Blickweite des Zugführers, einem Hauptfeldwebel, postiert. Der sorgt auf einem Pult wie ein Dirigent im Konzert, hier ohne Stab, aber mit lauten Befehlen, für die erforderliche Harmonie seines „Orchesters". Das reagiert mit Böllerschüssen.

An seiner Seite stehen rechts der Zeitnehmer, links der Zeiger und vor dem Podest der Zähler des Salutzuges. Sie handeln auf sein Kommando hin. An diesem ebenfalls eingespielten Trio orientieren sich nun die Besatzungen der Haubitzen. Mit einer Stoppuhr könnte der Außenstehende die Präzision ihrer Handlungen nach den Befehlen „Salutzug stillgestanden!" und „Laden!" messen. Danach nehmen die Ladekanoniere die Kartusche auf und präsentieren sie vor der Brust. Nach dem Kehrt-Marsch-Befehl vollziehen die Soldaten eine Wendung in fünf Schritten, stellen sich hinter die Haubitze auf. Am einheitlichen lauten „Klack" vom Verschluss der Geschütze merkt der Vorgesetzte, dass diese geladen sind.

Mehrere Feldhaubitzen sorgen dann am Flugfeld für die richtige Optik und den lauten Donnerhall. Entwickelt wurde diese Waffe während des 2. Weltkrieges in den USA. So stammen die zehn Haubitzen, über die das Wachbataillon verfügt, noch aus den Jahren 1942/43. Sie sind also richtige Kriegsveteranen. Trotzdem dienten diese leichten Waffen mit dem einheitlichen 105-mm-Kaliber seit Nato-Gründung 1949 in deren Armeen.

Kein scharfes Schießen, aber lauter Donnerhall

In der Bundeswehr bildeten sie ab 1955 bis zur Einführung der Panzerhaubitze M 109 im Jahr 1966 das Hauptwaffensystem vieler Bataillone. Zwischen 1997 und 2003 wurde die FH 105 nur noch zur Ausbildung der Artilleriebeobachter genutzt. Für das scharfe Schiessen ist sie mittlerweile dauerhaft gesperrt. Heute verkörpert das einstige Aushängeschild des Heeres nur noch symbolisch eine Waffe. Von ihr geht im vereinten Deutschland keinerlei Gefahr mehr aus.

Bei einem Kaliber von 105 mm hat das einstige Kriegsgerät eine Länge von 3800 mm. Die Anfangsgeschwindigkeit ihrer Geschosse (Vo) betrug 630 m/s. So konnte die maximale Schussentfernung von 14 100 m erreicht werden. Die Feuergeschwindigkeit lag bei 6 Schuss je Minute. Und mit 2 500 kg Gesamtgewicht galt das Standardgeschütz für die Bedienung im Gefecht mit sieben Artilleristen als verhältnismäßig leicht. Es wurde von einem 7-Tonnen-LKW durch das Gelände bewegt und war auch als Luftlast verladbar. Mit ihm hat man seinerzeit Spreng-, Nebel- und Leuchtgeschosse verschossen. Heute sind Treibladungsbeutel in den Geschosshülsen für die Salutgeschütze enthalten. Die goldenen Kartuschen mit einem Zünder werden komplett in den Verschluss des Geschützes eingeführt.

Wenn man also dieses einstige Kriegsgerät der Bundeswehr sieht, das nach den internationalen KSE-Abrüstungsbeschlüssen von 1990 und der Vernichtung von rund 11 000 militärischen Großgeräten aller Art in Deutschland nicht dem Schweißbrenner zum Opfer fiel und nach all den Jahren des Kalten Krieges trotzdem in Aktion ist, werden einem einmal mehr die gewaltigen Umwälzungen im Zentrum Europas bewusst: Mit der Deutschen Einheit wurde Gesamt-Berlin wieder zum friedlichen Treff nationaler und internationaler Politiker. Und die gesamtdeutsche Bundeswehr sieht und hört man als ein Instrument der Demokratie und Freiheit, auch bei der militärischen Begrüßung hoher Staatsgäste.

Dabei hat doch das Salutschiessen eine bis ins 14. Jahrhundert zurückreichende Tradition. In den alten Zeiten der Seefahrt auf den Weltmeeren bestand die Bewaffnung einer Kogge meist aus 20 Kanonen: Acht auf der rechten, acht auf der linken Seite, zwei am Heck und zwei am Bug des Schiffes. Um dem Hafen zu signalisieren, dass sich ein Schiff in friedlicher Absicht nähert, wurden die stets mit Kugeln geladenen Kanonen an Bord vor dem Einlaufen abgefeuert. Man hörte also auf dem Festland 20 Schuss.

Hier erwiderte die Hafenwacht mit einem Schuss aus einem Pulvergeschütz diese Signale. Auch das sollte gut hörbar verkünden, dass die Waffen auf dem Festland entladen sind und das fremde Schiff nun willkommen ist. Aus diesem Prozedere entwickelte sich das Salutschiessen bei den heutigen Staatsbesuchen, wo die Gäste nach ihrer Ankunft meist in Flugzeugen in Berlin mit den 21 Böllerschüssen aus Haubitzen der Bundeswehr ebenso lautstark begrüßt werden wie früher die Besatzungen von Hochseeschiffen.

General Scharnhorst ein Vorbild für die Bundeswehr

Unter den militärischen Vorbildern für die Soldaten der Bundeswehr nimmt der preußische General Gerhard von Scharnhorst (1755-1813) einen hervorragenden Platz ein. Nicht nur sein Können als Artillerist und

Chef des Generalstabes bei Blücher in den Befreiungskriegen gegen napoleonische Fremdherrschaft sind heute noch in guter Erinnerung. Auch sein Wirken für eine Armee als lebendiger Teil des Staates sowie den soldatischen Dienst als Ehrendienst gilt in den deutschen Streitkräften als tief verwurzelt. Immerhin ist die Bundeswehr die erste Wehrpflichtarmee in einer Demokratie in Deutschland und inzwischen auch die älteste deutsche Armee des letzten Jahrhunderts.

Diese Verbundenheit zu den Ideen der preußischen Reformer von 1806, um Bürger und Staat, Freiheit und Mitverantwortung, Wehrpflicht und Landesverteidigung zu verknüpfen, prägte von Anfang an das Leitbild in den neuen westdeutschen Streitkräften. So besaß schon die Vereidigung der ersten Soldaten der Bundeswehr am 12. November 1955 zum 200. Geburtstag des Generals programmatische Symbolkraft: Aus den Händen des Bundesministers der Verteidigung, Theodor Blank, erhielten an diesem Tag in der Bonner Ermekeil-Kaserne die ersten Freiwilligen ihre Ernennungsurkunden.

Maßgeblich am Aufbau der Bundeswehr beteiligt und entscheidender Mitbegründer des Konzepts der Inneren Führung war General Wolf Graf von Baudissin (1907-1993). Er umriss 1954, anders als in der aus Kontingentsheeren des kaiserlichen Deutschland hervorgegangenen Reichswehr und der aus der Reichswehr hervorgegangenen Wehrmacht, das Leitbild für das Wesen und die Aufgaben des zukünftigen deutschen Soldaten in dieser Neuschöpfung der Streitkräfte mit den Worten: „Bewusste Bindung an den Staat jetzt und hier, soldatische und politische Mitverantwortung, Partnerschaft und Kooperation". (Von Himmerod bis Andernach – Dokumente zur Entstehungsgeschichte der Bundeswehr, Herausgegeben von Bundesministerium der Verteidigung, Bonn, 1985, S. 173)

Im Sinne dieser geistigen und moralischen Grundlagen war der Aufbau der Bundeswehr nach dem Untergang der Wehrmacht zehn Jahre zuvor ein grundlegender Neuanfang. Im demokratischen Staat verankert und in der Nordatlantischen Allianz integriert, bekannten sich die Staatsbürger in Uniform immer wieder zu Scharnhorst: Da wurden Kasernen in Hannover-Bothfeld, Lingen und Bremen nach ihm benannt. Von 1959 bis 1972 gab es ein gleichnamiges Begleitschiff der Marine. Noch heute orientiert sich die Offiziersausbildung bei Heer, Marine und Luftwaffe an der Kombination militärischer Ausbildung und Allgemeinbildung.

Wilz: Soldaten trugen zur Überwindung der Teilung bei

Die Vorstellungen Scharnhorsts von der allgemeinen Wehrpflicht galten für die Bundeswehr als ein Wegbereiter der Inneren Führung. In den 40 Jahren seit ihrer Gründung dienten acht Millionen Männer, auch viele Frauen, in den Streitkräften. Darunter in der Armee der Einheit bis 1995 etwa 200 000 Rekruten aus den neuen Ländern. Für den Parlamentarischen Staatssekretär im Bundesverteidigungsministerium Bernd Wilz, Oberst der Reserve, „haben die Soldaten der Bundeswehr zusammen mit ihren verbündeten Kameraden der Bundesrepublik Deutschland Frieden und Freiheit gesichert. Sie trugen zur Überwindung der Teilung unseres Vaterlandes und zum Durchbruch der Freiheit in ganz Europa bei."

Anlass für diese Wertschätzung war 1995 eine Kranzniederlegung des Ministeriums zum Todestag von Gerhard von Scharnhorst (28. Juni 1813) am restaurierten Grabmal auf dem Berliner Invalidenfriedhof. Hier im Herzen Berlins hatte ihm der preußische Baumeister Karl Friedrich Schinkel ein großartiges Denkmal gesetzt, das nun im neuen Glanz erstrahlt. Der Friedhof, eine kultur- und militärhistorisch bedeutsame Stätte, litt besonders unter der Teilung der deutschen Hauptstadt. Wilz: „Im Kriege zerstört, wollten ihn die kommunistischen Machthaber im Schatten der Mauer ganz verfallen lassen und aus dem Stadtbild tilgen. So wie sie die Geschichte und die Toten verachteten, so missachteten sie auch die Würde der Lebenden. Nun ist dieses Regime selbst Geschichte. Der Invalidenfriedhof aber hat Bestand."

Auch die künftige Rolle der Streitkräfte im Rahmen internationaler Krisenbewältigung erfordere „ein ausgeprägtes Bewusstsein für die politische Dimension militärischen Handelns. Mehr denn je braucht die Bundeswehr heute Offiziere, die im Sinne Scharnhorsts ihre Aufgaben professionell beherrschen und sie zugleich in den politischen Zusammenhang einordnen, die Menschen für unterschiedliche Aufträge ausbilden und überzeugend führen können." In diesem Sinne sei Scharnhorsts Wort auch heute richtungsweisend: „Tradition in der Armee hat es zu sein, an der Spitze des Fortschritts zu marschieren."

Ein Trompetensolo beendete das eindrucksvolle Zeremoniell auf dem Invalidenfriedhof, der dank der Initiative des gleichnamigen Fördervereins wieder zu einem Ort der Besinnung und des Nachdenkens über die deutsche Geschichte wurde. Auf diesem „einzigartigen Denkmal deutscher Friedhofsgeschichte", so Berliner Historiker, wird nicht nur an das soldatische, staatsbürgerliche und menschliche Vorbild sowie die Leistung Scharnhorsts erinnert, sondern auch an viele andere bedeutende Persönlichkeiten: Staatsbeamte und Theologen, Gelehrte, Unternehmer und

Künstler aus allen Epochen der deutschen Geschichte seit mehr als 250 Jahren.

Heer

Julius-Leber-Kaserne im Zeichen der Tradition

Die Bundeswehr setzte im Berlin des wiedervereinigten Deutschlands ein weiteres Zeichen ihrer Tradition: Nachdem 1993 der Bundesverteidigungsminister im Bendlerblock seinen zweiten Dienstsitz bezog, wo Männer des 20. Juli 1944 um Oberst Graf von Stauffenberg ermordet worden waren, gab es mit dem verpflichtenden Namen Julius-Leber-Kaserne erneut eine dauerhafte symbolvolle Ehrung der deutschen Streitkräfte für eine führende Persönlichkeit des Widerstands gegen Hitler: Im "Quartier Napoleon", wenige Monaten zuvor noch Hauptquartier der französischen Alliierten im Norden der Stadt, ehrten sie den sozialdemokratischen Reichstagsabgeordneten am 50. Jahrestag seiner Hinrichtung.

Der Soldat, Demokrat und Widerstandskämpfer hinterließ Deutschland ein großes Vermächtnis. Das betonte Bundeskanzler a.D. Helmut Schmidt (SPD) auf dem Festakt des Bundesverteidigungsministeriums. Mit Recht könne der Leutnant der Reserve aus dem 1. Weltkrieg und SPD-Wehrexperte, der sich leidenschaftlich für das Prinzip des Staatsbürgers in Uniform einsetzte, als einer der "geistigen Väter der Inneren Führung" der heutigen Streitkräfte angesehen werden.

In "sehr bewusster Nachfolge" Lebers hätte er sich mit anderen Sozialdemokraten zur jungen Bundeswehr bekannt, erklärte Schmidt, um "Gesellschaft, Staat und Streitkräfte ineinander zu integrieren". Der Ex-Verteidigungsminister machte den Bundeswehrangehörigen von heute ein Kompliment: Mit "Genugtuung und Respekt" habe er "beobachtet, wie Sie die Vereinigung zwischen Soldaten der NVA und Soldaten der Bundeswehr bewältigten".

Ethos des Widerstands prägt Selbstverständnis der Bundeswehr

Für Verteidigungsminister Volker Rühe stellt sich die Bundeswehr "der ganzen deutschen Geschichte und nimmt sie mit ihren Höhen und Tiefen an. Aber wir haben die Pflicht, uns mit der Vergangenheit kritisch auseinanderzusetzen und die richtigen Lehren zu ziehen."

Im Sinne Lebers sei der Soldat der Bundeswehr bereit, "sein Vaterland zu schützen und den Frieden zu sichern; er steht ein für unsere Verfassung; und er übernimmt Mitverantwortung für die Freiheit und

Würde anderer." Das Ethos des deutschen Widerstands präge das Selbstverständnis der Bundeswehr. "Es verbindet sich mit den vielen Beispielen menschlicher Größe und soldatischer Bewährung in allen Epochen der deutschen Militärgeschichte, die ehrenhaft und tapfer waren. So hätte es auch Julius Leber gesehen."

An den Führer der Sozialdemokratie, der von den Nazis am 5. Januar 1945 in Plötzensee hingerichtet wurde, erinnert künftig nicht nur der Kasernenname. Ein Gedenkstein mit metallener Tafel gibt die Lebensdaten des 1891 Geborenen und das Credo des wehrhaften Demokraten aus einer Reichstagsrede vom 17. Juni 1929 wieder: "Wir wollen aus dem Soldaten einen Staatsbürger machen, der bereit ist, für seinen Staat, den er kennt und liebt, seine Pflicht zu tun, eventuell sein Leben hinzugeben." Minister Rühe, Altbundeskanzler Schmidt und Tochter Katharina Christiansen-Leber ehrten Julius Leber mit einer Kranzniederlegung. Ein Ehrenbataillon präsentierte das Gewehr.

Weitere persönliche Gegenstände, wie der Schreibtisch Lebers und eine Totenmaske Napoleons, den der Elsässer immer verehrt hat, werden den Soldaten der Kaserne neben einer Wort-Bild-Dokumentation beim Vertrautmachen mit dem Namenspatron sehr dienlich sein. Besonders wichtig war sein Wirken als Verschwörer an der Seite Stauffenbergs und bis zum Prozess 1944 vor dem Volksgerichtshof. Stets trat er als ein standhafter Patriot auf. Nach Meinung älterer Politiker, die an der Bundeswehr-Ehrung teilnahmen, fehlte Leber beim Aufbau der deutschen Demokratie.

Tausende Soldaten und Zivilbedienstete in Weddinger Kaserne

Die weiträumige Kasernenanlage ist seit 1828 Militärgelände. Einst war hier ein Artillerieschießplatz. 1896 wurde die erste Kaserne errichtet. Nach Polizeieinheiten bezog die Wehrmachts-Elitetruppe "Göring" die Einrichtung. Am Ende des 2. Weltkrieges quartierte sich 1945 die Sowjetarmee ein, dann folgten Briten und schließlich Franzosen.

1994 übernahm die Bundeswehr mit dem Verteidigungsbezirkskommando 100, der Standortkommandantur, der Feldjägerkompanie, dem Standortsanitätszentrum und den Truppenverwaltungen die Liegenschaft. Das Wachbataillon und das Stabsmusikkorps der Bundeswehr sowie weitere Truppenteile wurden hier, direkt am Flughafen Tegel, ebenfalls stationiert. Nach Abschluss aller Verlegungen waren es etwa 5 000 Soldaten und Zivilbedienstete.

Deutscche Infanteristen nun in Spandaus Süden

Das Jägerbataillon 581 wurde am 14. November 1991 durch den Divisionskommandeur und Befehlshaber im Wehrbereich VIII, Generalmajor Ruprecht Haasler, in Dienst gestellt. Der Infanterieverband gliederte sich zuerst in vier Kompanien mit einem Personalumfang von 560 Mann. Später kam eine 5. Kompanie hinzu, so dass sich die Gesamtstärke auf etwa 800 Soldaten erhöhte.

Zu den Hauptaufgaben des Verbandes gehörte eine dreimonatige allgemeine Grundausbildung der Rekruten. Sie war für die Neueinberufenen aller Teilstreitkräfte gleich und beinhaltete das Handhaben von Handfeuerwaffen, Gefechts- und Sportausbildung. Dann folgten eine dreimonatige Spezialgrundausbildung zum Jäger-Soldaten sowie sechs Monate Vollausbildung, in der die Jäger ihre Fähigkeiten und Kenntnisse in praxisnaher Ausbildung vertieft und ergänzt haben. Schließlich ging es um die Herstellung der Führungsbereitschaft der Einheiten und das Erreichen eines Ausbildungsstandes, der zur Teilnahme an Übungen befähigte.

Ziel des Ganzen: Ein voll beweglicher infanteriestarker Verband des Heeres zum Schutz der Bevölkerung in besiedeltem und bewaldetem Gelände. Als Bewaffnung standen leichte Infanteriewaffen, Panzerabwehrlenkraketen, Granatwerfer und 20-mm-Kanonen zur Verfügung. Weiterhin benutzt wurden 2-Tonnen-LKW.

Fast drei Jahre nach der Wiedervereinigung Deutschlands hatten die meisten der 16 zentralen und örtlichen Dienststellen der Bundeswehr in Berlin ihre endgültigen Standorte in der Hauptstadt bezogen. Die Streitkräfte nutzen dabei 13 ehemalige Liegenschaften der Nationalen Volksarmee im Osten sowie drei der Alliierten nach deren Abzug aus dem Westen der Stadt. Wenn man das mit anderen Ministerien und Behörden vergleicht, die nach 1990 in die deutsche Hauptstadt umgezogen sind, fällt auf, dass der Bereich Verteidigung fast nur vorhandene Einrichtungen für seine Aufgaben genutzt und damit dem Bund viel Geld gespart hat.

In der ehemaligen britischen Infanterie-Kaserne an der Sacrower Landstraße, den Montgomery Barracks, war jetzt das Berliner Jägerbataillon der Bundeswehr zu Hause. Die Verlegung aus einem Treptower Grenztruppen-Quartier in den Süden Spandaus erforderte nach den Worten von Kommandeur Oberstleutnant Franz-Josef Paulus "zwar große eigene Kraftanstrengungen, verlief aber völlig problemlos".

Von Anfang an pflegten die Soldaten enge Kontakte zum Senat, zum Bezirksamt und zur Bevölkerung. Erfreulich ebenso: Die neuen Mitbewohner kamen ohne Kettenfahrzeuge, nutzten nicht die Schießanlage in Gatow und befuhren die engen Straßen im Südwestzipfel der Hauptstadt nur mit Tempo 30. Ein aus öffentlichen Mitteln, Spenden und Mitgliedsbeiträgen finanzierter neuer Kindergarten in einem ehemaligen Gebäude der Briten brachte die Familien von Bundeswehrangehörigen und zivilen Anwohnern näher zueinander. Gemeinsame Sportveranstaltungen trugen auch dazu bei.

Junge Bürger in Uniform mit vielfältigen Interessen

Nachdem sich die Soldaten aus den fünf Kompanien des Jägerbataillons mit vielen Sehenswürdigkeiten und anderen Geschichtszeugnissen der Hauptstadt vertraut gemacht hatten, so mit der Gedenkstätte Deutscher Widerstand im Bendlerblock, dem Sowjetischen Ehrenmal in Treptow und der Zitadelle Spandau, lernten sie in ihrer neuen Umgebung mit dem Sitz des Deutschen Entwicklungsdienstes (DED) eine Einrichtung ganz anderer Art kennen. Hier erfuhr man aus erster Hand von der solidarischen Hilfe und Unterstützung Deutschlands für Staaten in Afrika, Asien und Lateinamerika. Da das Interesse dafür unter den jungen Bürgern in Uniform groß war, fanden weitere Gesprächsrunden statt.

"Keine Ost-West-Probleme", entgegnet mir der 40 Jahre alte Bataillonskommandeur auf eine entsprechende Frage. Allein vier der fünf Kompaniechefs hatten in der NVA gedient. Auch unter den Wehrpflichtigen stammten die meisten jungen Leute aus Sachsen und Berlin. Sie hatten zu ihren Mitstreitern aus Niedersachsen, Schleswig-Holstein und Nordrhein-Westfalen ein ebenso kameradschaftliches Verhältnis. Paulus, der hier seit 1993 gedient hat und 1995 ins Bundesverteidigungsministerium wechselte: "Das gute Miteinander gehört zu meinen positiven Erfahrungen. Der tägliche Dialog schafft Vertrauen."

Was sie gemeinsam leisten können, zeigten die Infanteristen auf dem Truppenübungsplatz Lehnin bei mehreren Lehrübungen. Mit Erfolg demonstrierten sie ihr militärisches Können, für das nahezu täglich auf dem Übungsplatz im fünf Kilometer entfernten Döberitz (Land Brandenburg) hart trainiert werden musste. Dieses Militärgelände wurde unter Friedrich Wilhelm I. 1713 erstmalig, dann von Reichswehr, Wehrmacht und zuletzt von russischen Truppen bis zu deren Abzug 1992 intensiv, von der Bundeswehr jedoch nur noch zu einem Teil genutzt. Heute ist es ein beliebtes Naturschutzgebiet am Rande der Hauptstadt.

Mit der Präsenz der Bundeswehr in Berlin wurden auch die Einberufungen zu deren Dienststellen in der Hauptstadt zur Normalität. Viele Wehrpflichtige kamen an den Haupteinberufungstagen stets zum Jägerbataillon 581 nach Gatow. Nach der Begrüßung an der Wache der Blücher-Kaserne und der Meldung im Geschäftszimmer beim "Spieß" gingen die

Rekruten auf den Einkleide-"Parcours". Inzwischen in Gruppen aufgeteilt, nahmen sie vom Trainingsanzug bis zum Feldspaten ihre persönlichen Ausrüstungsgegenstände in Empfang. An anderer Stelle wurde ihnen das Grundgesetz, aber auch das Schießbuch für Handfeuerwaffen und andere Kampfmittel ausgehändigt.

Die meisten Neuen waren Berliner aus den Ost- und West-Bezirken. An ihrem Gepäck für die kurze Anreise in S-Bahn, Tram oder Bus unterschieden sie sich kaum von den Brandenburgern, Sachsen und Anhaltinern. Die Motive zu Wehrdienstbeginn waren unter den jungen Leuten vielfältig, wie ich an diesem Tag hörte. Heiko Weiner (18) aus Ausleben: "Ich weiß, das hier ist kein leichter Dienst. Aber als junger Bürger hat man auch Pflichten gegenüber seinem Staat. Ich möchte den Offiziers-Beruf ergreifen und bei den Jägern bleiben." Viele Jahre später ist er Hauptmann und einer der Chefs bei der Einsatzausbildung zur internationalen Konfliktverhütung und Krisenbewältigung auf dem Truppenübungsplatz Wildflecken in der Hohen Rhön.

Der 20-jährige Magdeburger Stahlbetonbauer Tobias Gramkowski: "Die Wehrpflicht ist gut und sollte nicht abgeschafft werden. Es gibt hier hoffentlich auch Möglichkeiten, neben militärischen Dingen etwas fürs Leben dazu zu lernen." Roman Kehl aus Berlin-Lichtenberg, der gerade sein Abitur abgeschlossen hat, wählte lange zwischen Zivildienst in einem Krankenhaus und Grundwehrdienst. "Im Grunde genommen fehlt mir dann zwar ein Jahr, aber weil ich muss, mache ich es. Ich werde meine Zeit abdienen. Trotzdem freue ich mich darauf, andere Menschen kennenzulernen." Als „Verstärkung“ wurden in den nächsten Tagen weitere Wehrpflichtige aus anderen Verbänden hierher versetzt.

Nach kompletter Einkleidung und Ausrüstung sowie erneuter medizinischer Untersuchung begann für die neuen Rekruten die Ausbildung. "Unser Ziel ist die Feldverwendungsfähigkeit", meinte Kompaniechef Hauptmann Alexander Lassalle. Letztlich gehe es um innerlich gefestigte und vollwertige Einsatz-Einheiten. "Und dazu bedarf es immer wieder harter Arbeit für Vorgesetzte und Wehrpflichtige."

Ein Höhepunkt im Leben der Soldaten war am 4. November 1993 die Begegnung mit dem Regierenden Bürgermeister Eberhard Diepgen. Er stattete an diesem Tag zum ersten Mal dem in der Hauptstadt stationierten Verband einen Truppenbesuch ab und machte sich mit dem Soldatenalltag und dem Ausbildungsstand des einzigen Kampftruppenverbandes Berlins vertraut. Dieser gehörte zur Struktur der Heimatschutzbrigade 42 „Brandenburg“.

Im Mittelpunkt des Besuchs standen Vorführungen von Elementen des Ausbildungsdienstes, so an der Hindernisbahn, und Gespräche mit den beteiligten Soldaten. Wiederholt wurde ihm, auch vom Kommandeur berichtet, dass sie sich „hier wohlfühlen". Darauf Diepgen: „Das höre ich gern. Berlin und Bundeswehr, das gehört zusammen." Diese Normalität müsse „von uns allen richtig demonstriert werden". Jedenfalls sei er von den Leistungen der jungen Leute sehr angetan, versicherte mir der „Regierende" zum Abschluss seines Truppenbesuchs mit vielen persönlichen Gesprächen.

Feierliches Gelöbnis im Berliner Jägerbataillon

Die Blücher-Kaserne der Bundeswehr in Berlin-Kladow erlebte 1994 das erste Feierliche Gelöbnis von Rekruten aus neuen und alten Bundesländern. Im Standort des Jägerbataillons 581 gelobten junge Angehörige der Heimatschutzbrigade 42 "Brandenburg", "der Bundesrepublik Deutschland treu zu dienen und das Recht und die Freiheit des deutschen Volkes tapfer zu verteidigen". Gemeinsam mit Rekruten des Berliner Kampftruppenverbandes nahmen am feierlichen Zeremoniell Soldaten aus den Grundausbildungseinheiten in Lehnitz bei Oranienburg, Brück bei Beelitz sowie der Stadt Brandenburg teil. Sie alle dienten in der 3 000-Mann-Brigade des Heeres mit Sitz in Potsdam. Deren Wehrpflichtige stammten zu 15 Prozent aus den alten Bundesländern.

In dieser abendlichen Stunde hatten sich im Gelände der ehemaligen britischen Montgomery Barracks im Südwesten der Hauptstadt mit Verwandten und Freunden der Soldaten viele Berliner eingefunden. Die Rekruten aus Berlin, Sachsen, Sachsen-Anhalt, Niedersachsen und Schleswig-Holstein trugen zu dieser feierlichen Zeremonie ihren Großen Dienstanzug. Es erklang die Nationalhymne. Spandaus Bezirksbürgermeister Sigurd Hauff (SPD) hob in der Gelöbnisrede die schon enge Einbindung der Bundeswehr in den Berliner Alltag hervor.

Bei den Panzergrenadieren in Wentorf bei Hamburg begannen etwa 100 ostdeutsche Rekruten, vorrangig aus dem Land Brandenburg und Berlin, nach ihrer individuellen Anreise gemeinsam mit 350 Kameraden aus Schleswig-Holstein und der Freien Hansestadt ihren zwölfmonatigen Wehrdienst. Nach Auskunft von Stabsoffizier Major Gerhard Friederich waren die neuen Soldaten aus Ost- und Westdeutschland bis auf Gruppenebene gemischt. Nach der Einkleidung und ärztlichen Untersuchung fing die allgemeine Grundausbildung an.

Berliner Jäger stürmten beim Häuserkampf "stilles Örtchen"

Die kleine Stadt heißt "Scholzenslust". Sie liegt bei Lehnin an der Autobahn im Land Brandenburg und ist dennoch auf keiner Karte zu finden. Dafür sorgte schon die Nationale Volksarmee als Bauherr aus DDR-Zeiten. Sie ließ hier zwischen 1984 und 1988 immerhin 64 Häuser errichten. Auch wenn diese zu 90 Prozent noch immer Rohbauten sind und der Ort auch künftig unbewohnt bleibt, findet der Gast der Bundeswehr, der neue Eigentümer dieser Anlage inmitten eines Standortübungsplatzes, mehrere Hinweise auf angeblich reges städtisches Treiben. Das sollen Schilder wie "Supermarkt" und "Reisebüro", "Uhren" und "Post", aber auch eine "Bar" vortäuschen. Die Häuser an der Haupt- und Breite Straße liegen am dreigleisigen Bahnhofsbereich mit Waggons und Signalanlagen.

Eine Brücke, zum Teil zerstört, und eine Fußgängerunterführung prägen ebenso das Bild der Geisterstadt wie ein Kanalabschnitt von 25 Meter Länge und ein Flugplatz. Defekte Telefonzellen und zerstörte Straßenlampen vervollkommnen die Wirklichkeitsnähe, die der militärischen Ausbildung im bebauten Gelände dienen soll.

Plötzlich war "Scholzenslust" nicht mehr irgendein Kaff im wiedervereinigten Deutschland. Spätestens seit jenem Freitag im März 1994, als Bundesverteidigungsminister Volker Rühe mit seinem russischen Amtskollegen Armeegeneral Pawel Gratschow hier Station machte, kam der Ort in die Schlagzeilen. Sonst fuhren nur Soldaten der Heimatschutzbrigade 42 "Brandenburg" in Militärfahrzeugen vor, passierten den Schlagbaum, um dann den Orts- und Häuserkampf zu üben. Für das Heer ein Gewinn, gab es doch für diese Aufgaben früher nur Möglichkeiten im unterfränkischen Hammelburg bei der dortigen Infanterieschule.

1 000 Zieldarstellungen im neuen Stadtkampfobjekt

Das Stadtkampfobjekt der Bundeswehr mit seinen 1 000 Zieldarstellungen war für das Üben und Schießen mit Manöver- und Darstellungsmunition "bestens vorbereitet". So der verantwortliche Oberstabsfeldwebel Kurt Laake. Die beteiligten Panzergrenadiere aus der Stadt Brandenburg und die Berliner Jäger übrigens auch. Das zeigten die jungen Ost- und Westdeutschen mit viel Mut und hoher Einsatzbereitschaft.

Die Themen der fast zweistündigen Ausbildung lauteten "Einnahme eines Ortsrandes" und "Überfall auf einen feindlichen Gefechtsstand". Dazu bot "Scholzenslust" den Sturmtrupps und Jagdkommandos nahezu ideale Ausbildungsbedingungen. So bekämpften die "Weißen" die andere Seite in den besetzten Gebäuden, nutzten Sturmleitern und weitere

Hilfsmittel. "Gaststätte und Schule feindfrei, keine Verluste", meldete ein Feldwebel über Funk.

Dann überraschten die Soldaten aus der Berliner Blücher-Kaserne die Besatzung eines gegnerischen Gefechtsstandes. Ausbildungselemente wie das Abseilen an acht Meter hohen Häuserwänden im Rücken des Feindes wurden von den Ministern besonders aufmerksam verfolgt. Als die Jäger sogar ein "stilles Örtchen" stürmten, um dort den letzten "Gegner" kampfunfähig zu machen, gab es viel Gelächter unter den Beobachtern. Die Reaktion von Armeegeneral Gratschow: "Die Deutschen vergessen ja nicht mal die Toilette auf dem Übungsgefechtsstand."

Die beteiligten Bundeswehrsoldaten gingen bei all diesen Aktionen eifrig zur Sache. Sie waren gut getarnt, die Gesichter ganz bunt, was den obersten deutschen Dienstherrn gegenüber seinem russischen Gast zu der Bemerkung veranlasste: "Als ob sie Borschtsch (russische Suppe) gegessen hätten."

Brigadekommandeur Oberst Karl-Heinz Lather, dem 3 000 Mann unterstanden, war mit den militärischen Vorführungen seiner Truppen "sehr zufrieden". Als die Kompanien angetreten waren, dankte ihnen Rühe ganz herzlich "für die eindrucksvollen Vorführungen". Für Gratschow waren die Beteiligten "Molodzi (Prachtkerle)", deren Ausbildungsstand "gut" sei und dem "der russischen Soldaten ebenbürtig": "Wir sollten uns öfter auf den Truppenübungsplätzen treffen, um im Wettbewerb zu sehen, wer besser schießt, besser läuft und so weiter."

Russischer Verteidigungsminister fuhr mit dem "Wiesel"

Doch trotz dieser Leistungen der deutschen Soldaten äußerte sich der Fallschirmjäger-General mit Afghanistan-Erfahrung in dieser Stunde des Abschieds von der Bundeswehr noch einmal über ein für ihn "großes Erlebnis": Am Vortag hatte er deutsche Fallschirmjäger besucht und war "mit dem besten Kraftfahrer, einem ehemaligen Russland-Deutschen aus Kasachstan, über drei Kilometer mit dem 'Wiesel' gefahren", meldete er Volker Rühe. Ein "ausgezeichnetes Fahrzeug", schätzte Gratschow die Parameter des Waffenträgers ein, "die ein Panzer nicht schafft". "Sind Sie aufgesprungen?", fragte der deutsche Minister. Die Antwort des Amtskollegen: "Nein, das durfte ich nicht." Das war "laut Protokoll" nicht vorgesehen, was aber sonst bei den herzlichen Begegnungen beider Minister mit den Soldaten an diesen Tagen so streng nicht war.

Deutscher und russischer Verteidigungsminister im Gespräch

Sie trafen sich regelmäßig, um über die militärischen Beziehungen zwischen Deutschland und Russland sowie deren Beitrag für Frieden und Verständigung in der Welt zu beraten - Verteidigungsminister Volker Rühe und sein Amtskollege Armeegeneral Pawel Gratschow. So bei der Nato in Brüssel oder auf dem Bundeswehrübungsplatz Lehnin (Land Brandenburg). Diesmal war es sogar ein ungewöhnlicher, ein historischer Tag, der beide im August 1994 in Berlin zusammenführte: Noch bevor die offizielle Verabschiedung der letzten WGT-Soldaten aus Deutschland begann, kamen sie im Berliner Tiergarten, unweit vom zweiten Amtssitz des Bundesministers im Bendlerblock, zu einem kurzen Treffen zusammen. Der Würde dieses Tages entsprechend, gab es nicht nur eine überaus freundschaftliche Begrüßung zwischen beiden Ministern. Sie nahmen auch gleich zur historischen Bedeutung dieses 31. August 1994 Stellung.

Rühe: "An diesem Tag schaut man zurück auf den schwierigsten Teil des Jahrhunderts. Aber wir sind sehr dankbar, wie gut sich das Verhältnis zwischen unseren Staaten entwickelt hat. Was die Stabilität in Europa angeht, so hängt nun viel davon ab, dass die Dinge zwischen Deutschland und Russland gut laufen."

Der Bundesminister nutzte die Gelegenheit, um die "große organisatorische und politische Leistung der Russen beim Abzug ihrer Truppen aus Deutschland" zu würdigen. "Für uns gilt nicht das Sprichwort 'Aus den Augen, aus dem Sinn.' Wir wollen jetzt ganz zielstrebig zusammenarbeiten, auch wenn wir uns nicht mehr so oft in Deutschland sehen. Jetzt müssen wir die Verantwortung für die Zukunft übernehmen - für eine freundschaftliche Zusammenarbeit zwischen Deutschland und Russland."

Und der Armeegeneral, Held der Sowjetunion, sah das so: "Heute ist ein Festtag für uns, an dem ich tiefe Gefühle empfinde. Unsere Truppen haben ihre historische Mission in Deutschland zusammen mit den Alliierten erfüllt. Auch unsere persönlichen Beziehungen werden immer fester", sagte der russische Minister mit Blick auf den Gastgeber. Auch dies könnte seiner Meinung nach "ein Beispiel für andere Länder" sein. Er hatte zuvor vier Tage lang ein letztes Mal das einstige Oberkommando der russischen Westgruppe der Truppen in Wünsdorf besucht, einen Ortsteil von Zossen (Landkreis Teltow-Fläming), wo sich seit dem Ende des 2. Weltkrieges der Führungsstab der Gruppe der Sowjetischen Streitkräfte in Deutschland (GSSD) und später der WGT befand.

Was die bisherige Zusammenarbeit betraf, so werde diese von Treffen zu Treffen enger, meinten beide Minister übereinstimmend. Dann kam die "Partnerschaft für den Frieden" zur Sprache, die den Staaten und

Armeen des ehemaligen Ostblocks enge Bande zum westlichen Bündnis bietet. Hierbei gilt es gerade als historisches Verdienst des Unions-Politikers, sich als erster für eine Nato-Öffnung in Richtung Osten ausgesprochen zu haben. "Diese Partnerschaft ist ein sehr wichtiges Instrument. Wir wünschen so viele Kontakte wie nur irgend möglich. Auch Übungen von Stäben in Deutschland und Russland für UNO-Friedenseinsätze."

Wie sieht nun die weitere Zukunft aus? "Ich glaube, wir haben eine großartige Perspektive für unsere Zusammenarbeit", erklärte Gratschow. Dazu diene der gemeinsame Plan von 1993 als "solide Arbeitsgrundlage". Alljährlich werde das Programm neu präzisiert. So gebe es schon heute eine große Anzahl gemeinsamer Maßnahmen wie den Austausch von Offizieren an Lehrgängen der Militärakademien. Auch gemeinsame russisch-deutsche Übungen auf unterschiedlichen Ebenen seien geplant. Ziel könnte im kommenden Jahr auch eine Kommandostabsübung oder Truppenübung sein, meinte er.

Doch bevor man zur gemeinsamen Teilnahme am militärischen Zeremoniell mit Bundeskanzler Helmut Kohl und Präsident Boris Jelzin sowie zu weiteren Abschiedsveranstaltungen aufbrach, war auch der "menschliche Bereich" noch einmal Gesprächsthema. "Die meisten russischen Soldaten verlassen uns als Freunde. Sie werden sicher zu Hause für eine gute Entwicklung der Beziehungen zwischen Russland und Deutschland eintreten", betonte Rühe. Und Gratschow fügte hinzu: "Die Russen denken ebenso, denn über acht Millionen Soldaten haben hier ihren Militärdienst geleistet."

Der russische Militär war Absolvent der Fallschirmjäger-Offiziersschule in Rjasan und diente später als Regiments- und Divisionskommandeur in Afghanistan. Im Putsch 1993 gegen Präsident Boris Jelzin verhielt er sich als Verteidigungsminister, der dieses Amt von 1992 bis 1996 innehatte, loyal. In dieser Zeit nahmen russische Truppen an den Kampfhandlungen in der nordkaukasischen Teilrepublik Tschetschenien teil. Er starb 2012 in einer Moskauer Militärklinik.

Heeresverbände im Beitrittsgebiet unter Koblenzer Führung

Mit der Heeresstruktur 5 erhielten zu Jahresbeginn 1995 auch in den neuen Bundesländern die Kommandos und Verbände ein neues "Gesicht". Zu dieser Zeit waren nationale territoriale Aufgaben einerseits und Einsatzaufgaben andererseits beim Heeresführungskommando in Koblenz, wo alle Einsätze des Heeres geplant und geführt wurden, und bei den Wehrbereichskommandos/Divisionen zusammengefasst.

Für den Bereich der neuen Länder wurden den Koblenzern bei den nationalen territorialen Aufgaben das Wehrbereichskommando VII/13. Panzergrenadierdivision in Leipzig und das Wehrbereichskommando VIII/14. Panzergrenadierdivision in Neubrandenburg unterstellt. Sie wirkten eng mit den Landesregierungen von Sachsen und Thüringen (Wehrbereich VII) sowie von Mecklenburg-Vorpommern, Sachsen-Anhalt, Brandenburg und Berlin (Wehrbereich VIII) zusammen.

Beiden Wehrbereichskommandos/Divisionen unterstanden wiederum in den Landeshauptstädten die Verteidigungsbezirkskommandos. Als Träger der Zivil-Militärischen Zusammenarbeit nahmen sie die territorialen Aufgaben im Rahmen der Landesverteidigung wahr. Für Einsatzaufgaben wurden die 13. und 14. Division vom IV. Korps in Potsdam befehligt. Beide Großverbände blieben im Frieden organisatorisch mit den Wehrbereichskommandos fusioniert. Im Verteidigungsfall wäre eine Defusionierung erfolgt.

Bundeswehr-Großverbände nach NVA-Struktur disloziert

Die Großverbände der Bundeswehr im Beitrittsgebiet wurden größtenteils nach der vorgefundenen NVA-Struktur disloziert. Die Einnahme der neuen Heeresstruktur bedingte zum Beispiel für die Neubrandenburger Division, dass aus den Heimatschutzbrigaden 40 "Mecklenburg" in Schwerin und 41 "Vorpommern" in Eggesin die Panzergrenadierbrigade 40/Verteidigungsbezirkskommando 86 und die Panzergrenadierbrigade 41 hervorgingen. Aus der Potsdamer Heimatschutzbrigade 42 "Brandenburg" entstand die Panzerbrigade 42/Verteidigungsbezirkskommando 84. Diese Brigaden wurden für die Ausbildung und den Einsatz von Führungs-, Kampfunterstützungs-, Logistik- und Sanitätstruppen unterstützt. So vom Artillerieregiment 14 in Karpin.

Für die territorialen Aufgaben verfügte das Wehrbereichskommando VIII/14. Panzergrenadierdivision über "Wehrbereichstruppen". Dazu gehörten das Lazarettregiment 81 in Stern-Buchholz bei Schwerin und die Pionierbrigade 80 in Storkow. Insgesamt waren die Truppenteile und Dienststellen des Neubrandenburger Kommandos in rund 100 Standorten stationiert. In ihnen dienten 19 200 Soldaten, später 23 000. Eine weitere Beschäftigung beim Bund fanden 2 700 Zivilbedienstete.

Ausgerüstet wurden die neuen Verbände mit modernem Großgerät, so mit den Panzern Leopard 2 und 1A, dem Schützenpanzer Marder und der Panzerhaubitze M 109.

Divisionskommandeur und Befehlshaber im Wehrbereich VIII, Brigadegeneral Hans-Peter von Kirchbach, verwies auf den "hohen Ausbildungsstand". Dieser sei kürzlich der Potsdamer Brigade nach einer Lehrvorführung auf dem Truppenübungsplatz Klietz vom Generalinspekteur der Bundeswehr bestätigt worden.

In diesem Zusammenhang würdigte der General, unter dessen Leitung die frühere 9. NVA-Panzerdivision mit rund 15 000 Mann im Raum Eggesin aufgelöst worden war, den "wichtigen Beitrag der Bundeswehr für die erfolgreiche Ost-West-Integration". Bei der Einführung der neuen Struktur sei die Bundeswehr Ost gewissermaßen "Vorreiter" gewesen, "da beim Aufbau der neuen Verbände und Truppenteile sowie ihrer Kommandos die künftige Rolle und Aufgabe des deutschen Heeres im Zentrum Europas in einer gewandelten Sicherheitslage berücksichtigt wurden".

Bagger: Heeres-Strukturen entsprechen noch nicht neuen Anforderungen

Die gegenwärtigen Strukturen im Heer entsprechen noch nicht den neuen Anforderungen an die Bundeswehr. Darauf verwies Heeresinspekteur Generalleutnant Hartmut Bagger. Dies sei auch "der Grund, warum wir noch einmal eine neue Struktur entwickeln und planen müssen", erklärte er mir 1994 in einem Interview in Berlin.

"Denn wir haben jetzt keine Verbände verfügbar, die innerhalb kürzester Zeit einsatz- und verlegebereit sind. Das hängt mit dem Auffüllrhythmus und dem Ausbildungssystem zusammen." Erforderlich seien aber "Truppenteile, die einen bestimmten Ausbildungsstand jederzeit haben, sofort abrufbereit und überall einsetzbar sind".

In Zukunft würden "quer durch das Heer und alle Truppengattungen Verbände und Spezialisten benötigt, und das zeigte schon Somalia, die wirklich präsent und verfügbar sind". Diese müssten auch "entsprechend ausgebildet sein". Insofern werde man innerhalb des Heeres in der Wahrnehmung unterschiedlicher Aufgaben differenzieren müssen. "Das hat dann auch etwas mit Ausbildung und Ausbildungsintensität zu tun."

Trotz dieser Differenzierung sei es seine "grundlegende Zielsetzung, das Heer als Ganzes, als ein System zu erhalten. Sonst bekommen wir tatsächlich zwei unterschiedliche Bereiche im Heer", betonte der General. "Ich muss sicherstellen, dass das Führungspersonal sowohl mit Offizieren als auch mit Unteroffizieren zwischen Krisenreaktions- und Hauptverteidigungskräften austauschbar bleibt. Sie müssen grundlegend dieselbe Ausbildung haben." Er werde deshalb für ein "einigermaßen kohärentes Ausbildungssystem sorgen. Wenn ich unterschiedliche Systeme anlege, dann wird der Apparat so kompliziert, dass es zusätzliches Personal kostet." Und dies sei nicht verfügbar.

Deutsche Wehrpflichtarmee kann sich mit Freiwilligenarmeen messen

Der Auffassung von einer dabei entstehenden "Zwei-Klassen-Armee" widersprach der Inspekteur entschieden. "Das gesamte Heer ist einheitlich modern ausgerüstet, über die gesamte Breite, was bisher noch nie der Fall war. Wir haben einen relativ hohen Ausbildungsstand, und wir können uns mit jedem Bündnispartner messen." Das treffe auch bei denen mit einer Freiwilligenarmee zu wie bei den Briten und Amerikanern. Davon zeuge auch die hohe Wertschätzung des Nato-Militärausschusses im September für eine Vorführung von Heerestruppen im Land Brandenburg.

An diesen Leistungen hätten nicht zuletzt Wehrpflichtige Anteil, "die eine hohe Qualität in den Streitkräften garantieren. Dies käme mit Sicherheit nicht durch eine Freiwilligenarmee in der Bundesrepublik zustande." Auch das sei einer der Gründe, warum er für die Beibehaltung der Wehrpflicht plädiere. "Wenn wir die Wehrpflicht abschaffen, verlieren wir deutlich an Qualität, und wir kriegen Streitkräfte einer völlig anderen Art: sowohl bei den Führern als auch bei den Soldaten. Da kommt ein anderer Geist. Und ich weiß nicht, ob wir den wollen." Dies könne er schon heute voraussagen. In jedem Fall wolle er das "Heer als Gesamtsystem erhalten, um Austauschbarkeit und Gemeinsamkeit sicherzustellen".

Die "neue Lage Deutschlands inmitten Europas im geopolitischen Sinne" müsse nun tatsächlich akzeptiert werden, "da sie uns auch von allen Nachbarn aufgezwungen wird". Dies sei nicht nur die Haltung der Bündnispartner im Westen, auch des Nato-Landes Spanien, "das nun von amerikanischen M-60-Panzern auf Leopard 2 umstellen will". Aber auch Staaten Mittel- und Osteuropas sowie neutrale Länder wie Schweden und Österreich blickten nun auf Deutschland. "Das sind völlig neue Entwicklungen. Und unsere Streitkräfte, ganz besonders das Heer, spielen als 'Anker' im Bündnis und für das Sicherheitsbedürfnis anderer Staaten eine ganz erhebliche Rolle."

Nach der ersten gemeinsamen Übung mit Polen kündigte General Bagger eine bilaterale Übung mit dem tschechischen Heer direkt an der Grenze beider Länder an. Auch die weiteren Übungen in den nächsten Jahren sollen nicht nur systematisiert, sondern zu einer "ständigen Einrichtung" werden. Wenn dann die gesetzlichen Grundlagen vorliegen, werde auch mit polnischen, tschechischen, slowakischen und ungarischen Soldaten auf deutschem Boden geübt.

General Bagger war der 14. Inspekteur des Heeres. Dennoch fühlte er sich "nicht immer ganz wohl in seiner Haut", weil ihn "die Summe der vielen Veränderungen in kurzer Zeit belastet". Dabei sei immer wieder zu hinterfragen, "ob man genügend Zeit für die wirklich wichtigen Dinge hat, die es zu entscheiden gilt". Sorge mache ihm, "ob die Truppe die derzeitige Dauerbelastung aushält. Denn wir hatten in den vergangenen Jahren eine ständige Umstrukturierung und Umstationierung." Mit der Einnahme der neuen Führungsstruktur des Heeres könne aber erst demnächst gerechnet werden. "Das bedeutet dann mehr oder weniger, dass wir nahtlos aus der Phase der Unsicherheit in eine neue Phase von Veränderungen hineingehen. Und da frage ich mich, ob das der Truppe zumutbar ist und ob sie das aushält."

"Vermessungsunterstützung Ost" mit Millionen-Nutzen

Die Bundeswehr leistete mit ihrer "Vermessungsunterstützung Ost" wiederholt einen wirksamen Beitrag zum Wiederaufbau und zur Verbesserung der Infrastruktur des Beitrittsgebietes. Denn erst nach einer Vermessung waren hier rechtskräftige Eintragungen in die Grundbücher möglich und somit die Eigentümer festlegbar.

Deshalb wirkte diese Hilfe "wie ein Anschub für Investitionen in Grund und Boden". Das erklärte mir der Leiter des Amtes für militärisches Geowesen, Brigadegeneral Karl-Heinz Bleiel, als Zuständiger für diese Aufgabe. Trotz eines Sparpaketes in Milliardenhöhe für 1994 hatte der Bundesverteidigungsminister nach der erfolgreichen Unterstützungsaktion im Vorjahr erneut "grünes Licht" dazu gegeben. Allein diese Hilfe brachte den Landesvermessungsämtern im Osten Einsparungen der Kosten in Höhe von rund 1 Million DM.

In den verschiedenen Vermessungsbereichen, so bei der Grundlagenvermessung und Verdichtung des Festpunktfeldes, waren 186 Soldaten, Unteroffiziere und Offiziere eingesetzt. Es ging um die Neubestimmung, Ergänzung oder Wiederaufnahme alter Punkte, "weil ja in all den Jahren die Nutzung über die eigentlichen Grenzen der Grundstücke oft hinweggegangen ist", erläuterte der General. Damit trugen die Vermessungsfachkräfte der Bundeswehr ganz wesentlich zur Wiederherstellung des Katasterwesens der Behörden bei. Mit diesen Arbeiten schaffte man Dokumentationen für die Grundstücksbildung durch Katasterämter und öffentlich bestellte Vermessungsingenieure.

Beim Besuch seiner Trupps in Berlin, die seit April die Senatsverwaltung für Bau- und Wohnungswesen im Rahmen der Amtshilfe in den östlichen Stadtbezirken und in Weststaaken unterstützten, informierte er sich vor Ort über deren Wirken. Auf der Prenzlauer Promenade in Pankow schilderte ihm Truppführer Feldwebel Frank Meier aus Xanten (Nordrhein-Westfalen), dass die Strecken- und Winkelmessungen "zügig vorangehen".

Dabei könne er sich auf erfahrene Berufsvermessungstechniker wie den Gefreiten Bodo Sauerland aus Wesel stützen. Die Zusammenarbeit mit dem zuständigen Pankower Amt sei gut. Jedoch glaubte gerade hier in dieser Gegend mancher Gartenfreund, nach diesen Messungen sei für sein Pachtgrundstück "nichts Gutes" zu erwarten, was aber in keinem Zusammenhang mit dieser Arbeit stand.

Beim aktuellen Einsatz, meinte Bleiel, seien Erfahrungen vom Vorjahr berücksichtigt worden, "um die Trupps fachlich noch besser einsetzen zu können". Man könne aber bei der bis Oktober dauernden Aktion schon jetzt einschätzen, "dass die Soldaten mit Herz und Verstand bei der Sache sind und ihren Auftrag gut erfüllen". Besonders bewährt hätten sich wieder die zentimetergenauen Messungen im Global-Position-System (GPS), damals schon in zivilen Bereichen üblich, über Satelliten.

Ausgangspunkt dieser Aktion unter dem Logo "Wir unterstützen die Zivilvermessung" war 1992 eine Anfrage der Landesregierungen in der Bund-Länder-Kommission auf Staatskanzleiebene, wo die Bitte um eine solche Hilfe mit Fachpersonal vorgetragen wurde. 235 Angehörige der Streitkräfte, hauptsächlich aus den alten Bundesländern, legten dann 1993 zwischen Elbe und Oder die Aufnahmenetze als Grundlage für Grundstücksvermessungen an. Außerdem wurden tausende Festpunkte vermessen, die besondere Bedeutung für Industriebauten haben.

All diese Arbeiten im Osten Deutschlands waren nach der Wiedervereinigung notwendig geworden, da nach Kriegsende die damalige Sowjetische Militäradministration in ihrer Besatzungszone die "Vergesellschaftung von Grund und Boden" eingeleitet hatte. Auch zu DDR-Zeiten wurden die Katasterarbeiten vernachlässigt.

Bereichsfernmeldeführer in der Kaserne Am Treptower Park

Als ein nichtaktiver Truppenteil wurde die Dienststelle „Bereichsfernmeldeführer 810“ in der Kaserne Am Treptower Park untergebracht. Sie sollte „alle für die militärische Landesverteidigung notwendigen festen Fernmeldenetze der Bundeswehr den Bedarfsträgern in Zusammenarbeit mit der Deutschen Bundespost/Telekom im Frieden und im Verteidigungsfall im gesamten Zuständigkeitsbereich, das ist das Land Berlin, uneingeschränkt zur Verfügung stellen". Das teilte die Informations- und Pressestelle der Bundeswehr in Berlin mit.

Das bedeute, dass die 77 Mitarbeiter beratend Kommandobehörden, militärische und zivile Dienststellen in Angelegenheiten der Nutzung von Fernmeldenetzen unterstützen. Ferner sei die Einrichtung alleinige Verbindungsstelle zwischen Bundeswehr, den Stationierungsstreitkräften und der Oberpostdirektion Berlin hinsichtlich der Inanspruchnahme von Übertragungswegen aus dem postalischen Netz. Kurzum, man sieht sich hier nicht nur als Ansprechpartner und Berater in allen Aufgaben des Fernmeldeverbindungsdienstes, sondern auch als ein Mittler zwischen Bundeswehr und Bundespost/Telekom.

Die Dienststelle, die für die Bereitstellung, Schaltung, Aufrechterhaltung und Überwachung von Übertragungswegen verantwortlich ist, umfasst drei Fernmeldediensttrupps. Im Mobilmachungsfall, hieß es in der Pressemitteilung, wächst der Truppenteil auf eine Stärke von 235 Soldaten auf.

Hochspannungsanlagen beim Militär außer Betrieb

Die DDR schützte sich mit einem ausgeklügelten System von Mauern, Stacheldraht und Selbstschussanlagen gegen alles „Feindliche" von außen. Im Inneren kamen weitere Todesgefahren hinzu: Vor allem gingen sie von den Hochspannungssicherungsanlagen aus. Besonders die Nationale Volksarmee hatte viele davon in Gebrauch. Sie waren um 286 militärische Einrichtungen installiert. Beim Waffenbruder WGT verhinderten solche Starkstromanlagen, wie ich bei Waren an der Müritz (Mecklenburg-Vorpommern) beim Abzug von Raketen des Typs SS-12 (SCALEBOARD) gesehen habe, das „unbefugte Eindringen" in die Operationsbasis mit nuklearen Sprengköpfen.

Insgesamt waren allein in der NVA die gefährlichen Elektrozäune mit einer Länge von 490 Kilometern vorhanden. Dies entsprach etwa der Strecke von Erfurt nach Rostock. Bei einer Stromstärke zwischen 6 000 bis 18 000 Volt bestand hier ständig bei jeder Berührung unmittelbare Lebensgefahr. Daher wurden sie auch beidseitig durch weitere Drahtzäune gesichert.

Diese Gefahr gab es ab 2. Oktober 1990 nicht mehr. Auf Empfehlung des Bundesministeriums der Verteidigung wurden die Anlagen zum Ende der NVA auf Weisung vom Ministerium für Abrüstung und Verteidigung abgeschaltet. Wie das Bundeswehrkommando Ost später auf Anfrage mitteilte, hätten sie „gegen Gesetze verstoßen, die nach dem Vollzug der staatlichen Einheit Deutschlands im beigetretenen Teil gelten".

Die Hochspannungssicherungsanlagen waren hauptsächlich bei Munitions- und Waffendepots, Gefechtsständen, Raketenstellungen und funktechnischen Lagern der ostdeutschen Streitkräfte installiert worden. Damit hatte die NVA sowohl Wachpersonal eingespart als auch die Zahl der Geheimnisträger unter den NVA-Soldaten so gering wie möglich gehalten. Nun wurde „die Sicherung solcher Objekte auf Niederspannungsanlagen umgestellt", hieß es in einer Pressemitteilung aus Strausberg. Das bedeutete, „beim Berühren der Anlage entsteht eine sogenannte Schreckspannung. Diese löst in der Wachzentrale Signale aus und ist ungefährlich."

Allerdings ging mit der Umstellung „ein beträchtlicher zusätzlicher Bedarf an Wachpersonal" einher. Dazu wurden Mannschaften der ehemaligen Grenztruppen der DDR herangezogen. „An den Einsatz von zivilen Wachunternehmen ist derzeit nicht gedacht." Das Bundesministerium bildete für solche Angelegenheiten Beratungskommissionen, die alle Wachverantwortlichen unterstützen sollten.

1994: Noch immer 85 km Todesstreifen unbegehbar

Den einst 1 333 Kilometern Sperranlagen an der innerdeutschen Grenze galt seit dem 13. August 1961 die "besondere Fürsorge" von Partei und Regierung in Ost-Berlin: Stacheldraht- und Streckmetallzäune, Mauern, Signal- und Selbstschussanlagen, Spurenfelder, freilaufende Hunde. Doch die eigentlichen Gefahren der DDR-Grenzsicherung sollten von den Minensperren ausgehen. Auf genau 660 km waren die kleinen Sprengkörper nach einem hinterhältigen System verlegt worden. Nur ganz wenige Personen, nicht einmal die wehrpflichtigen Grenzer, wussten, wo in diesem Todesstreifen ein Durchkommen war.

Was schon zu Friedenszeiten zwischen Possek bei Plauen (Sachsen) und Pötenitz unweit von Wismar in Mecklenburg-Vorpommern zum "Militärischen Sperrgebiet" erklärt wurde, bot tatsächlich ein Bild militärischer Abschreckung: Zwischen 1961 und 1984 wurden hier 1,3 Millionen dieser heimtückischen Waffen verlegt. Damit bei einer "Normliegezeit" von fünf Jahren auch ja keine Lücke klaffte, gab es insgesamt sechs Generationen Infanterieminen mit einem Durchmesser zwischen 6 und 20 Zentimeter.

Die ersten waren die damals noch sowjetischen Typen POMS-2 und POMS-2M. Bei 1,7 und 1,47 kg Gesamtgewicht betrug die Sprengladung "nur" 75 g, doch immer noch genug, um den Opfern Beine, Arme oder den ganzen Körper zu zerfetzen. Waren diese Sprengkörper noch aus Metall und so von manch findigem "Grenzverletzer" mit einem selbstgefertigten Suchgerät zu umgehen, so sollten dies die nächsten Minen mit Holz- und Plastikhüllen verhindern. Mit einer "Füllung" von 200 g hatten sie schon die dreifache Sprengkraft. Ihre Kennzeichen: PMD-6M und PMN.

Etwa ab 1971 wurden auf den Minenfeldern erstmals Sprengkörper "Made in GDR" in sehr großen Stückzahlen verlegt. Sie hießen PMP-71 und PPM-2, waren in Duroplaste oder Polyäthylen verpackt und extrem flach, mit 130 und 100 g Sprengladung bei der kleinsten Berührung immer eine tödliche Gefahr.

Die Beteiligten sind „motiviert und qualifiziert"

Über all das wusste der Oberstleutnant der Bundeswehr Gerhard Rüddenklau genau Bescheid. Der Gruppenleiter verstand sich selbst als "in gewisser Hinsicht letzter Chef der Grenztruppen". Denn als Beauftragter des Bundesverteidigungsministeriums in Pätz bei Berlin trug er im Gegensatz zu seinen Vorgängern aus DDR-Zeiten Verantwortung dafür, dass auch die letzte brisante Hinterlassenschaft aus den einstigen Minenfeldern verschwindet. Dafür standen ihm ein paar Soldaten und 1 300 zivile Mitarbeiter von der Gesellschaft zur Rekultivierung und Verwertung von Grundstücken m.b.H. zur Seite. Die Beteiligten waren "motiviert und qualifiziert" und wollten die Aufgabe "termin- und sachgerecht beenden", sagte er mir. Und wichtig für ihn war, dass bei dieser gefahrvollen Tätigkeit kein Minensucher verletzt oder gar getötet wurde.

Den Ausgangspunkt für das Minensuchen bildete ein Grenzgebiet von der Größe des Herzogtums Luxemburg. Nach internationalem Druck und den Milliarden-Kredit der alten Bundesrepublik vor Augen, war von den DDR-Oberen 1984 kurzfristig der Befehl zum Minenräumen im Eilverfahren gegeben worden. "Alles geräumt", hatten die Verantwortlichen der Grenztruppen gemeldet und in ihren Vernichtungsunterlagen 33 863 Minen unterschlagen. Diese waren nach den knapp zweieinhalb Jahrzehnten Minensperre nicht mehr gefunden worden. Das spätere Auflösungskommando der DDR-Grenztruppen sprach von "Fehlminen". Und nur in 150 von 660 km Minenstreifen stimmten Verlege- und Räumprotokolle, die man im Militärarchiv Potsdam aufgefunden hat, überein.

Ein Traktor mit Egge pflügt den Boden

Nach all den Jahren waren die russischen Holzkastenminen auf einer Strecke von 477 km verwittert und unschädlich. Die Suchtrupps mussten gut 183 km bearbeiten. Gefunden wurden bis Ende Oktober 601 Minen. Das Verfahren: Ein Traktor mit Egge pflügte den Boden 40 cm tief um, viermal hintereinander. Dahinter kam eine Raupe mit Arbeitsbühne, auf der zwei Beschäftigte gut geschützt und wachen Auges die Erde nach den Explosionskörpern absuchten. Was für ein Gefühl für die hier beschäftigten Ex-DDR-Grenzsoldaten, als sie bei Heiligenstadt in Thüringen ein komplettes Minenfeld mit 31 scharfen Sprengkörpern entdeckten und beseitigen konnten, erläuterte der Gruppenleiter.

Noch nicht kontrolliert worden waren damals 85 km ehemaliges Grenzgebiet, vorwiegend in Thüringen und Sachsen-Anhalt. Hier erschwerten Gewässer, Sümpfe und Baumbewuchs die Suche. Doch bis Ende 1994 wurde das Sondieren und Räumen des einstigen DDR-Todesstreifens abgeschlossen. Der Brocken, dessen Grenzsicherungsanlagen jahrzehntelang die DDR-Bürger von seinen Ausblicken in 1 100 m Gipfelhöhe abhielten, war seit Mitte Oktober 1994 "nach menschlichem Ermessen minenfrei".

Luftwaffe

Deutsche Luftwaffe sichert Berlins Hoheit

Nach der Einheit Deutschlands erfüllte die Bundesluftwaffe einen wichtigen sicherheitspolitischen Auftrag: In voller nationaler Verantwortung wurde der Luftraum der fünf neuen Bundesländer und Berlins eigenständig überwacht. Während die Deutschen noch bis zum 2. Oktober 1990 in der alten Bundesrepublik mit der Lufthoheit direkt nichts zu tun und luftpolizeiliche Maßnahmen nur im Rahmen der Nato durchzuführen hatten, kam seit der Wiedervereinigung auch das Air Policing im Osten der Republik hinzu. Der Grund: Im Beitrittsgebiet durfte die Nato vor dem Abzug der Westgruppe der Russischen Armee bis Ende August 1994 nicht aktiv werden.

Für die Angehörigen der Luftwaffe ergaben sich mit dieser neuen Überwachungsfunktion sehr sensible Aufgaben. Allein bis zu 1 700 Flugbewegungen der russischen Truppen sowie viele Verbindungsflüge waren Tag für Tag zu planen, zu koordinieren und zu überwachen. Eine Riesenaufgabe mit einer Riesenverantwortung! Doch wie in den letzten Jahren der DDR kam es auch nach der Wiedervereinigung zu keinem Konflikt im

Luftraum. Obwohl die Starts, Flüge und Landungen von Jägern und Hubschraubern in zahlreichen Gebieten der neuen Bundesländer stattfanden.

Um jeden Crash zu verhindern und damit alles möglichst reibungslos verlief, wurde unter deutscher Leitung gemeinsam mit der Westgruppe eine Luftkoordinierungsstelle in Wünsdorf bei Zossen (Land Brandenburg) eingerichtet. Laut Oberstleutnant Peter Pflug vom Gefechtsstand Fürstenwalde gestaltete sich die Zusammenarbeit „sehr effektiv". Im Gegensatz zu manchem Pressebericht gab es zwischen Ostsee und Erzgebirge „kein Chaos" in der Luft, sagte er. Es handelte sich vielmehr um einen zwar „sehr belebten, aber gut kontrollierten Flugverkehr". Davon konnte ich mich vor Ort wiederholt überzeugen.

Air Policing bedeutete zu jener Zeit mehr als nur die Koordinierung und den Austausch von Fluginformationen. Es ging um die ständige Luftraumüberwachung und Luftlageerstellung. Sollte ein Nutzer oder Verletzer des ostdeutschen Luftraumes nicht eindeutig identifiziert werden können, so wären Jagdflugzeuge der Bundeswehr zur Sichtidentifizierung des Flugzieles gestartet. Man hätte ihn dann abgedrängt oder zur Landung gezwungen. Und wenn notwendig, mit einem Warnfeuerstoss. Nur für den äußersten Fall war der Einsatz von Waffen vorgesehen.

Und noch etwas Besonderes machte die Deutsche Einheit möglich: Mit dem 1. Juni 1991 stellte die Bundesluftwaffe den einstigen NVA-Truppenteil Preschen im Land Brandenburg als Jagdgeschwader 73 in Dienst. Nach einer monatelangen Phase gründlicher technischer Untersuchung, Erprobung unter Flugbedingungen und Vervollkommnung auf westlichen Sicherheitsstandard flogen die hier vorgefundenen russischen „Wundervögel" MiG-29 (FULCRUM) erstmals deutsches Air Policing. Die Überprüfung auf Truppenverwendung fand nach offiziellen Angaben „wie noch nie" statt. Nach Flügen mit der Dienstgipfelhöhe von 18 000 Metern und der Geschwindigkeit von 2,35 Mach gab es von den deutschen Experten folgendes Urteil: „gute Manövrierfähigkeit", „hervorragende Beschleunigungsleistungen", „angenehmes Flugverhalten".

Sektorgefechtsstand Ost im ehemaligen „Fuchsbau"

Für die flächendeckende Luftraumüberwachung, die Luftlageerstellung und die Jägerleitung wurden ehemalige ausgewählte Einrichtungen der funktechnischen Truppen der NVA und ein in Berlin stationiertes Flugsicherungsgerät genutzt. Im früheren Zentralen Gefechtsstand der Luftstreitkräfte/Luftverteidigung in Fürstenwalde richtete die Bundeswehr ihren Sektorgefechtsstand Ost ein. Er trug zuvor die Tarnbezeichnung „Fuchsbau" und unterlag mit den Erfahrungen aus dem Sechstagekrieg im

Nahen Osten 1967 einer sehr hohen Geheimhaltungsstufe. Da wussten noch nicht einmal die Ehefrauen der dort beschäftigten Offiziere, wo ihre Männer ihrer Arbeit mit unregelmäßigem Schichtwechsel nachgingen.

Da an dieser Stelle, nicht zuletzt wegen der beschränkten Möglichkeiten für Fernmeldeeinrichtungen, nur die „Luftlage Ost" auszumachen war, wurde 1991 Air Policing als Zwischenlösung vom Nationalen Sector Operation Center in Erndtebrück (Nordrhein-Westfalen) geführt. Von hier kamen die Befehle für die Starts von Jagdflugzeugen und zur Sichtidentifizierung. Befehle zum Abdrängen erteilte nur der befugte Nationale Befehlshaber, ein vom Bundesminister der Verteidigung ernannter Offizier im Generalsrang.

Bemerkenswert war in diesem Zusammenhang, dass man entlang der früheren innerdeutschen Grenze eine Entflechtungszone eingerichtet hatte. In diese durften keine militärischen Luftfahrzeuge der Nato und der WGT-Truppen einfliegen. Die Überwachung dieser Entflechtungszone führten Luftverteidigungskräfte der Bundeswehr im Westen und Osten Deutschlands durch. Eine Identifizierungszone bildeten auch die Grenzen zu Polen und zur CSFR.

Radarstellungen zur Leitung der Jäger wurden in Pragsdorf, Wusterwitz, Meißen, Sprötau und Berlin-Tempelhof eingerichtet. Als Jagdkräfte standen deutsche F-4F Phantom II zur Verfügung. Sie starteten auf den Flugplätzen Fassberg, Hopsten und Pferdfeld. Später nahmen nationale F-4F-Verbände von Flugplätzen der neuen Bundesländer aus die luftpolizeilichen Aufgaben wahr. Auch an der Verflechtung spürte man, wie die gesamtdeutsche Bundeswehr in dieser Teilstreitkraft mit der neuen Marschrichtung „Kleiner, aber effektiver!" immer mehr Profil gewann.

Und noch etwas war im Jahr Eins nach der Deutschen Einheit für mich besonders interessant. Aufgrund von „zahlreichen vorliegenden Anfragen von Redaktionen und Freien Luftfahrtjournalisten aus ganz Europa", so Pressesprecher Oberstleutnant Hans Agata, organisierte die 5. Luftwaffendivision eine Fotoreise zu Flugplätzen ihres Verantwortungsbereichs. So nach Laage, Neuhardenberg, Preschen, Drewitz und Rothenburg. Hier fand jeweils ein Briefing über die aktuelle Situation der Verbände mit anschließendem Fototermin an den verschiedenen ostdeutschen Luftfahrzeugen statt, die dort von der Bundeswehr Ost vorübergehend übernommen worden waren: Flugzeuge MiG-21, -23 und -29, Su-22, TU-134 und L-39 sowie Hubschrauber Mi-8.

Es soll hier auch erwähnt werden, dass die einst modernsten Maschinen Airbus 310-304 der DDR-Fluggesellschaft INTERFLUG aus Berlin-Schönefeld damals in Köln-Wahn als neueste Anschaffung der

Bundeswehr vorgestellt wurden. Mit dem Balkenkreuz der deutschen Luftwaffe versehen, gehörten sie nunmehr zur Flugbereitschaft des Bundesministeriums für Verteidigung. Die Maschinen sollten sowohl für Passagier- und Versorgungsflüge der Truppe als auch für Sonderflüge der Regierung, bei Katastrophenfällen und zu humanitärer Hilfe eingesetzt werden.

Nach Einschätzung der Bundeswehrführung erhielt damit die bisherige Boeing-707-Flotte für die Lang- und Mittelstreckenflüge eine beachtliche Verstärkung. Unter den Kennungen 10+21 und 10+22 baute man zwei dieser Maschinen zu Regierungsflugzeugen um. Sie trugen sodann die Namen „Konrad Adenauer" und „Theodor Heuss". Der dritte Luftwaffen-Airbus „Kurt Schumacher" (10+23) diente vorwiegend dem Transport von Soldaten und Gütern zu Ausbildungszentren in den USA und Kanada.

Luftwaffendivision in Berlin-Gatow

Das Kommando der 3. Luftwaffendivision der Bundeswehr fand in Berlin-Gatow eine neue Heimat. Fast vier Jahre nach der Wiedervereinigung wurde während eines militärischen Zeremoniells die Bundesdienstflagge auf dem einstigen deutschen Fliegerhorst gehisst, den zuvor die Royal Air Force 49 Jahre lang als Militärstützpunkt in ihren Besitz hatte. In einem Grußwort wertete Berlins Regierender Bürgermeister, Eberhard Diepgen, die Bundeswehr als einen "Grundpfeiler und Garant unserer Freiheit".

Nachdem sich die Briten mit der Schlüsselübergabe und dem Einholen der Truppenfahne aus Gatow verabschiedet hatten, versicherte Generalmajor Jürgen Höche als Chef des bisher in Strausberg beheimateten Verbandsstabes den Spandauern eine "von gegenseitiger Achtung und Hilfsbereitschaft getragene Partnerschaft". Damit wollten die hier stationierten Bundeswehr-Soldaten "in das gute Verhältnis unserer britischen Freunde zur Bevölkerung eintreten und fortsetzen. Wir alle sind stolz und dankbar zugleich, in der Hauptstadt zu sein, wo man sich wohlfühlen kann", betonte er. "Wir werden natürlich auch unsere Soldaten mit der Geschichte Berlins vertraut machen."

Höche war später bis 1999 Befehlshaber des Luftwaffenführungskommandos und danach Stellvertreter des Befehlshabers der Alliierten Luftstreitkräfte Nord bis 2003.

Westfälische und Mecklenburger Truppen unter Berliner Kommando

Mit dem Umzug der Kommandoführung in den Süden Berlins nahm die Division ihre endgültige Struktur ein. Ihr geographischer Bereich erstreckte sich nun von Nordrhein-Westfalen über Niedersachsen, Schleswig-Holstein und Mecklenburg-Vorpommern bis nach Brandenburg und Berlin. Im Bestand: Jagdgeschwader, Aufklärungsgeschwader, Flugabwehrraketengeschwader, Flugabwehrraketengruppen. Dazu Flugzeuge der Typen F-4F Phantom II, Tornado und MiG-29 sowie die Waffensysteme Patriot und Hawk.

Die Geschichte der Division hatte am Tag der Deutschen Einheit 1990 begonnen. Nach der Auflösung der Nationalen Volksarmee war sie von der Eingliederung der 2 800 übernommenen Angehörigen der Luftstreitkräfte/Luftverteidigung, in der einst 11 000 Offiziere und Unteroffiziere gedient hatten, und dem Neuaufbau der "Luftwaffe Ost" in der damals 5. Luftwaffendivision geprägt. Ursprünglich mit einer rein ostdeutschen Gliederung, wurde dann die 3. Luftwaffendivision in jeder Weise gesamtdeutsch und unterstand wie die 4. Luftwaffendivision mit Sitz in Aurich dem Luftwaffenkommando Nord in Kalkar.

Außer einigen wenigen Hubschrauberflügen für den VIP-Transport gab es nach Auskunft Höches in Gatow nun "keine Flugtätigkeit mehr". Das Gelände, später um ein Drittel seiner Fläche kleiner und heute mit Einfamilienhäusern bebaut, beheimatete außerdem ein Fernmeldebataillon, das Luftwaffenmusikkorps 4, das Luftwaffenmuseum, eine Fachschule der Streitkräfte und weitere Dienststellen. Insgesamt beschäftigte hier die Bundeswehr 1 800 Soldaten und zivile Arbeitnehmer. Ein großer Teil der Wohngebiete, der Schießplatz, der Golfplatz und einige Sportplätze zählten nicht mehr zum Militärgelände.

General-Steinhoff-Kaserne im Süden der Hauptstadt

Als nächster Höhepunkt in Gatow gestaltete sich die offizielle Einweihung der Dienststelle durch den Bundesverteidigungsminister am 6. Oktober 1994. Dabei wurde der Einrichtung der Name "General-Steinhoff-Kaserne" verliehen. Die Bundeswehr ehrte so einen ihrer ehemaligen Luftwaffeninspekteure, der auch wichtige Nato-Posten innehatte. Am Tag darauf öffneten sich die Tore des neuen Standortes für die Bevölkerung.

Am 9. Mai 1995 schloss das Kommando der 3. Luftwaffendivision mit dem Hauptquartier der No 2 Group der Royal Air Force, der in Möchengladbach stationierten vorgesetzten Dienststelle der einst in Gatow stationierten RAF-Einheit, einen Patenschaftsvertrag ab. Dadurch sollte

„an die langjährige britische Geschichte des ehemaligen Flugplatzes Gatow erinnert" und zugleich „das positive Verhältnis zwischen den deutschen Luftwaffe und der Royal Air Force noch weiter intensiviert werden". An dem Treffen im Offizierheim der General-Steinhoff-Kaserne nahmen beide Kommandeure, Generalmajor Jürgen Höche und Vize-Luftmarschall Roderick Harvey Goodall, sowie der Bezirksbürgermeister von Spandau, Sigurd Hauff, teil.

Gatow kann überhaupt auf eine wechselvolle militärische Geschichte zurückblicken. Hier war einst die Luftwaffenakademie der deutschen Vorkriegs-Streitkräfte errichtet worden. Nach der Nutzung während des 2. Weltkrieges als Schulungszentrum und Flugfeld für vielfältige Flugzeugtypen wurde der Horst am 26. April 1945 von russischen Truppen eingenommen. Ab 2. Juli übten die Briten die Kontrolle aus. Zwischen 22. Juni 1948 und 12. Mai 1949, als von den Russen über Berlin die totale Blockade der Land- und Wasserwege verhängt worden war, bildete diese Militärbasis im britischen Sektor einen der drei Stützpunkte während der Luftbrücke der Alliierten zur Versorgung der 2,2 Millionen Einwohner im Westteil der Stadt.

Arbeitsräume in 3 000 m Höhe

Strenge Kälte, heiße Sommertage, eigentlich alle Wetterbedingungen bedeuten für Besatzungen und Maschinen der Flugbereitschaft des Bundesverteidigungsministeriums keine ungewöhnlichen Herausforderungen. Doch ein Flugzeug eignete sich in den ersten Jahren nach der Wiedervereinigung auf dem Kurzstreckenflug besonders für extreme Situationen: Die robuste LET L-410 S.

Der zweimotorige Schulterdecker war selbst bei Außentemperaturen von minus 50 oder bei mehr als plus 50 Grad Celsius einsatzfähig. Kein Wunder, denn die aus der ehemaligen Tschechoslowakei stammende Militärmaschine mit Aufgaben für Luftfracht und Personentransport, die man in der wohl einmaligen Größenordnung von etwa 1 000 Stück im Nachbarland gebaut hat, musste einst im Rahmen des Warschauer Pakts in allen Klimazonen der Sowjetunion starten und landen. Die Nationale Volksarmee besaß zwölf L-410. Vier der Salonklasse mit nach oben klappbarer Einstiegluke wurden dann mit der Deutschen Einheit von der Luftwaffe übernommen. Sie gehörten nun zur 3. Lufttransportstaffel in Berlin.

Ursprünglich waren diese Transporter seit 1980 als Passagier-, Kurier- und Schulflugzeug verwendet worden. Der eigentliche Schwachpunkt: Es fehlten nach wie vor Druckkabine, Autopilot und Wetterradargerät. Aber erst nach umfangreichen baulichen Veränderungen entsprachen die

Flieger, vorher mit Tarnanstrich, nun in weiß mit blauen Seitenstreifen, den strengen Sicherheitsbestimmungen der Bundesrepublik. Neu eingebaut wurden eine Instrumentierung nach westlichen Normen, Richtungs- und Entfernungsmesssysteme sowie moderne Sende- und Empfangsanlagen.

Mit einem Treibstoffvorrat für eine Reichweite um 1 000 Kilometer ergänzte die Maschine "sehr gut unseren Flugpark". So Staffelkapitän Oberstleutnant Harald Stern. Mit Startmöglichkeiten auf Bahnen von nur 1 000 m Länge hatte sie sich schon auf "Kurz- und Mittelstrecken bestens bewährt". Die eigentliche "Attraktion" seien die Arbeitsmöglichkeiten in 3 000 Meter Höhe. Dazu standen geräumige Tische selbst für kleinere Konferenzen oder Beratungen zur Verfügung. Bei einer Reisegeschwindigkeit bis zu 360 Kilometer je Stunde kamen die Passagiere wie Minister, Staatssekretäre, Bundestagsabgeordnete und andere Persönlichkeiten natürlich wesentlich schneller als auf dem Landweg zum Ziel.

Hubschrauber Mi-8 als zuverlässiger Personentransporter

Doch die Berlin-Basis der Flugbereitschaft in Schönefeld besaß zu dieser Zeit nicht nur diese robusten Flächenluftfahrzeuge. Auch sechs russische Hubschrauber vom Typ Mi-8 in der Salonversion aus Beständen der DDR-Luftstreitkräfte zählten ab April 1993 zum „Fuhrpark“. Selbst wenn damit nur 250 km/h erreicht werden konnten, wiesen die wendigen Fluggeräte ebenfalls seit Beginn des Einsatzes in der Bundeswehr ihre Zuverlässigkeit beim VIP-Personentransport nach. Das geschah bei Flügen des Bundespräsidenten und des Bundeskanzlers oder mit Staatsgästen von Ort zu Ort in den alten und neuen Bundesländern. Die Soldaten der Luftwaffe sorgten für ruhige Flüge und erfolgreiche Dienstreisen ihrer Gäste.

In Berlin-Tegel Nord, 1994 nach dem Abzug der französischen Streitkräfte von der Bundeswehr übernommen, wurden Maschinen und andere Technik von 185 Personen betreut. Zu 95 Prozent hatten diese Männer aus Brandenburg/Havel, Neuhardenberg und Strausberg (alle Land Brandenburg) in der Nationalen Volksarmee gedient. Viele wohnten nun in Wedding oder Reinickendorf im Norden Berlins. Wehrpflichtige aus der Hauptstadt gehörten jetzt ebenso zum Personal, das für die Flugsicherheit der VIP-Transporter den Service des Flughafens Tegel nutzen konnte. Gleichzeitig gewährte man hier Hubschraubern vom Bundesgrenzschutz technische Unterstützung.

Die Soldaten der Flugbereitschaft trugen wie andere Bundeswehrangehörige von Luftwaffe, Heer und militärischen Dienststellen zu den guten Kontakten zur Bevölkerung in der einst geteilten Stadt bei. "Mich hat bisher die Offenheit der Berliner überrascht, die ja mit der Bundeswehr bisher nicht allzu viel zu tun hatten", sagte der Staffelkapitän. "Das war besonders wohltuend. Sicherlich spielt da ein wenig Neugier mit, aber das ist auch gut so." Leider konnte man aus Sicherheitsgründen keinen "Tag der offenen Tür" veranstalten. Aber mit anderen Aktivitäten, so im Verein für deutsch-französische Zusammenarbeit, suchte man ständig die Öffentlichkeit.

Weltkugel - Wappen der Flugbereitschaft

Was die Zukunft der Berlin-Basis betraf, so hing sie in Ausrüstung, Größe und Personalstärke vom Umzug der Regierung ab. Die Außenstelle, die ihre Aufträge von der Einsatzzentrale der Flugbereitschaft erhielt, auch mit welcher Art des Rüstsatzes für die Innenausstattung geflogen wurde, wuchs mit ihren Aufgaben. Allerdings musste sich aber nur wenige Jahre später der eine oder andere Fluggast damit abfinden, dass LET-Salonflieger oder Mi-8-Helikopter nicht mehr zur Verfügung standen.

Diese fliegenden Waffensysteme waren dann einfach zu alt. So hatte die L-410 ihren Erstflug schon im April 1969 absolviert. Ihnen folgten andere Maschinen der Bundeswehr und trugen das Wappen der Flugbereitschaft, die umflogene Weltkugel an den Bordtüren für Passagiere, in alle Teile der Republik oder auf weitere Kontinente. Ich durfte 1991 in einer Antonow An-26 CURI mit einer ostdeutschen Journalistengruppe nach Brüssel zur Besichtigung des Nato-Hauptquartiers fliegen. Da trug aber der Mittelstreckentransporter das Staffelabzeichen mit dem Dresdner Wappen.

Bundeswehr-Kampfjets auf ILA Berlin-Schönefeld

Mit der Internationalen Luft- und Raumfahrtausstellung in Berlin-Schönefeld machte die deutsche Hauptstadt nach der Wiedervereinigung einen weiteren wichtigen Schritt in Richtung europäische Metropole. Den hatte sie ja schon früher aufgrund ihrer günstigen verkehrsgeographischen Lage und als wichtiger Kreuzungspunkt des Personenverkehrs inne. Heute ist sie auch laut Bundeskanzlerin Angela Merkel (CDU) „eine der besten Adressen für Innovationen“ in dieser Branche, wenn es besonders um leichte Werkstoffe oder um alternative Kraftstoffe geht. So ihre Worte bei der Eröffnung der ILA 2012.

Neben der großen Farnborough International Airshow bei London und dem bedeutenden Aerosalon auf dem Flughafen LeBourget bei Paris zählt die ILA seit ihrer Erstveranstaltung 1909 in Frankfurt/Main als Internationale Luftschifffahrt-Ausstellung, wo auch Flugzeuge und Ballone gezeigt wurden, zu den ältesten Luftfahrtmessen der Welt. An diese Traditionen knüpft das Drehkreuz zwischen Ost und West seit 1992 alle zwei Jahre vor den Toren Berlins an. Die ILA gilt nun als eine besonders in den ost- und mitteleuropäischen Staaten stark beachtete internationale Fach-, Konferenz- und Publikumsmesse. Das zeigen sowohl die Zahlen der Aussteller und Besucher als auch die hier vorgeführten Fluggeräte aller Größen, Kategorien und Entwicklungsepochen.

Großes Interesse finden nicht nur die weltgrößten und modernsten Zivilflugzeuge wie die Superjumbos Airbus A-380 mit zwei durchgängigen Passagierdecks und die Boeing 747-8 für 380 Personen oder das zweimotorige russische Regionalflugzeug IL-114, das auch von Graspisten abheben kann.

Ebensolche Attraktionen sind immer wieder die Objekte aus dem Bereich Verteidigung und Sicherheit. Neu nach der Deutschen Einheit mit dem Ende des Kalten Krieges war die Präsentation von Militärjets aus den einst feindlichen Bündnissen Nato und Warschauer Vertrag, die hier als friedliebende Nachbarn gezeigt werden. Fachkundige können nun nicht nur wie bisher auf dem Papier die Werksangaben miteinander vergleichen. Man sieht jetzt diese Flieger sogar bei den Vorführungen mit Höhen- und Sturzflügen, Loopings und anderen Elementen der Einsatzausbildung. Wer denkt schon bei diesen internationalen Spitzleistungen daran, dass hier in Berlin der Maschinenbauingenieur und Flugpionier Otto Lilienthal den „Normalsegelapparat" entwickelt und produziert hat, das erste in Serie gebaute und verkaufte Flugzeug der Geschichte.

So nutzten auch die Konstruktionsbüros von MiG und Suchoi diese internationale Bühne, um ihre Kampfflugzeuge MiG-29SMT und MiG-31 beziehungsweise Su-30MK und SU-37 am Boden und in der Luft vorzustellen. Um die Gunst von Käufern wetteiferten ebenfalls die Vertreter der einst anderen militärischen Seite. Darunter mit der Lockheed F-16 und der F-117A Nighthawk der US-Luftwaffe, der Neutralen (JAS 39 Gripen) oder dem deutsch-französischen Transportflugzeug Transall C-160, dem Kampfhubschrauber Eurocopter Tiger und dem Transporthubschrauber NH90. Neu waren die unbemannten Flugzeuge in allen Größenkategorien.

Die Besucher interessierten sich besonders für die Exponate der deutschen Streitkräfte, da gerade in den neuen Bundesländern die meisten Maschinentypen mit dem Balkenkreuz noch unbekannt waren. Ein „Renner" wurde dabei der Eurofighter. Auf das zweistrahlige Mehrzweckkampfflugzeug der dritten Generation machte hier die Bundeswehr, 2010 mit 40 Flugzeugen größter ILA-Einzelaussteller, erstmalig in den Mai-Tagen 1996 vor insgesamt 216 500 Besuchern aufmerksam.

Seither beeindruckten Piloten der Bundesluftwaffe sowohl mit dem Tornado-Schwenkflügler, dem Eurofighter Typhoon und dem Seeüberwachungsflugzeug BR.1150 Atlantic als auch mit dem Militärtransporter Airbus A-400M, dessen vier Turboprop-Triebwerke eine hohe Nutzlast über eine große Reichweite bewältigen, und dem ersten Tankflugzeug Airbus A 310 MRTT. Im traditionellen Showprogramm mit Partnern in der französischen Mirage 2000, der Patrouille Suisse, der türkischen Nationalkunstflugstaffel Turkish Stars und vielen anderen wiesen auch die deutschen Piloten eindrucksvoll ihr fliegerisches Können nach.

Nachdem ich auf einer ILA bereits als „Flugzeugführer FIAT G91" dank der Förderer des Luftwaffenmuseums Berlin-Gatow e.V. mit einer kleinen Spende für einen guten sozialen Zweck die „Juniors Pilot Licence" erworben hatte, konnte ich mich 2008 unter der Obhut von Luftwaffen-Offizieren im Cockpitsimulator des Eurofighter Typhoon am Steuerknüppel und Schubhebel von den hervorragenden Parametern des „Wundervogels" überzeugen. Natürlich nur am Boden, ohne G9-Manöver im Überschallbereich und ohne Luftkampf.

Solche waghalsigen Flüge mit Fähigkeiten zur vernetzten Operationsführung und via Direct Voice Input für 200 vorprogrammierte gesprochene Befehle hätte ich wohl sonst nur im flüssigkeitsgefüllten Anti-g-Anzug und per Schleudersitz mit Null-Null-Fähigkeit heil überstanden. Trotzdem: Auch ohne den etwa 2 kg schweren und rund eine halbe Million € teuren Helm mit Mikrofon und Sauerstoffmaske war das für mich an diesem Morgen am Bundeswehrstand ein einzigartiges Erlebnis. Zur Bestätigung für meinen „Mut" und meine fliegerische „Leistung" erhielt ich danach ein Foto, was mich im Cockpit zeigt.

Eine Begegnung mit einer guten alten Bekannten aus dem Jahr 1991 hatte ich dann gleich nebenan: Hier bot eine AWACS-Aufklärungsmaschine, sonst auf dem Nato-Stützpunkt bei Geilenkirchen stationiert, täglich tausenden Messebesuchern den Blick in ihr Innerstes. Was ich damals schon ohne Sicherheitsbelehrung durch Angehörige der Bundeswehr mit anderen ostdeutschen Journalisten erstmalig bei einem mehrstündigen Rundflug in Friedensmission über Europa erleben und fotografieren durfte, offenbarte sich nun jedem Bürger und jeder Bürgerin, die dieses Riesenpaket von Elektronik ebenfalls sehen wollten. Allerdings nicht wie sonst mit der Sicht aus 9 000 m Höhe auf Flug- oder Schiffsbewegungen in einem Umkreis von etwa 500 Kilometern. Zuvor musste man sich hier in eine lange Schlange einreihen, um dann in die 46 m lange und 44 m breite Boeing 707 hochzusteigen.

Nicht die Waffensysteme interessierten so sehr, berichteten mir auf der ILA Besatzungen der Bundeswehr, sondern vielmehr die Einsatzmöglichkeiten der Flugzeuge bei Aufklärung, Luftraumüberwachung und Luftverteidigung. Dabei ging es um Spannweiten und Gewichte, Flughöhen und Geschwindigkeiten, Radaranlagen und Bordcomputer. Und immer wieder um das "Probe sitzen" in einem Cockpit. Die Flugzeugfans kamen hier voll auf ihre Kosten. So mancher junge Mann oder manche junge Dame aus dem Osten dachten wohl während des Rundgangs auch darüber nach, ob denn nicht bei dieser Konzentration von Hightech für sie eine militärische Ausbildung und der mehrjährige Dienst in der militärischen Luftfahrt eine geeignete berufliche Perspektive wären.

Transall mit blauem UNHCR-Symbol

Die Bundeswehr zeigte zudem auf der ILA, dass sie einen Teil ihrer Militärtechnik für "Brücken der Menschlichkeit" nutzt. Das begann 1960 mit Hilfeleistungen für die durch ein Erdbeben zerstörte marrokanische Stadt Agadier, setzte sich später mit humanitären Hilfsaktionen nach Flutkatastrophen in Tunesien, Pakistan und Brasilien sowie in Dürregebiete Äthiopiens fort.

In Berlin erfuhren viele Besucher, dass seit Juli 1992 in dieser Mission Transall C-160 nach Sarajevo und seit März 1993 über Ost-Bosnien geflogen sind, um Hilfsgüter, Lebensmittel und Medikamente zu transportieren. In einer dieser Maschinen vom Lufttransportgeschwader 62 aus Wunstorf, der "50 - 38" mit dem blauen Symbol von UNHCR, erläuterte Lademeister Hauptfeldwebel Wolfram Lachmann dem meist dicht gedrängten Besucherstrom seinen Auftrag und demonstrierte dies an einer Palette mit 1 800 Speiserationen. Anfang 1994 konnte Deutschland, das seit August 1991 in Afrika, auf dem Balkan und im Mittleren Osten mit seinen Luftwaffenmaschinen die Vereinten Nationen unterstützt, schon 2 000 humanitäre Einsätze mit rund 14 000 Tonnen Fracht und 19 000 Passagieren bilanzieren.

Über humanitäre Flüge berichteten Hubschrauber-Besatzungen. So Major Dr. Petra Ruhr vom Großraumrettungshubschrauber CH-53G, einer "fliegenden Intensivstation" für 12 Verletzte. Sie war in Somalia im Einsatz und half, wie andere Bundeswehrärzte, vielen Einheimischen. Hauptmann Uwe Motzkus, einst in der Nationalen Volksarmee und nun mit seiner Mi-8 im SAR-Dienst, erinnerte in einem seiner Gespräche mit den Besuchern an die Hilfe während der Hochwasserkatastrophe in Thüringen, als die Bundeswehr mehrere Menschen vor dem Ertrinken rettete.

Oberstleutnant Axel Großmann aus Köln äußerte, was auch andere Kameraden bestätigten: "Es gibt großes Interesse an unserem Dienst."

Auch von offizieller Seite konnten die ILA-Gäste mehr über die Dimensionen des neuen Auftrages der Bundeswehr erfahren. Im Pavillon der Bundesregierung sprach dazu Staatssekretär Jörg Schönbohm von der Hardthöhe. Die Streitkräfte sehen in der Landesverteidigung weiterhin ihren Hauptzweck, auch wenn dieser durch erneute Sparmaßnahmen "auf Dauer" gefährdet werde, sagte er. Denn die Beschaffungsmittel seien zwischen 1989 und heute fast schon halbiert worden. Die Bundeswehr fördere die militärische Stabilität und Integration Europas, diene dem Weltfrieden im Einklang mit der UNO-Charta und unterstütze humanitäre Aktionen, nannte er als weitere Aufgaben.

Als sich der langjährige Bundeswehr-General an diesem Tag unter die Truppe mischte, berichteten ihm Luftwaffen-, Heeres- und Marinesoldaten von der Wertschätzung beim Publikum und auch bei der Ausstellungsleitung. Ihnen dankte der Staatssekretär "für ihren persönlichen Einsatz", der, wie im Ausland, "oft selbstlos ist". Und am Rande der Ausstellung traf der gebürtige Brandenburger und ehemalige Befehlshaber der Bundeswehr Ost viele Bekannte aus Kommunen und Betrieben der neuen Länder, mit denen er bei der NVA-Auflösung und bei der Aufstellung der neuen Streitkräfte eng zusammengearbeitet hatte. Er gehe davon aus, dass die ILA "ein Tor zum Osten" sei und so eine gute Zukunft habe. Die Bundeswehr werde auch künftig hier präsent sein, "da sie es mit der Übertragung von Aufgaben aus West nach Ost ernst meint".

Treffen von Luftwaffenchefs in Berlin

Auch das war ein Ergebnis der deutschen Wiedervereinigung: Die Internationale Luft- und Raumfahrtausstellung wurde von Militärs aus Ost und West sowie aus neutralen Ländern zum Meinungsaustausch über Fragen der Zusammenarbeit genutzt. Davon zeugte 1994 das zweite Treffen der Luftwaffenchefs europäischer Streitkräfte.

Der Einladung von Generalleutnant Jörg Kuebart, Inspekteur der Bundesluftwaffe, in die deutsche Hauptstadt waren Vertreter von 13 Ländern gefolgt: Dänemark, Finnland, Frankreich, Griechenland, Italien, Niederlande, Österreich, Schweden, Schweiz, Spanien, Tschechien, Russland und Ungarn. Sie leisteten nach seinen Worten einen "wirksamen Beitrag zur Verständigung".

Wie schon bei der ersten Zusammenkunft zwei Jahre zuvor auf diesem Flughafen hatten die Generale und Kommandeure wieder ein zweigeteiltes Programm: Einmal den theoretischen Teil mit einem Vortrag über die deutsche Luft- und Raumfahrtindustrie sowie Ausführungen der Gastgeber zum Ausrüstungsstand der eigenen Luftwaffe. Außerdem nutzten Militärs, so die finnischen und tschechischen Generalmajore Heikki Nikunen beziehungsweise Pavel Strubl, die Gelegenheit zu bilateralen Gesprächen.

Daran schloss sich der Rundgang über die rund 23 000 Quadratmeter große Ausstellungsfläche mit mehr als 200 Flugzeugen und Hubschraubern an. Das besondere Interesse galt der Präsentation der Bundeswehr in Halle B und dem militärischen Fluggerät aus aller Welt. Für die Piloten, die hier Rede und Antwort standen, eine "Sternstunde". Denn keiner von ihnen hatte je vor soviel Luftwaffengeneralen "seinen" Jet erläutern dürfen. Das traf auf die russischen Piloten des wendigen Abfangjägers Suchoi Su-27 (Nato: FLANKER), mit dem mehrere Steigzeitweltrekorde erzielt wurden, ebenso zu wie auf die Besatzungen des modernsten (sonst schwer bewaffneten) US-Kampfhubschraubers AH-64 Apache oder des spanischen Mehrzwecktransporters CASA CN-252, der bestens für humanitäre Zwecke geeignet ist. Für den interessierte sich besonders der österreichische Divisionär Othmar Pabisch.

Und als dann Militärflieger den Manöverkunstflug vollendet darboten, ließen die Chefs zahlloser Fliegerverbände kein Auge vom Geschehen. Sie zollten allen Piloten, die an den Verführungen beteiligt waren, ihre Hochachtung.

General Kuebart zog eine erfolgreiche Bilanz des Treffens, das man seiner Meinung nach „unter den heutigen Bedingungen nicht hoch genug bewerten kann". So ging es auch "um Kooperation im Rüstungsbereich", um gemeinsam mit Russen, Tschechen und Ungarn die Wartungsarbeiten für die MiG-29 (FULCRUM) zu konzentrieren. Davon gab es zu dieser Zeit in der Bundesluftwaffe 24 Exemplare. Sie waren aus NVA-Beständen übernommen worden.

"Die Gespräche verliefen recht vielversprechend, zumal es doch wenig Sinn macht, wenn jedes Land mit einigen Maschinen dieses Typs eine eigene Wartungskapazität dafür aufbaut."

Er nannte die Tatsache, dass Luftwaffen-Generale aus den einst gegnerischen Lagern heute fast selbstverständlich in Maschinen der neuen Partner einsteigen und fliegen, "die ersten Schritte zur Vertrauensbildung. Ob es darüber hinaus Möglichkeiten gemeinsamer Ausbildung der Luftwaffen gibt, das wird sich zeigen." In diese Annäherung füge sich ein, dass bei einem normalen Offizierslehrgang in Fürstenfeldbruck zum ersten Mal zwei ungarische Absolventen verabschiedet wurden. Ein Tscheche und ein

Pole würden nun ihr Studium an den Bundeswehr-Universitäten aufnehmen, kündigte er an.

Auf die Entwicklung der Bundesluftwaffe in den neuen Ländern angesprochen, entgegnete der Inspekteur, dass es heute, fast vier Jahre seit der Deutschen Einheit, "keinen Unterschied" in den Verbänden und Einheiten zwischen Ost- und Westdeutschen im Dienst mehr gibt. Mit den ehemaligen Angehörigen der Nationalen Volksarmee in der Luftwaffe, von denen einige auf der ILA anwesend waren, "haben wir sehr gute Erfahrungen gemacht. Wir können uns überhaupt nicht beklagen. Die Entscheidung war richtig."

Auch wenn ich jetzt übertreibe: Diese Worte zum Schluss unseres Gesprächs klangen wie Musik in meinen Ohren.

IFOR-Maschinen auf Berliner ILA 96

"Zu unseren Attraktionen 1996 gehörten zweifellos ECR- und Recce-'Tornados' mit dem IFOR-Tarnanstrich, die in Piacenza beim Einsatzgeschwader 1 im Einsatz waren", erklärte mir Oberstleutnant Joachim Weiß von der 3. Luftwaffendivision. "Die interessierte Öffentlichkeit konnte sich mit Besatzungen und deren Ausrüstung vertraut machen. Bei der Verifikation des Friedensabkommens von Dayton leistete das Geschwader eine wichtige Aufgabe."

Erstmalig auf einer solchen Schau zeigte die Bundeswehr eine für Beobachtungsflüge umgerüstete russische Tupolew TU-154 M, auch bekannt unter dem Nato-Code CARLESS. Im Rahmen des Vertrages "Open Skies" (Offener Himmel) von 1992 für Transparenz bei militärischen Aktivitäten nahm Deutschland damit an vereinbarten Kontrollflügen von Vancouver bis Wladiwostok teil. Vor allem die technische und optische Ausstattung des 48 Meter langen Fliegers beeindruckten: Es waren Sensoren wie Kameras, Radar-, Video- und Infrarotgeräte. Mit einem Überflug konnten Luftbilder eines Streifens bis zu 100 km Breite erstellt und jedes militärische Großgerät identifiziert werden.

Radarfallen überwachten Tiefflüge

Kraftfahrer hören täglich im Radio, wo geblitzt wird. Und sie richten sich danach. Diesen Vorteil haben die Führer von Luftfahrzeugen der Bundeswehr nicht. Denn wenn sich Phantoms oder Tornados zur Ausbildung von der Start- und Landebahn abhoben, mussten ihre Piloten ständig mit dem "Skyguard" rechnen. Es handelt sich hier um einen „Himmelswächter“ vom Luftwaffenamt, das aber bei Flugfehlern keine „Knöllchen“ verteilt.

Das hochsensible Tiefflugvermessungsradar mit bundesweit ständig vier im Einsatz sollte die Maschinen identifizieren, die unberechtigt zu tief fliegen oder von ihren vorgegebenen Tiefflugstrecken abweichen. Vorgeschrieben waren Flughöhen zwischen 300 und 450 Meter. Geflogen wurde nur montags bis freitags von 7 bis 17 Uhr, an Sonn- und Feiertagen gar nicht. Zwischen Mai und Oktober gab es eine zusätzliche "Mittagspause" von 12.30 bis 13.30 Uhr für alle Tiefflieger. Da seit Herbst 1993 Gebiete der neuen Bundesländer in geringer Höhe überflogen werden durften, ab 1. Januar 1995 sogar flächendeckend, reichte der Radarfalleneinsatz nicht nur von Flensburg bis Oberstdorf, sondern auch von Aachen bis Görlitz.

Das Zehn-Millionen-Mark-Gerät war eigentlich eine Weiterentwicklung des weltweit verbreiteten Feuerleitsystems gleichen Namens. Auf einem LKW befand sich die Registrier- und Auswertekabine, auf dem Anhänger waren die Sensorträger mit Bedienkonsole installiert: Je ein Such- und Zielfolgeradar zur Luftraumüberwachung und Verfolgungsgenauigkeit, ein TV-Erkennungs-System sehr langer Brennweite sowie ein Echtzeit- und digitales Datenübertragungssystem. Im Umkreis von 20 und Höhen bis zu 9,5 Kilometern konnte alles registriert werden.

Auf der ILA 1994 waren die Mitarbeiter um Oberstleutnant Dieter Mehl von der Flugbetrieb- und Informationszentrale des Kölner Luftwaffenamtes genau so aktiv wie im Ausbildungsalltag. Nur hier ging man nicht verdeckt vor. Jeder Teilnehmer der Flugschau wusste, dass die Anlage in Sichtweite anhand des aktuellen Flugprogramms seine Darbietung kontrolliert: So 11:40 Uhr den Start der Piaggio P.180 Avanti von der italienischen Luftwaffe oder 16:04 Uhr das Abheben des russischen Kampfjets Su-27.

"Wir haben nur die vorgegebenen Flugbewegungen überwacht", sagte mir Uwe Steinmetzler vor Ort. Alle Werte wurden registriert: Flughöhe, Geschwindigkeit und Flugrichtung. Die Bilder, vier pro Sekunde, waren sehr genau und hätten vor Gericht bestehen können.

"Wir überprüfen ständig unsere Kameraden auf die Einhaltung der Flugbetriebsbestimmungen, auch die Alliierten. In den neuen Bundesländern haben wir die Russen, solange sie geflogen sind, ebenfalls unter diesen Gesichtspunkten kontrolliert", meinte Einsatzleiter Mehl. "Andererseits wollten wir natürlich auch beweisen, wenn es erforderlich ist, dass sich die Flieger an die Bestimmungen halten." Damals hatten jährlich etwa 10 000 Menschen in Deutschland zum Bürgertelefon gegriffen, um sich bei der Luftwaffe, vor allem bei Tiefflügen, zu beschweren oder Wünsche vorzutragen.

Bei 106 Einsätzen der "Skyguard" 1993 wurden rund 3 300 Flugobjekte beobachtet. "Die Verstoßquote lag bei 1,09 Prozent der Beteiligten", erklärte Mehl, der gelegentlich selbst seinen Sohn Stephan als Phantom-Pilot "ins Visier" nehmen musste. Auch der erfährt nie, in welchem Bundesland der Vater gerade unterwegs ist. "Wir sind zwar gefürchtet, aber nicht geächtet."

Ähnlich wie bei der Polizei reicht bei Verstößen die Buße von der Ermahnung durch den Kommodore bis zum Flugverbot über einen bestimmten Zeitraum. Der echt himmelweite Unterschied von Luft zur Straße besteht aber darin, dass der Pilot einer Maschine der neueren Generation die elektromagnetische Energie des Überwachungssystems mit dem Radarwarnempfänger orten kann. Dieser stellt im Verteidigungs- und Einsatzfall eine lebenswichtige Einrichtung dar. "Bloß, wenn der uns hat, haben wir ihn auch", lachte Mehl. Für ihn ist und bleibt "faires und objektives Arbeiten oberstes Prinzip". Einen solchen Gegenüber in Uniform wünscht sich ganz bestimmt so mancher etappte Schnellfahrer, wenn er dann am Straßenrand Rede und Antwort stehen muss.

Luftwaffenstruktur 4 im Osten voll wirksam

Die 3. Luftwaffendivision der Bundeswehr erhielt weiteren Zuwachs aus den alten Ländern: Mit einem feierlichen Zeremoniell wurde das Flugabwehrraketengeschwader 1 "Schleswig-Holstein" in Husum dem Kommando in Berlin-Gatow unterstellt. Damit war die Luftwaffenstruktur 4 auch im Osten Deutschlands voll wirksam. Als Voraussetzung diente die Anfang des Jahres1995 zwischen Rügen und Erzgebirge erfolgte Assignierung der deutschen Streitkräfte in das internationale Verteidigungsbündnis. Zuvor durften im Beitrittsgebiet aufgrund der Regelungen des Zwei-plus-Vier-Vertrages keine Nato-Strukturen installiert werden.

Das norddeutsche Geschwader, eine der Stützen der Allianz während der Ost-West-Konfrontation mit dem Warschauer Pakt, hat seine Formierung 1959 als Flugabwehrregiment 3 in Bocholt (Nordrhein-Westfalen) erlebt. Wie bei anderen Verbänden folgten in den vier Jahrzehnten Bundeswehr mehrere Unterstellungen.

Kampfstärkstes Jagdgeschwader in Laage bei Rostock

Der Nato stand seit Februar 1995 auch die MiG-29-Alarmrotte in Laage (Mecklenburg-Vorpommern) zur Verfügung. Sie hatte seit Juni 1993, noch in Preschen stationiert und in nationaler Verantwortung unter dem Luftverteidigungsgefechtsstand in Fürstenwalde (Land Brandenburg) handelnd, luftpolizeiliche Aufgaben über dem Beitrittsgebiet wahrgenommen, als russische Truppen anwesend waren.

Im Rahmen der neuen Luftwaffenstruktur verschmolz der ehemalige NVA-Verband mit der 2. Staffel des Jagdbombergeschwaders 35 aus Sobernheim zum Jagdgeschwader 73. Aus den 24 MiG-29 (Nato-Code FULCRUM) und den 32 F-4F Phantom ging, gemessen am Bestand der Flugzeuge, das kampfstärkste Jagdgeschwader der Bundesluftwaffe hervor. Mit dieser wundersamen Technik und hervorragenden Bundeswehr-Piloten rückte das Agrarland Mecklenburg faktisch über Nacht zu einem der bedeutendsten Luftwaffenstandorte Europas auf.

Mit der Nato-Assignierung und der Ausdehnung deren Strukturen auf die neuen Bundesländer "sind wir der sicherheitspolitischen Normalität in Gesamtdeutschland und damit auch der Verwirklichung der Einheit einen wichtigen Schritt näher gekommen". Das erklärte mir der Kommandeur der 3. Luftwaffendivision, Generalmajor Jürgen Höche. "Dabei erfolgte auch die Übertragung der Verantwortung der Luftverteidigung und der Durchführung der Aufgabe Air Policing in diesem Bereich an den Obersten Alliierten Befehlshaber in Europa, SACEUR, und den regionalen Luftverteidigungsbefehlshaber Zentraleuropa, COMAIRCENT.“ Zugleich habe "ein Stabilitätstransfer in den östlichen Teil der Bundesrepublik" stattgefunden. "Das kam auch der demokratischen Entwicklung unserer Nachbarn im Osten zu Gute." Diese Entwicklung wurde dann mit Partnerschaftsbeziehungen zum 4. Polnischen Luftverteidigungskorps in Posen gefestigt.

Die 3. Luftwaffendivision mit nunmehr fast 10 000 Soldaten und zivilen Mitarbeitern umfasste jedoch weitere Verbände aus dem norddeutschen Raum: So das neu geschaffene Aufklärungsgeschwader 51 "Immelmann" in Jagel (Schleswig-Holstein), das mit 40 Tornados vom Marinefliegergeschwader 1 für die Krisenreaktionskräfte vorgesehen war, und das Jagdgeschwader 72 "Westfalen". Einst mit F-84 F Thunderstreak und später mit F-104G Starfighter ausgerüstet, flog es dann die F-4F Phantom II. Zur Landesverteidigung im integrierten Führungs- und Luftraumüberwachungssystem der Nato leistete ebenso das Flugabwehrraketengeschwader 2 einen wichtigen Beitrag, dessen Stab von Bremervörde nach Ladeburg im Norden Berlins umzog. Ihm unterstanden in Sanitz an der Ostsee und in Oldenburg Hawk- und Patriot-Raketengruppen.

Von 130 NVA-Standorten blieben etwa 25 übrig

Von den rund 130 Standorten der NVA-Luftstreitkräfte/Luftverteidigung blieben in der 3. Luftwaffendivision der Bundeswehr mit gesamtdeutschem Personal etwa 25 übrig. Mit neuer Luftwaffenstruktur schieden andere Verbände aus. Das Luftwaffenversorgungsregiment 5 in Neubrandenburg unterstand nun dem Luftwaffenunterstützungskommando in Köln, der Fliegerhorst Holzdorf an der Landesgrenze Sachsen/Sachsen-Anhalt dem Lufttransportkommando in Münster.

"Alles in allem können wir im Jahr fünf der deutschen Einheit einschätzen, dass Integration und keine Trennung von Ost und West bei uns den täglichen Dienstbetrieb geprägt hat", betonte der Kommandeur. "Wir alle sind stolz darauf, an diesem Prozess beteiligt gewesen zu sein." Der gegenwärtige Ausbildungsstand sei gut, alle Aufgaben seit der Wiedervereinigung seien erfüllt worden. "Für die volle Einsatzfähigkeit, auch als Krisenreaktionskräfte, brauchen wir noch einige Zeit".

Luftwaffenmuseum erinnert an deutsches Flugwesen

Zum 40-jährigen Jubiläum der Bundeswehr 1995 öffnete das Luftwaffenmuseum in Berlin-Gatow seine Pforten. Es präsentierte nach dem Umzug 1994 von Uetersen/Appen bei Hamburg in der großen Kasernenanlage "General Steinhoff" im Westen der Hauptstadt eine einzigartige Sammlung: Die Geschichte der militärischen Luftfahrt und Luftkriegsführung in Deutschland von ihren Anfängen bis zur Gegenwart. Als eine öffentliche Einrichtung der Bundesrepublik in ihrer Hauptstadt konzipiert, veranschaulicht die museale Schau in den Hangars seit dem 23. September 1995 nachhaltig das Zusammenwirken der Gesellschaft mit ihren Luftstreitkräften in unterschiedlichen Geschichtsepochen.

Das Luftwaffenmuseum auf dem ehemaligen Flugplatz der britischen Royal Air Force gehört zum Militärhistorischen Museum der Bundeswehr in Dresden. Beim Rundgang durch die Ausstellungen mit etwa 450 000 Exponaten kann sich der Besucher am neuen Standort ein Bild über die Entwicklung dieser Thematik machen. Ebenfalls dargestellt werden Luftkriegsoperationen der Streitkräfte des Gegners in den beiden Weltkriegen sowie die Anwesenheit verbündeter Luftstreitkräfte nach 1945 auf deutschem Boden.

Die Präsentation dieses Bereichs der eigenen Luftfahrtgeschichte mit damals insgesamt mehr als 210 Luftfahrzeugen begann mit dem Gleitflieger Otto Lilienthals (1848-1896). Mit diesem Flugapparat, auf den 1893 sogar ein Patent erteilt worden war, unternahm der Luftfahrtpionier als erster Mensch seine historischen Flüge im Gleiten mit dem Auf- und Niederschlagen der Außenflügel. Zuvor hatte er das Buch „Der Vogelflug als Grundlage der Fliegekunst“ als Teil seiner theoretischen Vorarbeit veröffentlicht. Noch immer gilt diese Lektüre für die Piloten weit über Deutschlands Grenzen als ein Muss.

Nicht nur aus heutiger Sicht bedeutet die Rumpler-Taube aus dem Jahr 1913 eine weitere Attraktion in den Ausstellungshallen. Der Erstflug dieser Maschinen fand 1910 statt. Mit einer Spannweite von 14,30 m und 9,90 m Länge erreichte der Zweisitzer in einer Höhe bis zu 2 000 m sein Ziel. Die Geschwindigkeit betrug maximal 100 km je Stunde. Noch ohne Seitenruder ausgestattet, galt die „Taube“ mit ihrer zuverlässigen Eigenstabilität vor dem 1. Weltkrieg als Schulflugzeug. Später wurde sie als militärischer Aufklärer eingesetzt.

Zu sehen sind hier auch eine Junkers Ju-52 und das Strahlflugzeug Me-163. Beide wurden für die Wehrmacht gebaut. Während die „Tante Ju“ aus Dessau ursprünglich als einmotoriges Frachtflugzeug und später als dreimotoriger Behelfsbomber in Serie ging, sorgte der in Augsburg gefertigte „Komet“ von Messerschmitt 1941 mit einem Raketentriebwerk für einen Geschwindigkeitsrekord: Als erstes Flugzeug überhaupt erreichte es mehr als 1 000 km/h. Dieses Tempo galt damals für Flugzeuge als „Schallmauer“. Später flog die Maschine sogar 1 130 km/h. Die eigentliche Schallmauer durchbrechen heute Jagdflugzeuge und Jagdbomber, wenn sie mit mehr als Mach 1 schneller fliegen als der Schall.

An die Anfänge der Bundeswehr erinnert ihr erstes Schulflugzeug vom Typ T 6. Der einmotorige freitragende Ganzmetalltiefdecker mit 9-Zylinder-Sternmotor, auch Grundlagentrainer genannt, hatte 1938 seinen Erstflug. Er war im 2. Weltkrieg von den USA für die Ausbildung von Jagdpiloten eingesetzt worden. Die Überführung dieses Oldtimers von der Berliner Internationalen Luft- und Raumfahrtausstellung 1994 mit einem Transporthubschrauber CH-53 erlebte ich in Gatow mit weiteren Journalisten. Es war schon beeindruckend, als die T 6, an vier schweren Gurten hängend, in das neue Luftwaffenmuseum einschwebte. Als Außenlast wurden übrigens 58 Flugzeuge vom Luftwaffenstandort Uetersen nach Berlin-Gatow geflogen.

Zu den großen Exponaten zählen natürlich die Kampfflugzeuge, die die Bundeswehr seit ihrer Gründung genutzt hat. Sie verkörpern mehrere Generationen moderner Bewaffnung und Ausrüstung. Namen wie Tornado und Phantom, Starfighter und Alpha Jet sind nicht nur den Besatzungen der Luftwaffe aus den Zeiten des Kalten Krieges unvergessen, als hochgerüstete Luftarmeen diesseits und jenseits der innerdeutschen

Grenze auf ihren Kampfeinsatz vorbereitet wurden. Und der glücklicherweise nie stattfand.

Besonders das erste Mach-2-Jagdflugzeug der Bundeswehr, die Lockheed TF-104 Starfighter, genoss mit insgesamt 292 Abstürzen bis zu ihrer Außerdienststellung 1991 nicht nur unter den Piloten einen zweifelhaften Ruf. Nach dem Einbau eines Schleudersitzes und weiteren Verbesserungen stellte sich wieder das Vertrauen in die als Abfangjäger konzipierte Maschine her.

Unter den älteren Maschinen finden auch der Aufklärer Republic RF-84F Thunderflash aus dem Jahr 1955, den das Luftwaffenversorgungsregiment 1 in Erding später restauriert hat, die Aufklärungsvariante der RF-4 E Phantom, eine Piaggio P 149 und eine Do 27 bei den Besuchern viel Aufmerksamkeit.

Jetzt stehen die Flugzeuge mit dem Eisernen Kreuz im Museum neben den einstigen Kampfjets aus dem Warschauer Bündnis. Letztere wurden zum Teil nach der deutschen Einheit und der Übernahme der NVA-Flugzeuge weitergenutzt.

Besondere Aufmerksamkeit findet hier nach wie vor die MiG-29 (FULCRUM). Davon trugen einst 24 Stück in Geschwaderstärke die westdeutsche Luftwaffen-Kennung. Die allermeisten MiG-21(MONGOL) und MiG-23 (FLOGGER), ebenfalls aus DDR-Beständen, landeten dagegen, von einigen Exemplaren für Museen in aller Welt abgesehen, komplett auf dem Schrottplatz. Das entsprach den internationalen Abrüstungsvereinbarungen und diente der Entspannung im Ost-West-Verhältnis.

Als ein wichtiges Instrument der atomaren Abschreckungs-Strategie der Nato aus den Zeiten des Kalten Krieges ist hier auch das Waffensystem Pershing 1 A zu sehen. Es war als Boden-Boden-Rakete Ende der 50er Jahre in den USA entwickelt und in den 60er Jahren von der Bundeswehr übernommen worden. Insgesamt 18 Raketen dieses Typs mit einem Gewicht von 4,5 Tonnen und einer Reichweite von etwa 750 km standen einsatzbereit in den Flugkörpergeschwadern in Geilenkirchen und Landsberg. Das Trägersystem unterstand deutschem Kommando, die nuklearen Gefechtsköpfe lagerten bei den US-Truppen unter Verschluss. Mit dem INF-Vertrag über die Abrüstung nuklearer Mittelstreckenraketen zwischen den USA und der Sowjetunion wurden die Pershing 1 und 2, eine Nachrüstung als Gegenwaffe zu den SS-20, vernichtet.

Mit der Exposition auf dem ehemaligen britischen Flugplatz, wo ein Bomber aus jener Zeit an die Hilfe der Alliierten während der russischen Landblockade 1948/49 erinnert, wurde die Museumslandschaft Berlins mit ihren weit über 100 Sammlungen um eine Attraktion reicher.

Sie bietet der Öffentlichkeit heute, nach vollständigem Abschluss der Ausstellungsgestaltung, wozu weitere Umbauten notwendig wurden, noch andere, zum Teil nur noch selten auf der Welt erhaltene Luftfahrzeuge. Auch solche technischen Sehenswürdigkeiten aus vergangenen Zeiten fanden schon nach der Eröffnung das besondere Interesse bei den Besuchern aus dem In- und Ausland.

Planungen für Ost-Luftwaffe begannen schon 1950

In sieben Hangars und entlang der ehemaligen Rollbahn präsentiert sich die Luftwaffen-Kampftechnik von Nato und Warschauer Pakt, wie sie während der jahrzehntelangen Ost-West-Konfrontation eingesetzt wurde. Bis zum Ende des Kalten Krieges waren im geteilten Deutschland mit seinen etwa 1,35 Millionen Soldaten insgesamt über 2 500 Kampfjets aller Typen stationiert. Sie konnten in nur wenigen Minuten jeden strategischen Punkt auf der anderen Seite angreifen, auch die Atommeiler mit dann unvorstellbaren Folgen für die Bevölkerung. Und zur Bewaffnung der Jagdbomber, das war allgemein bekannt, gehörten für den geplanten Einsatz stets Bomben mit nuklearen Sprengköpfen.

Während die Bundesluftwaffe ihre Geschwader vor vier Jahrzehnten Schritt für Schritt in Dienst stellte, erfährt der Besucher, waren diese "drüben" seit 1956, dem Gründungsjahr der Nationalen Volksarmee, bereits voll einsatzfähig. Die Planungen für eine DDR-Luftwaffe hatten schon 1950 auf Weisung der Sowjetischen Militäradministration im Geheimen unter dem Generalinspekteur der Volkspolizei, Heinz Keßler, begonnen. Später wurde er als Armeegeneral Verteidigungsminister der DDR.

Ab 1952 fanden auf der Festung Sonnenstein in Pirna (Sachsen) in der Volkspolizei-Dienststelle Drei-Monate-Lehrgänge für Fachlehrer der fliegertechnischen Ausbildung statt. Das Makabre an diesem Ort: Hier hatten die Nationalsozialisten zwischen 1940 und 1941 mehr als 13 000 geistig behinderte und psychisch kranke Menschen ermordet. In Pinnow bei Schwedt wurden zeitgleich künftige Flugschüler mit naturwissenschaftlichem Grundwissen und Russisch-Kenntnissen auf ihre Ausbildung in der Sowjetunion vorbereitet.

Aus dem NVA-Erbe stammen weitere Museumsstücke, so strahlgetriebene Jagdflugzeuge russischer Produktion wie die MiG-17 (FRESCO) und die MiG-23 (FLOGGER). Auch der Kampfhubschrauber Mi-24 (HIND) und das Transportflugzeug An-26 (CURL), einst für die Vermessung von Navigations- und Landesystemen genutzt, sind heute museale Sachzeugen aus der zweiten deutschen Luftwaffe. Sie gehörten zum Drohpotential des anderen deutschen Staates mit 394 Kampf- und Übungskampfflugzeugen, 54 Schul- und Verbindungsflugzeugen, 21 Transportflugzeugen und 42 Transporthubschraubern. Eine Armada, die im Erstfall mit den in der DDR stationierten russischen Luftarmeen handeln sollte. Allein diese verfügten über 700 Kampfflugzeuge und 350 Hubschrauber.

Aber auch Antriebstechnik und Sicherheitsausrüstung von gestern und heute präsentiert das Luftwaffenmuseum. Wer den Clerget-Blin-Umlaufmotor oder das BMW-003-Düsentriebwerk aus nächster Nähe studieren möchte beziehungsweise Fallschirme und Schleudersitze vom US-Unternehmen Lockheed und aus russischer Produktion, so beim Mehrzweckjagdflugzeug MiG-21 (FISHBED), kann dies hier tun. Bordkanonen, Flugbomben und Flugabwehrraketen werden ebenso ausgestellt. Wie die technischen Entwicklungen zeugen Uniformen, Orden und Auszeichnungen vom Luftwaffenalltag aus Vergangenheit und Gegenwart in Deutschland.

Reliefkarte aus Strausberg für "Kriegsschauplatz Westeuropa"

Neben entschärften Raketensystemen aus West und Ost, die noch aus Appen mit Lastkraftwagen nach Berlin transportiert wurden, bot die Bundeswehr unmittelbar vor der Erfüllung ihres KSE-Abrüstungsprogramms 1995 als erster Vertragspartner ein ganz ungewöhnliches Anschauungsstück. Es hatte im Operativen Ausbildungszentrum der NVA in Strausberg (Land Brandenburg) direkt im Verteidigungsministerium die Armeeführung, die Divisions- und Regimentskommandeure auf alle Gefechtsarten und Einsatzformen für die Verteidigungs- und Angriffsoperationen vorbereitet. Dazu wurde eine etwa 20 mal 15 Meter große Reliefkarte genutzt.

Was einst als "Geheime Kommandosache" nur ausgewählten Mitgliedern der Partei- und Staatsführung präsentiert wurde, sah nun jeder Besucher mit eigenen Augen: Wie umfassend sich alle NVA-Teilstreitkräfte und ihre Führungsorgane auf einen Krieg im Zentrum Europas vorbereitet hatten. Und dabei sogar ungewöhnlich präzise Informationen über die Bundeswehr zur Lagebeurteilung nutzten, die mittels moderner Informationstechnik zur Verfügung standen.

Mit der Neueröffnung in Berlin konnte das Luftwaffenmuseum gemäß einer Weisung aus dem Bundesverteidigungsministerium "eine kritische, aber dennoch Erfolg versprechende Selbstdarstellung vornehmen. Es wird mit Geschichte und Militärgeschichte die politische Bildung bereichern.“ Das erklärte mir Oberstleutnant Dr. Dieter Rogge, der damalige Leiter des beeindruckenden Fachmuseums.

Militärhistoriker: Luftwaffengeschichte nicht isoliert betrachten

Rogge: Auch wenn es sich um "viele technische, meist militärtechnische Details handelt, so wird schon mit Auswahl und Präsentation der Exponate zur kritischen Tatsachenbeschreibung, Analyse und Bewertung der Ereignisse in 100 Jahren Fliegerei in Deutschland beigetragen. Wie die Militärgeschichte kann auch die Luftwaffengeschichte Deutschlands nicht isoliert betrachtet werden. Sie ist ein Teil unserer Geschichte und somit in vielfacher Weise mit der Europas verknüpft."

Seither fand das Museum das Interesse von vielen tausenden in- und ausländischen Besuchern. Besonderes Interesse galt den Sonderausstellungen wie „Auf Spurensuche 20 Jahre nach der Wiedervereinigung“, „50 Jahre Luftwaffe der Bundeswehr“ oder „Operation Plainfair“, die 60 Jahre nach der Berliner Luftbrücke 1948-1949 den Amerikanern, Briten und Franzosen für ihren Einsatz für die Freiheit dankte und die Helfer, die bei dieser Aktion ums Leben gekommen waren, ehrte.

Mende: Deutschland künftig mit 464 Kampfflugzeugen

Nachdem Abrüstung, Rüstungskontrolle und Kooperation anstelle gegenseitiger Hochrüstung und Konfrontation auf die radikal veränderte politische Landkarte in Europa getreten waren, machte die Luftwaffe der Bundeswehr den entscheidenden Anteil "einer glaubwürdigen Verteidigung aus". Das erklärte mir 1994 der stellvertretende Luftwaffeninspekteur, Generalleutnant Bernhard Mende, in einem Interview in Berlin. "Der Auftrag der Luftwaffe wird auch in Zukunft sein, den Schutz und die Sicherheit unseres Landes und unserer Bevölkerung gegen Angriffe aus der Luft zu gewährleisten."

Zu dieser Kernaufgabe gehöre aber nicht nur die Luftverteidigung, "die einen großen Teil unserer Kräfte ausmacht und wo auch der Schwerpunkt unserer Planung für die nächsten Jahre liegt". Es gehe ebenso um Mittel, "die, falls notwendig, in der Lage sind, den Kampf auch in die Tiefe zu tragen". Was die damit zusammenhängende Belastung der Bevölkerung vom Übungsbetrieb betreffe, so sei diese "in den letzten Jahren enorm zurückgegangen. Sie wird im Vergleich zur alten Bundesrepublik noch weiter reduziert." Auch wenn ab 1. August 1994 mit dem Abzug der Russen der Flugbetrieb auf das gesamte Gebiet der Bundesrepublik ausgedehnt werde, sei in den neuen Bundesländern die Belastung gegenüber früher "nur noch gering".

Über die künftigen Flüge der Bundeswehr informierte das Luftwaffenamt Vertreter von Städten und Gemeinden der neuen Bundesländer. Das Hauptanliegen: Trotz veränderter sicherheitspolitischer Rahmenbedingungen und des damit einhergehenden Abbaus und Abzugs von Streitkräften sind 1995 im niedrigen Höhenbereich 8 000 Flugstunden der eigenen Luftwaffe notwendig. Etwa 2 500 Flugstunden entfallen auf die neuen Länder, wo zu DDR-Zeiten russische und NVA-MiG alljährlich 40 000 Tiefflugstunden absolvierten.

Wie die Bundesluftwaffe bei einer solchen Beratung mit dem Land Brandenburg in Potsdam mitteilte, hängt der Umfang des taktischen Ausbildungsflugbetriebes wesentlich von der Anzahl der in Deutschland stationierten Kampfflugzeuge ab, die sich im Rahmen der Abrüstung "deutlich verringerten". So wurden die Geschwader in Husum, Oldenburg, Leck und Bremgarten aufgelöst. Das Fürstenfeldbruck-Geschwader traf dieses Schicksal 1997.

Bei den Alliierten waren von den Reduzierungen Zweibrücken, Sembach, Hahn und Bitburg mit amerikanischen, Gütersloh und Wildenrath mit britischen sowie Söllingen und Lahr mit französischen Kampfjets betroffen. Somit existierten mit den ebenfalls aufgelösten 27 GUS-Flugplätzen ab 1. Januar 1995 in Deutschland insgesamt 39 Flugplätze nicht mehr. Jetzt gab es nur noch 13 deutsche Fliegerhorste: Hopsten, Schleswig/Jagel, Wittmundhafen, Pferdsfeld, Neuburg, Nörvenich, Lechfeld, Büchel, Memmingen, Jever, Fürstenfeldbruck, Eggebek/Tarp und Laage. Von den amerikanischen und britischen Flugplätzen verblieben Ramstein und Spangdahlem beziehungsweise Brüggen und Laarbruch.

Mit der Auflösung von Geschwadern, dem Teilabzug alliierter Verbände sowie dem Abzug der GUS-Luftstreitkräfte zwischen 1990 und 1994 verringerte sich die Gesamtzahl der Kampfflugzeuge in Deutschland um etwa zwei Drittel auf 751. Obwohl nach den Rüstungskontroll-Vereinbarungen der Bundesluftwaffe eine Höchstzahl von 900 Kampfflugzeugen zustand, flog sie ab 1995 nur noch mit 464 Maschinen dieser Kategorien und verlieh so dem Abrüstungsprozess während des historischen Wandels in der Sicherheits- und Verteidigungspolitik Europas neue Impulse.

Für die Luft-Boden-Ausbildung mit taktischen Tiefflugübungen standen der Bundeswehr und den alliierten Partnern die Schießplätze Nordhorn und Siegenburg sowie begrenzt Truppenübungsplätze des Heeres zur Verfügung. In Wittstock hatte die Bevölkerung gegen den Ausbau zu einem Luft-Boden-Schießplatz auf einer Fläche von 144 Quadratkilometern protestiert, so dass die Bundeswehr 2010 auf die Nutzung des Geländes verzichtete. Außerdem flogen die Deutschen zusätzlich Luft-Boden-Schießplätze in Belgien, den Niederlanden und Frankreich an.

Marine

„Botschafter in Blau" auf Berlin-Kurs

Die Fregatte Rheinland-Pfalz (F 209) mit dem Rufzeichen Delta-Romeo-Alpha-Sierra (DRAS) gehört wie ihre Schwesterschiffe zu den Eckpfeilern der Bundesmarine. 1983 in Dienst gestellt, verfügt sie mit ihrer vielseitigen Ausrüstung und Bewaffnung über die Möglichkeit, heute weltweit eingesetzt zu werden, um Seeverbindungen zu schützen und sich an Krisenbewältigungen zu beteiligen. Das moderne Kriegsschiff der 122er Bremen-Klasse wurde gegenüber bisherigen Typen nicht mehr mit einem Dampfturbinenantrieb ausgestattet, sondern mit einem kombinierten Diesel-Gasturbinenantrieb. Es ist für die U-Jagd und mit den Anti-Schiffs-Flugkörpern zur Bekämpfung von Zielen weit über den Horizont hinaus ausgelegt. Ergänzt wird alles mit weitreichenden Radar-Anlagen zur Seeraumüberwachung.

Das ist die militärische Seite dieser Fregatte. Sie war an mehreren Auslandseinsätzen an der Adria bei Embargo-Operationen gegen Ex-Jugoslawien oder am Horn von Afrika beteiligt, um dort angesichts der vielen Piratenüberfälle bei der Mission Atalanta den internationalen Schiffsverkehr zu gewährleisten. Weiterhin nahm das deutsche Schiff an den Hilfseinsätzen für Libyen-Flüchtlinge aus Tunesien teil.

Ihre Besatzung wurde wie die Angehörigen anderer Schiffe und Boote der deutschen Marine auch auf eine weitere Mission vorbereitet: Als „Botschafter in Blau" in aller Welt ihr Heimatland zu präsentieren. Ob nun im Hafen von Algeciras (Spanien) oder auf dem südamerikanischen Inselstaat Puerto Rico – insgesamt besuchten allein 1993 die deutschen Marineangehörigen mit all ihren Schiffen rund 130 Häfen.

Dort zeigten sie nicht nur die Technik und Ausrüstung mit hochmodernen Waffen- und Elektroniksystemen, sondern berichteten auch über die jüngsten Entwicklungen im friedlich wiedervereinigten Deutschland. Vor allem Einzelheiten über die nun gesamtdeutsche Bundeswehr und ihre Seestreitkräfte, in deren Reihen auch ehemalige Angehörige der DDR-Volksmarine dienen, waren gefragt. Vom lebhaften Interesse ihrer Gastgeber in aller Welt an diesen dramatischen Veränderungen hierzulande erzählten die Matrosen nach ihrer Rückkehr.

Bei diesen Treffen im Ausland erkundigten sich die Gesprächspartner auch nach dem „neuen" Berlin, der wiedervereinigten deutschen Hauptstadt. Konnten sich diese Menschen in fernen Ländern kaum vorstellen, dass die Bewohner seit 1961 durch eine von der DDR errichtete Mauer mitten in der Großstadt getrennt leben mussten, so erfuhren sie nun gewissermaßen aus erster Hand, wie am 9. November 1989 mit dem Fall des ostdeutschen „Schutzwalls“ die erste Hürde auf dem Weg zur Wiedervereinigung genommen wurde.

Damit die „Botschafter in Blau“ sachgerecht und aus eigenem Erleben über das vereinte Deutschland und seine Hauptstadt berichten können, richtete die Flotte 1993 ein ständiges Staatsbürgerliches Seminar in Berlin ein. So wolle man „das Bewusstsein über die Deutsche Einheit stärken“, erklärte mir damals der Befehlshaber der Flotte, Vizeadmiral Hans-Rudolf Boehmer. Von 1995 bis 1998 stand der gebürtige Berliner als Inspekteur der Deutschen Marine vor.

„Die Stimmung in der Flotte ist so: Wiedervereinigung ist eine Sache, die nicht ein für allemal am 3. Oktober 1990 stattgefunden hat. Sie ist ein Prozess, der uns weiter angeht“, erläuterte er seine Auffassung. „Auch deshalb bemühe ich mich darum, ein Bewusstsein in dieser Richtung zu erhalten und zu fördern.“ Dabei seien gerade die Kenntnisse über die eigene Hauptstadt „sehr wichtig“. Lachend fügte Boehmer hinzu: „Vielleicht können wir auch in Berlin ein bisschen für die kleinste Teilstreitkraft der Bundeswehr werben, da wir doch sonst nur an der Küste präsent sind.“

So kam auch eine Abordnung der Fregatte Rheinland-Pfalz als Einheit der Zerstörerflottille von Wilhelmshaven nach Berlin. Gleich zu Beginn führte die Gäste eine Stadtrundfahrt in das bisherige Ost-Berlin. Hier besichtigten sie den Prenzlauer Berg und sahen, wie einer der vorher stark vernachlässigten Stadtbezirke mit vielen Alt-Berliner Einrichtungen ein neues Gesicht mit modernisierten Häusern und neuen Geschäften bekam. Vor allem junge Familien aus ganz Deutschland zog es hierher. In Berlin-Mitte spazierten sie über den Gendarmenmarkt, besuchten den restaurierten Berliner Dom und Schinkels „Neue Wache“.

Im Bendlerblock sahen die Matrosen die Gedenkstätte Deutscher Widerstand und gedachten im Innenhof der hier am 20. Juli 1944 von den Nazis ermordeten Hitler-Gegner. Ebenfalls mit großem Interesse besichtigten die Matrosen das Gebäude des Deutschen Reichstages, in dem heute der Bundestag zu Hause ist. An ihrer Seite der Kommandeur der Zerstörerflottille, Flottillenadmiral Diether Hülsemann. Der letzte Tag führte nach Potsdam mit der Besichtigung der bekannten Sehenswürdigkeiten Cecilienhof und Sanssouci.

Unter dem Titel „Geschichte zum Anfassen“ bilanzierten dann Seminarteilnehmer nach ihrer Rückkehr zur Fregatte: „Berlin ist immer eine Reise wert, auch wenn man in drei Tagen Seminar nur einen kleinen Eindruck dieser großartigen Stadt gewinnen kann.“ Einen Ehrenplatz in der Schiffschronik fand das Gruppenfoto mit allen beteiligten Matrosen, Maaten und Offizieren am ehemaligen Allied Checkpoint Charlie, dem bekannten Grenzübergang zwischen Ost- und West-Berlin während der Teilung der Stadt.

Als erste Seminarteilnehmer überhaupt hatten schon Mitte Oktober 1993 etwa 30 Marinesoldaten des 7. Minensuchgeschwaders aus Neustadt/Holstein die Reise an die Spree angetreten. Im Mittelpunkt der Veranstaltung stand ebenso der Besuch politischer Einrichtungen sowie bedeutender Stätten deutscher Geschichte und Kultur. Außerdem trafen die norddeutschen Gäste aus der Bundeswehr mit Politikern wie der Präsidentin des Berliner Abgeordnetenhauses, Hanna-Renate Laurien, zu einem lebhaften Meinungsaustausch zusammen und nahmen an Informationsveranstaltungen öffentlicher und freier Träger teil.

Einrichtungen

Berliner Bundeswehrkrankenhaus mit langer Tradition

Das Bundeswehrkrankenhaus Berlin ist eine hochmoderne Klinik im Zentrum der deutschen Hauptstadt. Es kann auf eine 160-jährige Tradition zurückblicken. Am 23. August 1853 war das Hospital, auf Befehl des Preußenkönigs Friedrich Wilhelm IV als Garnisonslazarett erbaut, seiner Bestimmung übergeben worden. In seiner wechselvollen Geschichte diente die Einrichtung bis zum Ende des 1. Weltkrieges als Militärkrankenhaus. Zwischen 1920 und 1990 wurde es 70 Jahre lang als Polizeikrankenhaus genutzt. Die Einrichtung unterstand einst dem Preußischen, ab 1949 dem DDR-Innenminister.

Kurz vor dem Ende der DDR erfolgte ein Unterstellungswechsel zum damaligen Ministerium für Abrüstung und Verteidigung. Und so befand sich am Eingang des Gebäudes ab 30. September 1990 für nur wenige Tage das Schild: "NVA-Lazarett Berlin-Mitte".

Seit der Wiedervereinigung ist das Haus in der Scharnhorststraße wieder eine Stätte der medizinischen Behandlung und Begutachtung von Soldaten. Obwohl es sich hier um eine der fünf Einrichtungen dieser Art zwischen Hamburg und Koblenz handelt, übrigens mit einer Ausbildungseinrichtung des Sanitätsdienstes und einer Versorgungseinrichtung für Sanitätsmaterial, stand es von Anfang an in erheblichem Umfang den Berlinern offen.

Damit können auch zivile Kassen- und Privatpatienten das ansehnliche Leistungsangebot für sich nutzen. Es reicht von der Computertomographie bis zur "Knopfloch"-Chirurgie. Vielfältige Verbindungen des

Militärkrankenhauses zur benachbarten Charité fördern vor allem den wissenschaftlichen Austausch zwischen den Ärzten beider Häuser.

Mit den offiziellen Entscheidungen für Berlin als Sitz von Parlament und Regierung hörte man im Umfeld des dortigen Bundeswehrkrankenhauses, dass die Klinik in der Scharnhorststraße mit dem Umzug eine hochkarätige medizinische Betreuungs- und Versorgungsstätte für die Spitzen der Ministerien werde. Doch eine solche Sonderstellung wiesen die hier tätigen Wehrmediziner damals noch von sich. Heute werben sie für die moderne Klinik mit Tradition unter dem Slogan: „Als ‚Regierungskrankenhaus' übernehmen wir die protokollarische medizinische Betreuung einiger oberster Bundesbehörden."

Dabei hat das am Tag der Deutschen Einheit 1990 eröffnete Bundeswehrkrankenhaus Berlin in relativ kurzer Zeit eine hohe Akzeptanz in der einst geteilten deutschen Hauptstadt erreicht. Von den 370 Betten des Hauses sind 200 ständig zivilen Patienten vorbehalten. Für die Ärzte, den Pflegerischen und den Medizinisch-technischen Dienst ist jeder Patient herzlich willkommen. Sie sichern ihm in den ambulanten und stationären Einrichtungen höchste medizinische und pflegerische Qualität zu. All das unter dem Leitspruch: „Meine Stadt, mein Krankenhaus!"

Breites Fachangebot ohne Frauen- und Kinderheilkunde

Und so war es nicht verwunderlich, dass schon bald die Partner einer kameradschaftlichen Zusammenarbeit vom Senat über die Bezirksämter bis zu benachbarten medizinischen Einrichtungen reichten. Das meinte der Chefarzt, Oberstarzt Dr. Peter-Klaus Witkowski. Er trug hier ab 1993 die Führungsverantwortung. "Wir sind in Berlin-Mitte zu Hause und passen mit unserem Fachangebot, allerdings ohne Frauen- und Kinderheilkunde, ganz gut in die 'Landschaft'", berichtete er mir.

Zu dieser Zeit kamen schon viele Patienten aus dem Osten Berlins hierher. Und als der Bundesverteidigungsminister hier einen ersten „Rundgang" machte, auch mit vielen persönlichen Gesprächen am Krankenbett, erkannte ihn so mancher Ost-Berliner Zivilist, weil man ihn vorher schon so oft im Fernsehen gesehen hatte.

Natürlich nahm in dieser zentralen Sanitätseinrichtung von Anfang an die Betreuung der Soldaten einen vorrangigen Platz ein. Und mit dem Ende der Ost-West-Konfrontation sowie den Planungen für die Krisenintervention im Rahmen der Nato, aber auch für Missionen anderer internationaler Organisationen, bedurfte es für die Armee im Einsatz eines Sanitätsdienstes, der im Ausland ebenso die moderne Rettungs- und Hochleistungsmedizin sicherte, "wie sie unsere Kameraden in der Bundesrepublik gewohnt sind", erläuterte Witkowski, heute Generalarzt a.D. "Das Sanitätspersonal für solche Missionen muss dort ausgebildet und in Übung gehalten werden, wo schon im Friedensbetrieb vergleichbare Anforderungen zu stellen sind."

Dieser Idee, gemäß der Bundeswehrstruktur und den Sanitätsdienstaufgaben den modernen medizinischen Leistungsstandard "jederzeit und an jedem Ort" sicherzustellen, konnte die Berliner Einrichtung in wachsendem Maße entsprechen. Die etwa 1 100 Mitarbeiter, darunter fast 250 Militärärzte aus Ost und West, garantieren heute eine interdisziplinäre Patientenversorgung. Dazu verfügen sie über eine hochklassige Geräteausstattung wie Computertomograph, großes klinisches Labor und minimalinvasive Chirurgie.

Der eigene Hubschrauberlandeplatz steht zivilen Organisationen für medizinische Einsatzflüge zur Verfügung. Das Bundeswehrkrankenhaus wurde seither fester Bestandteil des Rettungsnetzes und beteiligt sich aktiv an der Notfallversorgung der Berliner Bevölkerung. Jährlich werden über 16 500 Patienten in der Notaufnahme versorgt.

Besonders eng sind die Kontakte zur benachbarten Charité, Europas größtem Universitätskrankenhaus. Dessen Anfangsgeschichte ab 1726, konnte man zum 20-jährigen Bestehen des Bundeswehr-Krankenhauses erfahren, war übrigens auch eng mit dem Militär verbunden. Hier hatten die Kommandeure der in Berlin stationierten Regimenter das Recht auf Einweisung. Später verfügten alle Regimenter über ein eigenes Standortlazarett. Laut Berliner Regionalhistoriker Friedrich Nicolai (1733-1811) existierten 1786 elf solcher Einrichtungen.

Neben Ausbildungsverträgen, die dem eigenen Personal eine qualifizierte Aus-, Fort- und Weiterbildung ermöglichen, beteiligte sich das Bundeswehrkrankenhaus als Akademisches Lehrkrankenhaus seit dem Wintersemester 1993/94 an der Ausbildung der Medizinstudenten der Humboldt-Universität. Dies trug wesentlich zum wissenschaftlichen Gedankenaustausch bei.

Seit 2010 verfügt die Einrichtung über ein Trauma-Zentrum. Es dient zur Versorgung einsatzbelasteter Soldaten, also dem zunehmenden Auftreten psychischer Einsatzfolgeschäden nach dem gefahrvollen Dienst in Afghanistan und anderswo. Da Wehrpsychiatrie einst nur als Begutachtungspsychiatrie verstanden wurde, musste sie nun angesichts solcher psychischen Folgeschäden aus den Auslandseinsätzen hinsichtlich Prävention und Behandlung weiterentwickelt werden.

Was mich auch 20 Jahre nach meinem ersten Besuch besonders beeindruckt, ist die Offenheit dieses Krankenhauses für alle Berliner. „Wir sind Anlaufstelle für alle Menschen, die Hilfe brauchen, insbesondere in Berlin-Mitte. Egal ob jung oder alt, egal in welchem Status und Beruf, und ganz gleich, ob Soldat oder Zivilist. Für uns steht der Patient im Mittelpunkt.“ Das versicherten der Chefarzt, Oberstarzt Dr. Wolfgang Düsel, und die Leiter des Pflegedienstes und der Verwaltung. Von solchen Angeboten, auch von der Leistungsfähigkeit dieses Hauses, konnte zu DDR-Zeiten ein gewöhnlicher Patient nur träumen.

Neuer Sanitätsauftrag: Individualmedizin für Krisenreaktionskräfte

Der Sanitätsdienst der Bundeswehr stand vor einer ungewöhnlichen Herausforderung: Bestimmte noch während des Kalten Krieges mit der Ost-West-Konfrontation die Vorbereitung auf den „Massenanfall von Verletzten“ die Ausbildungskonzepte, so ging es nun um eine medizinische Versorgung auf einem Niveau des zivilen Bereiches. Aus flächendeckender „Medizin eingeschränkter Mittel“, so einst für militärische Auseinandersetzungen gedacht, wurde die „exportierbare Individualmedizin“. Das war für einige Hundert oder Tausend Soldaten der Krisenreaktionskräfte der Bundeswehr vorgesehen, die nach Parlamentsbeschluss die Interessen Deutschlands oder der Vereinten Nationen in fremden Ländern zu vertreten hatten. Über diesen Auftragswandel für die sanitätsdienstliche Versorgung der Soldaten sprach ich 1995 in Berlin mit dem Inspekteur des Sanitätsdienstes, Generaloberstabsarzt Dr. Gunter Desch.

Diese neuen Anforderungen beruhten auf dem historischen Wandlungsprozess in Europa, nachdem die Bedrohung Deutschlands durch eine äußere Aggression so niedrig war wie noch nie zuvor. Andererseits galten einzelne Soldaten, die in den Bundeswehr-Kontingenten zur weltweiten internationalen Krisenvorbeugung und -bewältigung beitragen, noch nie so gefährdet gewesen wie zu diesem Zeitpunkt. Um an jedem Einsatzort, so die Forderung des Verteidigungsministeriums, „nach dem Standard der modernen medizinischen Versorgung in Deutschland“ zu handeln, wird neben hochwertiger materieller Ausstattung eine große Anzahl besonders qualifizierter Sanitätsoffiziere benötigt.

Wenn also hochmobile Einsatzverbände ins Ausland verlegen, kann jeder Beteiligte für den Fall einer Erkrankung, eines Unfalls oder einer Verwundung damit rechnen, dass ihm eine medizinische Versorgung zuteil wird, die im Ergebnis dem Standard in der Bundesrepublik entspricht. Desch: „Erstmals in der Geschichte der Bundeswehr begründen damit nicht mehr Verbandsstärken und Strukturen der Teilstreitkräfte, sondern primär medizinische Erfordernisse Struktur, Organisation sowie personelle und materielle Ausstattung des Sanitätsdienstes." Von „notfallmedizinischer Erstversorgung bis rekonstruktiver Endbehandlung" werde man ungeachtet der Kopfstärke des eingesetzten Verbandes fachgerecht medizinisch betreut, und das „in der gesamten Anwendungsbreite".

Zweifelsohne hatte die Bundeswehr aus ihren Einsätzen, vor allem im Krankenhaus Phnom Penh (1992/93), wo weit über 100 000 Menschen behandelt wurden, wichtige Erfahrungen gesammelt. Denn nun wird eindeutig der Schwerpunkt auf die notfallmedizinische Versorgung der Soldaten im Einsatz gelegt. Diese Aufwertung des für das Überleben so entscheidenden Bereichs widerspiegelt sich in verbesserter Ausbildung bei der Selbst- und Kameradenhilfe, im Einsatz von Rettungssanitätern beziehungsweise Rettungsassistenten auf Kompanie- oder Staffelebene sowie einer Verdoppelung ärztlicher Kapazitäten auf der Rettungsstation bei den Bataillonen. Abhängig von der jeweiligen Gefährdung ist der Einsatz eines Anästhesisten als besonders qualifizierter Notarzt möglich.

Für den Verwundetentransport sollten nun Hubschrauberflüge zur Regel werden, erklärte der Inspekteur. Aggressive Schocktherapie und Stabilisierung ermöglichen heute eine solche Verlegung verletzter Soldaten, notfalls über einen längeren Zeitraum, in das nächste geeignete Lazarett, gleich ob land- oder seegestützt. Dazu wird es grundsätzlich über die diagnostischen und therapeutischen Fähigkeiten zur multidisziplinären Versorgung Polytraumatisierter verfügen. In diesen leistungsfähigen Einrichtungen erfolgt die definitive chirurgische Versorgung. Laut Desch „eine deutliche Abkehr von der Kriegschirurgie früherer Tage". In einem Rettungszentrum könnten dann chirurgische Akutversorgung und postoperative Pflege vorgenommen werden. Schwimmende Verbände der Marine werden über entsprechende Kapazitäten auf Tendern und Versorgern verfügen.

Um diesen Ansprüchen voll gerecht werden zu können, sieht man in der Professionalität des Personals den eigentlich wichtigsten Faktor, meinte der Inspekteur. Das reicht von der obligatorischen Qualifikation der Sanitätsunteroffiziere zu Rettungssanitätern und Rettungsassistenten bis zur notfallmedizinischen Fortbildung der Truppenärzte. Ebenso wichtig, war weiter zu erfahren, sei das „In-Übung-halten" des ärztlichen und nichtärztlichen Personals als Team im klinischen Bereich. Verlangt wird eine schnelle Verfügbarkeit des Personals, sinnvolle Teambildung und Vertrautheit mit dem Sanitätsmaterial. „Und das lässt sich nur in den Bundeswehrkrankenhäusern und in Kooperation mit leistungsstarken zivilen Kliniken realisieren."

Zu diesem Zweck sollen sich künftig alle Krankenhäuser der Bundeswehr ganz aktiv am zivilen Rettungsdienst und an der Behandlung von Notfallpatienten beteiligen. In Koblenz und Ulm wird je ein verlegefähiges Lazarett aus modular aufgebauten Teileinheiten aufgestellt, wo das gesamte sanitätsdienstliche Fachpersonal arbeitet und übt, um im Einsatz die klinische Akutversorgung unter diesen Bedingungen perfekt zu gewährleisten. Solche neuen technischen Möglichkeiten präsentierte die Bundeswehr 1995 auf dem 112. Deutschen Chirurgenkongress in Berlin. Das Echo: Fachkollegen und Gäste aus vielen Ländern zeigten reges Interesse, wird doch die fachliche Zukunft der Chirurgie nach den Worten des Präsidenten der Gesellschaft, Prof. Günther Hierholzer von der Unfallklinik Duisburg, „ganz entscheidend durch innovative Arbeit und Forschungsarbeit beeinflusst".

Zentrales Institut des Sanitätsdienstes mit Außenstelle

Hervorgegangen aus einem Teilbereich vom früheren Volkspolizei-Krankenhaus in der Scharnhorststraße, besteht es seit Anfang 1991. Damit verfügt die Bundeswehr neben München, Koblenz und Kiel auch hier über eine solche Einrichtung des Sanitätsdienstes.

Heute ist Berlin eine Außenstelle des Zentralen Instituts. Ihre Laborabteilung Medizin bietet ein vielseitiges Spektrum an mikrobiologischen, immunologischen und molekularbiologischen Leistungen an. Zu den präventivmedizinischen Aufgaben gehört auch der Betrieb eines WHO-Gelbfieber-Impfzentrums.

Freiwilligenannahmestelle Grünau

Früher NVA-Hochschule, heute Treff für Freiwillige

Der Name war zwar treffend, aber nicht werbeträchtig: Freiwilligenannahmestelle Ost der Bundeswehr. Sie wurde 1991 in Berlin ihrer Bestimmung übergeben. Das bedeutete mehr als eine Symbolik deutsch-deutscher Vergangenheitsbewältigung, weil diese zentrale Stätte der Wehrdienstberatung und Eignungsüberprüfung für die neuen Streitkräfte im Beitrittsgebiet in der ehemaligen Polithochschule „Wilhelm Pieck" der Nationalen Volksarmee in Grünau ihr Domizil fand. Der einstige Namenspatron war der erste Präsident der DDR. In den älteren Gebäuden dieser Einrichtung im wasserreichen Südosten Berlins befand sich 1936 das Ruderlager der Olympischen Spiele.

Wer also von den jungen Männern oder Frauen aus den ostdeutschen Regionen die Absicht hatte, sich für eine längere Zeit beim Heer oder bei der Luftwaffe zu bewerben, der brauchte nun nicht mehr zum Vorstellungsgespräch in ein altes Bundesland fahren. In Berlin fand der theoretische und praktische Check der Leistungsfähigkeit des Bewerbers oder der Bewerberin nach einer einheitlichen Liste statt. Auch hier galt die Devise: Gleiche Bedingungen für alle, egal ob mit ost- oder westdeutscher Vergangenheit. Marinebewerber mussten in Wilhelmshaven die Eignungshürden an tieferen Gewässern als an der Spree für ihre Tauglichkeit meistern. Bewerber für die Offizierslaufbahn nach wie vor in Köln.

Bei der Auswahl des neuen Chefs dieser zentralen militärischen Dienststelle hatten die Verantwortlichen eine glücklichere Hand: Oberst Siegfried Stief, ein gebürtiger Berliner, übernahm diese Funktion. Die Herkunft entschied sicher nicht über die Qualifikation für ein solches Amt. Sein Leben war nur ein kleines Stück mit der ereignisreichen Geschichte der deutschen Hauptstadt und ihrer Teilung verbunden, die er in Westdeutschland erlebte. Und so versicherte er auch während der feierlichen Amtsübernahme, dass „eine umfassende Information über Auftrag, Struktur und Inhalt der Bundeswehr in gemeinsamer Arbeit von West und Ost“ sein vorrangiges Anliegen sei.

Darin bestärkte ihn der Amtschef des Personal-Stammamtes der Bundeswehr, Brigadegeneral Hans Joachim Müller. Die „enge Verbundenheit der deutschen Streitkräfte zu den Bürgern“ bilde eine „wichtige Grundlage der Arbeit dieser Dienststelle“, sagt er. Die Bundeswehr, seit ihrer Gründung ein „wirkungsvolles Instrument erfolgreicher Politik“, diene vor allem dem Frieden. Trotz aller noch bedrückenden Umstände sei die deutsche Einheit heute schon „ein Glücksfall der Geschichte“.

Zuvor hatten Mitarbeiter in 26 Dienstorten im Osten Deutschlands die angehenden Bundeswehrangehörigen beraten, besonders in Berufsschulen und Arbeitsämtern über die Ausbildungs- und Dienstmöglichkeiten informiert. Das war beim ersten Rundgang durch die vielen Räume und Einrichtungen zu erfahren. Danach kamen die Interessenten für die unterschiedlichen Laufbahnen hierher zur zweitägigen Prüfung ihrer gesundheitlichen, charakterlichen und spezifischen Eignung.

Zum Abschluss fand ein Gespräch mit Offizieren statt. Dabei wurde dann über den weiteren Werdegang beim Bund entschieden, damit "der richtige Mann an den richtigen Platz kommt. All das bietet trotz sinkender Jahrgangsstärken und 'Konkurrenz' aus der Wirtschaft vielen jungen Menschen eine sichere Perspektive bei der Bundeswehr", urteilte Stief. Mit Einstellungstermin, Grundausbildungseinheit, Stammeinheit, Verwendungsplanung und Ausbildungsperspektiven bis hin zum Feldwebel, alles schwarz auf weiß, fuhren die künftigen Bürger in Uniform wieder nach Hause.

Wer sich von den anwesenden ostdeutschen Journalisten noch an einen Besuch in der Polithochschule erinnern konnte, war in jeder Hinsicht von der Offenheit der neuen Hausherrn und ihrer verständlichen Sprache angetan. Bei den Vorgängern in NVA-Uniform pflegte man militärische Geheimniskrämerei und dazu noch phrasenhafte Sprüche zum „Klassenauftrag" der Armee. Auch aus den Klassikern Marx, Engels und Lenin schöpften die Politoffiziere der Dienstgrade Oberleutnant, Hauptmann oder Major ihr Wissen, um Soldaten und Unteroffiziere im wöchentlichen Polituntericht auf die vom SED-Politbüro vorgegebene politische Linie zu bringen. Wehrpflichtige nannten das „Rotlichtbestrahlung" und verhielten sich entsprechend zurückhaltend.

Für die Jugend in den neuen Ländern und in Berlin galt die Bundeswehr von Anfang an als ein begehrter Arbeitgeber. Er bot, was die Vorgängerarmee nie zustande gebracht hatte, vielfältige berufliche Qualifizierungsmöglichkeiten - bei interessanten Aufgaben mit und ohne Technik. Natürlich spielte jetzt auch das Gehalt eine Rolle bei der Arbeitssuche.

So bewarben sich bis zum Jahresende 1993 in der Freiwilligenannahmestelle Ost in Berlin-Grünau sage und schreibe 14 200 junge Leute für einen Militärdienst von vier Jahren und länger. Davon konnten seit der Eröffnung dieser Dienststelle 5 800 als Soldaten auf Zeit eingestellt werden. Das berichtete mir ganz stolz der Oberst.

Unter diesen Bewerbern befanden sich 1 100 Frauen. Von denen eigneten sich etwa 500 als Sanitäter, einzelne auch für den Musikdienst. Damals waren Frauen vom allgemeinen bewaffneten Dienst in den deutschen Streitkräften noch ausgeschlossen. Das wurde erst seit 2001 nach einer Entscheidung des Europäischen Gerichtshofs über Gleichheit für alle Laufbahnen möglich. Heute dienen laut Bundeswehr knapp 18 000 Frauen an der Seite der Männer in den Streitkräften, etwa jede zehnte als Offizier. So bei Heer, Luftwaffe, Marine, Sanitätsdienst oder in der Streitkräftebasis.

Der Arbeitgeber Bundeswehr wurde nach dem ersten Kennenlernen in den ostdeutschen Standorten immer populärer. Kamen 1991 noch 2 542 Bewerbungen auf die Tische der Prüfungsdezernate in den historischen Gebäuden von den Olympischen Sommerspielen 1936, so waren es 1992 schon 5 082. 1994 stellten bereits mehr als 6 500 junge Leute einen solchen Antrag.

Etwa vier von zehn Antragstellern auf einen Job in Uniform konnten nach einem zweitägigen Prüfungsverfahren ihre jeweils verbindliche Zusage für eine Anstellung bei Heer und Luftwaffe mit nach Hause nehmen. Für mich beeindruckend: Man hatte an diesem Tag schwarz auf weiß, wann und wo man sich bei welchem Hauptfeldwebel zum Dienstantritt melden konnte. In einer Zeit, in der tausende ehemals Volkseigene Betriebe wegen angeblicher Wettbewerbsunfähigkeit schließen mussten, bot die mit modernster Technik ausgerüstete und international bestens vernetzte Bundeswehr eine echte Alternative.

Wie der Leiter einschätzte, fand vor allem die allgemeine Bundeswehr-Bildungsofferte zwischen Rügen und Erzgebirge "sehr großen Zuspruch". Viele Antragsteller wollten dabei die von den Streitkräften gebotene Berufsausbildung mit anerkanntem zivilen Abschluss oder der Möglichkeit des Berufsförderungsdienstes nach Ende der Verpflichtungszeit nutzen. "Die künftigen Unteroffiziere reizte aber ebenso, Verantwortung zu tragen, ganz abgesehen von den Beförderungsmöglichkeiten und den Finanzen." Viel zu wenig war zu dieser Zeit in der Öffentlichkeit bekannt, dass man als Zeitsoldat danach auch Offizier werden konnte.

Es sei für ihn „immer wieder beeindruckend, wenn junge Menschen ihre Entscheidung mit dem Beitrag zur Landesverteidigung oder zum Auslandseinsatz im Rahmen der UNO begründen". Das habe ich hier auch in vielen Gesprächen mitbekommen. Ob eine große oder künftig kleinere Bundeswehr, sagte Stief, ihr "Personalkörper" müsse stets jung bleiben. Für Extremisten, egal ob von rechts oder links, gebe es aber „keinen Platz unter den Soldaten", betonte er.

"Was die generelle Einschätzung der Eignung der Bewerber betrifft, so überzeugen wir uns wie jüngst in einem Heeresfliegerregiment bei Celle in der Truppe von deren Entwicklung. Es gab hier wie auch anderswo in den alten Bundesländern keinerlei Vorurteile gegenüber dem jungen Personal aus dem Osten Deutschlands. Im Gegenteil: Mit hoher Einsatzbereitschaft, viel Können und großem Geschick bewähren sich diese meist hervorragend. Für uns Ansporn, so weiterzuarbeiten und den richtigen Bewerbern auch künftig all die guten Chancen eines Staatsbürgers in Uniform zu bieten."

Der Offizier stammte aus Berlin-Neukölln. Seit 1959 gehörte er der Bundeswehr an, wie ich bei seiner feierlichen Einführung in dieses Amt und mehreren persönlichen Gesprächen erfahren hatte. Hinter ihm lagen Tätigkeiten in der Instandsetzungstruppe, auf der Bonner Hardthöhe und im Heeresamt.

Freiwilligenannahmestellen wurden Zentren Nachwuchsgewinnung

Nach fünf Jahren in der deutschen Hauptstadt erhielt die Freiwilligenannahmestelle einen neuen Namen: Zentrum für Nachwuchsgewinnung Ost. Damit setzte die Einrichtung nicht nur die bewährte Arbeit fort. Sie koordinierte noch besser als bisher alle Maßnahmen der Nachwuchswerbung und -gewinnung mit den Truppenteilen im Beitrittsgebiet. Den Namenswechsel vollzogen auch gleichartige Dienststellen in den alten Ländern.

Die Bilanz seit 1991 in der Regattastraße 12 im Südosten der Stadt: Bis zu diesem Zeitpunkt hatten etwa 30 000 "Ungediente" ihre Bewerbungen hierher geschickt. 12 281, darunter zahlreiche Frauen, wurden eingestellt. Weitere 12 000 ostdeutsche Bewerber wandten sich seither an die Prüfzentrale für Offiziersbewerber in Köln oder ließen sich von der Marine in Wilhelmshaven prüfen.

Ingesamt gab es also bis 1996 42 000 freiwillige Bewerber aus Ostdeutschland mit Berlin für die gesamtdeutschen Streitkräfte. "Ein Erfolg, auf den wir sehr stolz sind." So der Oberst. "Das spricht für die Wertschätzung, die die Bundeswehr seit der Wiedervereinigung dank ihrer Offenheit und demokratischen Züge unter der Bevölkerung gefunden hat."

Dienst im Osten oder Westen?

Sicher seien für die angehenden jungen Unteroffiziere auch die finanziellen Verdienstmöglichkeiten bei ihrem Dienst nach Wahl in Ost oder West sowie die Chance, eine hohe Verantwortung für Menschen und Güter zu tragen, wichtige Motivationen. "Aber nicht wenige Bewerber sagten uns in den Einstellungsgesprächen, dass sie gern ihren persönlichen Beitrag zum militärischen Schutz der Bundesrepublik innerhalb unseres Bündnisses oder gar in einer internationalen Friedensmission leisten wollen", berichtete er aus seiner Erfahrung an der Spitze dieser Einrichtung.

Seine Mitarbeiter, einige von ihnen waren als Truppenoffiziere aus der NVA übernommen worden, seien auch deshalb stolz auf ihre Tätigkeit, da sie immer wieder Anerkennung von der Basis für die richtige Auswahl der zahlreichen Bewerber fanden. "Sie dienten oder dienen in nahezu allen Bundeswehr-Standorten, leisten auf ihre Weise einen ganz persönlichen Beitrag zur deutschen Einheit." Hohen Anteil an der Außenwerbung, ob in Schulen, bei Messen oder anderen Großveranstaltungen, hätten die Wehrdienstberater in den Kreiswehrersatzämtern. Sie seien „als sachkundige Gesprächspartner anerkannt".

Attraktiv sei das leistungsfähige und gute Ausbildungssystem. Bei weiterer effektiver Zusammenarbeit von Truppe, Zentren für Nachwuchsgewinnung und zivilen Dienststellen mit der Bevölkerung sei "ihm nicht bange, dass die nunmehr kleineren Streitkräfte ihren 'Personalkörper' sowohl mit Wehrpflichtigen als auch mit Berufs- und Zeitsoldaten jung erhalten können".

Nach einem ungewöhnlichen "Hoch" bei der Gewinnung von Freiwilligen für die Bundeswehr in den neuen Ländern unmittelbar nach der Wiedervereinigung zeigte das Bewerber-"Barometer" in Berlin-Grünau auf "normal". Für den Fachmann in Sachen "Nachwuchsaufkommen" war klar, dass die Verringerung der Streitkräfte und ihre neuen internationalen (auch gefährlichen) Aufgaben sicher so manchen Interessierten noch kritischer als bisher über den militärischen Lebensabschnitt nachdenken ließen.

Dennoch brauchte die Bundeswehr damals zur Regeneration ihres ständigen Freiwilligenumfangs von etwa 210 000 Mann jährlich 30 000 "Neue". Bisher waren es 20 000 Soldaten in einem solchen Zeitraum. Bei einer sinkenden Geburtenrate war das keine leichte Aufgabe. Zumal nun auch die Konkurrenz, das waren private Arbeitgeber, im Osten der Republik an Bedeutung gewann.

Deshalb wurden hier die Kräfte gebündelt, regionalisiert und bedarfsgerecht eingesetzt, auch in enger Verbindung zu den Arbeitsämtern. Im Norden und im Süden der Bundesrepublik gab es ebenfalls Zentren für Nachwuchsgewinnung. Verbessert wurden die Informationen über den Arbeitgeber Bundeswehr mit einer guten Perspektive als Panzergrenadier, Flugnavigator oder Marinetechniker.

Telekom-Azubis erlebten Infothek der Wehrdienstberatung

Wenn der Feuerleitrechner eines Kampf- oder Flakpanzers in den neuen Bundesländern ausfiel, gab es für die betroffenen Einheiten im Korps- und Territorialkommando Ost schon eine erste Adresse: das Instandsetzungsbataillon 410 in Potsdam. Hier standen die Soldaten des jungen Verbandes immer wieder vor der Herausforderung, schnell den oder die Fehler in einer solchen elektronischen Baugruppe zu finden, diese wieder instandzusetzen. Dabei half den Tüftlern in Uniform das rechnergestützte einheitliche Mess- und Prüfsystem REMUS.

Für solch eine spezielle Tätigkeit bei den Streitkräften wurden ständig junge Leute gesucht, die sich als Radio- oder Computerfreaks, vielleicht sogar als Funkamateure Geschick und Ausdauer angeeignet hatten. Beste Chancen hatten ebenfalls gelernte Kommunikationselektroniker, erläuterte Personaloffizier Oberleutnant Ernst Schüßling vor 30 Telekom-Auszubildenden aus Berlin.

Die jungen Leute kamen an diesem Februar-Tag in die Freiwilligenannahmestelle Ost in Berlin-Grünau. Sie hörten ebenso aufmerksam zu, als ihnen dann Oberfeldwebel Manfred Stoeck REMUS als eine "einzigartige Einrichtung für Messen und Prüfen" mit Worten und Bildern nahe brachte. "Nicht nur unsere Stationen, auch unsere Ergebnisse können sich sehen lassen: 1992 wurden hier 900 Instandsetzungsaufträge zur Zufriedenheit aller bewältigt, zum Teil im Schichtbetrieb", meinte der aus Niedersachsen Stammende. "Unser Ernstfall findet jeden Tag statt."

Die Telekom-Azubis waren an diesem Standort die ersten Besucher einer neu eröffneten Bundeswehr-Infothek, die erste ihrer Art in den deutschen Streitkräften. Moderne Kommunikationsmittel wie Personalcomputer und Videofilme, Informationsbroschüren und Anschauungstafeln boten hier eine Wehrdienstberatung in hoher Qualität. Wem der Grundwehrdienst bevorstand oder wer vier Jahre und länger beim Bund dienen wollte, konnte sich unter Anleitung erfahrener Berater bestens informieren: Von den Einstellungsvoraussetzungen bis zur Berufsförderung beim Abschluss des Dienstes.

Hier setzte man die jungen Männer schon sehr genau über die Tätigkeiten bei Heer, Luftwaffe oder Marine ins Bild. Für Frauen gab es bisher nur den Einsatz im Sanitäts- oder Musikdienst. Nunmehr brauchten keine mehrtägigen Exkursionen in die Teilstreitkräfte unternommen werden. Wer konkretere Vorstellungen mitbrachte, vielleicht gern Fallschirmjäger, Fluggerätemechaniker oder Bootsmann werden wollte, erlebte in diesem neuen Zentrum die "Truppe live". Ich war auch sehr beeindruckt von dieser anschaulichen Vermittlung eines realen Bildes aus dem Soldatenalltag.

Jeder der anwesenden Jugendlichen wusste, dass nicht einmal jeder zweite von ihnen nach Ausbildungsabschluss bei der Telekom weiterarbeiten kann. Auch aus diesem Grund, meinte Ausbilder Joachim Löbus vom Fernmeldeamt 3, kam die Exkursion in die Freiwilligenannahmestelle zustande. Denn die Angebote hier seien doch "recht interessant", zumal "sehr berufsverwandt".

Am Ende des zweistündigen Treffens wurde von den Gastgebern keineswegs gezählt, wer sich einmal beim Bund bewerben möchte und wer nicht. Darüber nachzudenken, hatte jeder Lehrling noch genügend Zeit, obwohl laut einer Annonce des Potsdamer Instandsetzungsbataillons in einer Zeitung Berlins bisher 30 Interessenten ihre Bewerbungsunterlagen für den Militärdienst in diesem Verband eingereicht hatten.

Auch wenn die Bundeswehr gegenwärtig einen großen Wandel in ihrer Geschichte erfährt, wird sie im Osten Deutschlands auch als Arbeitgeber immer populärer, schätzten wiederholt Mitarbeiter der Dienststelle ein. Seit Eröffnung dieser Einrichtung 1991 in Berlin-Grünau bewarben sich hier viele junge Menschen aus Berlin und den neuen Bundesländern. Und eine große Anzahl der Antragsteller erhielt die verbindliche Zusage für den Dienst beim Bund.

Kriegsdienstverweigerung im Osten „weitestgehend unbekannt"

Schon bald nach der Wiedervereinigung kamen die deutschen Behörden zu einer wichtigen Erkenntnis: Kriegsdienstverweigerung und die entsprechenden Verfahren sind in den neuen Bundesländern so gut wie unbekannt. Anders in der alten Bundesrepublik: Hier machte 1990 etwa jeder zehnte Wehrpflichtige davon Gebrauch. Die Alternative: Zivildienst.

Diese Kategorie von Wehrpflichtigen hatte es in der DDR besonders schwer, den Dienst an der Waffe zu verweigern. Etwa 15 000 junge Männer besaßen den Mut dazu. Meist lagen religiöse Gründe vor. Ansonsten musste man schon, wie kriegserfahrene Väter ihrem Nachwuchs mit Erinnerungen an ihre eigene Einberufung zur Wehrmacht sagten, „den Kopf unter dem Arm tragen", um sich dem Wehrdienst in der Nationalen Volksarmee zu verweigern. Wer dennoch nicht pünktlich zur Einberufung beim Wehrkreiskommando oder in der Kaserne erschien, wurde von der Volkspolizei abgeholt. Auch Gefängnisstrafen drohten laut DDR-Gesetz.

West-Berliner und Bundesbürger kannten sich mit dieser Thematik bestens aus. Das erfuhr ich im Januar 1990 auf einer Pressekonferenz mit Totalverweigerern des Wehrdienstes aus Ost- und Westdeutschland in der Umwelt-Bibliothek der Ost-Berliner Zionsgemeinde, wohin sich auch ein bekannter Totalverweigerer der Bundesrepublik geflüchtet hatte. Da noch die DDR mit ihren Grenzen existierte und die West-Berliner Justiz hier nicht aktiv werden konnte, habe er sich „gut verkleidet", um in den Osten zu kommen. Zu den Teilnehmern der Pressekonferenz gehörte auch Renate Künast von der Alternativen Liste.

Und so war das, worüber das Bundesamt für Zivildienst nach der Wiedervereinigung in Berlin informierte, für viele junge Männer eine echte Alternative zum Militärdienst. 1991 stellte sich dieses Bundesamt mit Sitz in Köln und einer Leitungsgruppe in der Hauptstadt hier erstmals der Öffentlichkeit vor.

Dazu noch einige Informationen aus diesem Pressegespräch. So hatten vom Januar bis April 1991 im gesamten Bundesgebiet über 80 000 Wehrpflichtige einen Antrag auf Anerkennung als Kriegsdienstverweigerer (KDV) gestellt. Davon stammten etwa 7 000 von Wehrpflichtigen aus den neuen Bundesländern. Der Anteil der Ungedienten lag hier bei zirka 54 Prozent (3 783 Personen). Zur Erinnerung: Die bisher höchste Antragszahl (77 432) war in der alten Bundesrepublik im Jahr 1989 registriert worden.

Bei Gesprächen mit Wehrpflichtigen und interessierten Bürgern im Osten sei festzustellen, dass das seit dem 3. Oktober 1990 auch hier geltende KDV-Recht und die Praxis des Anerkennungsverfahrens ziemlich unbekannt sind beziehungsweise falsche Informationen vorliegen. So der Sprecher des Bundesamtes. „Darüber hinaus werden Wehrpflichtige nicht selten von sogenannten Fachleuten falsch informiert und beraten.“

Jedenfalls bemühe sich seine Behörde im Rahmen der Möglichkeiten, „dieses Informationsdefizit durch entsprechende Sachinformationen abzubauen“. Dies geschehe mit der Teilnahme an Informationsveranstaltungen an Schulen und anderen Gesprächskreisen von Jugendorganisationen, Kirchen, Parteien und Behörden.

Seine Bitte: Wehrpflichtige aus dem Osten mit Fragen zu diesem Thema und Veranstalter von Informationsgesprächen zur Kriegsdienstverweigerung/Zivildienst sollten sich künftig an die in Berlin ansässige Leitungsgruppe wenden. Und überhaupt: Ein Antrag auf Anerkennung als KDV könne zu jeder Zeit gestellt werden. Also vor der Einberufung als Soldat und auch als Reservist. Dieses Schreiben sei an das für den Wohnsitz des Wehrpflichtigen zuständige Kreiswehrersatzamt zu richten. Von Aschersleben bis Zwickau gab es inzwischen in Ostdeutschland 26 solcher Ämter. Sicher machte davon so mancher junge Mann zwischen Ostsee und Erzgebirge Gebrauch.

Über das offizielle Prozedere bei Wehrpflicht und Kriegsdienstverweigerung erfuhr ich auch an anderer Stelle weitere Einzelheiten. So wurde jeder junge Mann von den Kreiswehrersatzämtern gemustert und dem Bedarf der Bundeswehr entsprechend einberufen. Das Verfahren sei rechtsstaatlich geregelt und unterliege rechtsstaatlicher Kontrolle, einschließlich behördlicher und gerichtlicher Rechtsbehelfe. Interessierte Gruppen versuchten gleichwohl immer wieder, das Verfahren mit haltlosen Vorwürfen zu überziehen und in Misskredit zu bringen. Nicht zuletzt auch im Zusammenhang mit der Kriegsdienstverweigerung.

Das hieß zu jener Zeit: Die Allgemeine Wehrpflicht in der Bundesrepublik wird durch den Wehrdienst oder, soweit es sich um anerkannte Kriegsdienstverweigerung handelt, durch den Zivildienst erfüllt. Der Wehrdienst war also die vom Grundgesetz vorgesehene Regel, die Kriegsdienstverweigerung die Ausnahme.

1995 hatten sich mehr als 155 000 junge Männer dem Wehrdienst verweigert. „Die bisherige Rekordmarke lag bei 151 000 Anträgen. Sie wurde im Jahr 1991 erreicht, als der Golf-Krieg bei vielen Wehrpflichtigen und Reservisten die Befürchtung nährte, sie könnten in die Krisenregion geschickt werden", hieß es in der Frankfurter Allgemeinen Zeitung. „Die neue Rekordquote an Verweigerern hat nach allgemeiner Einschätzung dagegen nichts mit dem Bundeswehreinsatz in Bosnien zu tun, obwohl der eine Form militärischen Engagements darstellt, die in Deutschland vor vier Jahren noch undenkbar gewesen wäre." (FAZ, 23.12.1995)

Steglitzer Patmos-Gemeinde mit Anti-Bundeswehr-Plakat

Ein Anti-Bundeswehr-Plakat habe ich beim Aufbau der neuen Streitkräfte im Osten Deutschlands nicht gesehen. Nirgendwo! Und ich war an vielen Standorten. Daher überraschte mich im Februar 1995 die Mitteilung der Informations- und Pressestelle der Bundeswehr Berlin, dass ihr seit Herbst 1993 ein solches Plakat der Steglitzer Patmos-Gemeinde bekannt sei. Auf Anfrage erklärte die Bundeswehr dazu, mit dem Gemeindepfarrer „erfolglos das Gespräch geführt" zu haben. „Es ist auch bekannt, dass nun nach Ende des Rechtsstreites ‚BVG v/s Patmos' das anstößige Plakat wieder in BVG-Verkehrsmitteln hängt."

Zum Plakat stellte die Bundeswehr in der Pressemitteilung fest:

„a. Die Aussage ist fachlich falsch, weil weder ‚töten' noch ‚vernichten' Ausbildungsziele bei der Bundeswehr sind.

b. Die Aussage ist anstößig, weil sie die Bundswehrsoldaten, die einem Verfassungsauftrag nachkommen, als Killer herabwürdigt.

c. Das Plakat ist diffamierend, weil es den Auftrag des Soldaten absichtsvoll falsch darstellt."

Die Bundeswehr sei gemäß Artikel 87a des Grundgesetzes ein Verfassungsinstrument unseres Staates. Auftrag der Soldaten sei es, „der Bundesrepublik treu zu dienen und das Recht und die Freiheit des Deutschen Volkes tapfer zu verteidigen" (§ 7 des Soldatengesetzes).

Zudem bedauere die Bundeswehr in Berlin, „dass die Evangelische Kirche in Berlin-Brandenburg unfriedliche Aktionen wie die Plakatkampagne toleriert. Es stünde der Kirche gut an, die Sache zu beenden." Zum Gerichtsverfahren bezüglich eines Anti-Bundeswehr-Plakates der Evangelischen Patmos-Gemeinde, Berlin-Steglitz, im Rahmen der BVG-Werbung nahm die Bundeswehr „nicht Stellung".

Bürgerfreundlich: Das Kreiswehrersatzamt Berlin a.D.

Wo sich einst auf einem fast zehn Hektar großen Gelände zwischen Köllnischer Heide im Ost-Berliner Stadtbezirk Treptow und der S-Bahn-Trasse nach Spindlersfeld die Zentrale der NVA-Auslandsaufklärung vor neugierigen Blicken versteckt hat, umgeben von einer Gartenkolonie mit nach Erinnerungen von Insidern „ausreichend überprüften Pächtern“, lädt das Bundeswehrzentrum Oberspree seine Besucher ein. Entsprechend bürgerfreundlich wurde ab 1996 die Anlage baulich umgestaltet. Viele Fenster lassen es als fast gläsern erscheinen. Die Liegenschaft war am 3. Oktober 1990 von der gesamtdeutschen Bundeswehr übernommen worden.

Die Idee der neuen Hausherrn: Der Besucher sollte schon von draußen einen „offenen Blick“ auf die Liegenschaft haben und sich zum Betreten der „gläsernen Büros“ eingeladen fühlen. Diesem Credo fühlte man sich seither verpflichtet. Nichts sollte mehr an den einstigen geheimen Spionageapparat der NVA erinnern, der hier, in Zeiten des Kalten Krieges als „Mathematisch-Physikalisches Institut“ getarnt, mit Hochbunker, unterirdischer Schießanlage und anderen militärischen Einrichtungen den „Tag X“ vorbereitet hat.

Nach dem Zusammenlegen der in der Stadt existierenden zwei Kreiswehrersatzämter im nördlichen und südlichen Teil zum Kreiswehrersatzamt Berlin entstand ab Januar 1994 die größte Einrichtung dieser Art in Deutschland. Sie war eine von 26 in den neuen Bundesländern. Schon ab 1991 hatten in Berlin erste Musterungen der Bundeswehr begonnen. „Betroffen“ waren nun auch West-Berliner, die laut alliierten Schutzmächten vor dem Tag der Deutschen Einheit 1990 keiner Wehrpflicht unterlagen.

In Ost-Berlin, daran kann ich mich noch als Pankower gut erinnern, gab es solche generellen Befreiungen von der Wehrpflicht nicht. An eine bürgerfreundliche und bürgernahe Behandlung, wie beim Bund und hier vor Ort mit recht vielen Frauen als Zivilbedienstete üblich, durch die anwesende NVA-Prüfungskommission mit mindestens einem hauptamtlichen Stasi-Mitarbeiter (der sich natürlich nicht zu erkennen gab) kann ich mich auch nicht erinnern. Sicher sollte der damals vor diesem fünfköpfigen Gremium einsam auf einem Stuhl sitzende Delinquent schon mal zu spüren bekommen, was für ein scharfer Wind bei der NVA in den Kasernen von Eggesin und an anderen Standorten weht.

Bis zur Aussetzung der Wehrpflicht zu Friedenszeiten in Deutschland 2011 wurden die betroffenen Jahrgänge im Kreiswehrersatzamt gemustert, auf ihre Eignung hin überprüft und einberufen. Das waren jährlich etwa 22 000 Musterungen sowie rund 2 000 Nachmusterungen beziehungsweise Überprüfungsuntersuchungen. Von den etwa 3 800 Einberufenen pro Jahr erklärten sich in der Regel etwa 600 bereit zum freiwilligen zusätzlichen Wehrdienst. Überhaupt hat die Bundeswehr in Berlin zwischen 1990 und 1996 mehr als 83 000 Wehrpflichtige in ihre Waffengattungen einberufen. Die Wehrunterlagen von etwa 120 000 Reservisten und Ersatzreservisten, die in Wehrüberwachung standen, lagerten in diesem Zeitraum in den Aktenschränken.

Von Anfang an galt auch hier die Devise: „Der richtige Mann am richtigen Platz!" Auch das hatte ich noch ganz anders in Erinnerung: Zwecks Auffüllung der von Strausberg angeforderten Zahlen wurde eben ein gelernter Berliner Koch zum hoffnungsvollen Militärkraftfahrer bei den Motorisierten Schützen in Schwerin ausgebildet oder ein einberufener Busfahrer aus Aue im Erzgebirge lernte nun das Ex-Klopfen in einem der beiden NVA-Wachregimenter in und bei Berlin. Auf einen Kontaktsoldaten, der gerade selbst seinen Grundwehrdienst leistete und im Warteraum des Auskunfts- und Beratungszentrums in der Oberspreestraße gern Auskunft über den Alltag bei der Truppe gab, hat man damals verzichtet.

Nach über 22-jähriger Tätigkeit endete im November 2012 die Ära der Kreiswehrersatzämter in Deutschland. Das Berliner Amt, dem ab 2007 eine Frau, die 43-jährige Marion Krauskopf vorstand, wurde durch den amtierenden Präsidenten der Wehrbereichsverwaltung Ost, Gerd-Albrecht Engelmann, „ausgemustert". Die Auflösung des Berliner Kreiswehrersatzamtes galt als Folge der Stationierungsentscheidungen des Bundesverteidigungsministers vom 26. Oktober 2011 und war ein wesentlicher Bestandteil der Neuausrichtung der Bundeswehr.

Die Berliner Bilanz konnte sich sehen lassen: Seit Gründung wurden hier 382 000 Musterungen bei Wehrpflichtigen und Reservisten durchgeführt. Etwa 103 800 dieser jungen Männer hat man zum Dienst bei der Bundeswehr einberufen.

Doch nicht nur Wehrpflichtige fanden den Weg in die Oberspreestraße: Auch andere Berliner ohne solche Verpflichtungen und Ambitionen kamen hierher, um eine der zahlreichen Kunstausstellungen zu besichtigen. Sie fanden ab 1998 in Räumen vom Kreiswehrersatzamt in aller Öffentlichkeit statt. Im Jahr 2002 mit Werken des in Tübingen geborenen Bildenden Künstlers Sawas Tsingelidis, dessen Arbeit so vielseitig ist wie er mit Bildern, Skulpturen, Klein- und Hängeplastiken. Oder eine Ausstellung mit Helmut Hubmann, Patrick Weiss und „Made in Heaven Art Gallery".

Viel Publikum fand ebenfalls die zum Weltfriedenstag 2004, 65 Jahre nach dem Einmarsch der deutschen Wehrmacht in Polen, mit Kontakt zum örtlichen Kulturverein „Brücke 7" eröffnete Jugendkunstausstellung. Die weit über 100 Kinderzeichnungen aus Österreich, Polen und Deutschland wurden in allen Etagen auf den Gängen gezeigt, stellten in ihrer Grundidee immer wieder Gutes und Böses gegenüber. „Es war keine große Kunst. Aber es war eine große Sache, um die es hier ging", sagte der damalige Leiter des Kreiswehrersatzamtes, Elmar Gräber. „Mein Anliegen war es, das Militär mit der Kultur in Verbindung zu bringen."

Bundeswehrverwaltung mit neuen Bildungsstätten

Die Fürsorge der Bundeswehr in Sachen Qualifizierung gilt nicht nur den Soldaten in den Streitkräften. Auch in ihrer „zweiten Säule", der Wehrverwaltung, vollbringt sie beeindruckende Leistungen. Die Zahlen sprechen Bände: Bis zur deutschen Einheit wurden in den Verwaltungsschulen der Bundeswehr mehr als 13 000 Nachwuchskräfte und seit 1982 etwa 4 000 Verwaltungsfachangestellte für ihre Aufgaben qualifiziert.

All das war für das Bundesverteidigungsministerium Grund genug, im Osten Deutschlands zwei neue Dienststellen der Bundeswehrverwaltung aus der Taufe zu heben. Obwohl doch in diesen Zeiten Streitkräfte und Wehrverwaltung kleiner wurden, wagte man diesen Schritt. Denn auch im Beitrittsgebiet gab es viele geeignete Bewerber, unter anderem für eine Beamtenlaufbahn und überhaupt einen großen Bedarf, um die Dienststellen weiter zügig auszubauen. Deshalb öffneten die Bundeswehrverwaltungsschule II und die Außenstelle der Bundesakademie für Wehrverwaltung und Wehrtechnik in Berlin-Grünau ihre Pforten.

In den Gebäuden und Einrichtungen der früheren Militärpolitischen Hochschule der NVA, wo auch zu dieser Zeit die Freiwilligenannahmestelle Ost ihr Domizil hatte, wurden nunmehr Beamte, mittlerer nichttechnischer Verwaltungsdienst und Verwaltungsfachangestellte ausgebildet. Die Bundesakademie, weiterhin mit Sitz in Mannheim, widmete sich der Fortbildung der Mitarbeiter aus den neuen Ländern in höheren Verantwortungsbereichen. Ein Schwerpunkt - der Umweltschutz.

Ehemalige NVA-Mitarbeiter studieren rechtsstaatliches Verwaltungshandeln

Neben der Laufbahnausbildung sahen beide Einrichtungen die weitere Schulung der von der NVA übernommenen MitarbeiterInnen als eine ihrer vordringlichsten Aufgaben an. In Lehrgängen „Wehrverwaltung" ging es um Grundlagen rechtsstaatlichen Verwaltungshandelns sowie um Wissen über Aufgaben und Organisation der Wehrverwaltung.

Zur Erinnerung: In der NVA gab es keine Trennung von Wehrverwaltung und Streitkräften. Im Grundgesetz werden aber im Artikel 87 „Aufstellung und Befugnisse der Streitkräfte" einerseits und „Aufgaben einer unabhängigen Wehrverwaltung" andererseits eindeutig getrennt. Die Organisationsformen der Wehrverwaltung, neben der personellen und materiellen Bedarfsdeckung für die Streitkräfte auch Aufgaben zur Sicherung ihrer eigenen Existenz wahrzunehmen, sind übrigens ein Novum in der Militärgeschichte.

Nachdem sich die Wehrbereichsverwaltung in Strausberg zu einer Dienststelle mit einer leistungsfähigen Verwaltungsorganisation entwickelt hatte, setzte das Bundesverteidigungsministerium seine Bemühungen um die Belange der Truppe in Berlin und den neuen Ländern mit diesem Schritt fort. Dafür standen bisher Standortverwaltungen und Kreiswehrersatzämter, das Wehrbereichsgebührenamt, Außenstellen des Bundessprachenamtes und des Bundesamtes für Wehrverwaltung und Bundeswehrfachschulen mit zentralen Verwaltungsaufgaben zur Verfügung. Das waren Arbeitsplätze für etwa 11 000 zivile Mitarbeiter. Für deren Fortbildung wurden 1993 und 1994 trotz angespannter Haushaltslage jeweils 2,2 Millionen Mark ausgegeben.

Mit der Eröffnung der Bundeswehrverwaltungsschule in der Hauptstadt löste man gleichzeitig die bisher in Siegen ansässige Schule auf. Das war für die Betroffenen mit persönlichen und familiären Belastungen verbunden. Doch es sprach nach den Worten von Bundesminister Volker Rühe „für die hohe Motivation der Mitarbeiter, dass die Verlegung reibungslos verlaufen ist. Akademie und Schule dienen der Auftragserfüllung der Streitkräfte und damit auch unserer Sicherheit." Sie seien zugleich „ein sichtbarer Beitrag für die Vollendung der inneren Einheit Deutschlands".

Große Militärmusikschau zum Bundeswehr-Jubiläum

Zum 40-jährigen Bundeswehr-Jubiläum erlebte Berlin ein musikalisches Hoch: Zehn Militärmusikkorps aus sieben Nationen präsentierten 1995 in der Deutschlandhalle eine große Musikschau. Aufgeführt wurden Marsch- und Volksmusik, Klassisches und Neuzeitliches, Pop, Rock und Musical-Melodien, bei denen die Freunde dieser Musik nicht mehr aus dem Staunen kamen. Die Veranstaltung mit mehr als 500 Mitwirkenden, zugleich 1. Berliner Militärmusikfest, stand unter der Schirmherrschaft des Generalinspekteurs der Bundeswehr.

Dieses Fest der Militärmusik vereinte namhafte Klangkörper von Armeen aus Ost und West. Sie hatten sich noch vor wenigen Jahren während des Kalten Krieges feindlich gegenüber gestanden. Das waren einmal als Nato-Vertreter die Band of the Hussars and Light Dragoons (Großbritannien), die US Army Europe Band, die Koninklijke Militaire Kapel aus den Niederlanden und Norwegens Forsvarets Distriktmusikkorps Vestlandet. Mit ihnen musizierten vom Gastgeber Bundeswehr das aus NVA-Orchestern hervorgegangene Luftwaffenmusikkorps 4 unter Major Bernd Zivny, das Heeresmusikkorps 400 (beide Berlin), das Gebirgsmusikkorps 8 (Garmisch-Partenkirchen) und das Marinemusikkorps Ostsee aus Kiel.

Aus Polen kam das Repräsentationsorchester des Militärbezirks Schlesien. Die Ukraine war mit dem Orchester ihrer Nationalgarde vertreten. Damit die mehrstündige Veranstaltung auch einen würdigen militärischen Rahmen erhielt, marschierten zudem Soldaten von heute und damals auf, so eine Ehrenformation des nun auch in Berlin stationierten Wachbataillons beim Bundesverteidigungsministerium und die Potsdamer Riesengarde "Lange Kerls", die während eines Zeremoniells in den USA viel Beifall bekommen hatte.

Britische Tattoos als Vorbild

Die Veranstaltung sollte "auch an die Tradition der britischen Tattoos (Zapfenstreich) anknüpfen, ohne diese allerdings kopieren zu wollen". So der Leiter des Militärmusikdienstes der Bundeswehr, Oberst Georg Czerner, der für das Programm verantwortlich zeichnete. Zugleich wollten die Bundeswehrmusiker mit diesem Wohltätigkeitskonzert an eine ihrer bewährten Traditionen anknüpfen. Denn von Anfang an gehörten Platzkonzerte, Serenaden und große abendfüllende Saalkonzerte "zu den vorrangigen Aufgaben der Militärmusik der Bundeswehr".

Der oberste Fachvorgesetzte von 23 Musikformationen der Bundeswehr mit insgesamt 1 500 Soldatinnen und Soldaten erinnerte an die erfolgreiche Entwicklung dieser "Teilstreitkraft". Am 1. Januar 1956 war als erste vollständige Einheit der Bundeswehr das Musikkorps des Heeres in Andernach formiert worden. Als drei Wochen später die ersten 1 500 Freiwilligen Soldaten zum historischen Appell mit Bundeskanzler Konrad Adenauer antraten, bildete das Andernacher Musikkorps den "rechten militärischen Flügel".

Adenauer: "Die Leute hören dat nämlich furchtbar jern"

Doch schon am 5. Januar 1956 hatte die erste Militärmusiker-Formation im Nachkriegsdeutschland mit einem Ständchen zum 80. Geburtstag des Kanzlers im Palais Schaumburg ihren ersten Auftritt in der Öffentlichkeit. Adenauer damals zur Militärmusik: "Dat is en janz wichtijet Kapitel, die

Leute hören dat nämlich furchtbar jern!" In diesem Sinne konnten seither zwischen Flensburg und Sonthofen und seit der Wiedervereinigung zwischen Görlitz und Bad Salzungen viele Millionen Zuhörer die Musiker in Bundeswehruniform bei ihren Auftritten erleben.

Allein 1994 waren es 3 306 Auftritte, davon 2 935 mit der und für die Truppe. Vor allem Truppenzeremonielle wurden begleitet. Darunter Gelöbnisse, Kommandoübergaben, der Große Zapfenstreich, Flaggenparaden und Protokollveranstaltungen. Neben dem Stabsmusikkorps sorgen die Musikkorps des Heeres (14), der Luftwaffe (4) und der Marine (2) für Signale und Rhythmus. Das Ausbildungsmusikkorps und die Big Band trugen ebenso zum "guten Ton" in der Truppe bei.

Oberst Czerner verwies darauf, dass die Bundeswehr auf dem Gebiet der Militärmusik, die in alten Zeiten als "zweckgebundene Kriegsmusik" diente, an vielfältige Traditionen anknüpfe und diese erfolgreich weiterführe. So werde das Erbe vieler schöner Spielstücke der Trommler und Pfeifer durch Anreicherung des Instrumentariums in der Infanteriemusik gepflegt. Die Spielleute seien traditionell erhalten geblieben und bildeten eine eigene Musikgattung. "Aus reiner Signalmusik wurde immer mehr Musik zur Unterhaltung."

Musik in Bewegung und mit interessanter Choreographie

Auch heute entwickle sich die Militärmusik weiter, "so wie die Musik es erfordert". Wie auch in Kunst- und Unterhaltungsmusik, gebe es eine instrumentale Weiterentwicklung mit Schwerpunkt bei der Zunahme der Einflüsse elektronischer Musikinstrumente. Beliebt sei die Musikschau "mit Musik in Bewegung und einer interessanten Choreographie". "Vorrangiges Anliegen unserer Musikkorps ist es aber, die Tradition der deutschen Militärmärsche weiter zu tragen und ihr künstlerisches Niveau, auch das anderer Konzertliteratur, zu halten. Wir spielen ebenso moderne zeitgenössische Blasmusik und fördern Werke junger Komponisten."

Die Musikkorps als "Sympathieträger für die Bundeswehr", so war abschließend zu erfahren, hatten vor dem Streitkräfte-Jubiläum erstmals eine eigene CD produziert. Sie brachte moderne Werke zeitgenössischer Art, Unterhaltungsmusik und Märsche zu Gehör. Czerner: "Die Reaktionen zeigen eine gelungene Nachwuchswerbung." Von Anfang an gehörten Platzkonzerte, Serenaden und große abendfüllende Saalkonzerte "zu den vorrangigen Aufgaben der Militärmusik der Bundeswehr".

Gut 50 Jahre später wurde aus dem Militärmusikdienst, zuletzt unter dem Streitkräfteamt und innerhalb der Bundeswehr bei Kommandoübergaben, Gelöbnissen oder Trauerfeiern sowie bei nahezu allen Feierlichkeiten verankert, ein eigenes Zentrum Militärmusik. Ihm sind das Musikkorps der Bundeswehr, das Ausbildungsmusikkorps und die Big Band fachlich und truppendienstlich unterstellt. Ein eigenes Wappen zeigt über dem Eisernen Kreuz den Schellenbaum als maßgebliches Symbol der Militärmusik.

Der Wermutstropfen heutiger Tage in der Militärmusik: Mit der aktuellen Bundeswehrreform sollen neben der Truppenreduzierung um 31 Standorte auch die Musikkorps in München, Karlsruhe, Berlin, Erfurt und Wilhelmshaven aufgelöst werden.

„Kalinka" und „Hava Nagila" im neuen Bundeswehr-Liederbuch

Auch das war neu in den gesamtdeutschen Streitkräften: Ab 1991 konnte in der Bundeswehr, wie einst in der Nationalen Volksarmee, „Kalinka" (deutsch: kleine Beere) gesungen werden. Es ist eines der bekanntesten russischen Lieder, wurde schon 1860 gedichtet und komponiert. Text und Noten fanden die deutschen Soldaten im neuen Liederbuch der Bundeswehr. Unter dem Titel „Kameraden singt!" hat man es in einer Auflage von 150 000 Exemplaren in der Truppe ausgeliefert. Die Verwaltung nutzte dabei den Vorschriften-Verteiler.

Zur neuen Musik für den Gesang im Dienst und in der Freizeit der deutschen Streitkräfte gehörte nun auch der hebräische Song „Hava Nagila" („Lasst uns glücklich sein"). Er ist in Israel ein Gassenhauer. Das „We shall overcome" („Wir werden es überwinden") der amerikanischen Folk-Bewegung, die aus der US-Bürgerrechtsbewegung stammt, hat ganz sicher ebenfalls zum Singen bei Märschen oder am Kompanieabend angeregt.

Unter den 120 Titeln des neuen Bundeswehr-Liederbuches mit gängigen Volks-, Wander- und Marschliedern fanden die Angehörigen von Heer, Luftwaffe und Marine nicht nur Neues, wie internationale Songs und einige Schlager, sondern auch Bewährtes aus ihren Teilstreitkräften. Grafische Hilfen in dem 192 Seiten umfassenden Bändchen erleichterten den Amateuren unter den Gitarristen das „Mitklampfen" und Keyboardspielern die Begleitung.

Wie das Bundesverteidigungsministerium weiter informierte, wurde das Liederbuch von den Mitgliedern des Verteidigungsausschusses des Bundestages inhaltlich abgesegnet. Sollte wohl auch heißen, dass man auf alte Landser-Lieder verzichtet hat. Die Abgeordneten fügten den Vorschlägen dann noch einen weiteren truppentauglichen Titel hinzu: „So ein

Tag, so wunderschön wie heute". Bei diesem Titel dachte man wohl an die Kameraden, die in ihrer Altersklasse gerade den 30-km-Leistungsmarsch unter 300 Minuten geschafft hatten. Natürlich im Feldanzug und mit 10 kg Gepäck.

Damit wurde eine schöne kulturelle Tradition unter den Waffenträgern der Bundesrepublik fortgesetzt. 1958 war das erste Liederbuch der Bundeswehr mit 160 Titel erschienen, 1991 das vierte dieser Art. Auffallend war, dass mit der gesamtdeutschen Bundeswehr und den neuen internationalen Verpflichtungen auch die „Internationalität" des musikalischen Repertoires gewachsen ist.

Presse- und Öffentlichkeitsarbeit

Bundeswehr informierte 8 000 Parlamentarier-Gäste in Berlin

Die Informations- und Pressestelle der Bundeswehr in Berlin war wie andere militärische Einrichtungen und Verbände in den neuen Bundesländern schon recht bald "in der Normalitätsphase angelangt". So ihr Leiter, Oberst Konrad Freytag. Der Sprecher der Bundeswehr in Berlin schätzte 1994 ein, dass die Dienststelle im Sinne des Grundgesetzes und der Wehrverfassung einen "beachtlichen Beitrag zur inneren Vollendung der Einheit Deutschlands" leistet. Im Auftrag des Bundesverteidigungsministers komme sie ihrer Informationspflicht gegenüber den Bürgern zu deren politischer Entscheidungsfindung nach.

Weiterhin steuerte die seit 1992 am Alexanderplatz tätige Einrichtung, die zuvor in einer ehemaligen Grenztruppen-Kaserne in Treptow untergebracht war, mit etwa 20 Mitarbeitern zentral für alle Berliner Truppenteile und Dienststellen der Bundeswehr die Informations- und Pressearbeit gegenüber der Öffentlichkeit. Das betraf Anliegen von territorialer und zentralmilitärischer Bedeutung.

Außerdem unterstützte die Informations- und Pressestelle mit dem Besucherdienst die Regierung in ihrem Anliegen, vielen Bürger die Möglichkeit zu bieten, ebenso wie in Bonn in Berlin die Exekutive in ihrer Arbeit zu erleben. Dabei wurden auch Gäste der Abgeordneten des Deutschen Bundestages betreut.

In enger Zusammenarbeit mit dem Bundespresseamt in Bonn und seiner Außenstelle in Berlin "informieren wir über die Bundeswehr hier in Berlin, wie es derzeit ist und künftig sein wird", berichtete der Oberst. Von diesen "Informationen aus erster Hand über die deutschen Streitkräfte in der einst geteilten Stadt" machten bisher mehr als 8 000 Bürger in 160 Gruppen aus allen Teilen Deutschlands und etwa 2 000 Militärtouristen

Gebrauch. Sie kamen aus den Bündnisstaaten, darunter aus den USA, Frankreich und Großbritannien. "Wie die Reaktion der Gäste auf unsere Programme zeigt, sind sie meist sehr zufrieden. Was jedoch noch wichtiger ist: Sie erlebten Berlin und die Bundeswehr, nahmen diese Eindrücke mit nach Hause."

Verbindungskommando zur WGT

Stürzte General Snetkow über Fahnenfluchten?

Fahnenfluchten gehörten in der Westgruppe der sowjetischen Streitkräfte (WGT) schon immer zum Soldatenalltag. Die Gründe: Vorgesetzte schikanierten die Wehrpflichtigen, es gab auch ständig Misshandlungen bei der gewünschten Selbsterziehung dieser jungen Männer aus vielen Nationen. Nun stieg die Zahl derer, die mit ihrer Flucht einen Ausweg aus der zahlenmäßig größten und nach Bestand und Bewaffnung mächtigsten militärischen Gruppierung der UdSSR im Ausland suchten, sprunghaft an.

Dazu kamen 1991 weitere „Vorkommnisse", meist durch den schlampigen Umgang mit Dienstvorschriften und bei der Techniknutzung, die dann, anders als zu DDR-Zeiten, wiederholt im Blickpunkt der Öffentlichkeit standen. Doch insbesondere die Pressemeldungen, in denen von „Überläufern" und „mangelnder Disziplin" in den Reihen der von einst 600 000 auf derzeit 360 000 Soldaten reduzierten Truppe die Rede war, erreichten über die Berliner Botschaft das Verteidigungsministerium in Moskau. Nun wurde hier mit der Ablösung von Armeegeneral Boris Snetkow die Reißleine gezogen.

Sein Sturz von diesem Sprungbrett zu höchsten Stellen im Verteidigungsministerium oder im Warschauer Vertrag erfolgte genau eine Woche, nachdem in Moskau eine von Präsident Michail Gorbatschow eingesetzte Kommission zur Aufklärung von Verbrechen in den sowjetischen Streitkräften das Verteidigungsministerium um Mithilfe ersucht hatte. Dabei war von einem Kommissionsmitglied der Erlass eines Befehls gefordert worden, demzufolge alle Fälle von Desertion und unerlaubter Entfernung von der Truppe mitzuteilen sind. Nur durch gemeinsame Anstrengungen könnten „Willkür, Herzlosigkeit und Mangel an Verantwortung ausgemerzt werden", erklärte er.

Auch ein Regimentskommandeur desertierte

Während die Zahl der 1990 in Deutschland fahnenflüchtigen Sowjetsoldaten von der Militärstaatsanwaltschaft nunmehr mit 145 angegeben wurde, darunter auch ein „wegen Verrats und Diebstahls" gesuchter Regimentskommandeur, hatte der bisherige Oberkommandierende Snetkow von 83 desertierten Militärangehörigen gesprochen. Auf einer spektakulären Pressekonferenz im Haus der sowjetischen Offiziere in Berlin-Karlshorst bezeichnete der General Presseberichte als „unwahr", nach denen sich in deutschen Wäldern tausende seiner Soldaten aufhalten sollen, die ihre Einheiten verlassen hätten. Auch habe es nicht 1 000, sondern „nur" 84 Todesfälle in der Westgruppe gegeben. Anlass für diese und weitere Aussagen war dem 65-jährigen Befehlshaber das „nicht immer gesunde" Medieninteresse an den Problemen der Westgruppe.

Mit Besorgnis wurde offenbar von der Armeeführung beobachtet, dass sich die Berührung ihrer Angehörigen auf dem Territorium der ehemaligen Sowjetzone und späteren DDR nun mit der westlichen Marktwirtschaft und Kultur weniger positiv, sondern eher negativ auf Disziplin und Moral auswirken. Und das in Verbänden, die in direkter Berührung mit den „Hauptschlagkräften" der Nato auf dem europäischen Kontinent stehen und an die, wie auf einer Parteikonferenz betont wurde, „höchste Anforderungen" an die Gefechtsausbildung gestellt werden.

Dem Ansehen der Westgruppe, so schätzten politische Beobachter weiter die Neubesetzung der Führung in Wünsdorf mit Generaloberst Matwej Burlakow ein, schadete zudem der gelegentliche Schwarzhandel von Soldaten und Offizieren mit Waffen. Auch die in jüngster Zeit aufgedeckten Umweltverschmutzungen auf Truppenübungsplätzen und in den Kasernenanlagen trugen zu diesem Negativ-Image bei.

Einzelne Panzerfahrer wollten sich absetzen

Sicherlich musste Snetkow ebenfalls die Verantwortung für zahlreiche schwere Zwischenfälle in der DDR und den neuen Bundesländern übernehmen, die unterstellte Militärangehörige verursacht hatten. Sie reichten von Verkehrsunfällen über „irrtümliche" Raketenstarts und „verlorene" Bomben bis zur Amokfahrt mit einem Schützenpanzer im Raum Berlin. In diesem Zusammenhang erinnern sich ehemalige NVA-Militärs auch an Großfahndungen in der Nähe der innerdeutschen Grenze, wenn sich russische Panzerfahrer aus den Garnisonen Plauen oder Magdeburg mit aufmunitioniertem Gefechtsfahrzeug in Richtung Westen absetzen wollten.

Snetkows Nachfolger, der sich laut Agentur TASS beim erfolgreichen Abzug der sowjetischen Truppen aus Ungarn Anerkennung erwarb, stand vor keiner leichten Aufgabe. Ihm oblag es, dafür zu sorgen, dass bis 1994 die Westgruppe mit ihren Munitionsbeständen, die auf weit über eine Million Tonnen geschätzt wurden, geordnet Deutschland verließ.

Abzugsbeauftragter: Planmäßig kehrten WGT-Truppen heim

Der Abzug der Westgruppe der russischen Truppen aus Deutschland, der am 12. Oktober 1990 mit der damaligen Sowjetunion vereinbart wurde und nach weiteren gemeinsamen Festlegungen von Bundeskanzler Kohl und Präsident Jelzin am 31. August 1994 beendet werden sollte, verläuft planmäßig. Das teilte mir der Abzugsbeauftragte der Bundesregierung und Leiter des Deutschen Verbindungskommandos zur Westgruppe, Generalmajor Hartmut Foertsch, 1993 in einem Interview mit. Nach der Wiedervereinigung gab es im Osten Deutschlands 546 200 russische Soldaten und Zivilpersonen. Jetzt waren es weniger als 100 000 Militärangehörige. Außerdem mussten 4 100 Kampfpanzer, 3 578 Artilleriesysteme, 620 Flugzeuge und 615 Hubschrauber zurückgeführt werden. Bei der Munition waren die WGT-Vorräte mit 677 000 Tonnen doppelt so groß wie die der DDR-Armee.

Frage: Wie steht es zweieinhalb Jahre nach Vertragsabschluss um den Abzug?

Foertsch: Ursprünglich wollte die russische Seite zwischen 1991 und 1994 jährlich in vier gleichen Raten mit je 25 Prozent abziehen. Das hat sich dann in dreimal 30 und einmal 10 Prozent geändert, so dass die russische Präsenz in Deutschland Ende 1992 nach dem zweiten Abzugsjahr tatsächlich bei 60 Prozent von Personal und materiell-technischen Mitteln lag. Geräte und Bewaffnung, darunter Kampfpanzer, Schützenpanzer, Artilleriesysteme, Flugzeuge, Hubschrauber und Kraftfahrzeuge, hatten sich zu dieser Zeit um fast 65 Prozent verringert.

Im ersten Quartal 1993 wurden wegen der Witterungsbedingungen in Russland weniger Soldaten in die Heimat zurückgeführt, was aber wie in beiden Vorjahren in den "wärmeren" Monaten wieder ausgeglichen wird. Beim Material werden gepanzerte Fahrzeuge aufgrund einer bilateralen Vereinbarung auf dem Boden der Bundesrepublik vernichtet, müssen dann aber von KSE-Inspektoren "buchmäßig" erfasst und dokumentiert werden. Da die russische Seite beim Abtransport von Munition Ende 1992 schon weit über dem Plan lag, das waren damals rund 511 000 Tonnen, ist gegenwärtig der anteilige leichte Rückstau nicht besorgniserregend.

Frage: In welchen Etappen vollzieht sich der weitere Abzug der Westgruppe?

Foertsch: Der uns unterbreitete Jahresabzugsplan 1993, unterlegt von Quartalsabzugsplänen, sieht noch einmal die 30-Prozent-Rate vor. Allein im II. Quartal steht die vollständige Räumung von neun Standorten in Mecklenburg-Vorpommern und Brandenburg an. Wir sind sicher, dass die russischen Streitkräfte bis Ende des Jahres alle Hauptkategorien wie

Personal, Geräte und Bewaffnung sowie materiell-technische Mittel bis auf einen Restbestand von 10 Prozent abziehen werden. Ich vermute sogar, dass es in einigen Kategorien eine Übererfüllung geben könnte.

Frage: Wie hat sich bisher das Verbindungskommando mit seinen 60 Mitarbeitern als Mittler zwischen WGT und deutschen militärischen, polizeilichen und zivilen Dienststellen bewährt, so bei der Übergabe von Liegenschaften, bei Fragen der Versorgung, des Transports und des Verkehrs sowie beim Umweltschutz?

Foertsch: Wir haben eine recht gute Systematik der Zusammenarbeit entwickelt. Grundlage dafür ist die Basis. Wir wollen, dass die Probleme soweit wie möglich "unten", vor Ort, koordiniert und geklärt werden. So arbeiten Verbindungsoffiziere in den Verteidigungskreiskommandos mit den örtlichen kommunalen Landräten und den Truppenteilen der WGT zusammen. Wenn hier Probleme nicht gelöst werden können, dann gehen wir auf die Ebene der Verteidigungsbezirkskommandos mit Ansprechebene Regierungspräsidium oder Landkreise einerseits und Division auf WGT-Seite. Die beiden Divisionskommandos in Neubrandenburg und Leipzig pflegen Kontakte zu den in ihren Bereichen liegenden russischen Armeestäben, jetzt noch zwei der Landstreitkräfte und einer der Luftstreitkräfte.

Frage: Welche Erfahrungen konnten Sie bisher in dieser verantwortungsvollen politischen und militärischen Funktion sammeln, wie beurteilen Sie die direkte Zusammenarbeit mit Verantwortlichen der einst kampfstärksten Verbände des Warschauer Pakts?

Foertsch: Für diesen Auftrag, den wir am 3. Oktober 1990 übernommen haben und der eigentlich ohne Präzedenz ist, waren wir eigentlich auch innerlich nicht vorbereitet.

Die Zusammenarbeit war zunächst auf beiden Seiten geprägt vom Ungewöhnlichen. General Snetkow, ein Kriegsveteran und Burlakows Vorgänger als Oberkommandierender der WGT, hatte durchaus persönliche Vorbehalte, mit einem deutschen General zusammenzuarbeiten. Seit General Burlakow hier ist, gibt es diese Berührungsängste nicht mehr, und wir haben uns sehr schnell aufeinander eingespielt. Wir haben eine Point-to-Point-Verbindung, so dass jederzeit der unverzügliche Dialog möglich ist. Ich habe den Eindruck, die Westgruppe der Truppen weiß durchaus zu schätzen, dass sich das Deutsche Verbindungskommando zur Aufgabe gemacht hat, nicht nur darüber zu wachen, dass die russische Seite den Vertrag auf "Heller und Pfennig" einhält, sondern bei dieser sehr schwierigen Aufgabe darüber hinaus auch helfen will. Das wird anerkannt. Und daher haben wir, bis auf ganz normale Schwierigkeiten, keine Probleme.

Auch meine Übereinkunft mit General Burlakow, wenn nötig, außerhalb jeder Routine zusammenzutreffen, gehört für die WGT zu den Zeichen zu wissen, welche Bedeutung das Deutsche Verbindungskommando für sie selbst hat. Kurz gesagt: Unsere Zusammenarbeit ist überhaupt nicht problematisch.

Frage: Was heißt für Sie "Abzug in Würde"?

Foertsch: Ich versetze mich in die Lage der Westgruppe. Ohne blauäugig zu sein, weiß ich, dass sie die Speerspitze der ehemaligen sowjetischen Streitkräfte hier war. Hochmodern ausgerüstet, bis in die "Haarspitzen" motiviert, eine Avantgarde der sowjetischen Streitkräfte. Solche Truppen sozusagen von heute auf morgen damit zu beauftragen, was sie nicht gelernt haben, nämlich den Abzug, das verlangt ein hohes Maß auch an Einsicht von der russischen Seite her. Darüber hinaus verkennen wir nicht, dass durch die Verquickung der Umstände, nicht nur aus der Bundesrepublik Deutschland abzuziehen, sondern auch aus Polen, der ehemaligen Tschechoslowakei, aus Ungarn und nun aus den baltischen Republiken, auch ein organisatorisches Problem auf die jetzt russische Führung zukommt - allen Abziehenden eine sozialgesicherte Zukunft in der Föderation zu garantieren.

Wichtig ist und das steht bei unserer Arbeit an erster Stelle, deutlich zu machen, dass Verträge auf Punkt und Komma einzuhalten sind. Dennoch sollten wir den Aufenthalt der russischen Streitkräfte in Deutschland im Sinne der Präambeln der beiden Verträge sowohl zur Vertrauensbildung als auch zur Kooperation mit den ehemaligen Gegnern, wie sie zur geänderten Strategie unseres Bündnisses gehört, nutzen. Das soll für uns nicht nur ein Lippenbekenntnis sein, sondern soll auch in die Praxis umgesetzt werden.

Wenn ich von Anfang an "Abzug in Würde" gesagt habe, von manchem zunächst nicht verstanden, dann meine ich auch eine gute Investition in die Zukunft. Denn die russischen Soldaten, besonders die Wehrpflichtigen, sollten als gute Botschafter unseres Landes in ihr eigenes Land zurückgehen und berichten können, wie sie diese Demokratie und dieses Umfeld hier empfunden haben, und nicht nur mit Erlebnissen aus der Westgruppe, die sie nicht so sehr begeisterten.

Deutsches Verbindungskommando erfüllte Auftrag

Das Deutsche Verbindungskommando zur Westgruppe der Truppen (WGT) der ehemaligen Sowjetarmee hat seinen Auftrag erfüllt. Diese Bilanz zog dessen Leiter, Generalmajor Hartmut Foertsch, Beauftragter der

Bundesregierung für den Abzug der WGT, vor der Verlegung der letzten russischen Soldaten 1994 in die Heimat. "Unser Bundeswehr-Kommando bewältigte seine Funktion als Bindeglied und Mittler zwischen einzelnen Ressorts der Bundesregierung und WGT zur Zufriedenheit aller", schätzte er in einem Interview ein, das ich mit ihm geführt habe. "Da auch die russische Seite diese Aufgabe positiv bewertet hat, sind wir sicher, diejenigen ausreichend unterstützt zu haben, für die wir da waren."

Neben dem Berliner Verbindungskommando waren in der Zusammenarbeit mit den Russen auch die Verbindungsorganisationen der Bundeswehr in den territorialen Strukturen gefragt. Sie seien überall vor Ort direkt zuständig gewesen und hätten sich "bestens bewährt". Da in jedem der neuen Bundesländer WGT-Armeestäbe disloziert waren, hatte man auf dieser Ebene mit den Beauftragten der Landesregierungen auch kompetente zivile Ansprechpartner.

Auch sei eine, wie sich zeigte, "wichtige Mittelebene" mit den Verbindungskommandos der Wehrbereiche Neubrandenburg und Leipzig für die "gemischte Kommission" und "vor Ort" gebildet worden. "Dieses Wirken, bei dem die Länder stets auf dem letzten Informationsstand waren, haben unsere Partner beim Abschlusstreffen in Mukran auf der Insel Rügen sehr geschätzt." Somit konnte beim Abzug Hunderttausender Soldaten und Familienangehöriger sowie riesiger Mengen an Waffen, Munition und Material auf viele Probleme "schnell und mit Sachverstand reagiert werden".

Snetkow wollte Bundeswehrgeneral nicht empfangen

Jedoch habe es auch "Höhen und Tiefen" in der Arbeit seit Oktober 1990 gegeben. Vor allem, "wenn die Notwendigkeit zu Kompromissen bestand oder in Situationen, bei denen aufgrund unterschiedlicher Auffassungen und Rechtsauslegungen die Meinungen nicht konform gingen". Er habe persönlich sehr bedauert, dass zu Beginn der Zusammenarbeit zwischen deutscher und russischer Seite zu Zeiten von Armeegeneral Snetkow "mehr oder weniger Funkstille herrschte. Denn General Snetkow war nicht gewillt, mich zu einem Antritts- oder Höflichkeitsbesuch zu empfangen." Das änderte sich "zum Glück" mit Dienstantritt von Generaloberst Burlakow Ende 1991 "grundlegend ".

Es habe in dieser Zeit ferner "Punkte gegeben, die man zweckmäßigerweise im stillen Kämmerlein gelöst hat", sagte der General unter Hinweis auf "Tiefen der Zusammenarbeit mit der russischen Seite. Und wenn Schwierigkeiten nicht an die Öffentlichkeit gedrungen sind, so ist das ein gutes Zeichen für beide Seiten, da wir sie nahezu unbemerkt lösen konnten." Es sei ihm darauf angekommen, "unsere Arbeit mit solchen Dingen nicht allzu sehr zu belasten". Als Beispiel nannte er "den fehlenden Nachweis von zigtausend Tonnen Munition auf russischer Seite und wie dann diese heikle Frage gelöst worden ist".

Ob der "Abzug in Würde", für den er von Anfang an plädiert habe, tatsächlich eine Investition in die Zukunft war, werde sich noch erweisen. Leider sei dies vorwiegend "auf Abschiedsveranstaltungen beschränkt verstanden worden, was nie meine Absicht bei der Formulierung dieses Zieles war". Vielmehr ging es um "die konkrete Umsetzung der Ansprüche an die deutsche und russische Seite, wie sie in den Verträgen und Präambeln niedergeschrieben waren, nämlich Aufenthalt und Abzug der russischen Streitkräfte zur Vertrauensbildung zu nutzen. Und Vertrauen konnte nur erwachsen, wenn man die Würde des anderen achtete." Das habe genauso für die russische Seite gegolten, die bei den Verhandlungen auch unter diesem Gebot stand.

Russen nehmen "gute Botschaft" aus Deutschland mit nach Hause

"Sehr viele russische Soldaten hatten Gelegenheit, unser Land, unsere Menschen und unseren Staat kennenzulernen", meinte General Foertsch, der zuvor als Kommandeur einer Panzerdivision und in Nato-Stäben tätig war. "Diese Eindrücke können in der Heimat Grundlage für künftiges Handeln bilden, auch zu einer guten Botschaft aus der Bundesrepublik Deutschland beitragen und so Vorurteile abbauen, die es in Russland da und dort noch gibt."

Standortverwaltung Berlin

Ab 1. November 1995 nahmen etwa 380 zivile Mitarbeiter in der Standortverwaltung Berlin ihre Tätigkeit auf. Sie wurde vom Bundesministerium der Verteidigung für die Betreuung der Einheiten und Dienststellen der Bundeswehr im Land Berlin eingerichtet. Vorher erledigte diese Aufgaben die Standortverwaltung Potsdam.

Als nachgeordnete Behörde der Wehrbereichsverwaltung hat sie wie die insgesamt 19 Standortverwaltungen im Beitrittsgebiet den Auftrag, den personellen und materiellen Bedarf der Streitkräfte zu sichern. Man versorgt also die Soldaten mit Bekleidung, Verpflegung und sonstigen Bedarfsgütern. Außerdem werden die Liegenschaften der Bundeswehr verwaltet. Mit Beschaffungs- und Bauaufträgen, laut einer Pressemitteilung „in Millionenhöhe“, sollte die Verwaltung „zugleich ein bedeutender Wirtschaftfaktor für die Hauptstadt sein". Sitz der neuen Behörde wurde die Julius-Leber-Kaserne im Bezirk Wedding.

Fernmeldesektor D

Spandauer Horchfunker überwachten Abrüstung

Wo sich in aller Welt militärische Einheiten bewegen, sind sie zur Verständigung auf Funk untereinander und zu vorgesetzten Dienststellen in den Truppenteilen und Verbänden angewiesen. Das ist bei der Ausbildung ebenso üblich wie im Einsatz in Krisengebieten. Vielfach nutzte man den Kurzwellenbereich (HF) im militärischen Funkverkehr.

Der ist auch beim Flugfunk grenzüberschreitend und über große Entfernungen zu empfangen. So konnte die Bundeswehr mit ihren Fernmelde- und elektronischen Mitteln der Aufklärung zum Beispiel im Rahmen internationaler Rüstungskontrolle für die Luftwaffe wirkungsvoll zu einer zuverlässigen Verifikation beitragen.

Während des Kalten Krieges bis zur Deutschen Einheit besaßen die westdeutschen Horchfunker unter strengster Geheimhaltung mit riesigen Antennenanlagen entlang der Grenzen zum Ostblock die Möglichkeit, über Funksignale in den gegnerischen Raum einzudringen und mitzuhören. Neben einer technisch-taktischen Analyse gelang es ihnen auch, sehr präzise die Standorte der anderen Seite festzustellen. Man konnte so, wie der Fachmann sagt, „den Aufklärungsraum in der Tiefe ausleuchten".

In solch einen Aufklärungsauftrag, der heute ohne gegnerische Truppen in Mitteleuropa über die Bühne geht, wurde der Fernmeldesektor D der Luftwaffe an seinem neuen Standort in Berlin voll eingebunden. Die Soldaten nahmen elektromagnetische Wellen mit Frequenzen zwischen 0 und 30 Megahertz auf, die sich, von den Führungs- und Waffensystemen fremder Streitkräfte ausgehend, weit über nationale Grenzen hinweg ausbreiten.

Denn mit dem gewachsenen Aufgabenbereich der Bundeswehr und neuen Einsatzgebieten wuchs auch das Sammeln und Auswerten von verwendbaren Informationen. Zum Empfang verfügen die Bundeswehr-Horchfunker über modernste Technik: Von Antennen und Empfängern über Peilgeräte bis zu Anlagen für die Analyse und Datenverarbeitung. Bedeutsam sind die Erkenntnisse für die politische und militärische Führung.

Die 230 Soldaten und 20 zivilen Mitarbeiter der Einheit bezogen ab Juni 1993 in der Gatower General-Steinhoff-Kaserne Quartier und nahmen im Oktober den Dienstbetrieb auf. Seit dem Abzug der britischen

Luftwaffe waren sie in den Anlagen gemeinsam mit dem Kommando der 3. Luftwaffendivision, dem Luftwaffenmuseum, einer weiteren Fernmeldeeinheit, einem Musikkorps, einer Sanitätsstaffel und einer Bundeswehrfachschule zu Hause.

Trotz der vielfältigen Luftwaffen-Dienststellen in direkter Nachbarschaft besaß der Fernmeldesektor volle Eigenständigkeit. Er unterstand dem Fernmeldebereich 72 in Feuchtwangen (Bayern). Weitere Fernmeldesektoren befanden sich in Dannenberg (B), Osterode/Harz (C), Osnabrück (D) und Feuchtwangen (H).

Jährlich über 20 Informationsveranstaltungen für den Nachwuchs

"Das überwiegend aus Niedersachsen nach Berlin versetzte ‚Kernpersonal' von 60 Soldaten fühlt sich mit den Familien hier wohl", urteilte der 37-jährige Sektorchef Major Udo Manz. Er führte bis Juni 1997 das Kommando. Der größte Teil seiner Truppe waren Grundwehrdienstleistende und junge Zeitsoldaten. Sie stammten vor allem aus Spandau und dem Großraum Berlin.

Ihnen bot sich hier "ein neuer und zukunftssicherer Arbeitsplatz". So einer dieser jungen Männer. Er hatte sich wie andere Kameraden auf einer der jährlich etwa 20 Informationsveranstaltungen des Fernmeldesektors über diese Tätigkeit beim Bund kundig gemacht. Neben der umfassenden technischen Ausbildung in diesem Dienstbereich, der auch nach dem Ende des Warschauer Pakts der Geheimhaltung unterliegt, reizte ihn das Erlernen von Fremdsprachen.

Über die neuen Mitbürger freuten sich die Stadtväter im Spandauer Rathaus. Und so wertete Bürgermeister Konrad Birkholz (CDU) bei seinem ersten Truppenbesuch im Stab des Fernmeldesektors, über dessen Eingang das Wappen mit einem Berliner Bären zu sehen war, die bisherige Zusammenarbeit mit der Bundeswehr als "äußerst positiv". „Für uns Spandauer ist der Anblick von Uniformen nichts Ungewöhnliches. Denn die Hauptstreitkräfte der britischen Schutzmacht in Berlin waren hier stationiert." Besonders stolz sei man, als einziger Berliner Bezirk neben dem Heer mit seinem Jägerbataillon 581 und der Luftwaffe mit Führungsstäben und Einheiten schon in den eigenen Gewässern Boote der Bundesmarine "beheimatet" zu haben.

Einen neuen "Brückenkopf" sah bei diesem Besuch der Feldwebel d. R. Lothar Albrecht im Fernmeldesektor. Der Berliner Elektromaschinenbaumeister (Jahrgang 1935), der von 1956 bis 1967 in der Bundeswehr gedient hat, zählte zu den Mitgliedern des Traditionsverbandes Fernmelderegiment 71 und wurde später zum stellvertretenden Vorsitzenden gewählt. Für seinen „besonderen Einsatz für das Gemeinwohl im gesellschaftspolitischen Bereich“, besonders bei der Nachwuchsförderung im Handwerk, wurde ihm 2001 die Spandauer Ehrennadel, hier die höchste Auszeichnung, verliehen.

Unmittelbar vor dem Jahrestreffen 1995 im niedersächsischen Osnabrück, einst Standort der heutigen Berliner Einheit, sicherte er der jetzigen "Telegrafentruppe" die Unterstützung seiner Innung zu. Das betraf sowohl die berufsbezogene Vorbereitung von Wehrpflichtigen aus dem Elektrohandwerk auf den Militärdienst als auch die berufliche Weiterbildung länger dienender Soldaten und von Offizieren auf dem Gebiet der Elektrotechnik. "Da Führungskräfte trotz angespannter Arbeitsmarktsituation schwer zu gewinnen sind, versprechen wir uns davon, dass diese Zeitsoldaten später einmal wieder in der Wirtschaft arbeiten, qualifiziert in das Berufsleben des Elektro-Handwerks wieder eingegliedert werden können." Diesem Ziel dienten zahlreiche Initiativen der Elektro-Innung Berlin und des Oberstufenzentrums Energietechnik mit der befreundeten Truppe.

Ein Jubiläum stand zu dieser Zeit der Fernmeldeaufklärung bevor: 1956 waren in Uetersen (Schleswig-Holstein) die ersten Freiwilligen für diese "Waffengattung" zu einem Luftwaffen-Einführungslehrgang zusammengefasst worden. "Nach und nach bildeten sich Spezialzüge im Nachrichtenwesen heraus, darunter auch ein Zug der Horchfunker und Auswerter", heißt es in der Chronik des Fernmelderegiments 71.

Als der in Bayern stationierte Fernmeldebereich 72 kurz darauf aufgelöst wurde und Soldaten von dort nach Berlin kamen, gab es nur noch hier die Horchfunk-Truppe. Sie hatte sich laut Chronik in all den Jahren der Ost-West-Konfrontation "bei Schichtdienst und Standortnachteilen durch Pflichtbewusstsein, Einsatzwillen, Kameradschaft und Loyalität ausgezeichnet". Nun wurde der Dienst unter den neuen nationalen und internationalen Bedingungen in einem Europa der Entspannung und Abrüstung fortgesetzt.

Nach einer Umstrukturierung, verbunden mit einem erhöhten Personalbestand, wurde der Verband 2002 in die Streitkräftebasis eingegliedert. 2003 benannte man den Fernmeldesektor D in den Fernmeldeaufklärungsabschnitt 921 um. Ziel war der Aufwuchs zu einem Bataillon mit mehr als 700 Soldaten und zivilen Mitarbeitern.

Feldjägerkompanie

Berliner Junge als Chef der Feldjägerkompanie an der Spree

So manchen Bundesbürger zog es einst nach West-Berlin, um dem Wehrdienst und der Bundeswehr zu entgehen. Hier war für westdeutsches Militär gewissermaßen eine „weiße Fläche", während aus dem Osten tausende junge Leute wie ich ihre 18 Monate Wehrdienst in der NVA ableisten mussten. In diesem Teil der Stadt hatten nämlich die alliierten Mächte das Sagen. Und jede Aktivität der Bundeswehr war verboten. Das sah jedenfalls der entmilitarisierte Status von ganz Berlin vor.

Aber es gab auch nicht wenige West-Berliner, die wegen der Bundeswehr ihren Wohnsitz in umgekehrte Richtung verlegten, also in ein anderes Land der Bundesrepublik. Einer von ihnen war Andreas Schummert aus Steglitz. Ein Berliner Junge, wie so mancher andere bei der Bundeswehr, mit der Hauptstadt als Geburtsort.

Nach der Wiedervereinigung 1990 kehrte Schummert mit der Bundeswehr in seine Heimatstadt zurück. Er war inzwischen Hauptmann und Diplom-Pädagoge, zudem glücklich verheiratet und Vater eines Kindes. Der 31-Jährige hatte es in seinen 13 Jahren seit Studienbeginn an der Bundeswehr-Universität und abschließend als Offizier in Hamburg, Heide/Holstein, Munster, Potsdam und Berlin jetzt zum Chef gebracht: Zum Jahreswechsel 1993/94 übernahm er in der Kaserne Rummelsburg die Feldjägerkompanie. In dieser militärischen Einrichtung war vorher das 36. Regiment der ostdeutschen Grenztruppen, Kommando Mitte, untergebracht.

Seine Einheit, 1991 aufgestellt und nun als Militärpolizei der Bundeswehr für das gesamte Stadtgebiet zuständig, unterstand direkt dem Feldjägerbataillon 900 in Bonn. Damit übernahm sie auch verstärkt Aufgaben, die sich aus dem häufigen protokollarischen Einsatz der Bundeswehr in der deutschen Hauptstadt ergaben. Zum Beispiel Eskortefahrten mit Verteidigungsministern oder hohen Militärs aus dem Ausland, die zu Besuch an die Spree kamen. Schon bald hatte man sich hier an solche Kolonnen gewöhnt.

Viel öfter waren aber die Bundeswehrangehörigen mit dem weißen Koppelzeug, der Armbinde und dem roten Barett im „Alltag" der Hauptstadt zu erleben. Als eine der wichtigsten Aufgaben der 142 Feldjäger unter Hauptmann Schummert galt der militärische Verkehrs- und Ordnungsdienst. Dessen Angehörige kontrollierten Fahrzeuge der Streitkräfte, begleiteten Märsche von Einheiten oder waren Tag und Nacht als Streifendienst unterwegs. Auch der Personenschutz, dann in zivil, gehörte zu den ständigen Aufgaben.

Weiterhin hatten die Berliner Feldjäger großen Anteil daran, dass der Abzug der russischen Truppen aus dem östlichen Teil der Stadt samt Kampftechnik (Panzer, Schützenpanzerwagen, Kanonen) ohne größere Verkehrsprobleme vor sich ging. Seit dem Ende des 2. Weltkrieges waren von den Soldaten mit dem roten Stern auf dem Käppi vor allem in Karlshorst Kasernen und die 1945 konfiszierten Villen deutscher Bürger genutzt worden.

Keinen leichten Aufgabenbereich sahen die Feldjäger im Schutz der Bundeswehrangehörigen vor Angriffen auf die Person, aber auch bei der Suche nach flüchtigen Soldaten und Neueinberufenen. Denn mit der Deutschen Einheit galten hier die Einberufungsbefehle zum Bund. So standen während meines Besuches etwa 60 junge Leute auf der Fahndungsliste dieser Einheit. Sie hatten sich eigenmächtig von der Truppe entfernt oder waren ihrer Einberufung nicht nachgekommen. Meist in Zivil wurde dann am Aufenthaltsort der Gesuchten ermittelt. Hatte man diese Personen gefunden, brachte man sie in die Kaserne oder sie wurden von Angehörigen ihrer Einheit zur Klärung der Umstände abgeholt. Bei all diesen Nachforschungen gab es damals noch keine Inhaftierung, erläuterte man mir.

Und noch etwas fiel mir auf: Die Feldjäger verfügten nicht nur über eine gute sportliche und militärische Ausbildung. Sie mussten sich alle in der Feldjäger-Spezialschule der Bundeswehr in Sonthofen fundierte Rechtskenntnisse erwerben. Obwohl dem Heer zugehörig, waren sie generell für die Soldaten aller Teilstreitkräfte in einer Art „Vorgesetztenfunktion".

„Unsere Waffengattung hat eine 250-jährige Tradition und geht auf das Königlich Preußische Reitende Feldjägerkorps zurück", erläuterte Schummert. „Aber heute sind nicht nur ‚treue Leute von gutem Verstande' gefragt, wie das einst hieß." Friedrich der Große befahl mit „Allerhöchster Kabinetts-Ordre" von 1740 die Aufstellung des „Feldjäger-Korps zu Pferde", um mit besonders ausgewählten und in hohem Maße vertrauenswürdigem Personal „wichtige Führungs- und Kurieraufgaben" wahrnehmen zu können.

Sicher gebe es jetzt wie schon damals hohe Anforderungen an die Ausdauer, Findigkeit und Charakterfestigkeit. Doch bei einer Armee in der Demokratie und Freiheit gehe es in erster Linie um den Bürger in Uniform. Allein das bestimme die Rechtsstellung und die Befugnisse der Feldjäger in dieser Traditionslinie.

Seine bisherigen Berufserfahrungen zeigten, dass eine enge und vertrauensvolle Zusammenarbeit mit allen Einheiten im Einsatzraum, mit den Polizeidienststellen und nicht zuletzt mit den Familienangehörigen der Soldaten „ein guter Unterpfand für unsere Tätigkeit im Sinne des Soldatengesetzes und der Wehrdisziplinarordnung ist". Ab Januar 1997 wurde der Berliner, inzwischen zum Major befördert, zum Feldjägerbataillon 900 nach Bonn versetzt, wo er für die Bereiche Führung, Organisation und Ausbildung zuständig war. Jahre später erblickte ich ihn im SFB-Fernsehen bei einer Diskussionsrunde um die Deeskalation von Gewalt.

Reservisten

Engagierte Reservisten für Kernauftrag der Bundeswehr

Der Kernauftrag der Bundeswehr bleibt auch in Zukunft die Landes- und Bündnisverteidigung. Und dafür braucht sie wie in der Vergangenheit engagierte und freiwillige Reservisten. Das erklärte mir Vizeadmiral Hans Frank, Stellvertreter des Generalinspekteurs und Beauftragter für Reservistenangelegenheiten, 1995 in einem Gespräch in der Julius-Leber-Kaserne. Es gehe um "Reservisten, die in der Bundeswehr und mit der Bundeswehr arbeiten und sich für Übungen zur Verfügung stellen. Womit aber auch, wenn die Lage es erfordern sollte, ermöglicht wird, die Bundeswehr zum vollen Verteidigungsumfang aufwachsen zu lassen."

Neu sei in der freiwilligen Reservistenarbeit der "internationale Aspekt, der zwar öffentlichkeitswirksam, aber dennoch begrenzt ist". Denn nur Reservisten in Spezialverwendungen würden von Fall zu Fall für Einsätze im Rahmen der Vereinten Nationen benötigt. Beispiele dafür waren die Einsätze in Kambodscha und Somalia. "Auch im ehemaligen Jugoslawien kommen wieder Reservisten zum Einsatz, die uns dort als Spezialisten helfen. Dabei handelt es sich um eine Größenordnung von etwa 35 Mann." Für "die Mehrzahl der Reservisten" gelte nach wie vor die Hauptaufgabe mit Einsatz und Übungen im Rahmen der Hauptverteidigungskräfte, um für den Verteidigungsfall unseres eigenen Landes da zu sein".

Differenzierter an Reservistentätigkeit herangehen

Es gebe angesichts der "großen Reform in den Streitkräften mit der Reduzierung bei gleichzeitiger Umstrukturierung keine grundlegend neuen Aufgaben für die Reservisten. Das schließt aber nicht aus, dass wir differenzierter an die Reservistentätigkeit herangehen." Weiterhin gehe es um Ausbildung und inneren Zusammenhang zwischen den jetzt stärker gekaderten

Truppenteilen und den Reservisten in diesen Einheiten. Besonders im Heer spreche man von "Stammaufwuchsbeziehungen". Darin haben die Reservisten "einen festen Platz, um gesamte Verbände, wenn es denn notwendig sein sollte, zur vollen Verteidigungsstärke zu bringen".

Vizeadmiral Frank verwies darauf, dass mit der Bilanz nach 40 Jahren Bundeswehr von führenden Repräsentanten des Staates und der Streitkräfte auch die "enormen Leistungen der acht Millionen Reservisten gewürdigt wurden, die in dieser Zeit gedient haben. Ohne sie hätte die Bundeswehr eine solche großartige Entwicklung nicht nehmen können." Was aber das Jahr 1995 betrifft, so sei kritisch anzumerken, "dass vor allem durch Reduzierungen innerhalb der Truppen zuerst auf 370 000 und jetzt auf 340 000 Mann viele gewachsene Verbindungen aufgegeben werden mussten. Daher haben zurzeit viele Reservisten ihre 'Heimat' verloren. Diese Beziehungen müssen erst wieder aufgebaut werden."

Leider seien in einigen Fällen Reservisten auch nicht so verabschiedet worden, "wie es engagierten und wirklich sehr tatkräftig mitarbeitenden Reservisten angemessen gewesen wäre. Hier wird unser Schwerpunkt der Arbeit 1996 liegen", betonte er. Dies sei auch ein Hauptthema der Jahrestagung "Freiwillige Reservistenarbeit" gewesen, die jetzt in Berlin stattfand. "Uns ging es darum, wie wir die unterbrochenen Beziehungen zwischen Reservist und Truppe wieder aufbauen und festigen können. Für diese vertrauensvolle Tätigkeit, in der Vergangenheit sehr bewährt, gab es bei diesem Erfahrungsaustausch mit Reservisten aus allen Teilen der Bundesrepublik wichtige Erfahrungen und Hinweise".

Qualität in der Ausbildung anstatt Menge an Reservisten

Auf die Reservistenarbeit in den neuen Ländern angesprochen, meinte Frank, "dass wir hier ein gleichengagiertes Reservistenkorps wie im Westen unseres Landes haben möchten". So sei der Reservistenverband dabei, seine Strukturen auch hier aufzubauen. "Aber ich denke, dies muss mit Augenmaß geschehen. Wir brauchen hier wohl noch etwas Zeit, um wie im Westen gute Beziehungen von Reservist und Bundeswehr zu etablieren. Ich rate zur Geduld, weil es sich nach meinen Erfahrungen auszahlt, wenn dies langsam entwickelt wird und sich positiv steigern kann. Es geht nicht um ein 'Hauruck-Verfahren' und Menge an Reservisten, sondern um Qualität der Ausbildung und auch für die Zukunft tragende Beziehungen zwischen Truppe und Reservisten."

Reservistenverband tagte erstmals in Berlin

Das höchste Gremium des Verbandes der Reservisten der Deutschen Bundeswehr e.V., die Bundesdelegiertenkonferenz, tagte im Oktober 1993 erstmals in seiner mehr als 30-jährigen Geschichte in Berlin. Im Mittelpunkt der Veranstaltung stand eine Rede des Bundesverteidigungsministers. Weiterhin sprachen Vertreter von Fraktionen des Deutschen Bundestages und des Berliner Senats zu den mehr als 200 Delegierten der mehr als 100 000 Verbandsmitglieder.

Für Verbandspräsident Peter Kurt Würzbach, Mitglied des Verteidigungsausschusses des Bundestages und ehemaliger Parlamentarischer Staatssekretär im Verteidigungsministerium, war eine solche Delegiertenversammlung in der Hauptstadt „eine Selbstverständlichkeit. Berlin hatte für unseren Verband bereits seit Beginn seines Bestehens insofern eine gewisse Bedeutung, da es, wenn auch damals durch den Viermächtestatus nicht gedeckt, Reservistenkameradschaften hier gab“, sagte er mir auf Anfrage. Sie führten zwangsläufig ein Schattendasein und beschränkten sich weitgehend auf Kameradschaftspflege und gelegentliche Truppenbesuche bei der Bundeswehr.“ Die erste Landesgruppe des Verbandes in den neuen Bundesländern sei 1991 übrigens in Berlin gegründet worden.

Unter Hinweis auf die weitere West-Ost-Integration bei den Reservisten der Bundeswehr meinte Würzbach, dass dazu die Anstrengungen der Verbandsführung und der Kameraden in den neuen Ländern stetig verstärkt werden. Obwohl es dort „noch nicht genügend ‚selbstproduzierte' junge Bundeswehr-Reservisten“ gebe, hätten sich in Sachsen-Anhalt, Thüringen und Sachsen inzwischen Landesgruppen gebildet. Auch in Mecklenburg-Vorpommern, Brandenburg und weiter in Berlin würden „Zug um Zug Reservistenkameradschaften gegründet. Dabei unterstützt uns die Bundeswehr in beachtlicher und kameradschaftlicher Weise.“

2 500 Kameradschaften zwischen Öffentlichkeit und Streitkräften

Der Verband war 1960 gegründet worden, als die ersten Reservisten aus der damals noch jungen Bundeswehr ausschieden, berichtete Würzbach. Zunächst hätten sich die Mitglieder vornehmlich in Kameradschaftspflege geübt und Kontakt zur aktiven Truppe gehalten.

Anfang der 1970er Jahre sei dem Verband von Parlament und Bundesregierung als spezieller Auftrag die Allgemeine Reservistenarbeit außerhalb der Bundeswehr übertragen worden. „Das heißt konkret: Militärische Förderung der Reservisten unter hoheitlicher Aufsicht der Bundeswehr, verteidigungspolitische Öffentlichkeitsarbeit sowie Information und

Betreuung der Reservisten. Als besondere Aufgabe sahen und sehen wir in Zukunft noch verstärkt an, unsere Bürger davon zu überzeugen, dass dieser Staat sowohl würdig ist als auch fähig bleiben muss, im Notfall mit der Waffe verteidigt zu werden."

In den jährlich rund 40 000 Veranstaltungen erreichen die Gliederungen des Verbandes mehr als eine Million Bürger und Reservisten, sagte Würzbach. Die Mitglieder der rund 2 500 Reservistenkameradschaften seien als besonders wichtige Bindeglieder zwischen der zivilen Öffentlichkeit und den Streitkräften anzusehen. Dies vor allem in naher Zukunft, wenn die Bundeswehr reduziert und Standorte aufgelöst werden sowie die territoriale Organisation erheblich ausdünnt. „Mit ihrer freiwilligen Dienstleistung für unseren Staat geben unsere Reservisten, die aus allen Bereichen und Qualifikationen der zivilen Berufe kommen, für andere ein nachahmenswertes Beispiel."

Reservistenkameradschaft „Alt-Berlin" – seit 1964 aktiv

Im Westen des geteilten Berlin verlangte das Bekenntnis zum Reservisten der Bundeswehr durchaus eine politische, patriotische Haltung. Während sich im Osten, der Hauptstadt der DDR, die ehemaligen NVA-Aktiven in den Reservistenkollektiven eines jeden größeren Volkseigenen Betriebes und jeder Institution über das Jahr mit militärischen Dreikämpfen fit hielten, mussten sich im anderen Teil der Stadt die Gedienten etwa bis 1972, als das Vier-Mächte-Abkommen unterzeichnet wurde, nahezu konspirativ außerhalb Berlins betätigen. Denn der Befehl Nr. 504 der Alliierten Kommandantur verbot in der entmilitarisierten Stadt sowohl ein demonstratives, öffentliches Bekenntnis zur Bundeswehr als auch die entsprechenden militärischen Betätigungen wie Schießübungen.

Und so begannen 1960 in Berlin die ersten unregelmäßigen Treffen von Reservisten. Man tauschte sich über die Erinnerungen und Erfahrungen vom aktiven Wehrdienst aus, vor allem im Heer der westdeutschen Streitkräfte. Angesichts des Kalten Krieges mit der permanenten Konfrontation zwischen Nato und Warschauer Pakt sowie besonders unter dem Eindruck hochgerüsteter Panzer- und Artillerieverbände der Gruppe der Sowjetischen Streitkräfte in Deutschland, die sich in ihren zahlreichen Kasernen um West-Berlin herum ständig in Kampfbereitschaft befanden, gab es für die Reservisten genügend Gesprächsstoff. Auch wenn man solche Treffen nicht an die große Glocke hängte, mussten doch die Teilnehmer vorsichtig sein. Das mit Blick auf so manchen Wehrdienstverweigerer und Kriegsdienstgegner in der eigenen Nachbarschaft.

Das wussten die beiden Initiatoren solcher Zusammenkünfte, Hauptmann der Reserve Willi Zabel und Obergefreiter der Reserve Klaus Prinz, nur zu gut. Sie versammelten um sich etwa ein Dutzend „Ehemalige", die nach Gründung der Bundeswehr 1955 zwischen Schleswig-Holstein und Bayern die Uniform getragen hatten. Da ihnen die West-Berliner Besonderheiten für ihre Wehrertüchtigung also Grenzen setzten, nutzten sie einen einfachen Trick: Ab August 1963 meldete sich jeder Berliner Reservist in Niedersachsen offiziell im Verband der Reservisten der Deutschen Bundeswehr e.V. an.

Jedes Einzelmitglied wurde unter dem Kürzel „Bn" registriert und der Landesgruppe Niedersachsen angegliedert. Zuständig für die Berliner war die Kreisgeschäftsstelle Helmstedt, direkt an der innerdeutschen Grenze. Ein Jahr später konnten sich die Gäste als „Reservistenkameradschaft Berlin" offiziell in die Gliederung des Verbandes einreihen. Die „RK Berlin" unterstand nun dem Bundesvorstand dieses Vereins. Als sichtbares Zeichen für diese Gleichbehandlung wurde jetzt bei allen offiziellen Veranstaltungen des Verbandes die weiß-rote Flagge mit dem Berliner Bären neben den anderen Symbolen dieser Art aus den übrigen Bundesländern gehisst.

Das war für die Berliner Reservisten, die ihre Reisen zur Weiterbildung ins Bundesgebiet im Wesentlichen auf eigene Kosten unternahmen, schon eine Aufwertung. Die ehemaligen Zeit- oder Berufssoldaten beziehungsweise Rekruten, die nach Ablauf ihrer Wehrdienstzeit aus privaten oder beruflichen Gründen in die deutsche Hauptstadt gezogen waren, brauchten für ihre Ambitionen viel Idealismus. Zu Übungen, verteidigungspolitischen Veranstaltungen und Truppenbesuchen fuhr man also in die über 200 km entfernten alten Bundesländer. Seit dieser Zeit gab es gute Kontakte zu den Orten Rotenburg, Lüneburg, Kroge, Nordeney, Göttingen und Fulda. In West-Berlin selbst pflegte man enge Bande zur Gesellschaft für Wehrkunde. 1952 gegründet. Sie befasste sich mit Fragen der Sicherheits- und Verteidigungspolitik.

Man sollte auch daran erinnern, dass die alliierten Stationierungsstreitkräfte inoffiziell hin und wieder die Betreuung übernahmen. Daran änderten auch die vielen Proteste aus dem Osten gegen angebliche Bundeswehr-Aktivitäten in West-Berlin nichts. Diese Vorwürfe wurden aus propagandistischen Gründen von der SED-Führung mächtig aufgebauscht.

All das erfuhr ich am 7. Oktober 1994 auf einer Festveranstaltung im Berliner Reichstag. Sie stand unter dem Motto „30 Jahre Reservisten der Bundeswehr in Berlin". Den Festvortrag zum Thema „Gedanken zur neuen Sicherheitspolitik" im Sitzungssaal der CDU/CSU-Fraktion hielt der damalige Präsident der Bundesakademie für Sicherheitspolitik und vormalige Generalinspekteur der Bundeswehr, Admiral a.D. Dieter Wellershoff.

Er würdigte unter dem Beifall der Versammelten die Bildung gesamtdeutscher Streitkräfte „als eine großartige Tat, die geräuschlos, ohne Komplikationen, in kurzer Zeit geleistet wurde". Wie mir ein Teilnehmer berichtete, habe auch so mancher Bundeswehr-Offizier hier in diesen Räumen „heimlich, still und leise", also zivil, an mancher Sitzung und Beratung von Bundestagsabgeordneten teilgenommen.

Berlins Regierender Bürgermeister, Eberhard Diepgen, seit 1963 Mitglied der Freiwilligen Polizeireserve in der damaligen „Frontstadt", bezeichnete die Bundeswehr als einen „integralen Bestandteil unserer Gesellschaft. Berlin ist ein Standort, wo sich die Bundeswehr als ein akzeptierter Partner heimisch fühlt." Die Aktivitäten der Reservistenkameradschaft RK01 „Alt-Berlin von 1964" in den vergangenen drei Jahrzehnten nannte er ein „Stück Geschichte der Stadt".

Der Präsident des Reservistenverbandes, Peter Kurt Würzbach, ehemaliger Berufssoldat, erinnerte an das Wirken der Berliner Mitglieder „unter den schwierigen Bedingungen der einst geteilten und entmilitarisierten Stadt. Reservist in der alten Bundesrepublik gewesen zu sein, sich zu engagieren und sich immer wieder freiwillig zu melden, um dabei zu sein und zu zeigen, dass er an der Seite der Bundeswehr für Demokratie steht, gehörte zum Alltag bei uns in Deutschland. Es war jedoch ungewöhnlich und mutig, hier als Reservist Flagge zu zeigen. Nun ist die Uniform der Bundeswehr in Berlin etwas völlig Normales."

Und normal war inzwischen ebenfalls, dass nach der Wiedervereinigung in Berlin am 16. Februar 1991 eine eigene Landesgruppe als unabhängiger und überparteilicher Mittler zwischen der Bundeswehr und der Bevölkerung gegründet wurde. Sie untergliederte sich zu dieser Zeit in sechs Reservistenkameradschaften mit etwa 800 Mitgliedern in verschiedenen Stadtteilen. Eine der nach 1990 erhalten gebliebenen „Besonderheiten": Die Mitgliedschaft von etwa 350 ehemaligen Soldaten der Französischen Streitkräfte, die aus der Armee ausgeschieden und mit ihren Familien hier wohnhaft geblieben waren. Damals existierten in Berlin 13 Reservistenkameradschaften mit mehr als 1 300 Mitgliedern. Das war zugleich die größte Landesgruppe in Ostdeutschland.

Wie man der Chronik der Reservistenkameradschaft RK01 entnehmen kann, stand sie von 1996 bis 2007 unter Vorsitz von Major d.R. Frank Eick. Er diente bis zur Deutschen Einheit als NVA-Offizier und wurde von der Bundeswehr mit seinem letzten Dienstgrad Hauptmann übernommen. Ab 1992 begann er eine Tätigkeit in der Privatwirtschaft. Ob beim Nachtorientierungsmarsch im unbekannten Gelände oder beim Landeswettkampf auf der Gefechtsbahn in Lehnin – stets stand er mit seinen militärischen Erfahrungen den Reservistenkameraden zur Seite. „Frank, wir danken Dir vielmals für Deine Zeit, die Du für uns aufbrachtest“, hieß es bei der abschließenden Würdigung seiner Verdienste nach dem Rücktritt von dieser Funktion. Dann avancierte der Oberstleutnant d.R. zum Vorsitzenden des Landesverbandes Berlin. Seine Devise: „Die Reserve von gestern ist nicht mehr die Reserve von heute und erst recht nicht die von morgen“, verkündete er auf der Landesdelegiertenversammlung 2012, die ihn erneut in seinem Amt bestätigt hat.

Inzwischen hat die RK01 2009 ihren 45. Geburtstag gefeiert. Den über 100 Mitgliedern und Gästen, unter ihnen ehemalige Angehörige der Nationalen Volksarmee, stand diesmal mit dem Festsaal der Unteroffiziersgesellschaft der Julius-Leber-Kaserne eine ganz andere Räumlichkeit zur Verfügung. Und den Festvortrag hielt der Wehrbeauftragte des Deutschen Bundestages, Reinhold Robbe. Ein Foto in der Chronik erinnert an dieses schöne Erlebnis.

Neben Veranstaltungen zur staatspolitischen Bildung gehörte auch der Betreuungseinsatz beim 13. Internationalen Musikfestival in Berlin zur Bilanz der Reservistenkameradschaft. Dabei wurde das Orchester des Generalstabes der Mongolischen Streitkräfte nicht nur mit der jüngsten Geschichte der deutschen Hauptstadt, sondern auch mit dem Aufbau gesamtdeutscher Streitkräfte nach der Wiedervereinigung vertraut gemacht.

Auch andere Reservistenkameradschaften betreiben eine staats- und sicherheitspolitische Weiterbildung, beteiligen sich an militärischen Wettbewerben, besuchen Truppenteile der Bundeswehr und stehen in Partnerschaften mit ausländischen Streitkräften. Sie pflegen ferner Ehren- und Denkmale, so auf dem Jüdischen Friedhof Weißensee für die dort bestatteten 395 deutschen Juden, die im 1. Weltkrieg an der Front ums Leben gekommen waren. Oder man organisiert Straßensammlungen mit Sammelbüchsen für den Volksbund Deutscher Kriegsgräberfürsorge. In ihren Reihen befinden sich ehemalige Soldaten aller Dienstgrade aus nahezu allen Waffengattungen.

Beim RK12 „Infanterie“ mit ehemaligen Angehörigen des Jägerbataillons Berlin stehen ebenfalls die Mitglieder nach eigenen Angaben „mit beiden Beinen auf den Grundfesten der Demokratie“. Zum Beispiel als Maurer und Schornsteinfeger, Diplom-Betriebswirt und Maschinenbauingenieur oder promovierter Physiker. Hier beeindruckte ebenfalls der Altersdurchschnitt der Kameradschaft von noch nicht einmal 30 Jahren.

Bundesakademie für Sicherheitspolitik

Ihr Standort, die etwa 400 Jahre alte Pankower Schlossanlage Niederschönhausen, hat eine wechselvolle Geschichte. Einst ein Lustschloss mit Rokoko-Garten, wo zwischen Eichen und Platanen auch seltene Bäume angepflanzt wurden, diente es nach dem 2. Weltkrieg im sowjetischen Sektor Berlins der DDR-Regierung und ihrem Präsidenten Wilhelm Pieck als Domizil. Danach bezogen hier im Gästehaus der Regierung die Parteichefs aller sozialistischen Staaten wie Michail Gorbatschow, Fidel Castro und Ho Chi Minh sowie Staatschefs anderer Länder, darunter Indira Gandhi, ihr Quartier.

Auch hochrangige Militärdelegationen verhandelten in der Schlossanlage mit der NVA-Führung. Ein solches Ereignis war 1987 die Tagung des Komitees der Verteidigungsminister des Warschauer Vertrages unter sowjetischem Oberkommando, bei der erstmals die Abwehr eines feindlichen Angriffs, also die Verteidigung, in den Mittelpunkt der Überlegungen und militärischen Planungen gestellt wurde. Zum Ende der DDR berieten im Festsaal des Konferenzgebäudes die Teilnehmer des Zentralen Runden Tischs im Rahmen der friedlichen Revolution als wesentliche demokratische Einrichtung bis zu den ersten freien Volkskammerwahlen 1990. Beide Beratungen, so mein Eindruck damals, konnten mit Blick auf Demokratie widersprüchlicher nicht sein.

Mit der Deutschen Einheit wurde das Schloss umfassend saniert und ist nun auch erstmals in seiner Geschichte öffentlich zugänglich. Heute ist hier der Sitz der Bundesakademie für Sicherheitspolitik, einer selbständigen Dienststelle im Geschäftsbereich des Bundesministeriums der Verteidigung. Ihren Auftrag erhält sie vom Bundessicherheitsrat als Kuratorium mit dem Bundeskanzler beziehungsweise der Bundeskanzlerin als Vorsitzender.

Die Gründung der zentralen und höchsten Einrichtung des Bundes zur gemeinsamen und ressortübergreifenden sicherheitspolitischen Fortbildung von Führungskräften war 1990 vom Bundeskabinett beschlossen worden. Die Teilnehmer dieser Weiterbildungsstätte kommen aus Bundes- und Länderressorts sowie dem sicherheitspolitischen interessierten Umfeld. 2013 stammten sie aus sieben Nationen. Ideelle und materielle Unterstützung der Bildungsarbeit erhält die Akademie von einem Freundeskreis e.V.

Etwa 70 vielfältige Veranstaltungen, so Konferenzen und Foren, mit hohen Gesprächspartnern aus dem In- und Ausland bieten Informationen und den Dialog über den umfassenden Sicherheitsbegriff. Also von außen- und entwicklungspolitischen Aspekten über Fragen des Staats- und

Völkerrechts bis zu finanz- und wirtschaftspolitischen Überlegungen unter diesem Gesichtspunkt. Großes Interesse finden Veranstaltungsformate wie Seminare über „Gesamtstaatliche Sicherheitsvorsorge" oder das Medienforum für Chefredakteure und Ressortleiter. Auch ein Militärattaché-Lehrgang, erstmals 2005 durchgeführt, gehört zum Programm.

Der Schwerpunkt der Weiterbildung liegt auf dem alljährlichen Seminar für Sicherheitspolitik mit etwa 30 ausgewählten nationalen und internationalen Vertretern von Führungsebenen, auch aus Wirtschaft, Wissenschaft und weiteren relevanten Institutionen. Auf dem sechsmonatigen Fortbildungsprogramm, nach eigener Einschätzung das „Flaggschiff" des Hauses, stehen sowohl Gespräche mit Ministern und Staatssekretären als auch namhaften Experten aus der Praxis. In diesen Rahmen führen Studienreisen zu wichtigen politischen und militärischen Entscheidungszentren nach Brüssel (Nato), New York (UNO), Washington und Moskau oder in Krisengebiete wie in den Nahen Osten. Die Einladung zu diesem Seminar erfolgt durch den Chef des Bundeskanzleramtes oder den Akademiepräsidenten.

Seit 2005 erarbeiten die Teilnehmer eine Abhandlung als „Seminarübergreifende Aufgabe" zu einer spezifischen sicherheitspolitischen Fragestellung. Themen waren „Europäische Sicherheit und Russland Optionen aus deutscher Sicht" und „Impulse zur Entwicklung einer nationalen Sicherheitsstrategie".

Doch nicht nur die wunderschönen historischen Anlagen aus dem einstigen „Nydderen Schonhusen", 1375 erstmalig urkundlich erwähnt, und der handlungsorientierte Gedankenaustausch bleiben den Absolventen in bester Erinnerung. Auch ein Gruppenbild mit Bundeskanzlerin Angela Merkel in der Mitte gehört für die Seminarteilnehmer 2008 zu den unvergessenen Erlebnissen, als sie anlässlich der Vorstellung der seminarübergreifenden Aufgabe „Energiesicherheit 2050 - Eine ressortübergreifende Herausforderung" bei ihr zu Gast waren.

Umwelt- und Naturschutz

Umwelt-Standards in den neuen Ländern

Die Bundeswehr wollte bis zum Jahr 2000 ihre Truppen und Dienststellen in den neuen Ländern an die Umweltstandards des Westens angleichen. Zudem sollten das neue Truppenübungsplatzkonzept und die Umstrukturierung der Streitkräfte möglichst umweltgerecht realisiert werden. Das kündigte Staatssekretär Peter Wichert vom Bundesverteidigungsministerium im Juli 1996 an. „Hierbei gibt es gute Möglichkeiten, das Instrument der Umweltverträglichkeitsuntersuchung zu nutzen und ökologisch verträgliche Lösungen zu erzielen. Wissenschaftliche Grundlagen der Naturausstattung und Geologie werden erstellt und dienen der Aufstellung der Benutzungs- und Bodenbedeckungspläne."

In vielen ostdeutschen Streitkräfte-Bereichen bot sich die Chance, „durch neues Nachdenken alte, an sich schon bewährte Lösungsansätze im Interesse der Umwelt zu verändern". Denn zahlreiche Lager-, Antrete- oder Parkplätze sowie Wege müssten nicht unbedingt betoniert oder geteert werden. „Nicht alles, was unserem Ordnungssinn entspricht und noch dazu teuer ist, muss auch sein." Es galt hier wie in den alten Ländern, beim Ausbildungs- und Dienstbetrieb die Umweltbelastungen so gering wie möglich zu halten oder sogar ganz zu vermeiden. Zunehmend Realität wurden leise Hubschrauber, schadstoffarme Munition, umweltgerechter Geschoßfang auf Übungsplätzen, Lärmbegrenzung bei Flugzeugen und Verhütung von Meeresverschmutzung bei Kriegsschiffen.

Ost-Betriebe entsorgten Waffen und Munition

Wichert erinnerte daran, dass 1990 mit den ehemaligen NVA-Verbänden „riesige Mengen an Wehrmaterial aller Art" übernommen wurden: Fast 2 300 Kampfpanzer, 9 000 Kampf- und Spezialfahrzeuge, über 5 000 Artillerie-, Raketen- und Flugabwehrsysteme, etwa 700 Kampf- und Transportflugzeuge sowie Hubschrauber, 192 Kriegsschiffe und andere Marinefahrzeuge. Weiterhin über 110 000 Kraftfahrzeuge und Anhänger, 1,2 Millionen Handfeuerwaffen und 295 000 Tonnen Munition. „Nie zuvor standen Bundeswehr und Industrie in Deutschland vor einer vergleichbaren Aufgabe." Die Verwertung von Kriegswaffen, sonstigen Waffen und Munition in Form von Delaborierung, Zerstörung und Verschrottung habe man größtenteils an Betriebe in den neuen Ländern vergeben. Der Verkauf sonstigen Wehrmaterials erfolgte durch die VEBEG GmbH.

Zwischen Ostsee und Thüringer Wald hatte man bis zu diesem Zeitpunkt 57 von ehemals 99 NVA-Liegenschaften, wo alles Material zusammengeführt wurde, geräumt sowie deren Entsorgung und Verwertung weitgehend abgeschlossen. Aufgrund von mehr als 13 000 Anträgen konnten rund 7 000 Radfahrzeuge und 3 000 Anhänger, große Mengen an Gerät und Material für Feuerwehren und Katastrophenschutz sowie 19 Millionen Stück Bekleidung vor allem an Hilfsorganisationen unentgeltlich abgegeben werden. NVA-Material erhielten über Regierungsverkäufe und humanitäre Hilfe andere Staaten und die UNO.

„Frieden schaffen mit immer weniger Waffen" habe allerdings seinen Preis. So kostete die Verschrottung eines Kampfpanzers mehr als

10 000 Mark und eine Flugzeug-Entsorgung gar 45 000 Mark. Die umweltgerechte Entsorgung der Riesenvorräte an NVA-Munition erforderte Millionen-Beträge. Daneben wurden mit den 3 300 NVA-Liegenschaften beträchtliche Altlasten als kontaminierte Flächen übernommen. Die 1 420 Heizanlagen entsprachen nicht dem Immissionsschutzgesetz, überalterte Tankanlagen, Abwassereinrichtungen und fast 40 000 Tonnen Gefahrstoffe in Hallen und Kellern bedrohten das Grundwasser. Bis 1996 wurden über 80 Prozent der Heizanlagen für 350 Millionen Mark saniert, Emissionen von Staub und Schwefeldioxid (SO_2) auf ein Fünftel gesenkt.

Verkleinerte Bundeswehr hat mehr Übungsfläche

Bei der Erfüllung des militärischen Auftrags der Bundeswehr bewährte sich seit 1970 der Umweltschutzbeauftragte. „Heute befassen sich mehr als 700 Soldaten und zivile Mitarbeiter haupt- oder nebenamtlich mit Umweltschutzaufgaben", berichtete Wichert. Diese überstiegen im Verteidigungshaushalt bereits die Milliardengrenze. Sicherheitspolitischer Wandel und deutsche Einigung erlaubten aber, Gefechtsübungen auf insgesamt 29 Truppenübungsplätze zu verlagern. Das sind 20 mit einer Gesamtfläche von 145 000 Hektar in den alten, neun mit insgesamt 80 000 Hektar in den neuen Ländern. „Damit hat die jetzt kleinere Bundeswehr mehr Übungsfläche als die ehemals größere." An diesen Orten hätten vom Aussterben bedrohte Pflanzen- und Tierarten ihre am besten gesicherten und sogar letzten Vorkommen.

Der Staatssekretär verwies außerdem auf eine gängige Praxis der Bundeswehr: Das Prinzip der Umweltvorsorge schon bei der Entwicklung neuen Wehrmaterials. Damit sollten Ressourcen geschont, Abfälle vermindert sowie Gewässer- und Bodenbelastungen vermieden werden. Ein „kleines Beispiel" verkörpere der neue Aramid-Helm: Einerseits bietet er mehr Schutz als der alte Stahlhelm. Andererseits kann er später in Bremsbeläge oder Feuerschutzhandschuhe recycelt werden. Wichert: „Auch bei größeren Rüstungsgütern mit einem Lebensweg von 40 Jahren ab Reißbrett bis zur Aussonderung ist Umweltverträglichkeit zu einem wichtigen Kriterium bei allen Beschaffungen geworden."

Weniger Schießbahnen für großkalibrige Waffen

In der Bundeswehr ist der Schutz von Natur und Umwelt seit Jahrzehnten bewährte Praxis. Besonders mit dem 1993 verabschiedeten Übungsplatzkonzept konnten Verteidigungsauftrag und Umweltschutz sinnvoll miteinander verknüpft werden. Diese Einschätzung traf der Staatssekretär 1994.

Die Bundeswehr hat in den alten Bundesländern auf 25 Prozent der Schießbahnen für großkalibrige Waffen verzichtet, in den neuen Bundesländern sogar auf 75 Prozent. Wenn dies in Zukunft für die 370 000-Mann-Streitkräfte mehr Übungsfläche als für die bisherige Bundeswehr bedeute, so werde doch damit den Empfehlungen von Umweltfachleuten entsprochen und eine "spürbare Entlastung von Mensch und Umwelt erzielt".

So fanden auf diesen Plätzen weitgehend Übungen mechanisierter Einheiten und Verbände statt. Damit konnten im Vergleich zum freien Gelände Flurschäden (1985 waren es 200 Millionen, 1991 rund 40 Millionen DM) und Behinderungen des Straßenverkehrs wesentlich reduziert werden.

Mit Simulatoren weniger Lärm und weniger Abgase

Wirklichkeitsnahe Ausbildung der Streitkräfte war nun auch ohne Lärmbelästigung möglich. Dazu wurden 570 Schieß-, 36 Fahr- und 21 Flugsimulatoren eingesetzt. Für weitere 68 hatte man zu diesem Zeitpunkt die Kaufverträge unterzeichnet. Nun konnte jeder Panzersoldat etwa 60 Prozent seiner Fahrausbildung an solchen modernen Übungsgeräten erhalten, ohne dass Pflanzendecken zerstört und Boden verdichtet wurden. Für das Heer bedeutete dies jährlich eine Treibstoffeinsparung für rund 100 000 Panzer-Fahrkilometer, von den Abgasen ganz abgesehen.

Die ökologische Entwicklung auf den Übungsplätzen wurde gefördert. Diesem Anliegen, verbunden mit vielfältigen landschaftspflegerischen, forstlichen und geländebaulichen Maßnahmen, dienten auch kürzere Nutzungszeiten zugunsten der Instandsetzung sowie Übungsausweichflächen zur Renaturierung.

Um den hohen Naturwert der Bundeswehr-Übungsplätze zu erhalten und weiter auszubauen, so Staatssekretär Wichert, war im November 1992 eine gemeinsam mit dem Bundesumweltministerium und der Bundesforstverwaltung erarbeitete Richtlinie in Kraft gesetzt worden. Entsprechend den örtlichen Gegebenheiten sah man darin besondere Schutzbereiche für Boden, Wasser, Luft, Fauna und Flora vor, "wo nicht oder nur sehr begrenzt geübt werden darf". Außerdem bewährten sich seither die vorgeschriebenen Benutzungs-, Bodenbedeckungs- und Pflegepläne.

In "Geländebetreuungsgruppen" sorgten 3 500 zivile Mitarbeiter der Bundeswehr in den Standorten im engen Kontakt mit den Einheiten für eine umweltgerechte Nutzung der Liegenschaften. "Sie informieren und beraten die Truppe, beseitigen Schäden im Gelände, sie sichern und pflegen Biotope." Der Staatssekretär erinnerte daran, dass 1992 ein Umweltreferat auf der Bonner Hardthöhe eingerichtet worden war. Es entstanden Organisationsstrukturen für den Umweltschutz bis zur Standortebene.

Auch den Bemühungen der hauptamtlich mit Umweltschutzaufgaben befassten Bundeswehrangehörigen war es zu verdanken, dass seit Jahren Kettenfahrzeuge nicht mehr auf der Straße zum Übungsplatz fahren durften, wenn die Entfernung mehr als 50 km betrug. Dafür sowie für andere Beförderungszwecke nutzte die Bundeswehr die Bahn und war mit jährlich 140 000 Waggons deren größter Einzelkunde.

1,1 Milliarden DM für Heizungssanierung im Osten

Neben dem neuen Ausbildungs- und Übungskonzept gehörte auch dies zur Umweltbilanz der Bundeswehr, betonte Wichert: Mit der Sanierung von mehr als 300 Heizanlagen in den alten Ländern wurde der Schadstoffausstoß um 90 Prozent verringert. In den neuen Bundesländern waren für diese Maßnahmen 1,1 Milliarden DM vorgesehen. Seit 1987 stagnierte zudem der Stromverbrauch in allen Teilstreitkräften. Der jährliche Trinkwasserverbrauch wurde mit 20 Millionen Kubikmeter fast um die Hälfte gesenkt. Zur Verfügung standen rund 200 eigene Kläranlagen und ein eigenes Kanalnetz von mehr als 5 300 km.

All das habe in den vergangenen Jahren die Akzeptanz der Bundeswehr unter der Bevölkerung erhöht. Vertrauensvolle Zusammenarbeit sei bei denen, die vor Ort Verantwortung für die Umwelt tragen, in den meisten Fällen an Stelle von Zurückhaltung oder Misstrauen getreten. Dies lasse sich aber auf Dauer nur sichern, meinte der Staatssekretär, "wenn das Militär nachvollziehbar beweist, alles Mögliche zu tun, um vermeidbare Schäden und Beeinträchtigungen nicht entstehen zu lassen". Dabei müsse auch ständig überprüft werden, "ob der militärische Auftrag Modifizierungen ermöglicht".

Neu: Naturschutz durch Panzer

Seit Gründung der Bundeswehr 1955, als am 12. November die ersten 1001 freiwilligen Soldaten aus der Hand des Bundesministers für Verteidigung, Theodor Blank, ihre Ernennungsurkunden erhielten, standen die Naturschützer Deutschlands dem Militärdienst und der Ausbildung in freier Natur meist ablehnend oder zumindest kritisch gegenüber. Man forderte: „NATURSCHUTZ STATT PANZER“.

Das änderte sich nach der Deutschen Einheit 1990. Nachdem mit den ostdeutschen Nationalparks auch die vielen großen Truppenübungsplätze von Nationaler Volksarmee und Westgruppe der russischen Truppen der Konversion unterlagen oder (meist kleiner) von der Bundeswehr übernommen wurden, auf denen man woanders ausgestorbene Tiere und Pflanzen entdeckt hatte, begann unter solchen Freunden der Natur das Umdenken in dieser Beziehung. Immer öfter diskutierte man in den Fachzeitschriften oder bei Zusammenkünften die Frage: „Was macht diese Übungsplätze so wertvoll?"

Inzwischen hatte die Führung der Bundeswehr an zahlreichen Beispielen auf den hohen Wert ihrer Übungs- und Ausbildungsgelände für den Arten- und Biotopschutz hingewiesen. Sie zeigte, wie Naturschutzbund-Vizepräsident Christian Unselt während eines Gesprächs 1994 in Berlin mir gegenüber betonte, „an Beispielen mit beachtlichem Arteninventar, dass die Überschrift ‚NATURSCHUTZ DURCH PANZER' gerechtfertigt erscheinen könnte". Auch wenn beim Bund oft eine weitere militärische Nutzung von Truppenübungsplätzen nicht zu verantworten sei, so in Wildflecken im Biosphärenreservat Rhön, gebe es aber auch „viele Fälle, in denen die militärische Nutzung nicht im Widerspruch zu den Belangen des Naturschutz steht".

Seit einigen Jahren sei bei den Streitkräften „ein Prozess zu erkennen, dass Umwelt- und Naturschutz eine größere Rolle spielen", sagte er. Da es häufig „auch von Naturschutzseite" die Forderung: „Kein Militär!" gab, seien die Streitkräfte „doch ein bisschen kontaktscheu geworden. Wir versuchen jetzt, auf einer rein sachlichen Ebene mit der Bundeswehr ins Gespräche zu kommen, um dann auch bei der Nutzung der Truppenübungsplätze durch das Militär zukünftig dem Naturschutzgesichtspunkt mehr Rechnung zu tragen." Es gebe durchaus Ansatzpunkte. Die Diskussion aus der Vergangenheit über „Sinn und Zweck der Bundeswehr" habe dabei immer so etwas „wie eine Hemmschwelle aufgebaut".

Der Direktor des Instituts für Ökologie und Naturschutz Berlin hatte mehr als 110 000 Hektar Truppenübungsplätze untersucht. Die meisten Gebiete waren von den russischen Truppen genutzt worden, die seiner Meinung nach „für den rücksichts- und gedankenlosen Umgang mit den Liegenschaften bekannt und berüchtigt" waren. Trotzdem seien diese Flächen „durch die Biotopausstattung für die Erhaltung gefährdeter Arten und Lebensgemeinschaften in der Regel von enormer Bedeutung".

Unselt schlussfolgerte: „Es ist unverkennbar und ausreichend dokumentiert, dass auf Truppenübungsplätzen Tier- und Pflanzenarten anzutreffen sind, die wir in der zivil genutzten Kulturlandschaft an den Rand des Aussterbens gebracht haben. Die Bedeutung der Truppenübungsplätze für den Naturschutzbund ist unbestritten. Es ist grotesk, dass zum Beispiel der als ‚ausgestorben' oder doch zumindest als ‚verschollen' geführte Echte Kiemenfuß (Branchipus schaefferi)„eine Kleinkrebsart, jetzt mehrfach, aber ausschließlich auf Truppenübungsplätzen wiedergefunden wurde."

Als Ursache für den „hohen Wert" militärischer Übungsplätze nannte Unselt die Größe von meist mehreren Tausend Hektar, die Nährstoffverhältnisse ohne Dünger und Pestizide, die auf kleine Flächen begrenzten Eingriffe beim Wasserhaushalt sowie die Unzerschnittenheit der Gebiete, wo feste Wege gewöhnlich nur in Randbereichen, in der Nähe von Kasernen und auf den Zufahrtswegen zum Übungsplatz angelegt sind. Diese einseitige Nutzung und die Unberührtheit der Natur führten zu diesem breiten Spektrum an Biotopen auch mit Lebensräumen für sensible Arten.

Auch aus diesen Gründen seien in Zukunft vier Fünftel der von der Westgruppe an Bund und Länder zurückgegebenen 243 000 Hektar Übungsflächen für den Naturschutz von größter Bedeutung, verlangte der Naturschutzbund. Dies sei die letzte Chance in Mitteleuropa, große, unzerschnittene Gebiete mit nicht nivelliertem Nährstoff- und Wasserhaushalt für den Naturschutz zu sichern. So könnte ein „zweites Nationalparkprogramm" mit ehemaligen Truppenübungsplätzen wie Kindel-Weberstedt in Thüringen oder Lieberose Heide (Brandenburg) entstehen. Deutschland würde damit auch internationalen Verpflichtungen nachkommen, zehn Prozent der Landesfläche bis zum Jahr 2000 unter Naturschutz zu stellen.

Deutschland kam übrigens schon damals mit seinen 14 Nationalparks, 15 Biosphärenreservaten, 95 Naturparks sowie unendlich vielen Natur- und Landschaftsschutzgebieten seinen internationalen Verpflichtungen nach, großflächige und naturnahe Gebiete sowie großräumige ökologische Prozesse zu sichern.

Musterschüler beim Gefahrguttransport

Als gefährliches Gut galt einst bei den Streitkräften eigentlich nur das Schießpulver. Denn wehe, ein unvorsichtiger Kanonier, vielleicht auch noch Raucher, kam den oft sehr einfachen Transportbehältnissen zu nahe. Da wurden schon mal ohne Feindeinwirkung die eigenen Reihen gelichtet, die Schlacht war vor dem ersten Schuss verloren. Im Königlichen Preußen boten viele unliebsame "Vorkommnisse" dieser Art letztlich 1799 den Anlass zur "Schießpulververordnung". Sie gebot "im Umgange mit gefährlichen Stoffen" ganz besondere "Vorsichtigkeit".

In den Streitkräften sind heute Munition und Kraftstoff die wichtigsten Gefahrgüter. Sie werden nicht mehr zentnerweise befördert, wie früher das Schwarzpulver und andere explosive Gemische. Es geschieht in der Größe von Tonnen. Da sind 30 000 Liter Diesel im Tankwagen alltäglich oder LKW-Transporte mit hunderten Kisten Artilleriemunition in der Tat keine Seltenheit. Auch sind dafür nicht besonders abgelegene Wegstrecken vorgesehen, wie man angesichts einer solchen Brisanz erwarten könnte. In der DDR waren "Schleichwege" durchaus üblich, dienten sie der Auffüllung geheimer militärischer Lager. Getreu der Einsatzplanung für 40 Kampftage waren so allein bei Munition von der NVA 320 000 t und der WGT 677 000 t eingelagert worden.

Junge Soldaten mit großer Verantwortung

Für die meist jungen Soldaten an den Lenkrädern der Bundeswehrfahrzeuge, damals überwiegend 18- und 19-jährige Wehrpflichtige, war der ständige Umgang mit gefährlichen Gütern ein hohes Gut. Ebenso wie die Sorge um die Sicherheit für Mensch, Tier und Umwelt beim Transport generell. Es galten die gleichen Sicherheitsvorschriften zu Lande, zu Wasser und in der Luft wie in den zivilen Bereichen. "Ziel ist in jedem Fall, das Transportrisiko so gering wie möglich zu halten", erklärte 1995 der Gefahrgutbeauftragte der Bundeswehr, Oberst Dipl.-Ing. Günter Pauleit, vom Streitkräfteamt. "Ohne gleichzeitig unangemessen die technisch-wissenschaftliche Entwicklung zu hemmen."

Auf der Grundlage der Gefahrgutbeauftragtenverordnung von 1989 überwachten unter seiner Anleitung 180 Gefahrgutbeauftragte und etwa 2 700 beauftrage Personen für Gefahrgut nebenamtlich die detaillierten Handlungsanweisungen und Vorgaben zu gefährlichen Gütern. Unter diesen Experten befanden sich alle Dienstgrade vom Feldwebel bis zum Oberst. Auch zahlreiche Zivilbedienstete und Vertreter von Ausbildungsstätten. Sie prüften selbst die Beförderungsmittel und die Transporte. Vor allem in deren Vorphase sollten Pflichten und Verantwortlichkeiten "im erforderlichen Umfang berücksichtigt und eingehalten werden", schilderte Pauleit. Grundlage war wie für alle anderen Verkehrsträger das Gesetz über die Beförderung gefährlicher Güter.

Gewiss sollten alle Vorschriften den internationalen Festlegungen entsprechen. So wachten beim Lufttransport die International Civil Aviation Organisation - Technical Instruction for the Safe Transport of Dangerous Goods (ICAO-TI) oder die International Air Transport Association - Dangerous Goods Regulations (IATA-DGR) darüber. Das traf auch voll auf die Flüge der Bundeswehrsoldaten in der UNO-Friedenstruppe für Bosnien zu.

Gefahrgutvorschriften gelten auch für Nato-Partner

Andererseits wiederum unterlagen laut Zusatzabkommen zum Nato-Truppenstatut die Streitkräfte der Entsendestaaten - USA, Kanada, Frankreich, Großbritannien, Niederlande und Belgien - auf deutschem Hoheitsgebiet den deutschen Gefahrgutvorschriften uneingeschränkt. Die im Hinblick auf diese Streitkräfte von zivilen deutschen Dienststellen wahrgenommenen Aufgaben, so die Erteilung von Ausnahmegenehmigungen für den Straßentransport und deren Überwachung, wurden den Dienststellen der Bundeswehr übertragen.

Um den spezifischen Bedingungen des "Unternehmens" Bundeswehr Rechnung zu tragen, hat man aber in diesen Gefahrgut-Rechtsvorschriften Ausnahmezulassungen vorgesehen, wenn Gründe der Verteidigung vorlagen und die öffentliche Sicherheit gebührend berücksichtigt wurde. Ansonsten hatte die Bundeswehr für die Beförderung gefährlicher Güter mit ihren Straßenfahrzeugen sowie den in- und ausländischen militärischen Luftfahrzeugen auf deutschem Hoheitsgebiet vielfältige Richtlinien erlassen. Sie trugen dazu bei, dass 1994 von den deutschen Streitkräften 589 554 Tonnen gefährliche Güter ohne Probleme befördert wurden. In dieser Größenordnung bewegte sich auch 1995 das Transportvolumen für Munition und Betriebsstoffe der Bundeswehr.

Damit auch künftig Unfälle mit gefährlichen Gütern vermieden werden sollten, trafen sich die Gefahrgutbeauftragten der Streitkräfte regelmäßig zum Erfahrungsaustausch. So in der Berliner Julius-Leber-Kaserne. Beeindruckt hat dabei die Versuchsvorführung der Bundesanstalt für Materialforschung und -prüfung. TÜV Rheinland berichtete über das zivile Forschungsprojekt "Theseus". Laut dieser Studie waren 70 Prozent aller Unfälle mit Tankfahrzeugen Alleinunfälle, vorwiegend durch Umkippen der Fahrzeuge verursacht. Die übrigen: Crashs mit anderen Fahrzeugen. Insgesamt wurden in Deutschland bei jährlich 45 Millionen Tonnen Gefahrgut, von denen 72 Prozent davon im Güternah- und -fernverkehr abgewickelt wurden, etwa 750 Unfälle registriert. Ansonsten wirken heute auch Gase, Gifte und ätzende Stoffe wie Schießpulver von einst.

Militärpolitische Kongresse, Tagungen und Konferenzen

Nato-Vertreter auf großer Parlamentarierkonferenz in Berlin

Das Reichstagsgebäude im Herzen Berlins, wo 1945 nach opferreichen Kämpfen der 2. Weltkrieg beendet und nach Jahrzehnten des Ost-West-Konflikts am 3. Oktober 1990 mit dem Hissen der Bundesflagge die deutsche Wiedervereinigung vollzogen wurde, hat weiter an internationaler Ausstrahlung gewonnen. Dazu trug die Frühjahrstagung der Nordatlantischen Versammlung im Mai 1993 bei. Es war die erste große Parlamentarierkonferenz nach der Wiederherstellung der deutschen Einheit in der Hauptstadt. Bei ihrem fünften Treffen auf deutschem Boden, vorher hatte sie 1972 in Bonn, 1981 in München, 1985 in Stuttgart und 1988 in Hamburg getagt, wurden wie auf keiner dieser Versammlungen zuvor die Wandlungen in Deutschland, Europa und der Welt sichtbar. Diesen Eindruck hatten auch viele andere Journalistenkollegen.

Hier trafen sich fast 500 Parlamentarier und Beobachter. Sie kamen aus 16 Nato-Staaten und 13 assoziierten Ländern des einstigen Ostblocks, darunter erstmalig Albanien. Wie Deutschlands Delegationsleiter Klaus Francke zu dieser Zusammensetzung sagte, habe das Bündnis nun „auch die institutionellen Konsequenzen aus der gewandelten Situation gezogen". Davon zeuge ebenso „die eigene Bereitschaft zu Kooperation und Dialog". Mit seiner Forderung nach „einem gesamteuropäischen Solidarpakt für die Staaten im Osten Europas" sowie seinem Plädoyer für die Nato-Aufnahme Ungarns, Polens, der Tschechischen und der Slowakischen Republik gab Bundesverteidigungsminister Volker Rühe dazu wichtige Impulse.

In der Tat, es war schon beeindruckend, unter dem Logo Nato-Stern plus Brandenburger Tor drei Beratungstage lang Vertreter der Völker aus West-, Mittel- und Osteuropa sowie Nordamerika im Argumentenstreit zu erleben. Vorrangig ging es naturgemäß um verteidigungs- und sicherheitspolitische Fragen. Denn „trotz erfreulicher Entwicklungen" seien nach den Worten von NAV-Präsident Loic Bouvard (Frankreich) „neue Gefahren und Bedrohungen des Friedens entstanden".

Im Politischen Ausschuss kündigte der stellvertretende Nato-Generalsekretär Botschafter Gebhardt von Moltke an, Deutschland sei dabei, „international mehr Verantwortung zu übernehmen". Denn „einen nationalen Sonderweg" könne es für die Sicherheit des vereinten Deutschlands nicht geben. Zu künftigen militärischen Aufgaben der Verbündeten, darunter auch der Schutz von UNO-Truppen, hatte sich der Oberkommandierende der Nato-Streitkräfte Europa, General John Shalikashvili (USA), vor den Versammelten geäußert. Die neuen Einsätze seien nicht mit den Blauhelm-Aktionen früherer Jahre zu vergleichen. Er forderte deshalb „gut ausgebildete und gut gerüstete Allzweckstreitkräfte" dafür.

Übrigens waren die Delegationen sehr angetan von den Erlebnissen und Eindrücken im Berlin ohne Mauer. Und das Reichstagsgebäude habe ihnen „gute Arbeitsmöglichkeiten geboten", hörte ich in vielen Gesprächen.

General Hansen: Nato ein Sicherheitsanker in und für Europa

Für den Oberbefehlshaber der Alliierten Streitkräfte Europa Mitte (CINCENT), General Helge Hansen, verkörperte die Nato den funktionsfähigen Sicherheitsanker in und für Europa. „Sie ist das einzige Instrument, das uns helfen kann, hier Frieden, Sicherheit und Stabilität zu erreichen", sagte er mir im Februar 1995 während eines Interviews in Berlin.

So wie die Atlantische Allianz den Deutschen bei ihrem Beitritt zum Bündnis Gewissheit und Zuversicht gab, müsse man durch Zusammenhalt aller Nato-Staaten und durch Stabilitätsprojektion den anderen Staaten des Kontinents die Versicherung bieten, „die sich unseren Werten von Demokratie, Freiheit, Rechtsstaatlichkeit und Wahrung der Menschenrechte verpflichtet fühlen".

Hansen, der von seinen 38 Bundeswehr-Dienstjahren nahezu zehn in integrierter Verwendung verbracht hat und sich selbst als „Kind dieser transatlantischen Allianz" bezeichnete, erinnerte an den Schutz Deutschlands durch die Verbündeten und den aktiven Bündnisbeitrag der Bundeswehr als Instrument der Verteidigungspolitik. Sehr schnell nach Aufstellung der deutschen Streitkräfte sei die Integration in transatlantische Bündnis- und Kommandostrukturen vollzogen worden. „Eine große, einmalige Erfolgsgeschichte." Dabei habe sich die Bundeswehr zum „Rückgrat der Verteidigung in der Zentralregion Mitteleuropas entwickelt, ist heute in hohem Maße anerkannt und gilt vielen als Vorbild."

Die Bundeswehr habe seit jenem historischen Beitritt am 9. Mai 1955 „Vertrauen zwischen Menschen aus Nationen geschaffen, die im Krieg gegeneinander gekämpft hatten". Dies sollte gerade heute Verpflichtung sein, die Zusammenarbeit mit den Völkern im Osten Deutschlands und eine entsprechende Versöhnung voranzutreiben. Das Programm „Partnerschaft für den Frieden", in dessen Rahmen sein Hauptquartier in Brunssum (Niederlande) eine zentrale Rolle spielt, bilde dafür „eine besonders geeignete Basis“. Auch die Innere Führung der Bundeswehr sei für Streitkräfte in den neuen Demokratien „von großem Interesse“.

Einer vergleichbar großen Herausforderung wie einst beim Nato-Beitritt habe die Bundeswehr ab Oktober 1990 in den neuen Bundesländern mit der Übernahme der NVA, der Auflösung ihrer Verbände und dem Aufbau neuer Truppenteile gegenüber gestanden. Ohne den wirksamen Beitrag von Kameraden aus dem Westen, die oft unter Hinnahme persönlicher Opfer im Beitrittsgebiet gearbeitet haben, und die Integration von etwa 11 000 ehemaligen NVA-Soldaten nach sorgfältiger Auswahl und Ausbildung wäre der Aufbau der Bundeswehr im Osten Deutschlands nicht möglich gewesen. Dies habe mit der Nato-Assignierung dieser Truppenteile Anfang 1995 seinen sichtbaren Ausdruck gefunden.

General Hansen verwies auf die von Verteidigungsminister Rühe umrissenen neuen Aufgaben der Bundeswehr: Kollektive Verteidigung, Fähigkeit zur internationalen Krisenbewältigung und Stabilitätstransfer. „Genau das spiegelt sich in dem neuen, durch den Nato-Oberbefehlshaber erteilten Auftrag an die Alliierten Streitkräfte Europa Mitte unter meinem Kommando wider.“ Ging es in der Vergangenheit zwischen Ostsee und Alpen um die Verteidigung entlang der innerdeutschen Grenze im Falle einer militärischen Aggression, so sei heute der Auftrag „breiter“. Dazu gehören nun die Verteidigung der Zentralregion sowie die Unterstützung der Nato-Flankenstaaten und von Operationen im Rahmen der Krisenbewältigung außerhalb des Verteidigungsgebietes.

Auch aus dem „erweiterten Aufgabenbereich“ seien nunmehr Einsätze unter dem Dach oder dem Mandat der Vereinten Nationen, der WEU oder der OSZE wahrzunehmen. Seiner Auffassung nach werde es künftig, etwa wie derzeit im ehemaligen Jugoslawien, „keine gemeinsamen vorab festgelegten und abgestimmten politischen Handlungsabsichten und Verfahrensmuster und somit auch keine vorab bestehende vertragliche Bindung geben“.

Überhaupt müsse man künftig davon ausgehen, dass die Zentralregion im Gegensatz zu Zeiten der Ost-West-Konfrontation „nicht mehr allein ein Empfänger von Verstärkungsstreitkräften“ sein wird, wie das einst bei REFORGER geübt wurde. „Nunmehr wird man sich darauf einstellen müssen, auch deutsche Kräfte zur Verteidigung der Nato-Flanken oder zum Krisenmanagement außerhalb des Nato-Bereiches bereitzustellen.“ Das Spektrum reicht von klassischer Verteidigung über humanitäre Hilfe bis zu Friedenseinsätzen unter UNO-Mandat.

In den vergangenen vier Jahrzehnten sei eine erfolgreiche multinationale militärische Zusammenarbeit entstanden, wobei die amerikanische

Präsenz den politischen Interessenausgleich und die Integration befördert hat. In den integrierten Strukturen sieht man eine sehr weitgehende Annäherung der taktisch-operativen Auffassungen, eine sich daraus ergebende militärisch-technische Übereinstimmung in wichtigen Rüstungsvorhaben sowie eine intensive gemeinsame Schulung des Führungspersonals verschiedener Nationen.

Angesichts erheblicher Rüstungs- und Streitkräfteverminderungen standen die Rationalisierung und damit Multinationalisierung von Streitkräftestrukturen im Vordergrund. „So lag es mehr als nahe, der schon lange sehr viel tiefer gehenden Integration der Luftstreitkräfte die der Landstreitkräfte auf der Korps-Ebene folgen zu lassen. Das ist die oberste nationale Führungsebene mit Sitz und Stimme am Tisch der alliierten Führungsstruktur."

Mit Abschluss aller Umstrukturierungen werde Deutschlands Beitrag zu den Hauptverteidigungs- und den Reaktionskräften der Allianz nicht nur nach Zahl und Umfang bestimmt, sondern wieder vermehrt nach Qualität. Für eine „strategische Atmungsfähigkeit" Zentraleuropas seien die deutsche Wehrpflicht und der personelle Aufwuchs unserer Streitkräfte Grundvoraussetzung. Hansen: „Es liegt in unserem ureigensten Interesse, den Zusammenhalt im Bündnis weiterhin zu fördern, das Bündnis auch künftig zu stärken und bereit zu sein, solidarisch zu handeln und Risiken mit unseren Partnern zu teilen. So wie sie uns ihre Solidarität gaben und uns zur Seite standen, als wir sie brauchten."

Oberster Nato-Parlamentarier für zügige Osterweiterung

Für eine "zügige Osterweiterung der Nato in Europa" sprach sich 1995 der Präsident der Nordatlantischen Versammlung, der sozialdemokratische Bundestagsabgeordnete Karsten D. Voigt, während eines Berlin-Aufenthaltes aus. Die Beitrittsverhandlungen sollten in einer ersten Runde schon in der zweiten Hälfte kommenden Jahres beginnen.

"Dies bedeutet auch, dass die Befürchtung Russlands, die Nato werde die Osterweiterung übereilt betreiben, unbegründet ist", sagte er während eines sehr gut besuchten Vortrages im Roten Rathaus. Da das Bündnis "an guten und engen partnerschaftlichen Beziehungen zu Russland und der Ukraine" interessiert sei, müsse "der Prozess der Aufnahme neuer Mitglieder einhergehen mit einer parallelen Entwicklung von Kooperationsmechanismen".

"Eine vertraglich zu vereinbarende Sicherheitspartnerschaft zwischen Russland und der Nato sollte Russlands herausgehobenen Status als

Nuklearmacht und als ständiges Sicherheitsrat-Mitglied Rechnung tragen." Russland sei über Fragen kollektiver Verteidigung der Nato umfassend zu informieren und zu Fragen der kollektiven Sicherheit in Europa zu konsultieren, betonte der Außenpolitische Sprecher der SPD-Bundestagsfraktion. Zusätzlich müsste die OSZE gestärkt, parallel zu den Vereinbarungen mit Russland eine Sicherheitspartnerschaft auch mit der Ukraine angestrebt werden.

Demokratie und Marktwirtschaft als Mindestbedingung

Die Nato-Osterweiterung bleibe "vor allem eine politische Entscheidung darüber, ob beitrittswillige Staaten die Werte und Prinzipien der Allianz unterstützen können". Als Mindestbedingung müssten "Demokratie und Marktwirtschaft verankert" sowie das neue Mitglied in der Lage sein, "die Grundsätze des Washingtoner Vertrages zu fördern und zur Sicherheit des nordatlantischen Gebiets beizutragen". Auch sollten Voigt zufolge die Artikel-5-Beistandsgarantie "uneingeschränkt zur Geltung kommen und die Mitgliedschaft einen Sicherheitsgewinn für beide Seiten bringen. Das heißt: Ungelöste Konflikte wie Territorial- und Minderheitenprobleme dürfen nicht in die Allianz hineingetragen werden."

Die Einhaltung dieser Bedingungen sei "erforderlich, um die demokratische Glaubwürdigkeit und politische Handlungsfähigkeit der Nato zu erhalten". Nicht alle beitrittswilligen Staaten würden auf einmal beitreten. Zu erwarten sei, dass die jungen europäischen Demokratien der Nato früher beitreten als der EU. Dennoch sollten ihnen bei den Integrationsbemühungen keine Steine in den Weg gelegt werden. "Es gibt zwar einen inhaltlichen Zusammenhang bei der Erweiterung von Nato und Europäischer Union, aber keine notwendige zeitliche Parallelität."

Der oberste Nato-Parlamentarier wollte auf jeden Fall die "Dynamik des Erweiterungsprozesses aufrecht erhalten". In der Erweiterungsstudie des Nato-Rates von Anfang Oktober sehe er deshalb einen wichtigen Schritt. Auch wenn diese wie zum Starttermin für Beitrittsverhandlungen und der partnerschaftlichen Beziehungen zu Russland und der Ukraine "keine eindeutigen Aussagen trifft".

Es sei schwer, innerhalb des Nordatlantischen Bündnisses und der EU "die beharrenden Kräfte gegen eine Osterweiterung zu überwinden", fügte er an. Der Prozess sei aber so weit fortgeschritten, dass die Hoffnung auf den Beitritt erster neuer Mitglieder Ende 1998 realistisch ist. All diese Entscheidungen würden allein von den 16 Mitgliedsstaaten und den Beitrittskandidaten getroffen, "ein Veto-Recht von dritter Seite gibt es nicht".

Nato-Erweiterung richtet sich gegen niemanden

Der Fachmann für Sicherheitsfragen, der zuvor beim Aufenthalt in Warschau seinen Gesprächspartnern die Erledigung ihrer Aufgaben vor diesem Schritt empfohlen hatte, unterstrich: "Die Osterweiterung richtet sich gegen niemanden. Sie dient der Stabilität und Sicherheit in Europa insgesamt. Sie kann darüber hinaus zu verstärkten Abrüstungsbemühungen führen. So in erster Linie mit Zusätzen zum Vertrag über Konventionelle Streitkräfte in Europa (KSE), die auf niedrige Obergrenzen zielen."

Damit trage die Nato seit ihrer Gründung 1949 ganz wesentlich zur Stabilität durch Integration bei. Es sei deshalb in den neuen Mitgliedsstaaten nicht notwendig, "zu Friedenszeiten Nuklearwaffen und ausländische Truppen zu stationieren".

Außerdem könne die bereits im Westen vollzogene multilaterale Integration Deutschlands vollendet werden. "Dies schafft für unser Land ein stabiles Umfeld und verpflichtet es im Sinne europäischer Stabilität, die Interessen seiner Nachbarn bei der Durchsetzung eigener Werte und Absichten zu berücksichtigen." Denn kaum ein Land habe die außen- und sicherheitspolitischen Rahmenbedingungen mit dem Ende der deutschen Teilung und der Ost-West-Konfrontation so verändert wie Deutschland.

Neue Möglichkeiten der Rüstungskooperation mit dem Osten

Die Integration osteuropäischer Staaten, mit denen Deutschland gute Beziehungen unterhält, öffnet neue Wege zur Entwicklung der Rüstungskooperation. Das meinte Verteidigungs-Staatssekretär Gunnar Simon 1994 auf einem internationalen Forum bei Berlin zum Thema "Partnerschaft für den Frieden - Nato und Transatlantische Sicherheitspolitik und Kooperation". "Die ersten Schritte wurden bereits getan." Obwohl man keine "allzu hohen Erwartungen beim Tempo dieser Entwicklungen" haben sollte, gebe es auf beiden Seiten "neue Möglichkeiten". Für Westeuropa bedeute dies aber auch eine "grundlegend neue Position bei der Frage der Waffenexportkontrolle gegenüber diesen Ländern".

Auch wenn die osteuropäischen Partner finanziellen und anderen Problemen gegenüber stehen, wollen sie sich Westeuropa anschließen. Unsere Politik hinsichtlich der Kooperation muss auch deshalb nach Osten wirken, sagte er. Neben einigen Hindernissen, so in der Außenpolitik dieser Länder begründet, gebe es eine schwierige Wirtschaftslage. Dennoch verfügen sie über einen hohen Technologie-Standard. Das trifft bei Luftfahrzeugen auf Konstruktion, Antrieb, Aerodynamik und andere Komponenten zu.

Da die Privatisierung der staatlichen Industrie nur sehr langsam vor sich geht, besonders im Flugzeug-Sektor, sei es für ausländische Unternehmen schwierig, Gelände und Gebäude zu erwerben. Auch deshalb investierten westliche Unternehmen so zurückhaltend in Osteuropa. Dennoch fühle sich der Westen in der Verantwortung, mit Rat und Tat auf dem Weg zur Marktwirtschaft zu helfen. Konversion sollte jedoch Vorrang haben. Eine Abweichung von ihr würde nicht nur die Stabilität für den Westen und die künftige gesamteuropäische Stabilität verzögern. "Dies könnte sogar die Stabilität Europas bedrohen."

Er könne nicht verneinen, "dass sich die gegenwärtigen Probleme der Luftfahrtindustrie Westeuropas durch die Integration osteuropäischer Staaten verringern". Allen Beteiligten sollte klar sein: "Eine solche Erweiterung der Beziehungen auf dem Gebiet der Waffen ist eine logische Fortsetzung der Erweiterung gemeinsamer europäischer Außen- und Sicherheitspolitik". "Luftfahrtindustrie ist eine lebenswichtige Komponente in der weiteren industriellen und technologischen Integration Europas, wesentlich für die Entwicklung einer umfassenden europäischen Sicherheits- und Verteidigungsidentität."

Während des Treffens, zu dem Aerospace Industries Association of America (AIA) und der Bundesverband der Deutschen Luft- und Raumfahrtindustrie (BDLI) eingeladen hatten, vermittelten hochrangige Politiker und Militärs aus Ost und West Erfahrungen bisheriger Zusammenarbeit mit der Nato. So aus Ungarn, Polen, Tschechien und Finnland. Für Frau Catherine McArdle Kelleher von der US-Mission bei der Nato war es "ein wichtiger Beitrag zur transatlantischen Sicherheits- und Rüstungspolitik".

Nato-Kooperationsrat fördert Konversion bei einstigen Gegnern

Mit dem Ende des Ost-West-Konflikts, den tiefgreifenden Veränderungen in Osteuropa und der Vollendung der deutschen Einheit ist die Möglichkeit neuer militärischer Sicherheitsstrukturen auf niedrigerem Rüstungsniveau als in der Vergangenheit in greifbare Nähe gerückt. Die Umstellung der Verteidigungsproduktion auf zivile Zwecke war von der Nato Ende 1991 in Rom als ein Gebiet für Konsultationen und Zusammenarbeit bezeichnet worden, bei dem die Verbündeten ihre Erfahrungen und ihr Fachwissen anbieten können. Mit der Konstituierung des Nordatlantischen Kooperationsrates wurde ein Forum für Dialog, Beratung und praktische Kooperation mit Staaten Osteuropas und der ehemaligen Sowjetunion geschaffen. Nun wird den Partnern aus Ost- und Mitteleuropa in den sicherheitsrelevanten Bereichen der Wirtschaft Hilfe geleistet.

Noch vor der "Partnerschaft für den Frieden" seit Januar 1994 mit sicherheitspolitischen Konsultationen und militärischen Kontakten hatte der Wirtschaftsausschuss der Allianz einen "Arbeitsplan für Dialog, Partnerschaft und Zusammenarbeit" verabschiedet. Einer der wichtigsten Punkte: die Konversion, besonders die Umstellung der Rüstungsindustrie auf zivile Produktion. "Nicht kostspielige technische Hilfe steht im Mittelpunkt", meinte der Leiter des Nato-Wirtschaftsdirektorats, Daniel George, sondern "Projekte im Interesse unserer Partner".

Wiederholt trafen sich seither Experten aus West und Ost bei Tagungen und Seminaren. Sie berieten Fragen der Rüstungs- und Standortkonversion. Dabei ging es um die "Wechselwirkungen zwischen den Verteidigungsausgaben und der wirtschaftlichen Entwicklung" ebenso wie um "Menschliche Aspekte der Umstellung der Rüstungsindustrie" oder die "Umverteilung der Ressourcen". Man erörterte Konversionsprogramme, damit die Länder junger Demokratien mit geringeren Militärausgaben den Lebensstandard der Bevölkerung erhöhen und Arbeitslosigkeit vermeiden können. Viele Anregungen galten der Umstellung der Planwirtschaft auf das marktwirtschaftliche System.

von Moltke: Dialog und Informationsaustausch besonders wichtig

1994 hatte der Kooperationsrat nach Deutschland eingeladen, wo sich Vertreter der Nato, von elf Kooperationsländern und der UNO über praktische Fragen der Verteidigungskonversion im Land Brandenburg informierten. "Seit wir uns von der unsäglichen Konfrontation in Europa verabschiedet haben, ist die Konversion für alle Staaten zu einem Problem geworden", bemerkte Gebhardt von Moltke, Beigeordneter Nato-Generalsekretär für Politische Angelegenheiten. "Dialog und Informationsaustausch zwischen den Verbündeten und ihren Partnern" seien daher besonders wichtig, ebenso praktische Maßnahmen.

Als Gäste der Wirtschaftsministerien des Bundes und des Landes besuchten die Teilnehmer eine ehemalige Kaserne in Groß Glienicke, wo Hunderte zivile Wohnungen entstehen sollten. Bei der Firma BUCK Inpar GmbH in Pinnow erlebten sie die umweltgerechte Entsorgung von Raketen und Munition mit moderner Technik. Dabei kündigte Ungarns Vertreter die Zusammenarbeit mit diesem Unternehmen, einem Komplettentsorger, an. Hier wurden täglich acht Tonnen Explosivstoff vernichtet. Wo man im 2. Weltkrieg Kleinkaliber-Munition und zu DDR-Zeiten für den Warschauer Pakt Panzerabwehrlenkraketen produziert hat, sorgte nach der Wiedervereinigung ein Umwelttechnologiezentrum für die mikrobiologische Reinigung von jährlich 10 000 Tonnen des verschmutzten Erdreichs.

Große Aufmerksamkeit fanden ebenso die Konversions-Bemühungen der Bundeswehr, bei der auf dem Weg zu einer neuen Struktur rund 5 000 Verbände, Einheiten und Dienststellen von organisatorischen Veränderungen betroffen waren. Etwa 330 Dienststellen wurden aufgelöst. Die Mittel für militärische Beschaffung reduzierte Deutschland von etwa 12,0 Milliarden (1990) auf rund 5,9 Milliarden DM (1992). Für die wehrtechnische Industrie bedeutete das einen Auftragseinbruch von etwa 50 Prozent.

Russland setzt auf zivilen Flugzeug- und Schiffbau

Über "Regulierungsmechanismen" ihrer Regierungen für die Verteidigungsindustrie berichteten Vertreter des ehemaligen Ostblocks. So war zu erfahren, dass Russland mit föderalen Programmen 1 018 Konversionsprojekte in einzelnen Unternehmen umsetzt. Das Volumen ziviler Erzeugnisse in den einst rüstungsorientierten Betrieben erhöhte sich seit 1989 von 31,7 auf 79,3 Prozent. Da diese über Hightech, erfahrenes Personal und gute Infrastruktur verfügten, sollten sie mit staatlicher und privater Unterstützung zu einer Triebkraft der russischen Wirtschaft werden. Große Hoffnungen setzte man auf den zivilen Flugzeug- und Schiffbau.

Die Nato, auch das spielte beim Workshop eine Rolle, unterstützte zehn der 22 vorgeschlagenen Pilotprojekte. Daran hatten Privatunternehmen mehrerer Nato-Staaten Interesse bekundet. Auch als Konversions-"Informationsagentur" fungierte das Bündnis: Eine Datenbank enthielt die Namen von 150 Experten mit deren Qualifikationen, Interessengebieten und Erfahrungen. Ob bei den Konsultationen oder vor Ort, in einer vertrauensbildenden Atmosphäre wurde im Kooperationsrat nahezu ständig über den Kopplungseffekt zwischen Verteidigungsausgaben und zivilem Bereich beraten. Kein leichtes Anliegen, sollten doch bis Herbst 1995 zwischen Atlantik und Ural 57 000 Waffensysteme unter KSE-Aufsicht reduziert werden. Davon im Westen ein und im Osten zwei Drittel.

Vorsorgender Umweltschutz - Teil des Verteidigungsauftrages

Die im Kalten Krieg in Europa aufgebauten Abschreckungspotentiale zu Land, Luft und See bildeten nach dem Ende der Konfrontation zwischen Ost und West eine große Herausforderung für den gemeinsamen Umweltschutz. Für die Nato sollte gerade die Sanierung dieser ökologischen Altlasten eine ihrer großen Zukunftsaufgaben sein. Diese Auffassung vertraten hochrangige Militärs und führende Umweltexperten aus 24 Staaten während eines mehrtägigen Erfahrungsaustauschs 1993 in Berlin.

Zum internationalen Workshop "Militärische Altlasten" hatte das Bundesumweltministerium eingeladen. Das Motto: "Frieden mit der Natur". Gezeigt wurden auch moderne Vorgehensweisen zur Erfassung und Gefahrenabwehr militärischer Altlastenverdachtsflächen auf dem ehemaligen sowjetischen Militärflugplatz Jüterbog in Brandenburg.

Der Entspannung zwischen Ost und West muss nun im militärischen Bereich "eine Versöhnung mit der Natur folgen", forderte Bundesumweltminister Klaus Töpfer (CDU) und fand unter den 230 Gesprächspartnern nachhaltig Zustimmung. Dies sei eine Grundvoraussetzung für verbesserte Lebensverhältnisse und zur ökonomischen Entwicklung in den Ländern Mittel- und Osteuropas.

Nachdem nun der Blick "auf die ökologischen Hinterlassenschaften der Kriegs- und Besatzungszeit" frei sei, gehe es nicht nur um Altlastensanierung. "Wir brauchen Soldaten, die den vorsorgenden Umweltschutz als Teil ihres Verteidigungsauftrages begreifen."

NVA-Munitionssuchgeräte für Baltenrepubliken

Deutschland, seine Übungsplätze und anderen militärischen Liegenschaften hatten die vierfache Größe des Saarlandes, legte hier erste Erfahrungen eines 70-Millionen-Mark-Pilotprogramms für die Westgruppe der russischen Truppen dar. Danach mussten in den vergangenen drei Jahren Sofortmaßnahmen in 1 518 Fällen bei Verschmutzungen durch Mineralöl, schadstoffbelastetem Schrott sowie Munitionsreste und Blindgänger eingeleitet werden. Die dabei entwickelte standardisierte Erfassungsmethodik stand den Ex-Ostblockländern als Beratungsprogramm zur Verfügung. Dazu erhielten die baltischen Staaten technische Unterstützung, so Minen- und Munitionssuchgeräte aus NVA-Beständen.

Die auf dem Treffen wiederholt vorgetragene Meinung, nur das Militär selber könne die im Übungs- und Ausbildungsprozess verursachten Schäden gründlich beseitigen und vorbeugen, bekräftigte Jean-Marie Cadiou vom Brüsseler Nato-Hauptquartier. Der Kooperationsrat des Bündnisses biete dazu vielfältige Möglichkeiten. Als Beispiel nannte er die gefährlichen chemischen und radioaktiven Hinterlassenschaften der Sowjetarmee in internationalen Gewässern. Aber auch bei der Beseitigung der Gefahren für Mensch und Umwelt nach Hunderten überirdischen Atomtests in Kasachstan und in Sibirien seien "große Anstrengungen notwendig".

Die Nato selbst widmet sich schon seit Jahren in Sachen Umweltschutz der Gefahrenanalyse von Waffen, war weiter zu erfahren. Dabei standen zwei bedeutende Studien im Mittelpunkt wissenschaftlicher Untersuchungen: Zum einen ging es um grenzüberschreitende Umweltprobleme, verursacht von Einrichtungen und durch Aktivitäten der Verteidigung. Andererseits handelte es sich um Technologien zur Behandlung von kontaminiertem Boden und Grundwasser.

In beiden Fällen gehörte Deutschland zu den federführenden Nationen zusammen mit Norwegen, den Niederlanden und den USA. Kooperationspartner waren Russland, die drei Baltenrepubliken, Polen, Ungarn, die Tschechische und die Slowakische Republik sowie die Ukraine.

Vorreiter bei Ressourcenschonung und Abfallvermeidung

Das Kleine achte nicht gering. So eine weit verbreitete Auffassung. Bei der Bundeswehr könnte das heißen: Auch einer kleinen Schraube sollte man Beachtung schenken. Dieser mit Gewinde und Kopf versehene Bolzen, der laut Duden in etwas hineingedreht wird und zum Befestigen oder Verbinden dient, ist in der Truppe sowohl beim Heer als auch bei der Luftwaffe und der Marine allgegenwärtig.

Theoretisch sind unendlich viele Schrauben möglich. Sie unterscheiden sich in Materialbeschaffenheit, Größe und Form. Die nationale Norm DIN 931 erlaubt immerhin noch 1,5 Millionen Varianten. Und die deutschen Streitkräfte speckten in ihrer 40-jährigen Geschichte von 1 020 Schraubentypen auf nunmehr 272 ab. Denn „Wer im Kleinen spart, kann im Großen freigiebig sein“, meinten 1993 die Wehrbeschaffer und forderten alle Soldaten und zivilen Mitarbeiter zu weiteren „Verminderungsanstrengungen“ auch bei Schrauben auf. Erstens ließen sich so größere Stückzahlen mit weniger Abfall und Energieeinsatz und damit Ressourcen schonender herstellen. Zweitens werde die Lagerhaltung erheblich reduziert, sagten sie. Dies bedeutete weniger Verbrauch an Boden, Material und Energie für die beheizten Lagerhäuser bei einer bis zu 40 Jahre währenden Einsatzzeit von Panzern, Flugzeugen und Schiffen. Selbst wenn der ursprüngliche militärische Verwendungszweck entfällt, könnte man sie gerade wegen der größeren Stückzahlen rentabel verwerten.

„Wegwerfmentalität“ soll überwunden werden

Im Sinne des Umweltschutzes bemühte sich die Bundeswehr wie auch andere Teile des Staates, die allgemeine „Wegwerfmentalität“ zu überwinden. Ziel war, die Entstehung von Abfall zu vermeiden, nicht vermeidbaren Abfall möglichst zu verwerten und nicht verwertbaren Abfall schadlos zu entsorgen. Bei den rund 1,8 Millionen verschiedenen Versorgungsartikeln für die Bundeswehr eine echte Größenordnung. Zum Vergleich: Ein großes Versandhaus bietet etwa 40 000 Artikel an und hat weitere 80 000 Ersatzteile auf Lager. Was hier nur kurzzeitig „umgeschlagen" wird, musste in der Truppe angesichts der langen Lebensdauer des Wehrmaterials gewöhnlich konserviert und einsatzbereit gehalten werden. Deshalb hatte die zweckmäßige Verpackung für den sicheren Transport und die folgende Lagerung einen besonderen Stellenwert.

Dennoch kann diese, meinten die Experten aus der zentralen Beschaffung, auf das unbedingt Notwendige beschränkt, wieder verwendet oder an den Lieferanten zurückgegeben werden. Diesem Anliegen dienten zwei Forschungsvorhaben: So ergaben erste Untersuchungen mit empfindlichen Messgeräten, dass der Verpackungsaufwand zu groß ist und durchaus halbiert werden könnte. Weiterhin sollte die gelegentliche Zerstörung elektronischer Baugruppen durch elektrostatische Aufladung von Verpackungsmaterial durch geeignete Verpackung verhindert werden.

Es gab aber von der Hardthöhe bis in die Truppe noch viele andere Überlegungen, um weniger Abfall zu erzeugen. Beispiel Kampfwertsteigerung: So wurden die alten Panzer M 48 durch eine neue Kanone, zusätzliche Elektronik und einen Diesel- statt Otto-Motor für bisherige Heimatschutzbrigaden "flott" gemacht. Seit Jahren bewährten sich Aufarbeitungstechnologien, unter anderem für neue Oberflächen bei Getriebewellen oder beim Schweißen von Zylinderköpfen nach Ausschleifen der Risse. Es existierte bereits eine manuelle Datenbank für solche Verfahren. Einsparungen in Millionenhöhe waren nachweisbar. Bei einem Gesamtvolumen der Materialerhaltung der Bundeswehr von einst etwa fünf Milliarden DM hatten die Ersatzteilkosten daran erheblich Anteil. Um die Ausrüstung einsatzbereit zu halten, ließ sich zwar die Beschaffung aufschieben, Materialerhaltung jedoch nicht.

Bei der Entwicklung und Beschaffung von Wehrmaterial wurden stets Umweltverträglichkeitsuntersuchungen vorgenommen. Es ging hauptsächlich um den Ersatz von Schadstoffen, die Verringerung von Schadstoffemission und die Einsparung von Energie. Auch um den Einsatz von Simulationsverfahren, Lärmreduzierung sowie eine umweltgerechte Möglichkeit der Verwertung und Entsorgung. Gerade das thermische Zerlegen arsenhaltigen NVA-Panzerstahls verursachte Umweltprobleme. Andererseits hatte der Golf-Krieg gezeigt, wo deutsche Systeme zur Minenbekämpfung oder der ABC-Spürpanzer Luchs gefragt waren, dass die Ausrüstung der Bundeswehr nicht nur ihrem Auftrag entsprach, sondern auch international Spitzenwerte verkörperte. Fast selbstverständlich, wenn auf Einsparung von Energie und Kraftstoff, die Schonung von Ressourcen wie Edelmetalle besonderer Wert gelegt wird.

Experten tauschten in Strausberg Erfahrungen aus

Die Abfallwirtschaft der Bundeswehr war und ist Truppen übergreifend. Deshalb trafen sich Umweltbeauftragte ziviler und militärischer Bundeswehrdienststellen der neuen Länder mit Vertretern der Landesregierungen, des Umweltbundes, des Naturschutzbundes und der Privatwirtschaft in Strausberg (Land Brandenburg) zu einem Umweltforum. Vermittelt wurden vielfältige Anregungen zur weiteren Ressourcenschonung, Abfallvermeidung, Verwertung und Entsorgung. Mit großem Interesse nahmen die Teilnehmer auf, dass seit der Wiedervereinigung in den ostdeutschen Liegenschaften der Bundeswehr 326 Heizungsanlagen saniert wurden. Das bisherige Ergebnis: Ersparnis der Betriebskosten von etwa 147 Millionen Mark und eine verringerte Schadstoffemission bei Staub um jährlich fast 8 000 Tonnen, bei Schwefeldioxid um 9 500 Tonnen. Auch wenn es hier in Sachen Umwelt noch viel zu tun gab, hieß es schon damals: "Sparschaft bringt Barschaft".

Wissenschaftliche Beiträge zum Ende des 2. Weltkrieges

Das Militärgeschichtliche Forschungsamt in Potsdam hatte sich zum 50. Jahrestag der Beendigung des 2. Weltkrieges mit bedeutenden wissenschaftlichen Beiträgen zu Wort gemeldet. So fand auf Initiative der Bundeswehr-Einrichtung an Stätten der Kämpfe von 1945 an der Oder, auf den Seelower Höhen und in Berlin ein internationaler Kongress statt.

An der mehrtägigen Beratung Anfang Februar 1995 unter dem Thema "Das Ende des Zweiten Weltkrieges in Europa" nahmen mehr als 200 Historiker, Militärs und andere Persönlichkeiten teil. Am Abschlusstag sprach der bekannte amerikanische Weltkriegsforscher Professor Dr. Gerhard L. Weinberg von der Universität Chapel Hill (North Carolina) in der deutschen Hauptstadt über den "historischen Ort des Zweiten Weltkrieges".

Als Auftakt für diese Jubiläums-Aktivitäten präsentierte das Forschungsamt in der Berliner Humboldt-Universität das Buch "Ende des Dritten Reiches - Ende des Zweiten Weltkrieges. Eine perspektivische Rückschau". Es erschien im Piper Verlag. Etwa 30 Autoren aus fünf Nationen beschrieben darin die letzten Monate der Kampfhandlungen und analysierten die politische Bedeutung des 8. Mai 1945. Dieses "unverzichtbare Grundlagenbuch", so Amtschef Brigadegeneral Dr. Günter Roth, "macht die Forschungsergebnisse der letzten Jahre einem breiten Publikum zugängig".

Von der Nachkriegszeit bis zum Neubeginn

Hierin werde "sowohl Bilanz der deutschen und generell internationalen Entwicklung am Ende des Zweiten Weltkrieges gezogen als auch die sich ergebenden Perspektiven der unmittelbaren Nachkriegszeit bis zum staatlich-gesellschaftlichen Neubeginn im zerstörten und besiegten Deutschland markiert". Historiker, Politologen, Theologen, Literatur- und Kulturwissenschaftler böten "Problemaufrisse in ihrer interdisziplinären Vielfalt", meinte der General.

Kapitänleutnant Herbert Kraus, Hörsaalleiter an der Marineschule Mürwik, Flensburg, befasste sich mit dem Oberbefehlshaber der Kriegsmarine und späteren Hitler-Nachfolger Karl Dönitz. Mit dem schnellen Abschluss der Gesamtkapitulation der deutschen Wehrmacht habe dieser, "wiewohl er durch die militärische Lage zu diesem Schritt genötigt war, positiven Anteil an der Beendigung des Zweiten Weltkrieges". Gleiches könne man von ihm, was das Ende des Dritten Reiches anbelangt, "nicht behaupten". Bis zu seiner Verhaftung am 23. Mai 1945 habe er bei den westlichen Alliierten versucht, "wesentliche Bestandteile des nationalsozialistischen Deutschland für die Zukunft zu bewahren".

Weitere Kapitel waren Themen gewidmet wie "Die Wehrmacht: Vom Realitätsverlust zum Selbstbetrug", "Der deutsche Widerstand gegen den Nationalsozialismus", "Kriegszerstörungen und Reparationslasten" sowie "Entnazifizierung. Politische Säuberung unter alliierter Herrschaft". Es ging auch um "Deutsche Europa-Konzeptionen vom Dritten Reich bis zur Bundesrepublik", "Die sowjetische Deutschlandplanung zwischen Parteiräson, Staatsinteresse und taktischem Kalkül" und "Die Strafverfolgung nationalsozialistischer Verbrechen und deren politische und moralische Folgen für die beiden Deutschland".

Zehnbändiges Reihenwerk bis zum Jahr 2 000

Wie Brigadegeneral Roth erklärte, habe das Militärgeschichtliche Forschungsamt vor langer Zeit am Standort Freiburg ein zehnbändiges Reihenwerk "Das Deutsche Reich und der Zweite Weltkrieg" konzipiert. Davon konnten seit 1979 sechs Bände vorgelegt werden. Der Abschluss fand im Jahr 2 008 statt. Diese Grundlagenforschung wurde begleitet von wissenschaftlichen Tagungen, Monographien sowie Aufsatzbänden des Amtes zu spezifischen Fragestellungen und Ergebnissen.

"Wir forschen frei, aber kritisch." Und dazu gebe es im traditionsreichen Standort Berlin/Potsdam "nahezu ideale Bedingungen". Was die Ereignisse vor 50 Jahren anbelangt, die er selbst als Zehnjähriger in Berlin und der Niederlausitz erlebt habe, so müsse er aus heutiger Sicht sagen: "Sich damit beschäftigen und dann ein eigenes Urteil bilden. Denn wir müssen den Tatsachen ins Auge blicken."

6 Milliarden in Kasernen und Einrichtungen investiert

Der bauliche Zustand der Kasernen in den neuen Bundesländern und Ost-Berlin bot nach der Wiedervereinigung wie viele andere Hinterlassenschaften aus der DDR einen miserablen Zustand. Da machte die Friedrich-Engels-Kaserne am Berliner Kupfergraben, wo das gleichnamige Wachregiment, eine Vorzeigetruppe, untergebracht war, keine Ausnahme. Solche Unterkünfte prägten über Jahrzehnte den Alltag in der NVA und ihrer Soldaten.

Die hohen Vorgesetzten in der DDR-Armee wiesen bei jeder Kritik an diesen Umständen meist auf die schlechtere Unterbringung der Kampfgefährten vom sowjetischen „Regiment nebenan" hin. Diese müssten beim Schutz des Sozialismus „noch viel größere persönliche und soziale Opfer bringen". Das habe ich oft gehört!

Aber vom Standard 1990 der Streitkräfte in den Altbundesländern oder der Alliierten in West-Berlin, die ich damals zum ersten Mal besichtigen konnte, waren diese Zustände im wahrsten Sinne des Wortes „meilenweit" entfernt. Daher widmete sich die Bundeswehrführung über ihre Wehrverwaltung vordringlich der Verbesserung solcher Hinterlassenschaften im Osten, die übernommen wurden: Kasernen, Einrichtungen und Übungsplätze.

Was hier meist mit Baumaßnahmen gemacht werden musste, war vielfältig. Nahezu überall waren die hygienischen Verhältnisse mangelhaft. Das wusste ich nicht nur von meinen Wehr- und Reservistendiensten, zu denen man einberufen wurde, sondern erlebte das wiederholt bei Presseexkursionen zu den von der Bundeswehr Ost übernommenen Kasernen. So in den Sanitärbereichen, wo bei entsprechender schwacher Bausubstanz gar Duschcontainer angeschafft werden mussten, oder in die Truppenküchen, die neue Geschirrspülmaschinen oder Containerküchen erhielten. Weiterhin mussten in solchen Kasernen oft die unmittelbaren Gefahren für Leib und Leben wie bei Einsturzgefahr abgewendet, die Umweltbelastungen gemindert sowie die direkten Lebensbedingungen in den Truppenunterkünften verbessert werden.

Allein 1991 standen für große wie kleine Bauunterhaltungsmaßnahmen insgesamt 420 Millionen DM zur Verfügung. Davon stammten 120 Millionen DM aus dem Gemeinschaftswerk „Aufschwung Ost“. Mit diesen Mitteln, hörte man, wurden bauliche Mängel in höchster Priorität behoben. Solche Maßnahmen fanden vor allem in den Kasernen Brandenburg-Hohenstücken, Beelitz, Bad Salzungen, Bad Frankenhausen, Delitzsch und Schwerin beim Heer, Trollenhagen und Holzdorf bei der Luftwaffe, Warnemünde und Rostock bei der Marine sowie im Bundeswehrkrankenhaus Leipzig statt.

Die Bauaufträge dazu vergaben die Landesbauverwaltungen bevorzugt an Unternehmen in den neuen Bundesländern. Das sollte hier „zum konjunkturellen Aufschwung sowie zur Arbeitsplatzbeschaffung und Arbeitsplatzsicherung beitragen“, hieß es bei der Bundeswehr. Dafür wurden „vereinfachte Verfahren zur schnelleren Planung, Vergabe und Durchführung der Bauvorhaben“ durch die zuständigen Bundesministerien angeordnet.

Auch Truppen- und Standortübungsplätze mussten hinsichtlich der Sicherheitsbestimmungen auf Weststandard umgestellt werden. Ausgangspunkt vieler solcher Aktivitäten war die Übernahme von 3 300 Liegenschaften der Nationalen Volksarmee und der Grenztruppen (einschließlich Wohnungsbauten und anderweitige Objekte) in das Ressortvermögen des Bundesministers der Verteidigung, von denen aber nur ein Viertel weitergenutzt wurde.

Über die Wehrbereichsverwaltung in Strausberg leistete das Bundesverteidigungsministerium auch in den Jahren danach einen wichtigen Beitrag zur Angleichung der Dienst- und Lebensverhältnisse zwischen Ost und West. Jährlich brachte die Bundeswehr fast 4 Milliarden DM an Sachleistungen wie zur Beseitigung erheblicher Mängel in den technischen Bereichen, bei der Ausbildungsinfrastruktur und bei logistischen Einrichtungen sowie Löhnen und Gehältern ins Beitrittsgebiet. Das berichtete mir der Präsident der Wehrbereichsverwaltung, Dr. Karl Johanny.

So zeugten schon bald ehemalige NVA-Kasernen zwischen Schwerin und Erfurt vom „neuen Antlitz und neuen Geist“. Das widerspiegelte sich in den modernisierten Unterkünften, Küchen und Wirtschaftsgebäuden. Auch 100 Betreuungseinrichtungen für die Wehrpflichtigen seien saniert worden. „Vom ersten Tag an haben wir uns bemüht, den Mensch in den Mittelpunkt unserer Bemühungen zu stellen. Wir wollten seine persönlichen Lebensumstände verbessern, ihm das Gefühl vermitteln, dass die Gesellschaft sich um ihn kümmert.“

Eine „wichtige Größenordnung“ insbesondere für die an den Standorten ansässigen klein- und mittelständischen Betriebe nannte Johanny die jährlich rund 60 Millionen DM für dezentrale Beschaffungsmaßnahmen. Aber auch die 30 Millionen DM, die im Sinne der Einkaufsoffensive Ost Jahr für Jahr für die Frischverpflegung der Soldaten aufgewendet wurden, waren für die wirtschaftliche Entwicklung der jeweiligen Region bedeutend. Ein noch größerer Schub ging jedoch von den Aufträgen in dreistelliger Millionenhöhe für die Bekleidungsindustrie, für elektrotechnische, Maschinenbau- und feinmechanisch-optische Erzeugnisse sowie Dienstleistungen der neuen Länder aus.

Als ein weiteres vordringliches Anliegen betrachtete die Wehrverwaltung mit ihren 22 000 Mitarbeitern, die zu 99 Prozent von der NVA übernommen und inzwischen vielfältig für die neue Tätigkeit qualifiziert worden waren, den Wohnungsbau für die Soldaten. Allein zu dieser Zeit wurden an 30 Standorten rund 3 000 Wohnungen für Bundeswehrangehörige gebaut. Ein langfristiges Programm der intensiven Wohnungsfürsorge sah die Errichtung von 8 000 angemessenen, familiengerechten Wohnungen in 44 ostdeutschen Standorten durch Unternehmen der Region oder in Kooperation mit ihnen vor. Besonders berücksichtigt wurden von den zuständigen Wohnungsfürsorgestellen in den Standortverwaltungen Dringlichkeit, soziale Aspekte und persönliche Wünsche.

Angesichts dieser Fürsorge für Soldaten und zivile Mitarbeiter fand im thüringischen Bad Frankenhausen das Richtfest für 128 Wohnungen in Anwesenheit von Bundesverteidigungsminister Volker Rühe statt. „Wir stehen zu unserem Wort, die Teilung durch Teilen zu überwinden“, sagte er. An die Bewerber für die neuen Wohnungen aus den alten und neuen Bundesländer gewandt, meinte Rühe: „Ich bin sicher, dass hier in Kürze die Menschen im täglichen nachbarschaftlichen Zusammenleben ohne alles Aufsehen zueinander finden werden. Das ist gelebte Einheit und eine schöne Perspektive.“

7 Diplomaten in Uniform: Einzelkämpfer an Cocktailfront?

Wenn von der Bundeswehr die Rede ist, denkt man immer zuerst an Menschen in Uniform und an ihre Waffen, die persönlichen wie das Gewehr oder an Großgeräte in Form von Panzern und Geschützen. Dieses Bild entspricht ihrem Hauptauftrag „Landesverteidigung“. Neuerdings zählt auch der Auslandseinsatz im Rahmen der UNO oder der Nato dazu. Entsprechende Berichte in Wort und Bild mit dem Für und Wider zu dieser Aufgabe im Auftrag der Vereinten Nationen findet der Bürger fast täglich in den Massenmedien.

Der Militärattachédienst der Bundesrepublik, den Angehörige der Bundeswehr ausfüllen, steht dagegen nur ganz selten im Blickpunkt der Öffentlichkeit. Das hat weniger mit irgendwelcher Geheimniskrämerei um diese Personen zu tun, wie das zu DDR-Zeiten mit allem Militärischem üblich war. Vielmehr geht es hier um Diplomatie. Die wird ja bekanntermaßen zwischen den beteiligten Staaten im Stillen betrieben. Und wenn nötig, dann tritt der Botschafter ans Mikrofon oder gibt Zeitungsinterviews.

So konnten Deutschlands Diplomaten in Uniform mit einer Doppelbindung zum Bundesministerium der Verteidigung und zum Auswärtigen Amt 1996 ein inoffizielles Jubiläum begehen: 40 Jahre zuvor hatten die USA als erstes Land in Bonn um die baldige Entsendung eines Bundeswehr-Offiziers nach Washington ersucht. Das geschah, als die Bundeswehr als Bündnisarmee gerade in der Aufstellung begriffen war.

Die Aufgabe damals: Als Militärattaché sollte er angesichts der Ost-West-Konfrontation in die engen Beziehungen der Sicherheits- und Verteidigungspolitik beider Staaten eingebaut werden. Dieses Ereignis nutzte ich für einen Rückblick auf das Wirken der kleinen Gilde aus den deutschen Streitkräften. Im Ausland trat sie bei Empfängen und Cocktails in schönen Uniformen auf oder bei Truppenbesuchen von Militärs aus dem Heimatland und auf Einladung ihrer Gastgeberstreitkräfte oft mit Vorträgen über die Mission der Bundeswehr bei der Friedenssicherung mitten in Europa in Erscheinung.

Das entsprach den politischen Notwendigkeiten der 1950er Jahre, nachdem Deutschland kurz zuvor dem Nordatlantischen Verteidigungsbündnis beigetreten war. Folgerichtig wurden dann auch die ersten Militärattachéstäbe zur Intensivierung der Kontakte zwischen den Armeen in den Hauptstädten der Nato-Mitgliedsstaaten eingerichtet.

Bereits 1951 hatte man aus Bonn Oberstleutnant a.D. Ulrich de Maiziére, Vater von Bundesverteidigungsminister Thomas de Maiziére und später Generalinspekteur der Bundeswehr, als allerersten Militärexperten einer offiziellen deutschen Delegation nach dem Krieg im Regierungsauftrag nach Paris entsandt. Heute befinden sich etwa 200 Soldaten und Wehrtechnische Attachés an den Auslandsvertretungen. Deutsche Militärattachés sind in 65 Ländern akkreditiert und in ebenso vielen Staaten nebenakkreditiert. Damit ist Deutschland in 130 Ländern vertreten. Einmal jährlich treffen sich die Militärattachés zur Zentralkonferenz in Deutschland.

Im wiedervereinigten Deutschland 1990 und zu Beginn der Nato-Partnerschaft für den Frieden bestand der Militärattachédienst aus 57 Stäben. Das Personal mit 70 Offizieren und 76 Unteroffizieren arbeitete auf allen Kontinenten. Es waren keine "Einzelkämpfer an der Cocktailfront" oder "diplomatische Geheimagenten", wie oft unwissend behauptet wurde. Vielmehr zählte ihre Arbeit zu einem Teil internationaler Kommunikation und Information der Bundesregierung. Zum Vergleich: Die USA waren 1995 mit 104 und Frankreich mit 106 Militärattachéstäben in aller Welt präsent.

"Die Berichterstattung dieser Mitarbeiter ist der Bundeswehrführung eine unentbehrliche Grundlage zur Beurteilung der militärischen Gesamtlage", erklärte mir der zu diesem Zeitpunkt für die Zentralen Militärischen Dienststellen zuständige Stellvertreter des Generalinspekteurs, Vizeadmiral Hans Frank. "Das dient sicherheits- und militärpolitischen Entscheidungen."

Seit 1976 deutsche Militärattachés in China und Sowjetunion

Etwa 20 Jahre zuvor gab es nur 37 solcher deutschen Militärvertretungen. Nachdem Militärattachés bei den deutschen Botschaften in neutralen Staaten Europas und traditionellen Dritte-Welt-Partnern ihre Tätigkeit aufgenommen hatten, wurden 1972 Stäbe in Jugoslawien und 1976 in Rumänien, der Volksrepublik China und der Sowjetunion aufgestellt. Die 1980er Jahre standen im Zeichen der Ausweitung im Osten: 1980 Tschechoslowakei, 1987 Ungarn, 1989 Bulgarien und 1990 Polen. Damit waren die Nato-Verbündeten, die Staaten Osteuropas, die europäischen Neutralen und die Mittelmeeranrainer für damalige Verhältnisse ausreichend mit deutschen Militärattachés besetzt.

Große Bedeutung für diese Vertretungen kam dann der Auflösung der Sowjetunion, dem Zerfall Jugoslawiens und der Teilung der Tschechoslowakei in Tschechei und Slowakei zu. Ebenso den nach der deutschen Einheit von der Bundesrepublik übernommenen zusätzlichen Aufgaben in aller Welt. So wurde 1993 der Militärattachéstab der Botschaft Minsk eingerichtet. Er verfolgte laut Botschaft „vor allem den Reformprozess der belarussischen Armee und deren Kooperationsanstrengungen mit anderen Streitkräften im Rahmen bilateraler Kontakte und multinationaler Sicherheitsstrukturen. Informationen hierüber gewinnt der Militärattachéstab ausschließlich aus offenen, allgemein zugänglichen Quellen (Medien) und aus unmittelbarem Kontakt mit dem belarussischen Verteidigungsministerium."

Durch seinen Zugang zu Führungszentren und andere offizielle Begegnungen mit bewaffneten Kräften des Gastlandes wirkt der Offizier-Diplomat als Mittler, vor allem des Staats- und Demokratieverständnisses. So nutzten junge Demokratien beim Aufbau ihrer Armeen im Wehrrecht deutsche Erfahrungen. Ferner sollte er im Interesse der Friedenserhaltung sich anbahnende Konfliktherde rechtzeitig erkennen, um dann mit der Bundeswehrführung ein effektives internationales Krisenmanagement zu ermöglichen.

Für das Militärattaché-Personal, das dem Botschafter direkt unterstellt ist und ihn militärpolitisch, militärisch, wehrtechnisch und rüstungswirtschaftlich berät, galten seit Beginn der Tätigkeit die Gesetzesnormen über den Auswärtigen Dienst. Den eigentliche Rechtsrahmen bilden internationale Abkommen, nationale Gesetze der Bundesrepublik und des jeweiligen Gastlandes sowie Rechtsverordnungen der Regierungsressorts.

Der Bundestag hat das Wiener Übereinkommen von 1961 über diplomatische Beziehungen als Gesetzesnorm anerkannt. Es findet auch auf Militärattachéstäbe Anwendung und ist von ihnen zu beachten. Danach kann das Gastland bei der Regelanwendung für Diplomaten die vorherige Benennung des Militärattachés verlangen oder ihn ausweisen. Von den Bundeswehroffizieren wurde bisher keiner wegen persönlicher Fehlleistungen zur "persona non grata" erklärt. Politisch bedingt waren damals Ausweisungen in Äthiopien und im Irak.

In Südafrika "dichter am Geschehen"

Was einst im Nato-Bereich begann, setzte sich mit Haupt- und Nebennotifizierungen in wichtigen Staaten des Ostens und im Süden fort. Gewissermaßen als Ad-hoc-Maßnahme geschah das in der Ukraine, Weißrussland, Kasachstan, Lettland, Slowenien, Kroatien und der Slowakei. Eine solche Lücke wurde auch 1995 in Tiflis (Georgien) geschlossen.

Seither gibt es auch einen Stab in Südafrika, der zum Regionalstab ausgebaut wurde. Ferner verlegte man den Militärattachéstab von Sudan nach Kenia, um nach Expertenmeinung "dichter am Geschehen zu sein". Auf der Arabischen Halbinsel wurde der Riad-Stab (Saudi-Arabien) durch einen weiteren in Abu Dhabi (Vereinigte Arabische Emirate) entlastet.

Da Militärs mehr als andere Personen Vorschriften und Bestimmungen unterliegen, traf dies auch auf die Militärattachéstäbe zu. Ihre

Zuständigkeiten: Der Verteidigungsattaché für den Gesamtkomplex, die Heeres-, Marine- oder Luftwaffenattachés jeweils für ihre Teilstreitkraft. „Für alle Diplomaten in Uniform ist strikt verbindlich, nicht nachrichtendienstlich tätig zu werden", sagte Frank. Da es für den Militärattachédienst „keine klassische Laufbahn in der Bundeswehr gibt, wurden Offiziere aus allen Führungsgrundgebieten eingesetzt".

Damals wie heute gelten als Auswahlkriterien: Sicherheitspolitisches Interesse, umfassendes Allgemeinwissen, möglichst breite Kenntnis der Bundeswehr, persönliche Bescheidenheit, Analyseerfahrung und Stehvermögen, gute Sprachkenntnisse. Vor allem sollte der Offizier eine Ehefrau an seiner Seite haben, die gewillt ist, in teilweise ganz anderen Kulturbereichen mit Problemen für die Kinder und des täglichen Lebens einzutauchen.

DDR-Militärattaché auch „unter fremder Flagge" aktiv

In diesem Zusammenhang fällt mir wieder der Titel „Offizier, Diplomat und Aufklärer der NVA - Streiflichter aus dem Kalten Krieg" ein. Das Buch erschien 2008 im Berliner Verlag Dr. Köster. Ein Thüringer Landsmann schildert darin seinen Weg vom Abiturienten bis zum Militärattaché der DDR in Brüssel.

Neben Offiziersausbildung, Truppendienst und Militärakademie-Besuch gehörte der Dienst in der Verwaltung Aufklärung zu seiner „Lehrzeit", erfährt man. So reiste er unter „Pseudo nach Kairo", sah als Gehilfe des Militärattachés in Peking in einem Kollegen aus Thailand eine „wichtige Informationsquelle" und pflegte enge Kontakte zu einem „Freund, der Resident der vietnamesischen Aufklärung" war. In seiner anschließenden Brüsseler Zeit wurde der NVA-Offizier mindestens zweimal „unter fremder Flagge" aktiv, berichtet er ganz stolz.

Nach seinem diplomatischen Dienst arbeitete er vom 3. Oktober 1990 bis zum Ende des Jahres als Oberst im Strausberger Verifikationszentrum der Bundeswehr Ost. Hier traf der Ex-DDR-Militärattaché, nun im Felddienstanzug der Bundeswehr, einen Brigadegeneral von den einst anderen deutschen Streitkräften, den er schon aus seiner Brüsseler Zeit kannte. „Aber Adam ist immer noch der gleiche freundliche und beherrschte Soldat, wie ich ihn in Erinnerung habe. Seine Beförderung zum General und die neue Situation, in der wir uns befinden, hat daran nichts geändert. Ich habe nicht den Eindruck, dass er sich als Sieger fühlt und mich als Besiegten ansieht." (S. 294)

Wie recht hat doch der Volksmund: Man trifft sich immer zweimal im Leben.

Feldpost aus Somalia bei Sammlern heiß begehrt

Nach dem Einsatz des UNOSOM-Kontingents der Bundeswehr in Afrika 1993/94 war die Feldpost aus Somalia bei deutschen Philatelisten heiß begehrt. Wer während des Aufenthalts der 1 700 Soldaten in Belet Huen-keinen Briefkontakt nach dort mit der Bitte fand, ihm ganz persönlich eine der mehr als 100 000 vorgedruckten Feldpost-Karten zu schicken, versuchte es auf dem freien Sammlermarkt, beim Fachhandel oder mit Tausch. Ich auch. Die Bundeswehr hatte damals hauptsächlich humanitäre Hilfe für die Bevölkerung geleistet und zehntausende Menschen vor dem sicheren Hungertod und vor Krankheit bewahrt.

Der "Run" auf die Rarität mit dem Stempel "URURADA KAALMADA SOOMAALIYA UNOSOM II JARMALKA" begann in ganz Deutschland erst richtig nach der Rückkehr der Truppen. Die Serie der elf Motivkarten reizte besonders die Sammler von Sach- und Fachgebieten. So sollte die eigene Kollektion mit einem dieser Exemplare bereichert werden. Begehrt waren bei den Philatelisten ebenso die ganz normalen und echt gelaufenen Briefe aus dem Bundeswehr-Unterstützungsverband.

Erinnerungen an Manöver von einst

Vor allem interessierte dieser Einsatz die Militaria-Philatelisten. Und das sind nicht wenige, wie ich weiß. Sie sammeln Postalisches mit militärischen Motiven. Wobei schon allein der Aufdruck "Feldpost", einst bei allen großen Manövern eine persönliche Erinnerung an das Geschehen während einer Heeresübung, im Zeitalter der Entspannung und Abrüstung etwas ganz Seltenes geworden ist. Oder der Marineschiffspost-Stempel von der Fregatte „Rheinland-Pfalz“, als diese auf Großer Fahrt war. All die von den Sammlern erworbenen Briefmarken, Ganzsachen oder postalischen Belege wurden bestimmten Themen zugeordnet: Armeen, Uniformen, Waffen oder Militärgeschichte. Die internationale Vielfalt auf diesem Gebiet konnte nicht größer sein.

Auch wenn auf keinem der deutschen Feldpost-Drucke aus Somalia Waffen und irgendwelches Kriegsgerät zu sehen sind, es war ja schließlich laut Bundesverteidigungsministerium ein Einsatz mit "Investition in die Humanität", fand die auf drei Karten abgebildete Bundeswehr-Uniform ganz gewiss ihren Platz in vielen Sammlungen. Das Besondere daran: Der

Hut im Afrika-Look und das blaue Barett, Symbol des UNO-Auftrages, kann man gut erkennen.

Und wenn diese und jene Karte noch dazu die drei Worte "Mit Hubschrauber befördert" aufwies, bedeutete dies einen zusätzlichen Seltenheits- und Sammlerwert: In einem halben Jahrhundert vielleicht vergleichbar mit der Beförderung durch die erste eigene Kraftpostlinie der Kaiserlichen Reichspost 1906 zwischen Friedberg und Ranstadt/Wetterau oder als erste größere Luftpostsendung 1912 mit dem Zeppelin "Schwaben" im Rhein-Main-Gebiet. Echte Begehrlichkeiten für einen Sammler.

Grundvoraussetzung für ein "gutes Stück" von dort blieb ein sauberer Stempel. Und dafür sorgten fachgerecht vor Ort drei wehrübende Postler. Sie hatten täglich zwischen 1 000 und 1 500 Karten und Briefe, viele Päckchen und Pakete zu bearbeiten. Als Chef des Feldpostamtes diente in Belet Huen Hauptfeldwebel Johann Zollner. Der Reservist arbeitete zivil als Posthauptsekretär in München. Wöchentlich ein- bis zweimal traf ein deutsches Frachtflugzeug ein, brachte bis zu acht Tonnen Post für die Bundeswehrsoldaten. Wie ich hörte, wurden die Sendboten aus der Heimat immer sehnsüchtig erwartet.

Ein Obergefreiter d. R. schuf die Motivkarten

Viel Freude an den schönen, vom Obergefreiten der Reserve Gerhard Unterberg gestalteten Feldpost-Karten fanden ebenso die Philatelisten anderer Sammelgebiete. Zum Beispiel der Themen "Afrika" und "Somalia", "Menschen in aller Welt" und "Tiere", die man auf einigen Karten sieht. Deutschland- und Berlin-Sammler waren besonders bemüht, eine Karte mit der Aufschrift "Tag der Deutschen Einheit 3. Oktober 1993" und der Abbildung des Brandenburger Tores auf der oberen Seite einer Weltkugel zu erwerben.

Eine weiße Taube beim Abflug mit einem Brief aus Afrika hat der Kartenschöpfer mehrfach gezeichnet. "Sie war tatsächlich ein Symbol der Verbundenheit zur Heimat", berichtete der Pressesprecher von UNOSOM II, Oberstleutnant Rolf Bardet, nach der Rückkehr vor Bundeswehrangehörigen und Journalisten in Berlin. "Regelmäßige Post von Zuhause war für uns lebenswichtig, fast so wie Wasser und Verpflegung." Auch wenn er kein Philatelist und Sammler sei, sollten ihn alle Motive der ersten Feldpostkartenaktion der Bundeswehr für einen Auslands-Einsatz später neben vielen schönen Fotos und persönlichen Erlebnissen an Somalia erinnern.

Wie ich bei dieser Gelegenheit weiter erfuhr, bildete der Einsatz einer Sanitätseinheit im Rahmen der UNO-Mission in Kambodscha 1992 den Auftakt für eine solche Brücke in die Heimat. Gut zehn Jahre später präsentierte ebenfalls in Berlin die Bundeswehr, was nun diese Verbindung in mehrere Einsatzgebiete zu leisten vermag: 2005 waren das über 1,1 Millionen Briefsendungen privater Art und etwa 270 000 Päckchen und Pakete, fast aus aller Welt, die von der deutschen Feldpost bewältigt wurden. Das entspricht etwa dem Post-Aufkommen einer großen Stadt. Und immer stellten das Reservisten sicher, die sonst als Postler ihrer Arbeit nachgehen. Sie wissen nur zu gut, wie sehr sich die Empfänger über die Grüße ihrer Lieben aus der Heimat freuen.

Die Kameraden von der Bundeswehr-Feldpost hatten inzwischen ihre Zelte in vielen Ländern aufgeschlagen. So in Mazedonien, Bosnien, im Kosovo, in Usbekistan, Georgien, im Kongo und in Afghanistan, wo die Sendungen nach Kabul, Masar-i Scharif, Kundus oder Faisabad transportiert wurden. Zudem hat man auch die Feldpostversorgung im Bereich der Marine gesichert. Hier gelangen die Briefe über die Flottillen an die einzelnen Einheiten im Operationsgebiet. Umgekehrt reist die Post mit Kurier zu den Flottillen in Richtung Heimat. Auch hier beeindruckend: Die jeweiligen Stempel der Schiffe auf den Briefen.

Ganzsachen oder Sonderstempel sind nicht nur persönliche Erinnerungen für die Soldaten der Bundeswehr in Kriegs- und Krisengebieten, sondern auch gefragte Belege für einen Sammler, der sich für die Armee im Einsatz interessiert. Denn auch im Zeitalter der Email und SMS vertrauen junge Soldaten ihre Gedanken und Empfindungen für die Lieben zu Hause der alten, zuverlässigen Briefpost an. Und die Kameraden von der Feldpost der Bundeswehr, heute weltweit im Einsatz, sorgen dafür, dass per Brief oder Päckchen ein Stück Heimat rechtzeitig in das Einsatzland gebracht wird. Die deutsche Feldpost, seit 300 Jahren im Einsatz, gibt es seit 1982 bei der Bundeswehr.

Wohnungsbauprogramm für Soldaten

Die Bundeswehr unternahm in den neuen Ländern intensive Anstrengungen, um den Wohnungsbedarf von Soldaten und Zivilbeschäftigten zu gewährleisten. Vier Jahre nach der Deutschen Einheit warteten etwa 3 000 solcher Bewerber samt ihrer Familien aus Ost und West auf angemessenen Wohnraum zwischen Rügen und dem Erzgebirge. 500 Westdeutsche waren bereits in ostdeutsche Garnisonen umgezogen. An der Spitze der Umzugswünsche standen neben den Großstädten Berlin und Potsdam auch das thüringische Bad Salzungen und das vorpommersche Eggesin, das zu DDR-Zeiten für viele Menschen "das Ende der Welt" bedeutet hatte.

Wie in der Wehrbereichsverwaltung VII in Strausberg zu erfahren war, wollte die Bundeswehr-Führung mit einem vielseitigen Wohnungsbauprogramm diese soziale Herausforderung lösen. Dazu wurden etwa 8 000 Wohnungen in zwei Etappen neu errichtet: 2 500 in einem Sofortprogramm, von dem zu diesem Zeitpunkt bereits die Hälfte in Angriff genommen worden war, und die restlichen 5 500 zu einem späteren Zeitpunkt. 1994 konnten die ersten Bundeswehrwohnungen in Doberlug-Kirchhain, Rostock und Jessen übergeben werden. An einigen dieser Baustellen hatten vor nicht langer Zeit Bundesverteidigungsminister Volker Rühe und Bundesbauministerin Irmgard Schwaetzer (FDP) die Grundsteine gelegt.

Weiterhin bemühte sich die Wehrverwaltung erfolgreich um Wohnungen ehemaliger WGT-Truppen in den neuen Bundesländern. Von den 1 000 Anträgen an die Oberfinanzdirektion, die dafür zuständig war, konnten 1994 bereits 400 realisiert werden. Mehr noch: In Cottbus war die Altbausubstanz solch ehemaliger Quartiere noch so gut erhalten, dass schon bald Soldaten und Zivilbeschäftigte der Bundeswehr dort einziehen konnten. Zügig voran ging es bei dieser Wohnungskategorie auch in Schwerin und Burg bei Magdeburg zu. Der Vorteil lag auf der Hand: Bei guter Bausubstanz konnte auf die übliche Vielzahl von Planungs- und Genehmigungsverfahren verzichtet werden.

"Wer bauen will, dem helfen wir"

Natürlich stand es jedem Bürger in Uniform frei, sich am Dienstort oder in der Nähe ein "Häusle" zu schaffen. Dafür gab es zudem ein zinsgünstiges Familienheimdarlehen, das mit etwa 40 000 Mark die gleiche Höhe hatte wie vor 35 Jahren. 300 Bauinteressenten wollten diese Möglichkeit nutzen. In 20 Fällen wurde schon mit dieser Förderung gebaut. Dazu sagte mir Joachim Marks, Vizepräsident der Wehrbereichsverwaltung: "Unsere Devise: Wer bauen will, dem helfen wir."

Die eigentliche Reserve für den weiteren Wohnungsbedarf der Bundeswehr bildeten die 25 000 Wohnungen der Nationalen Volksarmee, die von der Bundeswehr übernommen worden waren. Vor der deutschen Wiedervereinigung verfügte die NVA immerhin über 64 000 Wohnungen. Berufssoldaten in der Garnison Eggesin erhielten sogar nach nur einem Jahr Wartezeit eine Dienstwohnung am Ort, was für ostdeutsche Verhältnisse (auch beim Militär) fast sensationell war.

In diesen Verwaltungen, immer unter der Leitung eines Offiziers, meist Oberst, arbeiteten zahlreiche Zivilbeschäftigte aller benötigten Berufe. Auch die Villen von Generalen, wie andere NVA-Wohnungen mit der DDR-typischen bescheidenen Miete, wurden nicht nur „malermäßig“ betreut. Trotzdem kam es vor, dass der neue Mieter beim Neueinzug in seiner Anwesenheit die Wohnfläche nachmessen ließ, erzählte mir einer dieser Zivilbeschäftigten. So sparsam mussten auch manche Generale und Admirale in der Armee der Arbeiter und Bauern leben.

Somit hatten sich die DDR-Streitkräfte nicht nur als Eigentümer von Kulturstätten und Häusern der NVA in ganz Ostdeutschland betätigt, sondern auch als eine große Wohnbaugesellschaft. "Diese Wohnungen waren für unsere Verhältnisse viel zu viel", erinnerte sich der für diese Probleme Zuständige. In erster Linie wurden Wohnungen dort abgegeben, wo der Bund nicht die Stationierungsorte der NVA übernahm, so an der einstigen innerdeutschen Grenze.

Die Altbausubstanz von 3 000 übernommenen NVA-Wohnungen wurde sofort saniert. Durch Umzüge der bisherigen Bewohner, frühere Berufssoldaten der NVA, konnten 7 000 dieser Wohnungen neu vergeben werden. "Wer von den Bundeswehrangehörigen eine kleine Wohnung brauchte, bekam diese eigentlich kurzfristig. Bei Wünschen nach größeren Wohnungen dauerte es etwa zwei oder drei Jahre“, sagte Marks 1994.

Dennoch fiel schon damals auf: Die Umzüge aus dem Westen in den Osten nahmen dort zu, wo es ein ansprechendes soziales Umfeld gab. Marks: „Und wenn man regelmäßig dienstlich und privat durch die neuen Bundesländer fährt, so ist dies immer öfter zu erleben."

Vor-Ort-Inspektionen zwischen Atlantik und Ural

Mit der Unterzeichnung des Pariser "Vertrages über konventionelle Streitkräfte in Europa" wurde Ende 1990 ein historischer Wandel auf dem Kontinent festgeschrieben. 22 Regierungen, später erklärten sich 29 verbindlich dazu, vereinbarten darin die Begrenzung der Hauptwaffensysteme von Nato und des damals noch existierenden Warschauer Pakts. Es ging um Panzer, Schützenpanzer, Artillerie, Angriffshubschrauber und Kampfflugzeuge.

Gemeinsam geregelt wurden auch deren Reduzierung sowie eine gegenseitige periodische Information über Waffenbestände und Militärstrukturen. Der damals erzielten Einigung über die gegenseitige Kontrolle der Armeen unterlag dann auch die Überprüfung der Personalstärken. Das historisch Einmalige dieses Abrüstungsprojekts: Innerhalb von 40 Monaten sollten die über 57 200 schweren Waffensysteme vernichtet werden. Das Ziel: Größere Sicherheit und Stabilität in Europa.

Die ungewöhnliche Dimension der Abrüstung ließ dann auch nicht lange auf Streitigkeiten bei der Auslegung auf sich warten: Moskaus Diplomaten und Militärs hatten zwar über Heer und Luftwaffe verhandelt, die Waffen der damaligen sowjetischen Küstenschutzdivisionen und Marineinfanterie glatt "vergessen". Das nächste Problem: Die Differenzen über das Erbe der Sowjetarmee unter den GUS-Staaten. Dennoch bezeichnete im Juli 1992 das KSZE-Gipfeltreffen in Helsinki den KSE-Vertrag als "vorläufig anwendbar".

Inzwischen begann das "Zeitalter der kooperativen Verifikation". So Oberst i. G. Heinz Kluss, Leiter der Inspektionsgruppe 1 im Zentrum für Verifikationsaufgaben der Bundeswehr, Geilenkirchen. Die bisherige Bilanz konnte sich schon 1993 sehen lassen: In den vergangen zehn Monaten fanden 560 Vor-Ort-Inspektionen statt. Davon 330 in Osteuropa und 230 im Westen. Doch auch weitere Zahlen waren bemerkenswert: Die Russische Armee als Hauptnachfolger der einstigen Stütze des Warschauer Vertrages unternahm 132 Inspektionen, sie selbst wurde 74 Mal kontrolliert. Die Ukrainer, deren Verifikationsorganisation sich noch im Aufbau befand und selbst keine Kontrollen unternahm, hatten 53 Überprüfungen.

Die Bundeswehr mit mehr als 470 Verifikationsobjekten, die Nato-Staaten hatten 1 900 Objekte gemeldet, wurde zu diesem Zeitpunkt bereits 58 Mal überprüft. Darunter waren vor allem russische, tschechische und polnische Inspektionsgruppen. Die neuen Bundesländer erhielten nur zweimal "Besuch" von KSE-Kontrolleuren. Die jetzt weniger als 100 000 Soldaten der abziehenden Westgruppe der russischen Truppen (WGT) blieben einer stillschweigenden Übereinkunft zufolge von derartigen Kontrollen unbehelligt.

„Es herrschte Offenheit und Großzügigkeit“

Deutsche KSE-Kontrolleure waren indes 60 Mal auf Reisen. Wie andere Inspektoren stellten sie gravierende Vertragsverletzungen "nirgendwo fest", meinte Heinz Kluss. "Es herrschte Offenheit und Großzügigkeit, und wenn es doch einmal zu Unstimmigkeiten kam, wurden diese an Ort und Stelle geklärt." Um Misstrauen gar nicht erst entstehen zu lassen, habe man bei "sensitiven Punkten" mindestens einem Mitglied der Inspektionsgruppe Einblick gestattet. "Und das lag außerhalb des Vertrages." Alles in allem habe das "Bestreben dominiert, gemeinsame Lösungen des Vertrages zu erreichen", betonte der Bundeswehr-Oberst. In einem Ausschuss der Nordatlantischen Versammlung im Berliner Reichstag hatte er 1993 über diese Zahlen und andere KSE-Erfahrungen der Gastgeber berichtet.

Vor allem in Russland hätten die Kommandeure der überprüften Truppen den Besuch von westlichen Inspektoren genutzt, erinnerte sich Kluss, "die Besucher mit eigenen Problemen vertraut zu machen und sie als Gäste aufzunehmen. Das Bedürfnis, miteinander ins Gespräch zu kommen, war ungeheuer. Zwei Welten begegneten sich. Und wenn man sich vor Augen hält, dass vor nicht allzu langer Zeit die Militärblöcke sich in waffenstarrender Feindschaft gegenüber standen, so wird bei den jetzigen Begegnungen der grundlegende Wandel von Konfrontation zu Kooperation besonders augenfällig."

Hilfe für WGT: Kein „Fass ohne Boden“

Was Begegnungen mit heimkehrenden Offizieren der WGT-Truppen betraf, so konnte er einschätzen, dass die 8,35 Milliarden DM, die der deutsche Steuerzahler für den Bau von Wohnungen in deren Heimat aufgebracht hat, "keineswegs in ein Fass ohne Boden fallen". "Vor allem aber verbreiten diese Häuser, die binnen weniger Monate aus dem Boden gestampft werden, in ganz Europa die weithin sichtbare Botschaft, dass sich die Zusammenarbeit mit dem Westen lohnt."

Es werde nicht nur Menschen aus schlimmer Not geholfen, sondern auch sozialer Sprengstoff entschärft. Deutschlands Hilfe beim Wohnungsbau sollte durch ein ähnliches Programm, von den USA und westeuropäischen Staaten finanziert, ergänzt werden.

Bei der Zerstörung der Waffensysteme gehörte Deutschland übrigens zu jenen Ländern, die damit unmittelbar nach der Herstellung der technischen Voraussetzungen begannen. Am 3. August 1992 wurden in Rockensußra (Thüringen) in Anwesenheit von Bundesverteidigungsminister Volker Rühe und Bundesaußenminister Klaus Kinkel (FDP) der erste Schützenpanzer und eine Panzerkanone vernichtet. Mit Kosten von insgesamt 100 Millionen Mark musste die Bundeswehr dann über 11 000 Hauptwaffensysteme, vor allem aus ehemaligen NVA-Beständen, verschrotten.

Auch wenn die Vor-Ort-Inspektionen durch Luftkontrolle und Satellitenbeobachtung vervollständigt wurden, eine zuverlässige Verifizierung von Personalstärken oder gar Erkennung heimlicher Produktionsprozesse war damit nicht möglich. Aber die Inspektionen bildeten, und das war ja eine Absicht der "Charta von Paris", Vertrauen und Sicherheit. Schon allein die Tatsache, dass über 200 Kontrollen im Osten und im Westen von multinationalen Teams durchgeführt wurden, verlieh diesem Prozess der Entspannung zwischen Atlantik und Ural trotz gegenwärtiger nationaler und ethnischer Konflikte weitere Impulse. Die Fähigkeit zu Überraschungsangriffen in Europa wurde so in internationaler Zusammenarbeit beseitigt.

8 Lernort-Seminar zur Weiterbildung

Für einen Staatsbürger in Uniform besitzt die politische Bildung einen hohen Stellenwert. Das ist kein Automatismus. Man muss sich diese täglich neu erarbeiten, gewissermaßen ständig seine persönliche Standortbestimmung in der Gesellschaft vornehmen. Auch im Sinne des verantwortungsvollen militärischen Dienstes bei den Streitkräften. Bei den Aufgaben zur Landesverteidigung in der Demokratie, im Verteidigungsbündnis Nato oder in Friedensmission beim Auslandseinsatz trägt der Soldat eine politische Verantwortung für die Sicherheit der Bundesrepublik und ihrer Bürger oder in der Armee im Einsatz im Rahmen internationaler Anforderungen.

Für diesen Zweck bietet Berlin viele Möglichkeiten, sich mit Politik und Geschichte von der Reichshauptstadt bis zur Bundeshauptstadt vertraut zu machen. So ist die 3,5-Millionen-Stadt spätestens seit der deutschen Wiedervereinigung 1990 mit ihren zahlreichen historischen Stätten und architektonischen Sehenswürdigkeiten zu einem Anziehungspunkt nicht nur für Touristen geworden. Immerhin kommen jährlich weit über 20 Millionen Besucher hierher. Unter ihnen auch viele Angehörige der Bundeswehr.

Seit 2002 gibt es den „Lernort Berlin“. Dabei knüpfte das Zentrum Innere Führung in Koblenz mit seiner Außenstelle in Strausberg an das reiche historisch-politische Potenzial der Stadt an. In Kooperation mit der Landeszentrale für politische Bildungsarbeit Berlin und der Bundeszentrale für politische Bildung entstand das Seminarangebot für „Lernende“ aus der Bundeswehr. Davon machten bis 2012 etwa 6 000 Teilnehmer in 270 Seminaren Gebrauch.

In der Regel sind das Gruppen mit jeweils 25 Bundeswehrangehörigen. Sie kommen von Führerkorps aus Einheiten, Verbänden, Stäben und Schulen und bleiben vom Montag bis Freitag in der Stadt. Als Tagungsstätten stehen das Jagdschloss Glienicke, das Wannseeforum und die Europäische Akademie im Berliner Grunewald zur Verfügung.

Dabei werden „die Hauptstadt themenorientiert genutzt“ und „wichtige Teile unserer Geschichte veranschaulicht“, berichtete der Politikwissenschaftler Guido Mathes vom Zentrum Innere Führung (IF Zeitschrift für Innere Führung, 3/2012, S. 22). Entsprechend der Weisung des Verteidigungsministeriums gehe es um folgende Bildungsziele: „Politisches

Problembewusstsein fördern, die politische Urteilsfähigkeit verbessern und zu historisch-politischer Diskussion ermutigen."

Daneben würden den Gruppen nicht-historische Themen zur Auswahl angeboten. So „Deutsche Außen- und Sicherheitspolitik", „Medien" „Feindbild Islam?" und „Fokus Internet". Dafür finden Besuche im Auswärtigen Amt, in den Hauptstadtstudios von ARD, ZDF und RTL, in Zeitungsredaktionen sowie beim Türkischen Bund, in der Islamischen Grundschule Kreuzberg sowie bei Microsoft-Lobbyisten und andernorts statt.

Laut Mathes erlaubt die Seminargröße „intensive Diskussionen mit vielfältigen Vortragenden aus Wissenschaft und Praxis. Sie gehen ein auf die unterschiedlichsten Positionen, die sie im Kameradenkreis, in der Öffentlichkeit oder bei internationalen Kontakten in Bezug auf Grundfragen des Schwerpunktthemas finden."

Die 100. Seminarwoche wurde 2007 mit einem Festakt im Jagdschloss Glienicke begangen. Berlins Bildungsstaatssekretär Eckart R. Schlemm würdigte den „Lernort Berlin", bei dem „Soldatinnen und Soldaten ein anschauliches und nachhaltige Bild der verschiedenen Epochen und Bruchlinien deutscher Geschichte" erhalten. Mit der „Vermittlung von demokratischen Grundwerten wie Offenheit, Toleranz und Meinungspluralität" sowie der „Förderung des politischen Problembewusstseins, der politischen Urteilsfähigkeit und Urteilsbereitschaft", auch der „Stärkung der Fähigkeit und Bereitschaft, die eigene Meinung zur Diskussion zu stellen", werde das Leitbild des Staatsbürgers in Uniform gestärkt.

Schwerpunkte für ein solches Programm waren im September 2011 folgende Themen: Die Rolle des Militärs im Deutschen Widerstand, Berlin als Schauplatz des Kalten Krieges, Die historische und gegenwärtige Rolle des Bundesrates, Funktionen und Aufgaben des Wehrbeauftragten im Deutschen Bundestag, Verteidigungspolitik in der Legislative, Berlin Schmelztiegel der Deutschen Einheit, Die Berliner Mauer vom 13. August 1961 bis zu ihrem Fall. Und dazu fanden lebhafte Gespräche mit den Gastgebern statt.

Als sich Soldaten des Stabes Waffenunterstützungszentrum mit ihrem Kommandeur, Oberst Klaus Schuster, von einem dieser Lehrgänge verabschiedeten, bei dem sie auch das Holocaust-Denkmal für ermordete Juden und weitere historische Stätten besichtigt hatten, dankten sie den Gastgebern für „ein beeindruckendes Erlebnis". Man könnte sagen: Nicht nur Reisen in die Ferne bildet.

9 Ost-Berliner Offiziere in der Bundeswehr

Zu den mehr als 3 000 Offizieren der Nationalen Volksarmee, die nach 1990 in der Bundeswehr einen festen Job fanden, gehörten auch mehrere Ost-Berliner. Nach der üblichen Überprüfung und der Eignungsprüfung wie bei anderen Bewerbern aus den alten und neuen Bundesländern sowie einer Herabstufung des Dienstgrades, beispielsweise vom Oberstleutnant der NVA zum Major der Bundeswehr, und dem Vertraut machen mit neuen gesetzlichen Bestimmungen, so mit dem Grundgesetz und der Wehrgesetzgebung, fanden auch diese Personen ihren Platz in Einrichtungen und Truppenteilen. Aus Soldaten auf Zeit (SAZ), meist zwei Jahre, wurden Offiziere mit einem dauerhaften Arbeitsverhältnis.

Eine beeindruckende Entwicklung beim Bund nahm Frau Generalarzt Dr. Erika Franke. Die gebürtige Berlinerin, die nach dem Studium an der Humboldt-Universität von der Assistenz- bis zur Chefärztin im Polizeikrankenhaus in Ost-Berlin tätig war, das kurz vor dem Tag der Einheit dem Verteidigungsministerium angegliedert wurde, ist heute Stellvertreterin des Amtschefs des Sanitätsamtes der Bundeswehr. Nach der pensionierten Militärärztin Dr. Verena Weymarn stieg Dr. Franke dank ihres fachlichen Könnens und ihrer persönlichen Ausstrahlung in einer ausgesprochenen Männerdomäne als zweite Frau in der Geschichte der Bundeswehr in einen Generalsrang auf. Zuvor war sie Chefärztin des Ulmer Bundeswehrkrankenhauses mit seinen 450 Betten.

Die Fachärztin für Mikrobiologie und Infektionsepidemologie, Mutter von zwei Kindern, wäre auch zu gern Chirurgin geworden. Davon träumte sie noch nach dem Abitur 1972 an der Erweiterten Oberschule Oranienburg bei Berlin. Ab 1990 wurde sie als Oberfeldarzt in die Bundeswehr übernommen. Nach der Tätigkeit als Leiter der Laborabteilung I - Medizin und stellvertretende Institutsleiterin am Zentralen Institut des Sanitätsdienstes der Bundeswehr in Berlin folgten Auslandseinsätze auf dem Balkan.

Danach kamen auf Frau Dr. Franke weitere Führungsaufgaben im Sanitätsamt Bonn und München, beim Einsatzführungskommando Potsdam sowie am neuen Institut für den Medizinischen Arbeits- und Umweltschutz der Bundeswehr in der Hauptstadt zu. Als Leiterin hat sie die materiellen und infrastrukturellen Grundlagen für diese Einrichtung praktisch von Null an aufgebaut und ein erfolgreiches Team gebildet. Heute sorgt sie als erster "General aus dem Osten" in der Höheren Kommandobehörde mit dafür, dass allen Bundeswehrangehörigen im In- und Ausland jederzeit ein leistungsfähiger Sanitätsdienst zur Verfügung steht. Wie man vor allem seit dem Afghanistan-Einsatz weiß, ist das eine große Errungenschaft der deutschen Streitkräfte.

Auch der Militärdolmetscher Wolfgang Dobrig aus Berlin zählte zu den NVA-Offizieren mit einer beeindruckenden Karriere beim Bund. Sein besonderes "Militärerlebnis" waren all die Eide, die er als Offizier zu leisten hatte. Aus dem Oberstleutnant der NVA wurde ein Bundeswehr-Major und danach bis zu seinem Ausscheiden aus dem aktiven Dienst nach 15 Jahren wieder ein Oberstleutnant.

Ob als Dezernatsleiter Presse der Informations- und Pressestelle der Bundeswehr Berlin oder als stellvertretender Ministeriumssprecher für elektronische Medien, der diplomierte Militärdolmetscher mit den Schwerpunktfächern Russisch und Tschechisch war auch für mich in all den Jahren ein guter Ratgeber und angenehmer Gesprächspartner. Davon konnte ich schon zu DDR-Zeiten bei Terminen mit ausländischen Militärdelegationen in Strausberg oder in Berlin-Grünau profitieren, wo er im Komitee der Armeesportvereinigung "Vorwärts" als Oberinstrukteur für internationale Beziehungen gearbeitet hat.

Seine Vita: Solide Ausbildung, fachliches Wissen, menschliche Qualitäten. Das bestätigten ihn auch 2005 zum Abschied im Bendlerblock seine Kameraden und die Zivilangestellten. Auch Journalistenkollegen von Rundfunk- und Fernsehsendern ließen es sich nicht nehmen, in dieser Stunde "Herrn Dobrig" ganz herzlich zu danken. Ganz unbürokratisch konnte er kurzfristig Interviewwünsche verwirklichen oder Truppenbesuche organisieren.

Einen Namen beim Bund machte sich auch Oberstleutnant Bernd Zivny. Heute ist er ebenfalls außer Dienst und Beauftragter des Reservistenverbandes für die bundesweit 18 Reservistenmusikzüge. Der Dirigent des beliebten Berliner Luftwaffenmusikkorps stieg zum Dezernatsleiter Militärmusik im Streitkräfteamt in Bonn auf. Als Absolvent der Musikhochschulen Weimar und Berlin kam er 1990 mit anderen 60 Militärmusikern aus vier Musikorchestern der NVA zu den gesamtdeutschen Streitkräften. Er sorgte dann mit dem Luftwaffenmusikkorps 4 für begeisternde Klänge: bei Platzkonzerten am Brandenburger Tor oder beim Neptun-Brunnen gegenüber dem Roten Rathaus, im Schauspielhaus am Gendarmenmarkt oder im Hof des Schlosses Charlottenburg, zum Soldatenalltag in der Truppe oder in den Matinee-Konzerten "Mit Pauken und Trompeten" im Haus des Rundfunks beim SFB beziehungsweise RBB, beim Protokolleinsatz im Bundeskanzleramt oder im Verteidigungsministerium.

Die Musiker gestalteten weiterhin feierliche Gelöbnisse, Kommandoübergaben und andere militärische Zeremonielle. Natürlich gehörten auch Reisen ins Ausland zu den Aktivitäten des Klangkörpers – mit Auftritten in der Schweiz, den USA, Italien, Kanada, Polen, Tschechien, Ungarn, Frankreich und Schweden.

Was nach der Wiedervereinigung in den ehemaligen NVA-Proberäumen in Berlin-Biesdorf mit den Militärmusikern aus dem Osten seinen Anfang nahm, setzte das Orchester ab 1994 unter seiner Leitung in der General-Steinhoff-Kaserne als Musikkorps oder in den Spezialbesetzungen Klassisches Bläserquintett und Kleine Blasbesetzung fort. Für mich war das Repertoire der Berliner Musiker einzigartig: Mit bekannten Berliner Melodien wie „Unter den Linden", dem Schützen-Defiliermarsch, Can-Can oder der Blumenpolka verzauberte man das Publikum in einer wunderbaren musikalischen Bandbreite. Davon zeugen auch mehrere CD, so "Berliner Luft" und "Sachsens Glanz und Preußens Gloria".

Auch der "Königsgrätzer" und des "Großen Fürsten Reitermarsch" aus dem reichen überlieferten Kulturgut des deutschen Militär- und Konzertmarsches wurden gespielt. Solche Titel waren in der NVA wegen "ihres negativen Einflusses auf die Truppe" nicht erwünscht.

Um Kirchen mussten die Militärmusiker in der DDR stets einen großen Bogen machen. Jetzt folgten die ersten Auftritte zu Advent in der Schweriner Nikolai-Kirche und im Großen Saal der Berliner Philharmonie zu Weihnachten.

Für mich und meine Frau unvergessen das Adventskonzert 1995 mit dem Luftwaffenmusikkorps unter Leitung von Oberstleutnant Zivny in der Luisenkirche in Berlin-Charlottenburg. Werke von Georg Friedrich Händel, Friedrich Mendelssohn-Bartholdy und Johann Sebastian Bach standen auf dem klassischen Programm. Damit wollte man, so der Kommandeur des Verteidigungsbezirkskommandos 100 Berlin, Brigadegeneral Hans Helmut Speidel, "den vielen Freunden der Bundeswehr in unserer Stadt Dank abstatten für Verbundenheit, Unterstützung und gute Zusammenarbeit". Und das gelang an diesem Abend den Luftwaffenmusikern auf wunderbare Weise.

10 Schlussfolgerungen

Als ich vor der Veröffentlichung meines ersten Buches mit einem Oberst a.D. der Nationalen Volksarmee, der auch kurzzeitig mit diesem Dienstgrad die Uniform der gesamtdeutschen Streitkräfte getragen hat, über mein Anliegen sprach, antwortete er: „Die Bundeswehr, das ist ganz dünnes Eis." Im ersten Moment wurde ich stutzig. Ich überlegte, was der Herr mit einer Super-Karriere als Ostdeutscher im westlichen Ausland wohl gemeint haben möge.

Als Gleichaltriger und zufällig ebenso Radsportfan in jungen Jahren, mit dem ich sogar 1957 in Erfurt beim „Rund um das Gewerkschaftshaus“ ein Jugendrennen bestritten habe, hatte er, militärisch gesehen, natürlich ganz andere Beziehungen zu dieser Thematik als ich. Die einstigen „Feinde“ in der Bundeswehr-Uniform begleiteten ihn vom Truppenalltag über die Offiziersschule und Militärakademie bis zum Dienst bei der Militäraufklärung und als Militärattaché in Brüssel in der Nähe vom Nato-Hauptquartier.

Daher wohl auch sein Rat an den Landsmann mit zivilem (besser Reservisten-)Hintergrund: Sei vorsichtig, gefährliches Terrain! Hätte der Herr bei der Infanterie und nicht bei der Luftverteidigung gedient, wäre er wohl noch deutlicher geworden: Vorsicht, Minengefahr!

Denn ob dünnes Eis oder Minen, beides birgt Risiken. Das weiß ich sehr wohl. Es kam, auch für mich überraschend, ganz anders mit den anderen deutschen Militärs. Wir fanden sehr schnell eine gemeinsame Sprache. Und unterhielten uns auf Augenhöhe. Da brauchte ich mich nicht zu verbiegen. Ich wurde auch nirgendwo belehrt oder vergattert (zu deutsch: Klappe halten!)

Nicht nur vom Ton her, was einem Journalisten zuerst auffällt, waren die Herren Generale, Kommandeure oder Presseoffiziere, mit denen ich in all den Jahren seit der Deutschen Einheit zu tun hatte, und das waren sehr viele, etwas leiser als ich das noch aus DDR-Zeiten bei eben diesen Dienstgraden in Erinnerung habe. Obwohl doch Militärs ihre Befehle und Aufträge klar und deutlich, im Gelände natürlich lauter, äußern müssen.

Dazu kam noch das ganz Persönliche in der Ansprache. Das sorgte auch für Vertrauen. Und so kam eins zum anderen. Es machte dem Reporter jedenfalls richtig Spaß, in seiner Arbeit diesen historischen Umbruch im Beitrittsgebiet zur Bundesrepublik vor Ort miterleben und vor allem aus den Kasernen der Bundeswehr darüber berichten zu können.

Ich habe dabei gelernt, die älteste deutsche Armee dieses Jahrhunderts ist eine gut funktionierende Parlamentsarmee. Ihr Beauftragter in der höchsten Volksvertretung nimmt jedes Jahr zur Lage in der Truppe öffentlich Stellung. Er lobt und kritisiert. Über eine solche Pressekonferenz habe ich auch schon einmal ausführlich für die Zeitung „Bundeswehr aktuell“ geschrieben. Mein Eindruck: Sehr konkret, was sich seiner Meinung nach hinter den Mauern der Kasernen oder im Ausland abspielt, was dort die Soldaten denken, was verbessert werden sollte.

Dann fiel mir bei dieser für mich neuen Materie „Bundeswehr" auf, dass sie in Berlin ohne Stechschritt aus der Preußen-Tradition angekommen ist. Bekanntlich wurde dieser hier auf den Straßen, vor allem Unter den Linden, von den Vorgängerarmeen demonstrativ gepflegt. Die neuen Streitkräfte in unserer Hauptstadt brauchen wohl nicht dieses Tamtam. Auch wenn sie hin und wieder mit dem Großen Zapfenstreich zu besonderen Anlässen oder militärischen Gelöbnissen in Erscheinung getreten sind. Könnte auch heißen: Eine Demokratie muss wehrhaft sein und sollte das auch zeigen.

Schließlich möchte ich noch einmal an die deutsche „Friedensdividende" im Allgemeinen und für die Berliner im Besonderen erinnern. Trotz Golf-Krieg, Krieg in Afghanistan und militärischer Konflikte andernorts ist die Bundeswehr heute (fast 190 000 aktive Soldaten und Soldatinnen) viel kleiner als 1990 (480 000 Mann) und 1994 (370 000) entsprechend den internationalen Vereinbarungen. Sie verfügt auch über wesentlich weniger Waffen. Und das aktuelle Reformprogramm zielt mit der Einsatzausrichtung auf weitere Effizienzsteigerung und Verschlankung.

Doch ein viel wichtigeres Ergebnis der deutschen Wiedervereinigung als das Sparen bei den Verteidigungsausgaben war und ist für mich die Tatsache, dass der Kalte Krieg und die Gefahr einer Auseinandersetzung der beiden großen Militärkoalitionen aus jener Zeit auf dem vorgesehenen Hauptschlachtfeld Deutschland im Herzen Europas für immer vorbei ist, also für jedermann keine greifbare Bedrohung besteht.

Und dass aus der deutschen Hauptstadt, wo in der Vergangenheit so mancher Krieg geplant wurde, nie wieder Gefahren für die Nachbarländer (heute alle befreundet) ausgehen werden. Damit auch weiterhin der Teufelskreis der vergangenen Jahrhunderte, in denen jede Generation der Deutschen ihre Lebenserfahrung mit einem Krieg machte, unterbrochen bleibt. Sicher ist: Dieser Staat wird seine Soldaten nicht missbrauchen! Ein zerstörtes und dann geteiltes Berlin wie 1945 soll es nie wieder geben. Dafür sorgt auch die neue Schutzmacht Bundeswehr.

11 Literatur

Arlt, Kurt; Thomae, Michael; Thoß, Bruno: Militärgeschichtliches Handbuch Brandenburg-Berlin, Berlin 2010

Arnoldt, Karl-Heinz: Schild und Schwert, Berlin 1995

Autorenkollektiv: Militärgeschichte der BRD 1949 bis zur Gegenwart, Berlin, 1989

Berlin, Schriftenreihe Innere Führung, Heft 16, Herausgegeben vom Bundesministerium der Verteidigung, 1968

Berlinische Monatsschrift Luisenstadt, Berlin April 1993

Biedermann, Bernd: Offizier, Diplomat und Aufklärer – Streiflichter aus dem Kalten Krieg, Berlin 2008

Birk, Eberhard: Vorbild oder nicht? Zum historisch-politischen Lehrwert der preußisch-deutschen Militärgeschichte, IF Zeitschrift für Innere Führung, 1/2011

Festschrift anlässlich des 20-jährigen Bestehens des Bundeswehrkrankenhauses Berlin, Berlin

Glatzer, Ruth: Berliner Leben 1648-1806, Berlin 1956

Gröbsch, Jürgen: Der Dienst für Internationale Verbindungen der DDR – Einblicke in ein Schattenreich, Berlin 2003

Heimatchronik Berlin, Köln 1962

Heinemann, Winfried: Die DDR und ihr Militär, München 2011

Heinze, Peter: Bundeswehr „erobert" Deutschlands Osten, Berlin 2010

Hermann, Carl Hans: Deutsche Militärgeschichte – Eine Einführung, Frankfurt a. Main 1966

Herzfeld, Hans: Berlin als deutsche Hauptstadt im Wandel der Geschichte; in: Schicksalsfragen der Gegenwart, Handbuch politisch-historischer Bildung, Vierter Band, Tübingen 1959, Herausgegeben vom Bundesministerium der Verteidigung

Hoppe, Fritz Peter u. Schurig, Gerhard (Hrsg.): Wahr muss es sein, Herford/ Bonn 1989

IF – Zeitschrift für Innere Führung, Mathes, Guido: Politische Bildung und der „Lernort Berlin", Berlin 3/2012, S. 20

Jäger, Willy u. Steinhardt, Helmut: Der Weg zur Weltstadt – Sieben Jahrhunderte Berlin, Berlin 1961

Jeschonnek, Friedrich/Riedel, Dieter/ Durie, William: Alliierte in Berlin 1945-1994, Berlin 2007

Klemm, Volker: Korruption und Amtsmissbrauch in der DDR, Berlin 1991

Kabus, Andreas: Der militärische Geheimdienst der DDR - Auftrag Windrose“, Berlin 1993

Kiaulehn, Walther: Schicksal einer Weltstadt, München 1981

Klausmeier, Axel: Hinter der Mauer - Zur militärischen und baulichen Infrastruktur des Grenzkommandos Mitte, Berlin 2012

Koop, Volker: Ausgegrenzt - Der Fall der DDR-Grenztruppen, Berlin 1993

König, Guntram: NVA – Die roten Preußen?, Aachen 2010

Kopenhagen, Wilfried: Die andere deutsche Luftwaffe, Berlin 1992

Kuntzenmüller, Otto: Urkundliche Geschichte der Stadt und Festung Spandau (Reprint der zweibändigen Originalausgabe von 1928-1929), Berlin 1989

Lederer, Franz: Schönes altes Berlin, Berlin 1930

Lindenberg, Paul: Berlin in Wort und Bild (Reprint der Originalausgabe 1895), Leipzig 1987

Löffler, Hans-Georg: Soldat der NVA von Anfang bis Ende, Berlin 2006

Markus, Uwe: Waffenschmiede DDR, Berlin 2010

Markus, Uwe/Rudolph, Ralf: Schlachtfeld Deutschland, Berlin 2011

Materna, Ingo/ Ribbe, Wolfgang: Geschichte in Daten – Berlin, Wiesbaden 2003

Mende, Hans-Jürgen: Berliner Wege zur Weltstadt, Berlin 1993

Reichshauptstadt Berlin, Berlin 1943

Schmidt, Paul v.: Der Werdegang des Preussischen Heeres, Krefeld 1975 (unveränderter Nachdruck der um 1902 erschienenen Originalausgabe)

Spranger, Eduard: Berliner Geist, Tübingen 1966

Teske, Hermann: Berlin und seine Soldaten - 200 Jahre Berliner Garnison, Berlin 1968

Uhl, Matthias: Krieg um Berlin

Von Himmerod bis Andernach - Dokumente zur Entstehungsgeschichte der Bundeswehr, Schriftenreihe Innere Führung/ Beiheft 4/85 zur Information der Truppe, Herausgegeben vom Bundesministerium der Verteidigung, 1985

Wenzel, Otto: Kriegsbereit - Der Nationale Verteidigungsrat der DDR 1960 bis 1989, Köln1995

Wetzlaugk, Udo: Die Alliierten in Berlin, Berlin 1988

Wetzlaugk, Udo: Die alliierten Schutzmächte in Berlin (Landeszentrale für politische Bildungsarbeit Berlin), Berlin 1982

Woche, Klaus-Rainer: Vom Wecken bis zum Zapfenstreich - Die Geschichte der Berliner Garnison, Berg am Starnberger See/Potsdam 1998

Zur Situation in der Sowjetzone - Nach dem 13. August 1961, Herausgegeben vom Bundesministerium für gesamtdeutsche Fragen, Bonn und Berlin 1961

12 Anhang

Aus der Ansprache von Professor Dr. Peter-Klaus Schuster, Direktor der Alten Nationalgalerie Berlin, am 24. August 1994, als **im Bendlerblock,** dem zweiten Dienstsitz des Bundesverteidigungsministers, Bilder der jungen Malerin Maria Zerres an den Wänden der Diensträume zeitweilig ausgestellt wurden.

„Eine junge Künstlerin zeigt ihre Bilder in den Räumen des Verteidigungsministers. Schon das ist nicht ganz das Übliche, zumal es der Wunsch und die Wahl des Ministers war, diese Bilder hier zu haben. Der dezidierte Wunsch dieses Verteidigungsministers war es allerdings auch, seine neuen Berliner Arbeitsräume gerade in diesem traditionsreichen Gebäude einzurichten. Diese Verbindung von Alt und Neu, von erinnerungsgesättigter Historie und einer zukunftsorientierten Gegenwart, diese Querverbindungen verleihen auch Veranstaltungen wie der unseren im gegenwärtigen Berlin den Reiz des Besonderen, des Hochabsichtsvollen. Was immer zehn Bilder, von denen Sie fünf hier sehen, an den Wänden eines zukünftigen Ministeriums noch bedeuten mögen. Zunächst einmal bedeuten sie die doppelte Inbesitznahme dieses Geländes durch einen Minister und durch Malerei. Und sensibel, wie wir sind in dieser unserer Welt der Zeichen, ahnen wir in dieser Verdoppelung eine Absicht.

Durch Künstler lernen wir Sehen. Es war Maria Zerres, der ich den ersten Blick in dieses Gebäude verdanke. Sie wolle demnächst hier Bilder von sich aufhängen, und wir könnten uns doch schon mal die Räume ansehen. Wir alle kennen den Innenhof des eigentlichen Bendlerblocks, wo die Mitglieder des Widerstandes gegen Hitler hingerichtet wurden. Damit wächst im Guten wie im Schlechten die Scheu vor diesem Gebäude. Auch die weiteren Umstände, Hauptquartier der Wehrmacht im hinteren Teil und im vorderen Teil einer Kommandozentrale des Großadmirals von Tirpitz, des Erfinders des U-Boot-Krieges, auch diese Umstände sind nicht eben geeignet, diesem Gebäude mit Unbefangenheit zu begegnen. Die Säulenstellungen der Eingangshalle tragen das ihre dazu bei. Man ahnt, was ein Autor wie Möller van den Bruck am Anfang dieses Jahrhunderts gereimt hat mit dem Schlagwort ‚Der preußische Stil'. Und man weiß ja, was im Deutschland der 30er Jahre aus solchen Schlagwörtern geworden ist.

Mit diesem Gebäude, jeder fühlt es, betritt man ein historisches Monument deutscher Geschichte. Dieser Eindruck setzt sich fort, wenn man, wie ich einst im Gefolge von Maria Zerres, durch die Fenster dieses Konferenzraumes hinunterblickt auf den Kanal und das andere Ufer. Die Assoziationen sind vielfältig. Marianne Feilchenfeldt, als sie noch Marianne Breslauer hieß und in Berlin wohnte, hat diesen Blick von oben auf den

Landwehrkanal und seine vornehmen Wohnquartiere in den 20er Jahren photografisch festgehalten. Gegenüber steht noch heute das Atelierhaus der ersten Berliner Kunstschule ausschließlich für Frauen, eine längst dahingegangene Institution, in der bis jüngst noch Johannes Geccelli sein Atelier hatte.

Weiter links am Ufer hinauf, Blumenthalstraße Nr. 6, wohnte die Großmutter von Walter Benjamin. Und nach rechts, auf dieser Seite des Ufers, ganz benachbart die verspätete klassizistische Villa des Bankiers und Kunstfreundes, Baron von der Heydt, der vor den Nazis in die Schweiz emigrierte und dessen großartige Sammlung moderner Kunst heute in Wuppertal hängt. Weiter, am Lützowufer fand bei Dr. Burchard 1920 die erste Dada-Messe statt. Die künstlerische Avantgarde mit Grosz, Dix, Hausmann und Hannah Höch provozierte noch im verlorenen Krieg höchst schmerzhaft die etablierten bürgerlichen Werte.

Dieses Verteidigungsministerium, soviel ist schon gewiss, noch ehe es hier vollständig eingezogen ist, wird nicht mehr entlegen auf irgendeiner Hardthöhe liegen, sondern mitten in Berlin inmitten einer reichen Geschichts- und Kunstgeographie. Die Rückseite des Gebäudes macht da keinen Unterschied. Wieder im Gefolge von Maria Zerres, die mit unbefangener Freundlichkeit durch schier endlose Behördengänge mit Urlaubspostkarten, Kalenderblättern und Gummibäumen den Weg in die hochgelegene Kantine fand, hatte ich von dort einen orientierenden Überblick auf das Kulturforum visavis: auf die neuerbaute Gemäldegalerie mit ihrer imponierenden Dachverglasung, auf das Kunstgewerbemuseum und das Kupferstichkabinett. Die Berliner Kunstfreunde, die es wagten und sich leisten konnten, haben dann Gemälde von Monet bis zu van Gogh erworben.

In der Sigismundstraße, rechts von der Stauffenbergstraße, hatte lange Jahre Menzel gewohnt in unmittelbarer Nähe zu Fontane, der an der Potsdamer Straße, wo heute die Staatsbibliothek steht, just gegenüber der Neuen Nationalgalerie eine Wohnung fast unter dem Dach bezogen hatte.

Diesem Verteidigungsministerium am Tiergarten, im alten und völlig neu aufgebauten Quartier der Künste und Bildung, ihm kann man nichts Besseres wünschen, als was Herr Rühe bereits begonnen hat, dass nämlich die Künste auch in dieses Haus eindringen. Ein erstes Bilderensemble für diesen Raum, in dem wir uns versammelt haben, bestand aus Leihgaben der Nationalgalerie. Es war eine Acchrochage europäischer Nachkriegsmalerei von Capogrossi über Nagy bis zu Rupprecht Geiger. Das Ergebnis war nicht unerfreulich.

Was wir jetzt sehen, ist ausschließlich Maria Zerres. Kunst ist nicht nur schön, sondern hat auch einen äußerst fordernden Charakter.

Inmitten einer reichen Kunstlandschaft im Tiergarten Berlins bezieht das Verteidigungsministerium sein zukünftiges Haus und es verteidigt es gleichsam gegen die Schatten der Geschichte auch durch Kunstlandschaften im Inneren. Durch eine Malerei der Erinnerung an eine Welt der „gescheiten Hoffnungen". Auch diese „gescheiten Hoffnungen" können scheitern und sind gleichsam zu verteidigen. Für diesen strategischen Einsatz der Malerei in diesem bemerkenswerten Haus haben wir Maria Zerres und dem Hausherrn sehr freundlich zu danken!"

Aus der Rede von Bundesverteidigungsminister Volker Rühe am 6. Oktober 1994 zur **Benennung der Kaserne in Berlin-Gatow nach General Johannes Steinhoff:**

„Der Einzug der Luftwaffe in Berlin ist ein würdiger Anlass, die Kaserne in Berlin-Gatow nach General Johannes Steinhoff zu benennen. Wir ehren damit einen Offizier und eine herausragende Persönlichkeit, dessen Name und Wirken untrennbar mit der Luftwaffe, der Bundeswehr und der Nordatlantischen Allianz verbunden sind. Und wir setzen ein bewusstes Zeichen für das Selbstverständnis und die Traditionspflege der Bundeswehr: Die Armee in der Demokratie stützt sich mehr und mehr auf Vorbilder aus ihrer eigenen Geschichte.

Johannes Steinhoff ist in der deutschen Luftwaffe eine Institution, ein großes Vorbild. Er war ein Truppenführer mit Charisma, ein hochdekorierter Soldat, der Fairness und Ritterlichkeit lebte. General Steinhoff hat die bewegtesten Abschnitte der deutschen Geschichte in diesem Jahrhundert erlebt und selbst auch erlitten. Das Kriegserlebnis hat ihn in vielfacher Weise geprägt. Diese Erfahrungen hat er in sein Lebenswerk für die Bundeswehr und für das Bündnis eingebracht.

Krieg zu verhindern und den Frieden zu sichern, war oberste Maxime seines Denkens und Handelns. Sein Wirken trug wesentlich dazu bei, dass die Verbündeten wieder Vertrauen zum demokratischen Deutschland und seinen Streitkräften fanden.

Johannes Steinhoff war ein Soldat mit wirklicher Zivilcourage und Souveränität, der sich der politischen Konsequenzen seines militärischen Handelns bewusst war. Das gab ihm auch die Kraft, ungewöhnliche und schwere Herausforderungen energisch anzugehen und zu meistern. Immer ging es ihm um die Menschen, für die er Verantwortung trug.

Er führte die deutsche Luftwaffe aus ihrer schwersten Krise. Die Abstürze der Starfighter und der Tod vieler Piloten lasteten schwer auf der ganzen Bundeswehr. Weitblickend und entschlossen ging er neue Wege, überwand bürokratische Hemmnisse und führte modernes Management in die Streitkräfte ein. Er formte die deutsche Luftwaffe zu einer der besten Luftwaffen der Nato. General Steinhoff machte die militärische Integration unserer Streitkräfte zu seiner persönlichen Sache.

Als höchster Soldat im Atlantischen Bündnis hat er sich bleibende Verdienste erworben. Er dachte in großen Perspektiven. Schon 1974 sagte er: 'Gelingt es,.eine europäische Identität zu finden und diese in eine wirkliche atlantische Partnerschaft einzubringen, dann brauchen wir um das Überleben unserer freiheitlichen Lebensform nicht besorgt zu sein.' Seine Vision wird heute Realität in Europa, in Deutschland und in der Bundeswehr.

Die 3. Luftwaffendivision mit ihren Truppenteilen aus ganz Deutschland ist sichtbarer Ausdruck dieser neuen Realität. Die hier stationierten Truppenteile können stolz darauf sein, dass ihre Kaserne den Namen dieses herausragenden Soldaten tragen wird."

Autorenporträt

Peter Heinze, 1941 im thüringischen Arnstadt geboren, lernte Fleischer und erwarb 1961 an der Leipziger Sporthochschule DHfK das Abitur. Danach Volontariat in der Bezirksredaktion Leipzig der Nachrichtenagentur ADN und anschließend Journalistik-Studium an der Universität Leipzig. Von 1966 bis 1992 arbeitete er als Redakteur in der Berliner ADN-Zentrale. Seine Fachgebiete: Sport, Politik, Militärpolitik. Anschließend berichtete er als Freier Journalist für eine Presseagentur in Bonn über die Bundeswehr. Später schrieb er für Zeitungen in Brandenburg und Thüringen. Zum 20. Jahrestag der gesamtdeutschen Streitkräfte erschien sein Buch „Bundeswehr ‚erobert' Deutschlands Osten - Ein ostdeutscher Reporter im Einsatz".

Nach der Berichterstattung über die NVA widmet er sich seit dem Tag der Deutschen Einheit regelmäßig der Bundeswehr im Beitrittsgebiet, bis die Streitkräfte in OST und WEST den gleichen Ausbildungsstand haben. Tenor seiner mehr als 250 Artikel, Berichte und Reportagen für Tageszeitungen: Aus ehemaligen Gegnern wurden Kameraden. Die neuen Soldaten lernen mit der Inneren Führung den Geist einer Parlamentsarmee kennen. Der Wehrbereich Ost wird mit modernen Strukturen und weniger Waffen zum positiven Experimentierfeld für die Armee der Einheit, heute Armee im Einsatz. Und so ganz nebenbei bringt es Deutschland zum „Abrüstungsweltmeister".

Seine Bilanz: Die Bürger in Uniform genießen im Osten Deutschlands, auch in Berlin, schon lange vor ihrem Einsatz beim Oder-Hochwasser 1997 hohes Ansehen. Sie haben sich hier seit dem Ende des deutsch-deutschen Fremdseins bei vielen Menschen Achtung und Anerkennung erworben. Der Autor, der in der NVA als Soldat sowie bei Übungen als Unteroffizier und Offizier der Reserve gedient hat, schlussfolgert: Der Einsatz als Kriegsberichterstatter im Fall einer militärischen Konfrontation zwischen Warschauer Vertrag und Nato blieb mir erspart. Dank der Deutschen Einheit!

Carola Hartmann Miles-Verlag

Politik, Gesellschaft, Militär

Rüdiger Schönrade, *General Joachim von Stülpnagel und die Politik,* Berlin 2007.

Uwe Hartmann, *Innere Führung. Erfolge und Defizite der Führungsphilosophie für die Bundeswehr,* Berlin 2007.

Dietrich Ungerer, *Militärische Lagen. Analysen – Bedrohungen – Herausforderungen,* Berlin 2007.

Klaus M. Brust, *Söldner – Ausverkauf der Exekutive,* Berlin 2007.

Ingo Werners, *Fahren, Funken, Feuern. Hinweise für die Einsatzvorbereitung,* Berlin 2010.

Peter Heinze, *Bundeswehr „erobert" Deutschlands Osten,* Berlin 2010.

Reinhard Schneider, *Neuste Nachrichten aus unseren Kolonien. Pressemeldungen von den Aufständen in Deutsch-Ostafrika und Deutsch-Südwestafrika 1905-1906,* Berlin 2010.

Dieter E. Kilian, *Politik und Militär in Deutschland. Die Bundespräsidenten und Bundeskanzler und ihre Beziehung zu Soldatentum und Bundeswehr,* Berlin 2011.

Hans Joachim Reeb, *Sicherheitskultur als kommunikative und pädagogische Herausforderung – Der Umgang in Politik, Medien und Gesellschaft, Berlin 2011.*

Reiner Pommerin (ed.), *Clausewitz goes global. Carl von Clausewitz in the 21st Century, Berlin 2011.*

Hans-Christian Beck, Christian Singer (Hrsg.), *Entscheiden – Führen – Verantworten. Soldatsein im 21. Jahrhundert,* Berlin 2011.

Dieter E. Kilian, *Adenauers vergessener Retter – Major Fritz Schliebusch,* Berlin 2011.

Ingo Pfeiffer, *Gegner wider Willen. Konfrontation von Volksmarine und Bundesmarine auf See,* Berlin 2012.

Eberhard Birk, Heiner Möllers, Wolfgang Schmidt (Hrsg.), *Die Luftwaffe zwischen Politik und Technik. Schriften zur Geschichte der Deutschen Luftwaffe, Bd. 2,,* Berlin 2012.

Eberhard Birk, Winfried Heinemann, Sven Lange (Hrsg.), *Tradition für die Bundeswehr. Neue Aspekte einer alten Debatte,* Berlin 2012.

Holger Müller, *Clausewitz' Verständnis von Strategie im Spiegel der Spieltheorie,* Berlin 2012.

Dieter E. Kilian, *Kai-Uwe von Hassel und seine Familie. Zwischen Ostsee und Ostafrika. Militär-biographisches Mosaik,* Berlin 2013.

Jahrbuch Innere Führung

Uwe Hartmann, Claus von Rosen, Christian Walther (Hrsg.), *Jahrbuch Innere Führung 2009. Die Rückkehr des Soldatischen,* Eschede 2009.

Helmut R. Hammerich, Uwe Hartmann, Claus von Rosen (Hrsg.), *Jahrbuch Innere Führung 2010. Die Grenzen des Militärischen,* Berlin 2010.

Uwe Hartmann, Claus von Rosen, Christian Walther (Hrsg.), *Jahrbuch Innere Führung 2011. Ethik als geistige Rüstung für Soldaten,* Berlin 2011.

Uwe Hartmann, Claus von Rosen, Christian Walther (Hrsg.), *Jahrbuch Innere Führung 2012. Der Soldatenberuf zwischen gesellschaftlicher Integration und suis generis-Ansprüchen,* Berlin 2012.

Einsatzerfahrungen

Kay Kuhlen, *Um des lieben Friedens willen. Als Peacekeeper im Kosovo,* Eschede 2009.

Sascha Brinkmann, Joachim Hoppe (Hrsg.), *Generation Einsatz, Fallschirmjäger berichten ihre Erfahrungen aus Afghanistan,* Berlin 2010.

Schwitalla, Artur, *Afghanistan, jetzt weiß ich erst… Gedanken aus meiner Zeit als Kommandeur des Provincial Reconstruction Team FEYZABAD,* Berlin 2010.

Erinnerungen

Blue Braun, *Erinnerungen an die Marine 1956-1996,* Berlin 2012.

Harald Volkmar Schlieder, *Kommando zurück!,* Berlin 2012.

Harald Volkmar Schlieder, *Opa Willy. 1891 Dresden – 1958 Miltenberg. Von einem, der aufsteigen wollte. Eine sächsisch-deutsche Lebensgeschichte in Frieden und Krieg,* Berlin 2012.

Harald Volkmar Schlieder, *Mein Vater – Musiker und Offizier. 1918 Dresden – 1998 Miltenberg,* Berlin 2013.

Reinhart Lunderstädt, *Aus dem Leben eines Hochschullehrers. Persönlicher Bericht,* Berlin 2012.

Romane

Christoph Karich, *Bewährung im Grünen Meer,* Berlin 2009.

Robert B. Thiele, *Die Treuhänderin,* Berlin 2012.

Monterey Studies

Uwe Hartmann, *Carl von Clausewitz and the Making of Modern Strategy,* Potsdam 2002.

Zeljko Cepanec, *Croatia and NATO. The Stony Road to Membership,* Potsdam 2002.

Ekkehard Stemmer, *Demography and European Armed Forces,* Berlin 2006.

Sven Lange, *Revolt against the West. A Comparison of the Current War on Terror with the Boxer Rebellion in 1900-01,* Berlin 2007.

Klaus M. Brust, *Culture and the Transformation of the Bundeswehr,* Berlin 2007.

Donald Abenheim, *Soldier and Politics Transformed,* Berlin 2007.

Michael Stolzke, *The Conflict Aftermath. A Chance for Democracy: Norm Diffusion in Post-Conflict Peace Building,* Berlin 2007.

Frank Reimers, *Security Culture in Times of War. How did the Balkan War affect the Security Cultures in Germany and the United States?,* Berlin 2007.

Michael G. Lux, *Innere Führung – A Superior Concept of Leadership?,* Berlin 2009.

Marc A. Walther, *HAMAS between Violence and Pragmatism,* Berlin 2010.

Frank Hagemann, *Strategy Making in the European Union,* Berlin 2010.

Ralf Hammerstein, *Deliberalization in Jordan: the Roles of Islamists and U.S.-EU Assistance in stalled Democratization,* Berlin 2011.

Ingo Wittmann, *Auftragstaktik,* Berlin 2012.

www.miles-verlag.jimdo.com